KB174820

고사·명언 화전

600

故事 名言 話典

고사·명언 화전

이상억 · 조기형 엮음

600

이담 Books

序文(서문)

話典(화전)이란 동양고전 속에 나오는 이야기를 뽑아 만든 일종의 이야기 辭典(사전)이다. 이야기 중에 模範(모범)으로 삼을 만한 이야기라는 의미도 담겨 있다. 東洋古典(동양고전) 속의 이야기는 哲學(철학)이 되기도 하고 현대인의 處世術(처세술)이 되기도 하며 세상을 洞察(통찰)하는 智慧(지혜)의 寶庫(보고)라고 할 수 있다.

동양고전의 精髓(정수)를 모은 이 화전을 읽으며 생각을 깊게 하다 보면 우선 人文(인문)에 대해 깨닫는 바가 있게 된다. 인간과 문명, 인간과 문화, 인문정신에 대해 熟考(숙고)해 볼 수 있다.

또한 歷史(역사)를 떠올려 보게 된다. 현재와 미래는 과거의 역사를 토대로 이루어진다. 역사를 통해 우리는 사람이 살아가는 데 正(정)은 무엇이고 不正(부정)은 무엇인가를 생각해 보며 인간의 바른 길을 摸索(모색)하게 된다.

그뿐만 아니라 이 화전을 읽다 보면 우리에게 필요한 철학을 얻게 된다. 철학이 있어야 인생의 방향을 설정하게 된다. 가치관, 인생관, 세계관을 定立(정립)하고 세상을 살아갈 지혜도 얻게 된다.

우리가 쓰는 故事成語(고사성어), 漢字成語(한자성어), 古典名言句(고전명언구)는 실제로 알고 있는 것보다 훨씬 풍부하다. 여기에 모은 말들을 이해하고 평소 생활이나 공부하고 글을 쓰는 데 활용한다면 우리의 언어생활과 교양이 알차게 변화할 것이다. 그리고 우리나라 사람들의 學力(학력)도 신장될 것이다.

2010년 정초
파주 예술마을 헤이리 운경재에서

이 책의 특징

1) 이 책에 나온 고사성어나 고전명언(구)은 600여편이다.
2) 성어는 한글 가나다순으로 배열하였다.
3) 이 책은 성어의 속뜻을 스스로 알 수 있게 배열하였다. 고사성어나 고
   전명언 하나하나가 1, 2, 3(4) 단계(훈 - 속뜻 - 일반화된 뜻 - 전의된
   뜻) 순으로 배열되어 있으므로 속뜻을 통해 스스로 해석이 가능하다.
   또한 轉意(전의)된 의미, 비유적 의미까지 알 수 있다.

일러두기

1. 이 책에 올린 고사어, 고전명언(구)은 훈민정음 자모의 배열 순서에 따
   랐다.

   첫소리: ㄱ ㄲ ㄴ ㄷ ㄸ ㄹ ㅁ ㅂ ㅃ ㅅ ㅆ ㅇ ㅈ ㅉ ㅊ ㅋ ㅌ ㅍ ㅎ
   가운뎃소리: ㅏ ㅐ ㅑ ㅒ ㅓ ㅔ ㅕ ㅖ ㅗ ㅘ ㅙ ㅚ ㅛ ㅜ ㅝ ㅞ ㅟ
              ㅠ ㅡ ㅢ ㅣ
   끝소리: ㄱ ㄴ ㄷ ㄹ ㅁ ㅂ ㅅ ㅇ ㅈ ㅊ ㅋ ㅌ ㅍ ㅎ

2. 이 사전은 성어 하나하나가 1, 2, 3(4) 단계(훈 - 속뜻 - 일반화된 뜻 -
   전의된 뜻)로 배열되어 있으므로 속뜻을 통해 스스로 해석이 가능하다.
3. 이 책에서 사용한 기호는 다음과 같다.
   『　』: 책 이름.
   [　]: 詩(시) 제목, 글 한 편의 제목, 論文(논문) 제목.
4. '찾아보기'를 통해 人名(인명), 地名(지명), 관련 일을 찾아볼 수 있다.

목차

ㄴ

ㄷ

ㅁ

ㅇ

ㅍ

ㅌ

ㅎ

家徒四壁(가도사벽)

• 집 가, 헛될 도, 넉 사, 벽 벽. 집안 형편이 어려워서 집 안에 있는 것이라고
는 네 벽밖에 없다는 뜻. 한나라 때 문인 司馬相如(사마상여)와 卓文君(탁문
군)의 故事(고사).

漢(한)나라 때 문인 司馬相如(사마상여)는 임공이라는 곳에서 왕길에게
몸을 의탁하고 있었다. 임공에는 갑부 탁왕손이라는 사람이 살고 있었다.
어느 날 탁왕손이 연회를 베풀며 사마상여와 왕길을 초청하였다. 사마상
여가 그 자리에서 거문고를 탔더니, 그 소리를 들은 탁왕손의 딸 탁문군
은 사마상여를 사랑하게 되었다.

그러나 탁왕손은 사마상여를 탐탁하게 여기지 않았다. 그의 집안이 너
무나 빈곤했기 때문에 결혼에 반대했다. 그러자 탁문군은 사마상여를 좇
아 성도에 있는 그의 집으로 夜半逃走(야반도주)를 하였다. 그런데 사마
상여의 집은 가랑이가 찢어질 정도로 가난하여 방 안에는 네 벽밖에 없었
다. 그래도 탁문군은 실망하지 않고 그와 百年佳約(백년가약)을 맺고 술
집을 차려 생계를 꾸려 갔다.

나중에 한무제가 사마상여의 글을 읽어 보고 크게 기뻐하여 도성으로
불러 벼슬을 내렸다. 사마상여는 필명을 크게 떨치며 일세의 대문장으로
우뚝 섰고, 탁씨 집안에서도 더 이상 그를 깔보지 못했다.

이 고사에서 유명해진 말이 바로 '家徒壁立(가도벽립), 家徒四壁(가도
사벽)'이다. 우리나라 속담으로 '서발 막대 거칠 것이 없다.'에 해당하는
말이다. 비슷한 말로 '曲肱而枕之(곡굉이침지), 冬月無被(동월무피), 釜中
生魚(부중생어), 不蔽風雨(불폐풍우), 貧寒到骨(빈한도골), 貧寒莫甚(빈한
막심), 三旬九食(삼순구식), 裋褐不完(수갈불완), 易衣幷食(역의병식), 衣
結屨穿(의결구천), 衣履弊穿(의리폐천), 一裘一葛(일구일갈), 赤貧如洗(적
빈여세), 糟糠不厭(조강불염), 糟糠不飽(조강불포), 朝飯夕粥(조반석죽),
朝不食夕不食(조불식석불식), 朝虀暮鹽(조제모염), 甑中生塵(증중생진),
甑塵釜魚(증진부어), 至窮且窮(지궁차궁), 天寒白屋(천한백옥), 號寒蹄饑
(호한제기)' 등이 있다.

佳人薄命(가인박명)

• 아름다울 가, 사람 인, 엷을 박, 목숨 명. 용모가 아름다운 사람은 운명이 苟酷(가혹)하다. 미인은 운명이 기박함. 미인은 팔자가 사나움. 美人薄命(미인박명). 薄命美人(박명미인).

蘇軾(소식: 소동파)이 지은 「薄命佳人(박명가인)」이라는 七言律詩(칠언율시)에 이 말이 나온다.

> 두 뺨은 굳은 젖, 머리털은 옻을 발랐는데
> 눈빛은 발로 들어와 구슬처럼 또렷하구나.
> 원래 흰 깁으로 선녀의 옷을 만들고
> 붉은 연지로 타고난 바탕을 더럽히지 못한다.
> 오나라 말소리는 귀엽고 부드러워 아직 어린데
> 한없는 인간의 근심을 전연 알지 못한다.
> 예부터 가인은 흔히 명이 박하다지만
> 문을 닫은 채 봄이 다하면 버들 꽃도 지고 말겠지.

이 시는 蘇東坡(소동파)가 杭州(항주), 楊州(양주) 등지 지방장관으로 있을 때 우연히 절간에서 나이 팔십이 이미 넘었다는 어여쁜 여승을 보고, 그녀의 아리따웠을 소녀시절을 회상하며 미인의 박명함을 지은 것이라 한다.

아름다운 사람은 명이 짧다고 해석하는 일이 많으나 사실은 그런 뜻이 아니다. 운명이 기박하다는 말이므로 팔자가 사나운 것을 나타낸다. '薄命美人(박명미인)' 또는 '美人薄命(미인박명)'이라고도 한다.

佳人(가인)이나 美人(미인)이라는 말은 임금과 같은 貴族(귀족)을 가리키는 경우가 많은데 요즘은 얼굴이 예쁜 여자를 가리키는 경우가 많다. 우리나라 속담에는 '一色(일색) 소박은 있어도 薄色(박색) 소박은 없다.'는 말이 있다. 아무리 아름다운 여자라도 소박맞는 수가 있다는 말이다. 일색은 가인을 말하고, 박색은 臼頭深目(구두심목)인 醜女(추녀)를 말한다.

苛政猛於虎(가정맹어호)

- 독할 가. 다스릴 정. 사나울 맹. 어조사 어. 호랑이 호. 까다로운 정치는 범보다 무섭다. 가혹한 정치는 호랑이보다 더 사납다. 苛斂誅求(가렴주구)하는 정치

이 말은 『禮記(예기)』 檀弓篇(단궁편)에 나온다.

孔子(공자)가 제자들과 함께 泰山(태산) 옆을 지나가는데 무덤 옆에서 우는 아낙네를 보았다. 공자는 제자인 子路(자로)에게 이렇게 묻게 했다.

"내가 부인의 울음소리를 가만히 들으니 아무래도 여러 번 슬픈 일을 당한 것 같은데 어떻게 된 사연입니까?"

부인은 울음을 그치고 대답했다.

"예, 과연 그렇습니다. 옛날에는 저의 시아버지가 범에게 잡혀 죽었고, 얼마 전에는 제 남편도 또 범에게 잡혀 죽었는데, 이번에 제 자식이 또 범에게 잡혀서 죽고 말았습니다."

공자는 부인의 말을 듣자,

"그러면 어째서 이 무서운 고장을 떠나지 못하는 거요?" 하고 반문했다. 부인이 대답했다.

"그래도 이 고장에는 까다로운 정사가 없기 때문이지요."

공자는 느낀 바가 있어 제자들에게 말했다.

"너희들 잘 명심해 두어라. 까다로운 정치는 백성들이 범보다도 더 무섭게 안다는 것을."

까다로운 정치란 백성들을 달달 볶는 정치이고 이 정치는 가혹한 정치, 苛斂誅求(가렴주구)하는 정치이다.

참고)
苛斂誅求(가렴주구): 매울 가. 거둘 렴, 베어 죽일 주, 구할 구. 세금을 가혹하게 거두어들이고 무리하게 재물을 빼앗음.

家和萬事成(가화만사성)

> • 집 가, 화목할 화, 일만 만, 일 사, 이룰 성. 집안이 화목하면 모든 일이 잘되어 나감.

이 말은 '笑門萬福來(소문만복래)'와 대를 이루어 잘 쓰이는 말이다.

집안이 화목하려면 여유와 웃음이 있어야 한다. 웃음이 있으려면 입과 혀를 거칠게 놀리지 말아야 한다. 입과 혀에 관한 다음 시를 보자.

> 입은 화의 문이요,
> 혀는 몸을 베는 칼
>
> 口是禍之門 구시화지문
> 舌是斬身刀 설시참신도

'禍自口出(화자구출) 病自口入(병자구입)'이라는 문자도 있다. 화는 입으로부터 나오고 병은 입으로부터 들어간다는 문자이다. 입과 혀를 거칠게 놀리면 집안이 화목하지 못하다. 그러한 집안은 크게 일어서기 어렵다. 크게 되더라도 많은 후유증이 나타난다.

그러면 어떤 집이 화목한가. 그것은 웃음이 넘치는 집안이다. '笑門萬福來(소문만복래)'라는 말을 살펴보자. 이 말은 그 입에서 웃음이 자꾸 나오면 모든 어려움은 웃음과 함께 사라지고 그 대신 기쁜 일이 찾아오게 된다는 말이다. 그야말로 웃음은 화를 돌려 복을 만드는, 轉禍爲福(전화위복)의 좋은 약이라고 할 수 있다.

'修身齊家(수신제가)'라는 것은 곧 자기를 수양하고, 國家(국가)를 잘 다스린다는 말이다. '治國平天下(치국평천하)'도 수신제가에서 비롯되니 가화만사성이라는 말은 뜻이 쉬우나 의미는 아주 깊다.

刻舟求劍(각주구검)

• 새길 각, 배 주, 구할 구, 칼 검. 배에 새기고 칼을 찾는다. 칼을 강물에 떨어뜨리자 뱃전에 표시를 했다가 나중에 그 칼을 찾으려 했다는 故事(고사). ① 어리석고 융통성이 없음. ② 시대적 변화를 모르는 어리석음.

『呂氏春秋(여씨춘추)』察今篇(찰금편)에 나오는 이야기이다.

楚(초)나라 사람이 배를 타고 강을 건너게 되었는데, 들고 있던 칼을 그만 강물에 떨어뜨리고 말았다. 그러자 그는 얼른 칼을 빠뜨린 뱃전에다 표시를 해 두고, "내가 칼을 빠뜨린 곳은 바로 여기다." 하고 자못 영리한 것처럼 주위 사람을 둘러보았다.

이윽고 배가 언덕에 와 닿자 그는 아까 표시를 해 놓은 그 자리에서 물로 뛰어들었다. 그는 그 자리에 칼이 있을 것으로만 믿고 있었던 것이다. 배는 이미 그동안에 칼이 빠진 곳에서 멀리 떨어져 갔는데도 그걸 미처 깨닫지 못하고 그런 식으로 칼을 찾겠다니 한심한 사람이라고 할 수밖에 없다.

肝膽相照(간담상조)

• 간 간. 쓸개 담. 서로 상. 비칠 조. 서로 간과 쓸개를 꺼내 보인다는 뜻. 친구
사이의 眞正(진정)한 우정. 서로 속마음을 터놓고 가까이 지냄.

唐宋八大家(당송팔대가) 중 唐代(당대)의 두 名文(명문) 대가에 韓愈
[한유: 자는 退之(퇴지), 768~824]와 柳宗元[유종원: 자는 子厚(자후),
773~819]이 있었다. 이들은 함께 古文復興(고문부흥) 운동을 제창한 문
우로서 세인으로부터 韓柳(한유)라 불릴 정도로 절친한 사이였다.

당나라 11대 황제인 憲宗(헌종: 805~820) 때 柳州刺史(유주자사)로 좌
천되었던 유종원이 죽자 한유는 그 墓誌銘(묘지명)을 썼다.

자신의 불우한 처지는 제쳐 놓고 오히려 연로한 어머니를 두고 변경인
播州刺史(파주자사)로 좌천, 부임하는 친구 劉夢得(유몽득)을 크게 동정했
던 유종원의 진정한 우정을 찬양하고, 이어 경박한 사귐을 증오하여 이렇
게 쓰고 있다.

"……사람이란 곤경에 처했을 때라야 비로소 節義(절의)가 나타나는 법
이다. 평소 평온하게 살아갈 때는 서로 그리워하고 기뻐하며 때로는 놀이
나 술자리를 마련하여 부르곤 한다. 또 흰소리를 치기도 하고 지나친 우
스갯소리도 하지만 서로 양보하고 손을 맞잡기도 한다. 어디 그뿐인가.
'서로 간과 쓸개를 꺼내 보이며[肝膽相照]' 해를 가리켜 눈물짓고 살든
죽든 서로 배신하지 말자고 맹세한다. 말은 제법 그럴듯하지만 일단 털끝
만큼이라도 이해관계가 생기는 날에는 눈을 부릅뜨고 언제 봤냐는 듯 안
면을 바꾼다. 더욱이 함정에 빠져도 손을 뻗쳐 구해 주기는커녕 오히려
더 깊이 빠뜨리고 위에서 돌까지 던지는 인간이 이 세상 곳곳에 널려 있
는 것이다."

곧 상호간에 진심을 터놓고 격의 없이 사귐을 나타내거나 마음이 잘 맞
는 절친한 사이를 일컫게 되었다.

蓋棺事始定(개관사시정)

- 덮을 개, 널 관, 일 사, 비로소 시, 정할 정. 丈夫(장부)는 관을 덮어야 일이 비로소 결정된다. 사람의 일이란 관 뚜껑을 덮기 전에는 모른다. 시체를 관에 넣고 뚜껑을 덮은 뒤에라야 비로소 그 사람의 功業(공업)을 알 수 있음. '사람은 죽을 때까지 노력해야 하는 것으로, 죽은 뒤가 아니면 그 사람의 是非(시비) 선악을 평가할 수 없음'을 이르는 말. 人事蓋棺定(인사개관정).

이 말은 두보의 시에 나오는 구절이다.

杜甫(두보)가 四川省(사천성) 동쪽 夔州(기주)의 깊은 산골로 落魄(낙백)해 살고 있을 때 역시 거기에 와서 살며 失意(실의)에 찬 나날을 보내던 친구의 아들 蘇徯(소혜)에게 편지 대신 보내 준 시에 나온다.

> 그대는 보지 못하였는가, 길가에 버려진 못을
> 그대는 보지 못하였는가, 앞서 꺾어 넘어진 오동나무를
> 백 년 뒤 죽은 나무가 거문고로 쓰이게 되고
> 한 섬 오랜 물은 蛟龍(교룡)을 품기도 했다.
> 장부는 관을 덮어야 일이 비로소 결정된다.
> 그대는 아직 다행히 늙지 않았거늘
> 어찌 원망하리오, 초췌히 산속에 있는 것을.
> 심산궁곡은 살 곳이 못 된다.
> 벼락과 도깨비와 미친바람까지 겸했다.

우리나라에서 흔히 쓰는 말 중에 '관 뚜껑을 덮기 전에는 모른다.'라는 말이 있다. 관 뚜껑을 덮은 다음에도 여러 사연이 생길 수도 있다. '부관참시'라는 말이 있지 않은가.

참고)
剖棺斬尸(부관참시): 쪼갤 부, 널 관, 벨 참, 주검 시. 五刑(오형) 중에서 죽은 사람의 관을 쪼개 시체를 꺼내어 목 베는 형벌.

居移氣養移體(거이기양이체)

> • 살 거, 옮길 이, 기운 기, 기를 양, 몸 체. 居處(거처)하는 곳에 따라 기상이
> 달라지고, 먹고 입는 것에 따라 몸이 달라진다. 사람은 그 지위와 경우에 따
> 라 그 기분의 차이가 있음을 이름.

『孟子(맹자)』에 나오는 말이다.

孟子(맹자)가 范(범)에서 齊(제)나라 서울로 갔을 때 제나라의 王子(왕
자)를 바라보고 느낀 바가 있어 喟然(위연)히 탄식하며 말했다.

"거처는 기상을 변하게 하고, 먹고 입는 것은 몸을 달라지게 한다. 사람
에게는 거처라는 것이 참으로 관계가 크다. 다 같은 사람의 자식이 아니냐."

맹자는 계속해서 이렇게 말했다.

"왕자가 살고 있는 집이나, 그가 타고 다니는 수레며 말이 대체로 다른
귀한 집 자식들과 다를 것이 없다. 그런데도 왕자가 저같이 달리 보이는
것은 그가 처해 있는 위치가 그렇게 만든 것이다. 그러니 하물며 천하의
넓은 곳에 살고 있는 사람이겠느냐."

맹자가 말한 천하의 넓은 곳이란, 도를 터득해서 천지와 호흡을 같이하
는 聖人(성인)의 경지를 말하는 것이다.

맹자는 또 이어 다음과 같은 예를 들었다.

"魯(노)나라 임금이 宋(송)나라로 갔을 때 垤澤(질택)이라는 城門(성문)
에서 크게 외쳐 불렀다. 그러자 문을 지키고 있던 사람이 말하기를 '이상
하다. 분명 우리 임금님은 아닌데 어떻게 목소리가 꼭 우리 임금님과 같
을까?'라고 했다. 이것은 다른 이유에서가 아니다. 두 임금의 처해 있는
위치가 서로 같았기 때문이다."

우리나라에서는 '자리가 사람을 만든다.'라는 말이 쓰인다.

ㄱ

擧爾所知爾所不知人其舍諸

(거이소지이소부지인기사저)

• 들 거, 너 이, 바 소, 알 지, 아닐 부, 사람 인, 그 기, 버릴 사, 이 저. 너의 아는 바를 들면, 네가 알지 못하는 바를 사람이 버리겠느냐?

『論語(논어)』 子路篇(자로편)에 나오는 말이다.

孔子(공자)의 弟子(제자) 仲弓(중궁)이 魯(노)나라의 實權者(실권자) 季氏(계씨)의 總理(총리)가 되자 공자에게 정치하는 도리를 물었다. 공자가 말했다.

"有司(유사)를 먼저 하고, 작은 허물을 용서하고, 어진 인재를 찾아내라."

유사를 먼저 하라는 말은 혼자 모든 일을 직접 통솔하고 지휘하는 번거로운 방법을 쓰지 말라는 말이다. 인재에게 믿고 내맡기라고 말한 것이다. 작은 허물을 용서하라는 말은 실수를 하더라도 꾸짖지 말라는 말이다. 중궁이 재차 물었다.

"누가 과연 인재인지 어떻게 알아볼 수 있습니까?"

공자가 답했다.

"너의 아는 바를 들면, 네가 알지 못하는 바를, 사람이 버리겠느냐?"

내가 알고 있는 인재부터 옳게 쓰면 그 인재가 다른 인재를 추천하기도 하고 또 자기가 찾아내 쓰기도 한다는 말이다. 인재를 한꺼번에 다 찾아낼 수는 없다.

어느 시대를 막론하고 인재가 없었던 때는 없다. 중요한 것은 다만 인재를 쓰고 싶어 하는 성의와 인재를 옳게 쓰는 역량에 있는 것이다. 우리나라에서는 '人事(인사)가 萬事(만사)다.'라는 말이 쓰이고 있다. 이 말은 사람 쓰는 것에 모든 일이 달려 있다는 말이다. '구관이 명관이다.'라는 말도 있다. 이 말은 경험 많은 사람이 역시 일을 잘하고 믿을 만하다는 말이다.

去者不追來者不拒(거자불추내자불거)

> • 갈 거, 이 자, 아닐 불, 쫓을 추, 올 내, 거절할 거. 가는 사람 붙잡지 말고 오는 사람 거절하지 말라.

『荀子(순자)』法行篇(법행편)에는 孔子(공자)의 제자 子貢(자공)의 말이라 하여,

"君子(군자)는 몸을 바르게 하여 기다릴 뿐이다. 오고 싶어 하는 사람은 거절하지 아니하고 가고 싶어 하는 사람은 붙들지 않는다."라고 나와 있다.

다음은 『論語논어』述而篇(술이편)에 나오는 이야기이다.

互鄕(호향)에 사는 한 소년이 공자를 찾아와 가르침을 청했다. 제자들은 호향이 風氣(풍기)가 좋지 못한 마을로 이름나 있었기에 소년을 문 밖에서 돌려보내고 싶었으나 공자에게 물었다. 공자는 조금도 주저하는 빛이 없이 그 아이를 들어오게 했다.

얼마 동안 이야기를 주고받은 끝에 아이가 물러가자, 제자들은 몹시 疑訝(의아)한 표정으로 공자를 바라보았다. 공자가 제자들을 타일러 말했다.

"나를 찾아온 그 마음을 받아들일 뿐 그가 물러가서 무엇을 하는 것까지 관여할 것은 없다. 굳이 그 아이에게만 심하게 할 이유가 없지 않겠느냐."

흔히 '가는 사람 붙들지 않고, 오는 사람 막지 않는다.'라는 말을 쓰고 있다. '去者寞追(거자막추)', '往者不追(왕자불추)'라고도 한다.

乾坤一擲(건곤일척)

• 하늘 건, 땅 곤, 한 일, 던질 척. 하늘과 땅을 한번 내던지다. 승패와 흥망을 걸고 마지막 결단을 내리는 일. 운명과 흥망을 걸고 단판걸이로 승부를 겨룸.

중국 唐(당)나라 때 韓愈(한유)기 鴻溝(홍구)를 지나며 楚漢(초한) 싸움 때 漢(한)의 劉邦(유방)이 홍구의 서쪽으로 돌아가려다가 말머리를 돌려, 項羽(항우)와 천하를 놓고 최후의 승부를 결정짓는 賭博(도박)을 하게 된 것을 회상한 내용의 시 속에 나온 구절이다. 「過鴻溝(과홍구)」라는 시의 내용은 다음과 같다.

용은 지치고 범도 고달파 강과 들을 나누었다.
億萬蒼生(억만창생)의 목숨이 살아남게 되었네.
누가 임금을 권해 말 머리를 돌리게 하여
참으로 한번 던져 하늘땅을 걸게 만들었던고!

龍疲虎困割川原 용피호곤할천원
億萬蒼生性命存 억만창생성명존
誰勸君王回馬首 수권군왕회마수
眞成一擲賭乾坤 진성일척도건곤

'乾坤(건곤)'은 천지이며 '一擲(일척)'은 한번 던진다는 말이다. 따라서 이 말은 승패와 흥망을 걸고 마지막 결단을 내리는 일을 나타낸다. 운명과 흥망을 걸고 단판걸이로 승부를 겨루는 일도 나타내고 또한 이기면 하늘과 땅이 다 내 것이 되고, 지면 하늘과 땅을 다 잃게 되는 도박을 한다는 말이다.

참고)
億萬蒼生(억만창생): 억 억, 일만 만, 푸를 창, 살 생. 億兆蒼生(억조창생).
億兆蒼生(억조창생): 일억 억, 일조 조, 푸를 창, 살 생. 극히 많은 백성.

桀犬吠堯(걸견폐요)

• 횃대 걸, 개 견, 짖을 폐, 요임금 요. 옛적 夏(하)나라 걸왕 같은 포학한 사람이 기르는 개는 요임금과 같은 성군을 보고도 짖는다는 뜻으로, 사람은 선악을 불문하고 각기 그 주인에게 충성을 다한다는 말. ① 사람은 각기 그 상전을 위해 선악을 가리지 않고 충성을 다한다는 말. ② 악한 자와 한 패가 되어 어진 이를 미워함. 桀狗吠堯(걸구폐요). 跖狗吠堯(척구폐요).

이 말은 『史記(사기)』 淮陰侯傳(회음후전)에 나온다.

漢(한)나라 劉邦(유방)이 策士(책사) 蒯通(괴통)을 기름 가마에 삶아 죽일 때 괴통이 부르짖기를,
"秦(진)나라가 그 사슴을 잃은지라 온 천하가 다 함께 이를 쫓았습니다. 그 결과 솜씨가 뛰어나고 발이 빠른 사람이 먼저 얻게 된 것입니다. 盜跖(도척) 같은 도둑놈의 개도 요임금을 보면 짖습니다. 요임금이 어질지 않아서가 아니라, 개는 원래 그 주인이 아니면 짖기 때문입니다. ……"라고 했다.

괴통은 韓信(한신)에게 謀叛(모반)하라고 충동했던 일이 있다. 그 일이 발각되어 유방은 烹刑(팽형)을 명했던 것이다.

괴통의 이 말은 중국의 桀王(걸왕)과 같은 惡人(악인)이라도 그에게서 길러지고 있는 개는 그 주인의 뜻에 따라 堯(요)임금 같은 聖人(성인)에게도 덤벼 짖는다는 말이므로 사람은 각기 그 상전을 위해 선악을 가리지 않고 충성을 다한다는 말도 되고 악한 자와 한 패가 되어 어진 이를 미워한다는 말도 된다. '桀狗吠堯(걸구폐요), 跖狗吠堯(척구폐요)'라고도 한다. 괴통은 '跖狗吠堯(척구폐요)'라고 말했다. 도척은 요임금 시절의 흉악한 도둑을 말한다. 도적의 대명사가 도척이다.

乞骸骨(걸해골)

楚霸王(초패왕) 項羽(항우)에게 쫓긴 漢王(한왕) 劉邦(유방)이 고전하고
있을 때의 일이다. 유방은 지난해(B.C. 203) 항우가, 반란을 일으킨 彭越
(팽월)·田榮(전영) 등을 치기 위해 출병한 사이에 초나라의 도읍인 彭城
[팽성: 徐州(서주)]을 공략했다가 항우의 반격을 받고 겨우 滎陽[형양: 河
南省(하남성) 내]으로 도망쳤다. 그러나 수개월 후 軍糧(군량) 수송로까지
끊겨 더 이상 지탱하기 어렵게 되자 항우에게 휴전을 제의했다. 항우는
응할 생각이었으나 亞父(아부: 아버지 다음으로 존경하는 사람이란 뜻) 范
增(범증)이 반대하는 바람에 쉽게 이루어지지 않았다. 이 사실을 안 유방
의 참모 陳平(진평)은 간첩을 풀어 초나라 陣中(진중)에 '범증이 항우 몰
래 유방과 내통하고 있다.'고 헛소문을 퍼뜨렸다.

이에 화가 난 항우는 은밀히 유방에게 강화의 사신을 보냈다. 진평은
항우를 섬기다가 유방의 신하가 된 사람인 만큼 누구보다도 항우를 잘 알
았다. 그래서 성급하고도 단순한 항우의 성격을 겨냥한 이간책은 멋지게
맞아떨어진 것이다. 진평은 張良(장량) 등 여러 重臣(중신)과 함께 정중히
사신을 맞이하고 이렇게 물었다.

"아부(범증을 지칭)께서는 안녕하십니까?"

"나는 초패왕의 사신으로 온 사람이오."

사신은 불쾌한 말투로 대답했다.

"뭐, 초왕의 사신이라고? 난 아부의 사신인 줄 알았는데……."

진평은 짐짓 놀란 체하면서 잘 차린 음식을 素饌(소찬)으로 바꾸게 한
뒤 말없이 방을 나가 버렸다. 사신이 돌아와서 그대로 보고하자 항우는
범증이 유방과 내통하고 있는 것으로 확신하고 그에게 주어진 모든 권한
을 박탈했다. 범증은 크게 노했다.

"천하의 대세는 결정된 것과 같사오니, 전하 스스로 처리하시오소서. 신

은 이제 '해골을 빌어[乞骸骨]' 초야에 묻힐까 하나이다."

항우는 어리석게도 진평의 책략에 걸려 유일한 謀臣(모신)을 잃고 말았다. 범증은 팽성으로 돌아가던 도중에 등창이 터져 75세의 나이로 죽었다고 한다.

이 말은 늙은 宰相(재상)이 나이가 많아 朝廷(조정)에 나오지 못하게 될 때 임금에게 그만두기를 奏請(주청)함을 이르는 말이 되었다.

참고)
素饌(소찬): 소박할 소, 반찬 찬. ① 고기나 생선이 들어가지 아니한 반찬. ② 남에게 식사를 대접할 때 겸양의 말.

格物致知(격물치지)

• 바로잡을 격, 만물 물, 이를 치, 알 지. 실제적인 사물을 통하여 이치를 연구
하여 온전한 지식에 다다른다. 사물의 이치를 근거로 지식을 명확히 한다. 실
제적인 사물을 통하여 이치를 연구하여 온전한 지식에 다다름.

이 말은 『大學(대학)』에 나온다.

朱子(주자)는,
"격물은 천하 만물의 이치를 끝까지 캐고 들어가는 것이다. ……노력을
거듭한 끝에 하루아침에 훤히 통하게 되면 모든 사물의 이치를 다 알게
된다. 이것이 치지다."라고 말했다. 주자와 동시대 학자인 陸象山(육상산)
은 '格(격)'을 물리친다는 뜻으로 풀이하고 '物(물)'을 물욕의 외물로 보고,
사람의 참다운 지혜를 얻기 위해서는 사람의 마음을 어둡게 하는 物慾(물
욕)을 먼저 물리쳐야만 한다고 주장했다. 그렇게 하면 良知(양지)를 얻는
다고 했다.

王陽明(왕양명)의 경우, '物(물)'은 사람의 마음이 향하고 있는 대상을,
'知(지)'는 지식이 아닌, 자연스럽고 영묘한 마음의 기능(맹자가 말한 良
知)으로 풀이했다. 주자의 격물치지가 지식 위주이고 양명은 도덕적 실천
을 중시하므로 주자학을 理學(이학)이라고 부르고, 양명학을 心學(심학)이
라고 부르게 되었다.

이 격물치지는 학문하는 방법의 하나이다. 주자학과 양명학에서 사용하
는 용어가 되었다. 주자학의 두 강목 중 窮理(궁리)에 해당한다.

結草報恩(결초보은)

> • 맺을 결, 풀 초, 갚을 보, 은혜 은. 풀을 묶어서 은혜에 보답한다. 죽어 혼령
>   이 되어서라도 은혜를 잊지 않고 갚음.

이 이야기는 『동주열국지』 55회에 나온다.

春秋時代(춘추시대) 五霸(오패)의 한 사람인 晉(진)나라 晉文公(진문공)의 부하 장군 중에 魏犫[위주: 魏武子(위무자)]라는 勇士(용사)가 있었다. 그는 전장에 나갈 때면 魏顆(위과)와 魏錡(위기) 두 아들을 불러 놓고 자기가 죽거든 자기가 사랑하는 祖姬(조희)라는 첩을 양반의 집 좋은 사람을 골라 시집을 보내 주라고 유언을 하고 떠났다. 그런데 막상 집에서 병들어 죽을 임시에는 조희를 자기와 함께 묻어 달라고 유언을 했다. 당시는 귀인이 죽으면 그의 사랑하던 첩들을 殉葬(순장)하는 관습이 있었다. 그러나 위과는 아버지의 유언을 따르려 하지 않았다. 아우인 위기가 유언을 고집하자 위과는,

"아버지께서는 평상시에는 이 여자를 시집보내 주라고 유언을 했었다. 臨終(임종) 때 말씀은 정신이 昏迷(혼미)해서 하신 말씀이다. 효자는 정신이 맑을 때 명령을 따르고 어지러울 때 명령을 따르지 않는다고 했다."

하고, 殉死(순사)를 면하게 하였으며 장사를 마치자 顆(과)는 아버지의 遺言(유언)을 어기고 庶母(서모)를 改嫁(개가)시켜 좋은 집으로 시집을 보내 주었다.

뒷날 그가 전쟁에 나가 秦(진)나라의 杜回(두회)와 싸워 위태하게 되었을 때, 첫 싸움에 크게 패하고 밤에 비몽사몽간에 귓전에 맴도는 '靑草坡(청초파)'라고 속삭이는 소리를 듣고는 위과는 청초파가 실제로 근처 地名(지명)이라는 것을 알고 그리로 진지를 옮겨 싸우게 했다. 적장 두회는 여전히 용맹을 떨치는데 위과가 멀리서 바라보니 웬 노인이 풀을 잡아매어 두회가 탄 말의 발을 자꾸만 걸리게 만들었다. 말이 자꾸만 무릎을 꿇자 두회는 말에서 내려와 싸웠다. 그러나 역시 발이 풀에 걸려 자꾸만 넘어지는 바람에 필경은 잡히어 포로가 되고 말았다.

그날 밤 꿈에 그 노인이 위과에게 나타나 말했다.

"나는 조희의 아비 되는 사람입니다. 장군이 先親(선친)의 治命(치명)을 따라 내 딸을 좋은 곳으로 시집보내 준 은혜를 갚기 위해 미약한 힘으로 잠시 장군을 도와드렸을 뿐입니다." 하고 낮에 있었던 일을 설명하고, 다시 장군이 그 같은 陰德(음덕)으로 뒤에 자손이 왕이 될 것까지 일러 주었다는 것이다.

이 이야기에는 '孝子 終治命 不從亂命(효자 종치명 부종난명)'이라는 말도 나온다.

참고)
孝子終治命不從亂命(효자종치명부종난명): 효도 효, 아들 자, 마칠 종, 다스릴 치, 목숨 명, 아닐 불, 따를 종, 어지러울 난. 효자는 정신이 맑을 때 명령을 따르고 어지러울 때 명령을 따르지 않는다는 말.

陰德陽報(음덕양보): 그늘 음, 큰 덕, 볕 양, 갚을 보. 남이 모르게 덕행을 쌓은 사람은 뒤에 그 보답을 저절로 받음. '有陰德者必有陽報(유음덕자필유양보)'를 略(약)한 말.

傾國之色(경국지색)

• 기울 경, 나라 국, 갈 지, 빛 색. 나라를 위태롭게 할 만한 미인. 임금이 迷惑(미
혹)하여 나라가 기울어져도 모를 만큼 매우 뛰어난 미녀. 傾城之色(경성지색).

본디 이 말은 『史記(사기)』項羽本紀(항우본기)에 나온다.

漢王(한왕) 劉邦(유방)과 楚覇王(초패왕) 항우가 서로 천하를 놓고 다툴
때, 어느 한 기간 한왕의 父母妻子(부모처자)들이 항우에게 사로잡혀 있었다.

이때 侯公(후공)이라는 辯士(변사)가 항우를 설득시켜 한왕과의 화의를 성
립시키고, 항우가 인질로 잡고 있던 한왕의 부모처자들을 돌려보내게 했다.

이 소문을 들은 세상 사람들은 후공을 이렇게 평가했다.

"그는 참으로 천하의 辯士(변사)다. 그가 있는 곳이면 그의 辯舌(변설)
로 인해 나라를 기울어지게 만든다."

이 말을 들은 한왕 유방은 후공의 공로를 포상하여 경국의 반대인 平國
(평국)이라는 글자를 따서 그에게 平國君(평국군)이라는 칭호를 주었다 한다.

그런데 그 뒤 傾國(경국)이니, 傾城(경성)이니, 絶世(절세)니 하는 말들
이 뛰어난 미인을 지칭하게 된 것은 漢(한)나라 李延年(이연년)이 지은 시
에서 비롯된 바가 많다고들 한다. 다음 시를 보면,

> 북쪽에 어여쁜 사람이 있어
> 세상에 떨어져 홀로 서 있네.
> 한 번 돌아보면 남의 성을 기울이고
> 두 번 돌아보면 남의 나라를 기울인다.
> 어찌 경성과 경국을 모르리오
> 어여쁜 사람은 다시 얻기 어렵다.

이연년이 漢武帝(한무제) 앞에서 자신의 누이동생을 위해 시로 노래했는
데 이 여자는 곧 중국 한무제의 이 부인이 된다. 이 이야기는 『漢書(한서)』
外戚傳(외척전)에 실려 있는데, 기실 이 부인이 나라를 기울게 한 적은 전
혀 없다.

敬而遠之(경이원지)

- 공경할 경, 말 이을 이, 멀 원, 갈 지. 공경하나 멀리한다. 공경은 하면서도 가까이하기를 꺼리다. 귀신을 공경하여 모독하지 않으며 또한 귀신이 내리는 禍福(화복)에 마음을 쓰지 않음. 겉으로는 공경하는 체하면서 속으로는 멀리 함. 敬遠視(경원시).

이 말은 『論語(논어)』 雍也篇(옹야편)에 나온다.

孔子(공자)의 제자 樊遲(번지)가 知(지)란 어떤 것이냐고 묻자 공자는, "백성의 道理(도리)를 힘쓰고, 귀신을 恭敬(공경)하고 멀리하면, 지라 말할 수 있다."
고 대답했다.

옳게 알고 옳게 깨달은 참다운 앎이란 어떤 것이냐고 물은 것 같다. 공자는, "사람이 마땅히 해야 할 도리를 실천하는 데 힘을 기울이고 귀신의 힘을 빌려 福(복)을 구하고 禍(화)를 물리치는 어리석은 짓은 하지 않는 것이 아는 사람의 올바른 자세다." 하고 대답한 것 같다.

따라서 이 말은 귀신을 공경하여 모독하지 않으며 또한 귀신이 내리는 禍福(화복)에 마음을 쓰지 않는다는 말이고 후대에 와서는 겉으로는 공경하는 체하면서 속으로는 멀리한다든지, 존경은 하면서도 가까이하기를 꺼리는 그런 뜻으로도 쓰이고, 겉으로는 존경하는 체하면서 속으로는 못마땅해하는 뜻으로도 쓰인다. 또한 겉 다르고 속 다른 사람을 은근히 비꼴 때 사용하는 말로 쓰이기도 한다. '敬遠(경원), 敬遠視(경원시)'라고 한다.

鷄口牛後(계구우후)

> • 닭 계, 입 구, 소 우, 뒤 후. 닭의 부리와 소의 뒤. 닭의 머리가 될지언정 소의 꼬리가 되지 말라. 작은 단체의 우두머리라도 되는 것이 낫다는 말.

『戰國策(전국책)』 韓策(한책)에 나오는 이야기이다.

戰國時代(전국시대) 중엽, 東周(동주)의 도읍 洛陽(낙양)에 蘇秦(소진: B.C. ?~317)이란 縱橫家(종횡가: 모사)가 있었다. 그는 合縱策(합종책)으로 입신할 뜻을 품고, 당시 최강국인 秦(진)나라의 東進(동진) 정책에 戰戰兢兢(전전긍긍)하고 있는 韓(한)·魏(위)·趙(조)·燕(연)·齊(제)·楚(초) 6국을 순방하던 중 한나라 宣惠王(선혜왕)을 알현하고 이렇게 말했다.

"전하, 한나라는 자세가 견고한데다 군사도 강병으로 알려져 있사옵니다. 그런데도 싸우지 아니하고 진나라를 섬긴다면 천하의 웃음거리가 될 것이옵니다. 게다가 진나라는 한 치의 땅도 남겨 놓지 않고 계속 국토의 할양을 요구할 것이옵니다. 하오니 전하, 차제에 6국이 남북, 즉 세로[縱]로 손을 잡는 합종책으로 진나라의 동진책을 막고 국토를 보전하시오소서. '차라리 닭의 부리가 될지언정[寧爲鷄口] 쇠꼬리는 되지 말라[勿爲牛後]'는 옛말도 있지 않사옵니까."

선혜왕은 소진의 합종설에 전적으로 찬동했다. 이런 식으로 6국의 군왕을 설득하는 데 성공한 소진은 마침내 여섯 나라의 재상을 겸임하는 종약장이 되었다.

'닭의 부리가 될지언정 쇠꼬리는 되지 말라.'는 말이니 곧 큰 집단의 말석보다는 작은 집단의 우두머리가 되라는 말이다. 본문을 잘 읽어 보면 이 말은 소진이 만들어 낸 말이 아니고 중국 속담이다.

참고)
종횡가: 戰國時代(전국시대)에 諸國(제국)의 君主(군주)들을 찾아다니며 독자적인 정책을 遊說(유세)하여 그들 여러 나라를 縱(종)·橫(횡)으로 묶어서 經綸(경륜)하려던 外交家(외교가)·策士(책사)·謀士(모사)의 총칭. 합종책을 說(설)한 소진과, 소진이 피살된(B.C. 317) 후 합종책을 깨기 위한 連衡策(연횡책)을 펴 성공한 張儀(장의)가 그 대표로 꼽힘.

ㄱ

鷄群一鶴(계군일학)

• 닭 계, 무리 군, 하나 일, 큰 두루미 학. 닭의 무리 속에 한 마리의 학. 다수의 평범한 사람 중에서 뛰어난 한 사람. 鷄群孤鶴(계군고학), 群鷄一鶴(군계일학). 출전 晉書(진서).

魏晉(위진) 시대, 阮籍(완적)·阮咸(완함)·嵇康(혜강)·山濤(산도)·王戎(왕융)·劉伶(유영)·向秀(상수) 등 竹林七賢(죽림칠현)으로 불리는 일곱 명의 선비가 있었다. 이들은 종종 지금의 河南省(하남성) 북동부에 있는 죽림에 모여 老莊(노장)의 허무 사상을 바탕으로 한 淸談(청담)을 즐겨 담론했다.

그런데 죽림칠현 중 위나라 때 中散大夫(중산대부)로 있던 혜강이 억울한 죄를 뒤집어쓰고 처형당했다. 그때 혜강에게는 나이 열 살밖에 안 되는 아들 嵇紹(혜소: ?~304)가 있었다. 혜소가 장성하자 重臣(중신) 산도가 그를 武帝[무제: 265~290, 위나라를 멸하고 진나라를 세운 司馬炎(사마염)]에게 천거했다.

"폐하, 『書經(서경)』의 康誥篇(강고편)에는 부자간의 죄는 서로 連坐(연좌)하지 않는다고 적혀 있나이다. 혜소가 비록 혜강의 자식이긴 하오나 총명함이 춘추시대 晉(진)나라의 대부 郤缺(극결)에게 결코 뒤지지 않사오니 그를 秘書郞(비서랑)으로 기용하시오소서."

"卿(경)이 薦擧(천거)하는 사람이라면 丞(승)이라도 능히 감당할 것이오."

이리하여 혜소는 비서랑보다 한 계급 위인 비서승에 임명되었다. 혜소가 입궐하던 그 이튿날, 어떤 사람이 자못 감격하여 왕융에게 말했다.

"어제 구름처럼 많이 모인 사람들 틈에 끼어서 입궐하는 혜소를 보았습니다만, 그 늠름한 모습은 마치 '닭의 무리 속에 우뚝 선 한 마리의 학[鷄群一鶴]' 같았습니다."

그러자 왕융은 미소를 띠고 이렇게 말했다.

"그대는 혜소의 아버지를 본 적이 없지만 그는 혜소보다 훨씬 더 늠름했다네."

여러 평범한 사람들 가운데 뛰어난 한 사람이 섞여 있음을 비유하는 말로, 보통 '群鷄一鶴(군계일학)'이라고 많이 쓴다.

鷄肋(계륵)

> • 닭 계, 갈비뼈 륵. 닭의 갈비뼈. 버리기에는 아깝고 뜯어먹을 살은 없음. 큰 소용은 못 되나 버리기는 아까운 사물.

『後漢書(후한서)』에 나오는 이야기이다. 戰國時代(전국시대) 魏(위)나라 曹操(조조)가 명한 軍號(군호)였다.

조조가 劉備(유비)와 漢中(한중) 땅을 놓고 싸울 때였다. 補給(보급)이 모자라 갈팡질팡하며 幕僚(막료)들도 조조의 意思(의사)를 몰라 명령을 내려 달라고 하자 마침 닭의 갈비를 뜯고 있던 조조가 '鷄肋鷄肋(계륵계륵)'이라고만 말하자 아무도 그게 무슨 뜻인지를 몰랐는데 주부 벼슬하는 楊修(양수)가 해석하기를,

"닭의 갈비는 먹음직한 살은 없지만 그래도 그대로 버리기는 아까운 것이다. 결국 이곳을 버리기는 아깝지만 대단한 것은 아니라는 뜻이니 버리고 돌아가기로 결정을 내린 것"이라고 했다. 곧 撤軍(철군)을 의미한다고 해석한 것이다.

이튿날 조조가 정식 철수를 명령하기도 전에 군대는 기다린 듯이 바쁘게 행동을 개시했다. 조조가 놀라서 그 까닭을 물으니 양수의 예언이 하도 잘 맞기에 미리 준비를 해 두고 있었다는 것이다.

따라서 계륵이라는 말은 버리기에는 아깝고 뜯어먹을 살은 없음을 나타내거나, 큰 소용은 못 되나 버리는 아까운 사물을 나타낸다. 어떤 때는 몸이 작고 삐쩍 말라 있는 것을 나타내는데, 죽림칠현 중 한 사람인 劉伶(유영)의 말에 나오기도 한다. 후일에 양수는 조조의 시기를 받아 처형을 당하고 만다.

鷄鳴狗盜(계명구도)

> • 닭 계, 울 명, 개 구, 도적 도. 닭 울음과 개 도둑. 닭 울음소리를 낼 줄 아는
> 자와 개를 가장하여 남의 물건을 훔치는 재주를 가진 자. ① 천한 재주도 긴
> 하게 쓰일 때가 있다는 말. ② 또는 군자가 배워서는 안 될 천한 재주를 가
> 진 사람.

『史記(사기)』孟嘗君傳(맹상군전)에 나오는 이야기이다.

중국 春秋戰國時代(춘추전국시대) 齊(제)나라 孟嘗君(맹상군)은 食客
(식객)을 삼천이나 거느린 귀족으로 한때 이러한 귀족이 넷이었다고 해서
사군시대라고 불리며 한 시대를 風靡(풍미)했던 인물이다. 맹상군이 아버
지의 뒤를 이어 제나라 재상으로 있을 때, 秦(진)나라 昭王(소왕)이 그를
國賓(국빈)으로 초청했는데 맹상군을 재상으로 임명할 생각이었던 소왕은
맹상군이 제나라를 진나라보다 먼저 생각하게 되리라는 어느 사람의 말에
끌려, '이왕 내가 못 쓸 바엔 돌려보내지 않으리라' 마음먹고, 맹상군 일
행을 연금 상태에 두게 했다.

맹상군은 갇혀 죽게 되자 식객들과 상의한 끝에 개 흉내를 잘 내는 食
客(식객)을 시켜서, 전에 왕에게 선물했던 흰여우 가죽옷을 훔쳐내어 왕의
寵姬(총희)에게 뇌물로 바쳐 풀려나온 후, 函谷關(함곡관)으로 도망쳤으나
밤이 깊어 관문이 닫혀 있었으므로 닭의 울음소리를 낼 줄 아는 자를 시
켜 새벽인 것처럼 꾸며 울게 하니 관문이 열려 함곡관을 빠져나왔다.

맹상군이 덕을 많이 베풀어 나중에 보답을 받는다는 말이기도 하나 宋
(송)나라 王安石(왕안석)은 맹상군을 酷評(혹평)했다. 삼천이나 되는 식객
을 거느리면서도 死地(사지)로 들어가는 일을 막은 식객이 없으니 그의
곁에는 謀士(모사)다운 모사가 없었다는 말이다.

계명구도라는 말은 닭 울음소리를 낼 줄 아는 자와 개를 가장하여 남의
물건을 훔치는 재주를 가진 자를 나타내기도 하고, 천한 재주도 긴하게
쓰일 때가 있다는 말이 되기도 하고, 군자가 배워서는 안 될 천한 재주를
가진 사람을 나타내기도 한다.

鼓腹擊壤(고복격양)

• 두들길 고, 배 복, 칠 격, 흙 양. 배를 두들기고 흙덩이를 친다. 태평가를 부른다. 천하의 태평무사를 즐기는 모양을 이르는 말.

『十八史略(십팔사략)』帝堯篇(제요편)에 나오는 이야기이다.

중국 堯(요)임금이 천하를 다스린 지 50년이 되었을 때, 民情(민정)을 살피는데 康衢(강구)라는 넓은 거리에 이르렀을 때 아이들이 노래를 부르며 놀고 있었다.

> 우리 뭇 백성들을 살게 하는 것은
> 그대의 지극함이 아닌 것이 없다.
> 느끼지도 못하고 알지도 못하면서
> 임금의 법에 따르고 있다.

요임금은 다시 발길을 옮겼다. 한 노인이 두 다리를 쭉 뻗고, 한쪽 손으로는 배를 두드리고 한쪽 손으로는 흙덩이를 치면서 장단에 맞추어 노래를 부르고 있었다.

> 해가 뜨면 일하고
> 해가 지면 쉬며
> 우물 파서 마시고
> 밭을 갈아 먹으니
> 임금 덕이 내게 뭣이 있으랴.

천하의 태평무사를 즐기는 모양을 이르는 말이다. '康衢童子(강구동자)'와 '擊壤老人(격양노인)'이라는 말이 이 이야기에서 비롯되었다. 孔子(공자)가 『書經(서경)』을 편찬할 때 많은 전설의 임금들을 다 빼어 버리고 제일 첫머리에 제요를 두었다. 천황씨, 지황씨, 인황씨는 물론 복희 신농 황제에 관한 전설적인 이야기는 전혀 비추지 않았다. 요임금이 舜(순)임금에게 천하를 전하고 순임금이 禹(우)에게 천하를 전해 준 것만을 크게 취급했다. 그리고 공자와 맹자는 이 두 임금을 가장 이상적인 인물로 떠받들고 주나라 주공을 가장 이상적인 인물로 숭모하게 되었다.

'康衢童謠(강구동요), 康衢煙月(강구연월), 堯舜時代(요순시대), 比屋可封(비옥가봉)' 등이 비슷한 말이다.

참고)
康衢煙月(강구연월): 편안할 강, 네거리 구, 연기 연, 달 월. 태평한 시대의 평화
　　　　　　　　로운 거리 풍경.
比屋可封(비옥가봉): 견줄 비, 집 옥, 옳을 가, 봉할 봉. 집집마다 벼슬에 봉할
　　　　　　　　집이 즐비하다. 표창할 만한 인물이 많다는 뜻으로, 나라에
　　　　　　　　착하고 어진 사람이 많음을 이르는 말. 태평성대를 뜻하기
　　　　　　　　도 함.

告朔餼羊(고삭희양)

• 아뢸 고, 초하루 삭, 곳집쌀 희, 양 양. 매달 초하루에 양을 잡아 바치다.

옛날 天子(천자)가 매년 季冬(계동)에 다음 해 열두 달의 冊曆(책력)을 諸侯(제후)에게 나누어 주었는데, 제후는 이것을 받아 가지고 가 先祖(선조)의 宗廟(종묘)에 간직해 두고 매달 초하루에 양을 犧牲物(희생물)로 바치고 종묘에 告(고)한 후 그 달의 책력을 꺼내어 나라 안에 펴던 일이다.

魯(노)나라의 文公(문공)에 이르러 이런 일은 없어지고 다만 양을 바치는 습관만 남았으므로 지금은 쓸데없는 비용이나 虛禮(허례)의 뜻으로 쓰인다. 허례에 가깝더라도 해가 없는 것은 보존하여 다른 날의 쓰임을 기다리는 일을 나타내기도 한다.

孤城落日 (고성낙일)

• 외로울 고, 성 성, 떨어질 낙, 해 일. 멀리 외따로 떨어져 있는 성에 해마저 기우는 쓸쓸한 심정과 삭막한 풍경. 외로운 성에서 지는 해를 봄. 孤立無援 (고립무원)한 외딴 성이 해가 지려고 하는 곳에 있다는 뜻으로 도움이 없이 고립된 정상 또는 여명이 얼마 남지 않은 쓸쓸한 신경을 비유한 밀.

唐(당)나라 시인 王維(왕유)의 시 [送韋評事(송위평사: 위 평사를 보내며)]에 나오는 말이다.

> 장군을 좇아 우현을 잡고자
> 모래 마당에 말을 달려 거연으로 향한다.
> 멀리 아노라, 한나라 사신이 소관 밖에서
> 외로운 성 지는 해 언저리를 근심스레 바라보리란 것을.

> 欲逐將軍取右賢 욕축장군취우현
> 沙場走馬向居延 사장주마향거연
> 遙知漢使蕭關外 요지한사소관외
> 愁見孤城落日邊 수견고성낙일변

왕유는 동양화 같은 고요한 맛과 그윽한 정을 풍기는 자연시를 많이 썼다. 여기서는 국경 밖의 땅을 배경으로 한 異國的(이국적)인 정서가 시를 한층 재미있게 만들고 있다.

글 제목에 나오는 '評事(평사)'는 법을 맡아 죄인을 다스리는 벼슬 이름으로, 위 평사가 장군을 따라 서북 국경 밖으로 떠나보낸다는 송별시다. 漢(한)나라 시대를 배경으로 하고 있다.

고성낙일은 멸망의 그날을 초조히 기다리는 그러한 심정이나 남의 도움이 없이 고립된 상태 혹은 남의 도움을 받지 못하는 외로운 상태를 나타내는 말이 되었다.

高枕安眠(고침안면)

> • 높을 고, 베개 침, 편안할 안, 잘 면. 베개를 높이 하여 편히 잘 잔다.

전국시대, 蘇秦(소진)과 張儀(장의)는 縱橫家(종횡가)로서 유명한데 소진은 合縱(합종), 장의는 連衡(연횡)을 주장했다. 합종이란 秦(진)나라 이외의 여섯 나라, 곧 韓(한)·魏(위)·趙(조)·燕(연)·齊(제)·楚(초)가 동맹하여 진나라에 대항하는 것이며, 연횡이란 여섯 나라가 각각 진나라와 손잡는 것이지만 실은 진나라에 복종하는 것이었다.

소진보다 악랄했던 장의는 진나라의 무력을 배경으로 이웃 나라를 압박했다. 진나라 惠文王(혜문왕) 10년(B.C. 328)에는 장의 자신이 진나라 군사를 이끌고 위나라를 침략했다. 그 후 위나라의 재상이 된 장의는 진나라를 위해 위나라 哀王(애왕)에게 합종을 탈퇴하고 연횡에 가담할 것을 권했으나 받아들여지지 않았다. 그러자 진나라는 본보기로 한나라를 공격하고 8만에 이르는 군사를 죽였다. 이 소식을 전해 들은 애왕은 잠을 이루지 못했다. 장의는 이때를 놓치지 않고 애왕에게 말했다.

"전하, 만약 진나라를 섬기게 되면 초나라나 한나라가 쳐들어오는 일은 없을 것이옵니다. 초나라와 한나라로부터 화만 없다면 전하께서는 '베개를 높이 하여 편히 잘 주무실 수 있사옵고[高枕安眠]' 나라도 아무런 걱정이 없을 것이옵니다."

애왕은 결국 진나라와 화친하고 합종을 탈퇴했다. 장의는 이 일을 시작으로 나머지 다섯 나라를 차례로 방문, 설득하여 마침내 周(주)나라 赧王(난왕) 4년(B.C. 311)에 연횡을 성립시켰다.

ㄱ

古稀(고희)

> • 예 고. 드물 희. 옛날부터 드물다. 칠십 세를 사는 일은 옛날에는 드물었다는
> 시. 나이 칠십 세를 이름.

杜甫(두보)의 [曲江二首(곡강이수)]에 '人生七十古來稀(인생칠십고래
희)'라는 시구가 있다. 곡강은 長安(장안) 중심지에 있는 못으로 風光(풍
광)이 아름답고 봄이면 꽃을 찾는 사람들로 붐비었다고 한다.

[曲江二首(곡강이수)] 중 둘째 시를 보자.

> 조회에서 돌아와 날이면 날마다 봄옷을 전당 잡히고
> 매일 강 머리에서 마냥 취해 돌아온다.
> 술빚은 보통으로 가는 곳마다 있지만
> 사람이 칠십을 산 것은 예부터 드물다.
> 꽃을 헤치는 호랑나비는 깊숙이 나타나 보이고
> 물을 적시는 잠자리는 힘차게 날고 있다.
> 풍광에 전해 말하니 함께 흐르고 굴러
> 잠시 서로 즐기며 서로 떨어지지 말자꾸나.

人生七十古來稀(인생칠십고래희)는 巷間(항간)에 전해 내려오는 말을
두보가 시로 옮긴 것이라고도 한다. 칠십 세를 사는 일은 옛날에는 드물
었다는 말이므로 '고희'는 나이 칠십 세를 이르게 되었다.

曲學阿世(곡학아세)

• 굽을 곡, 학문 학, 아첨할 아, 세상 세. 배운 것을 굽혀 세상에 아부하다. 학문을 왜곡하여 時勢(시세)나 권력자에 아부함.

『史記(사기)』 儒林列傳(유림열전)에 나오는 이야기이다.

중국 漢(한)나라의 轅固(원고)는 『詩經(시경)』에 能通(능통)하여 博士(박사)가 되었다. 원고는 성품이 강직한 사람이었다. 景帝(경제)의 어머니 竇太后(두태후)는 老子(노자)를 崇拜(숭배)하는 사람인데 궁중으로 원고를 불러 노자에 대해 물었다. 원고는 유학자로서 노자의 신봉자들을 미워하고 있었으므로,

"그런 것들은 하인이나 종들이 하는 말에 불과합니다." 하고 첫마디에 貶(폄)했다.

두 태후는 노하여 원고를 가축 사육장으로 들여보내 돼지나 잡게 만들었다. 얼마 뒤 경제는 원고를 신임했으므로 다시 太傅(태부)의 자리에 임명했다.

武帝(무제)가 卽位(즉위)하고 얼마 아니 되어 원고가 나이 아흔이 넘어서 다시 조정으로 불려갔다. 그때는 公孫弘(공손홍)이 得勢(득세)하게 되었을 때이다. 공손홍은 아첨을 잘하는 인물이었다. 그는 아흔이 넘은 원고가 또 바른 말을 많이 할까 몹시 두려워하여 그를 排斥(배척)했는데 마침 조정에 들어갔을 때 원고가 공손홍을 곁에 두자,

"배운 것을 올바로 말하기를 힘쓰고, 배운 것을 굽혀 세상에 아부하는 일이 없도록 하게." 하고 말했다.

'곡학아세'는 자기가 배운 것을 굽혀 가면서 세상의 비위를 맞추고 학문을 왜곡하여 時勢(시세)나 권력자에 아부하는 일을 나타낸다.

참고)
貶(폄): 다른 사람을 깎아내려서 나쁘게 말하다.

功名垂竹帛 (공명수죽백)

> • 공로 공, 이름 명, 드리울 수, 대 죽, 비단 백. 공명을 죽백에 드리운다. 이름
>   을 千秋(천추)에 전함.

죽백은 대나무와 비단이다. 옛날에는 기록을 竹(죽)이나 비단에 했으므
로 죽백이라는 말은 곧 기록이나 역사에 해당한다. 따라서 이 말은 공을
세워 이름을 역사에 남긴다는 뜻을 담고 있다.

이 이야기는 『後漢書(후한서)』 鄧禹傳(등우전)에 나온다.

등우는 광무제가 후한을 세우는 데 공을 세운 開國功臣(개국공신)이다.
鄧禹(등우)가 소년 시절에 장안으로 가서 공부를 하고 있었는데, 그때 劉
秀(유수)도 長安(장안)으로 와서 공부하고 있었다. 등우는 유수를 만나자
마자 그가 비범한 인물이라는 것을 알고 사귀게 되었다.

王莽(왕망)이 新(신)을 세운 뒤에 몹시 흔들리자 漢(한)나라 後裔(후예)
로 반란군 대장에 劉玄(유현)이 추대되어 更始帝(갱시제)가 되었는데 등우
가 薦擧(천거)되었으나 나아가지 않았다. 유수가 황하 이북 땅을 平定(평
정)하러 떠났다는 말이 들려오자 등우는 즉시 黃河(황하)를 건너가 鄴(업)
이라는 곳에서 유수를 만났다. 유수가 자신을 따르고 섬기는 이유를 묻자,

"다만 明公(명공)의 威德(위덕)이 四海(사해)에 더해지기를 바랄 뿐입니
다. 나는 얼마 안 되는 힘이나마 바쳐 공명을 죽백에 드리울 뿐입니다."라
고 말했다.

유수는 후에 光武帝(광무제)가 되었고 등우는 知人之鑑(지인지감)이 있
어서 뜻대로 되었다. 이 말은 '名垂竹帛(명수죽백)'이라고도 하고 '名傳千
秋(명전천추)'라고도 한다. '名傳千秋(명전천추)'는 이름을 천 년 동안 전
한다는 말이다.

참고)
知人之鑑(지인지감): 알 지, 사람 인, 갈 지, 볼 감. 재능이 있는지 없는지 사람
을 잘 알아보는 鑑識力(감식력).

空中樓閣(공중누각)

• 빌 공, 가운데 중, 다락 누, 다락집 각. 공중에 있는 樓閣(누각). 공중에 누각을 세운 것같이 根據(근거)나 土臺(토대)가 없는 사물, 이론을 이르는 말.

宋代(송대) 沈括(심괄)의 『夢溪筆談(몽계필담)』에 나온 기록으로 "登州(등주)는 사면이 바다로 둘러싸여 있는데, 늦은 봄에서 여름에 걸쳐, 멀리 수평선 위로 누각들이 줄을 이은 도시가 보인다. 지방 사람들은 이것을 海市(해시)라고 한다."에서 비롯되었다는 말이다.

그 뒤 淸(청)나라 翟灝(적호)는 그가 지은 『通俗篇(통속편)』 속에 심괄의 이 글을 수록한 다음,

"지금 말과 행동이 허황된 사람을 가리켜 공중누각이라고 하는 것은 이것을 말하는 것이다."라고 했다. 물론 심괄의 이 기록은 蜃氣樓(신기루)를 일컬음이리라.

『史記(사기)』 天官書(천관서)에도,

"신기루는 누대의 모양을 하고 있는데, 넓은 들의 기운이 흡사 궁궐을 이룩하고 있다."라고 적혀 있다.

공중누각이라는 말은 근거나 토대가 없는 사물을 나타내거나 참된 무엇이 없거나 혹은 비현실적인 이야기나 문장을 가리키는 말로 쓰인다. 우리나라에서는 空中樓閣(공중누각)이라는 말도 많이 쓰고 '沙上樓閣(사상누각), 砂上樓閣(사상누각)'이라는 말도 많이 쓴다.

ㄱ

功虧一簣 (공휴일궤)

- 공 공. 이지러질 휴. 한 일. 삼태기 궤. 공이 한 삼태기로 허물어졌다. 아홉 길 산을 쌓는데 한 삼태기의 흙이 모자라 공이 한꺼번에 무너진다. 조금만 더하면 목적을 이룰 수 있는데 한 삼태기가 부족해서 헛된 일이 되었다는 말. 九仞功虧一簣(구인공휴일궤).

『書經(서경)』 旅獒篇(여오편)에 나오는 말이다.

周(주)나라 武王(무왕)이 殷(은)나라 紂王(주왕)을 무찌르고 새 왕조를 열었는데 旅(여)라는 오랑캐 나라에서 '獒(오)'라는, 珍奇(진기)한 개를 선물로 보냈다. 오는 키가 넉 자나 되는 큰 개로 사람의 말을 잘 알아듣고 또 사람이나 짐승을 잘 덮친다 해서 무왕이 몹시 기뻐하며 소중히 여기자 동생인 召公(소공) 奭(석)은 무왕이 혹시 그런 진기한 물건에 마음이 끌려 정치를 등한히 하지나 않을까 하는 염려에서 이를 일깨워 말하길,

"슬프다, 임금 된 사람은 아침부터 저녁까지 잠시라도 게으름을 피우면 안 된다. 아무리 사소한 일이라도 이를 조심하지 않으면 마침내 큰 덕을 해치기에 이르게 된다. 예를 들어 흙을 가져다가 산을 만드는데, 이제 조금만 일을 계속하면 아홉 길 높이에 이르게 되었을 때, 이제는 다 되었다 하고 한 삼태기의 흙을 운반하는 데 게을리 하게 되면 지금까지의 해 온 일이 모두 허사가 된다."고 했다.

'아홉 길 산을 쌓는데 한 삼태기의 흙이 모자라 공이 한꺼번에 무너진다.'라는 구절에서 나온 말이다. 조금만 더 하면 목적을 이룰 수 있는데 한 삼태기가 부족해서 헛된 일이 되었다는 뜻으로 쓰인다. 九仞功虧一簣 (구인공휴일궤)라는 숙어로 굳어져 있다. 주나라 소공이 정사에 힘쓴 일로 인해 甘棠之愛(감당지애)라는 고사성어가 나왔다.

참고)
甘棠之愛(감당지애): 달 감. 아가위나무 당. 갈 지. 사랑 애. 백성이 시정자의 덕을 仰慕(앙모)하는 일. 周(주)나라 召公(소공)의 善政(선정)에 감격하여 백성들이 그가 일찍이 쉬었던 팥배나무를 소중히 여겼다는 말. 출전 詩經(시경).

瓜期(과기)

> • 참외 과, 기대할 기. 참외가 익을 시기.

『史記(사기)』에 나오는 이야기이다.

管仲(관중)을 등용하여 春秋時代(춘추시대) 五覇(오패)가 된 사람이 齊桓公(제환공)이다. 그의 兄(형) 襄公(양공)은, 그의 異腹(이복)누이 文姜(문강)과 淫亂(음란)하게 놀아났는데, 문강이 魯(노)나라 桓公(환공)에게 시집간 뒤에도 부부를 초청한 후 몰래 즐기다가 환공에게 발각되자 공자 彭生(팽생)을 시켜 술에 만취가 된 노환공을 수레로 모시게 한 다음, 도중에 옆구리를 눌러 죽게 만든 無道(무도)한 임금이다. 이 사실은 『詩經(시경)』에도 등장한다.

이 양공이 連稱(연칭)과 管至父(관지부) 두 장수에게 葵邱(규구)라는 국경지대를 수비하라는 명령을 내려 보내는데 장수가 언제쯤 교대해 줄 것이냐고 묻자 마침 참외를 먹고 있던 양공이,

"이 참외가 다시 익을 때 교대해 주지."라고 아무 생각 없이 약속했다.

어느덧 일 년이 지나 다시 참외 철이 돌아왔지만 두 장수에게는 교대하라는 명령이 전달되지 않았다. 두 사람은 임금을 일깨우려고 변방 군인들이 농사를 지어 딴 참외라면서 임금에게 참외를 바쳤다. 양공은 괘씸한 생각에 화를 버럭 내며 다시 한 해를 더 기다리라고 전해 보냈다.

그해 겨울 양공이 姑棼(고분)이라는 곳으로 사냥 나온 틈을 타 장수들은 반란을 일으켜 양공을 간단히 해치우고 公子(공자) 無知(무지)를 임금으로 세웠다.

이 일로부터 어떤 직책을 띠고 멀리 객지로 나가 있는 벼슬아치들이, 일정한 기간을 마치고 고향으로나 중앙으로 돌아오게 되는 것을 가리켜 '瓜期(과기), 瓜滿(과만), 瓜時(과시)'라고 하게 되었다.

過猶不及(과유불급)

- 지나칠 과, 오히려 유, 아닐 불, 미칠 급. 지나침은 미치지 못함과 같다. 정도
  를 지나침은 도리어 미치지 못함과 같음.
  사물은 中庸(중용)이 중함.

『論語(논어)』 先進篇(선진편)에 나오는 말이다.

孔子(공자)의 제자 子貢(자공)이 묻기를,

"師(사: 자장)와 商(상: 자하)은 누가 더 어집니까?" 하므로, 공자가 대답하기를, "사는 지나치고 상은 미치지 못한다." 하고 대답했다.

"그럼 사가 낫단 말씀입니까?" 반문하자, 공자는,

"지나친 것은 미치지 못한 것과 같다."고 말했다.

子張(자장)과 子夏(자하)는 대조적인 인물이었다. 자장은 기상이 활달하고 생각이 진보적이었는데, 자하는 만사에 조심을 하며 모든 일을 현실적으로만 생각했다.

친구를 사귀는 데 있어서도, 자장은 천하 사람이 다 형제라는 주의로 모든 사람을 동등하게 대하고 있었는데, 자하는 '나만 못한 사람을 친구로 삼지 말라.'고 제자들에게 가르쳤다.

공자가 말한 이 말은 中庸(중용)의 중함, 時中(시중)의 중요성을 말한 것이다. 싱가포르의 甲富(갑부) 某 氏(모 씨)는 평생의 지침이 되는 말이 바로 이 과유불급이었는데 매사 과유불급을 지켜서 아시아의 甲富(갑부)가 되지 않았나 싶다.

참고)
時中(시중): 때 시, 적중할 중. 그때그때에 맞게 한다는 말.

瓜田不納履(과전불납리)

『文選(문선)』 樂府(악부) 古辭(고사) 네 首(수) 중의 [君子行(군자행)]이
라는 시에 나온다.

> 군자는 미연을 막아
> 혐의 사이에 처하지 않는다.
> 외밭에 신을 신지 않고
> 오얏나무 밑에서 갓을 바로잡지 않는다.
> 형수와 시아주버니는 손수 주고받지 않고
> 어른과 아이는 어깨를 나란히 하지 않는다.
> 공로에 겸손하여 그 바탕을 얻고
> 한데 어울리기는 심히 홀로 어렵다.
> 주공은 천한 집 사람에게도 몸을 낮추고
> 입에 든 것을 토해 내며 제대로 밥을 먹지 못했다.
> 한 번 머리 감을 때 세 번 머리를 감아쥐어
> 뒷세상이 성현이라 일컬었다.

이 노래는 군자가 세상을 살아가는 태도를 담고 있다. 공자가 그토록
숭모하는 주공의 고사가 실려 있다. 주나라 문왕, 무왕, 성왕 시대의 주공
은 무왕의 동생이다. 이 주공이 인재를 등용하느라 '吐哺握髮(토포악발)'
했다는 고사도 나와 있다. 과전불납리의 對(대)가 되는 것이 '李下不整冠
(이하부정관)'이다. 이 말도 이 시에 나와 있다. '瓜李之嫌(과리지혐)', '瓜
田梨下(과전이하)'라고도 한다.

過則勿憚改(과즉물탄개)

• 허물 과, 곧 즉, 말 물, 꺼릴 탄, 고칠 개. 잘못했거든 고치기를 꺼리지 말라. 허물을 고치는 것을 꺼리지 말라. 과실을 범했으면 즉시 거리낌 없이 고쳐야 한다는 뜻. 過勿憚改(과물탄개).

『論語(논어)』 衛靈公篇(위령공편)에서 孔子(공자)는 '過而不改是謂過矣(과이불개시위과의)'라고 말했다. 잘못하고도 고치지 않는, 이것을 잘못이라고 한다는 말이다.

『論語(논어)』 子罕篇(자한편)에는 '過則勿憚改(과즉물탄개)'라는 말이 나와 있다. 잘못했거든 고치기를 꺼리지 말라는 말이다.

『論語(논어)』 里仁篇(이인편)에는 '觀過斯知仁矣(관과사지인의)'라는 말이 나와 있다. 그 사람의 잘못을 보고 그의 착한 것을 알게 된다는 말이다.

또 顏淵(안연)을 칭찬하는 대목에서 공자는,
"그는 두 번 잘못을 범하는 일이 없다."고 칭찬했다.
曾子(증자) 같은 성인도 하루 세 번 자신을 반성해 본다고 했고, 子貢(자공)도 말하기를,
"군자의 잘못은 마치 해와 달이 먹히는 것(일식, 월식)과 같다. 그가 잘못을 범했을 때는 모든 사람이 다 이를 보게 되고, 그가 그 잘못을 고쳤을 때는 사람들이 다 우러러본다."고 했다.

管見(관견)

> • 대롱 관. 볼 견. 붓 대롱 속으로 내다본다. 붓 대롱 속으로 하늘을 보면 시야가 몹시 좁아짐. 우물 안 개구리. 좁은 소견. 管中窺豹(관중규표).

『莊子(장자)』 秋水篇(추수편)에 나오는 이야기이다.

魏牟(위모)와 公孫龍(공손룡)과의 問答(문답) 가운데 위모가 말하길,
"그는 아래로는 땅속 깊이 발을 넣고 위로는 허공에까지 높이 올라 있어 남쪽도 북쪽도 없이 사방 만물 속에 꽉 차 있다. 또 헤아릴 수 없는 넓고 큰 경지에 잠겨 있어, 동쪽도 서쪽도 없이 玄冥(현명)에 비롯해서 大通(대통)에 이르러 있다. 그런데 그대는 허둥대며 좁은 지혜로 이를 찾으려 하고, 서투른 口辯(구변)으로 이를 밝히려 하고 있다. 이것은 붓 대롱을 가지고 하늘을 바라보고, 송곳을 가지고 땅을 가리키는 것이니 또한 작다 아니 하겠는가."
여기에 나오는 '그'는 장자를 말한다. 이 '用管窺天(용관규천)'에서 관견이라는 말이 나왔다. '용관규천'이란 붓 대롱을 가지고 하늘을 바라본다는 말이다.

學識(학식)이나 見聞(견문)이 좁거나 또는 자신의 의견을 謙遜(겸손)하게 말할 때 이 말을 쓴다. 남의 偏狹(편협)한 의견을 貶下(폄하)할 때에도 管見(관견)이라는 말을 쓴다. 한국 속담으로 말하면 '소견이 바늘구멍 같다.' '밴댕이 소갈딱지 같다.' 등이다.

참고)
管中窺豹(관중규표): 대롱 관, 가운데 중, 엿볼 규, 표범 표. 대통 구멍으로 표범을 보면 표범 털의 무늬 전체를 보지 못하고 겨우 그 일부분의 무늬밖에 보지 못하므로, 識見(식견)이 좁다는 말.

管鮑之交(관포지교)

> • 대롱 관. 어물 포. 갈 지. 사귈 교. 관중과 포숙아 사이와 같은 사귐. 齊(제)
> 나라 때 관중과 포숙아가 賤(천)했을 때부터 富貴(부귀)하게 된 뒤까지 우정
> 이 두터웠다는 옛일에서 유래된 고사성어.

『左傳(좌전)』 莊公(장공) 8년조에 나오는 이야기이다.

管仲(관중)과 鮑叔牙(포숙아)는 젊었을 때부터 친구였다. 처음에는 둘이서 장사를 했다. 포숙아는 자본을 대고 관중은 경영을 담당했다. 포숙아는 모든 것을 관중에게 一任(일임)하고 一切(일체) 간섭하는 일이 없었다. 기말결산에 이익배당을 할 때면 관중은 언제나 훨씬 많은 액수를 자기 몫으로 차지하곤 했다. 포숙아는 많다 적다 한마디 말하는 법이 없었다. (중략).

제나라의 임금이 된 小白(소백)은 관중을 손수 목을 치려고 벼르고 있었다. 형과 제위를 다투었는데 형의 부하인 관중이 쏜 화살에 맞아 죽을 뻔한 과거가 있어서 복수하려고 했다. 그러나 포숙아의 설득으로 관중의 죄를 용서하고 그를 스승으로 맞아들이는 한편 임금의 권한을 대행하는 재상으로 任命(임명)했다. 관중의 재능을 일찌감치 아는 터였다. 관중은 "나를 낳은 것은 부모지만 나를 아는 것은 오직 포숙아다."라고 말했다.

그 후 제나라는 관중의 힘으로 춘추오패가 되었고, 소백은 바로 齊桓公(제환공)이다.

이 말은 齊(제)나라 때 관중과 포숙아가 賤(천)했을 때부터 富貴(부귀)하게 된 뒤까지 友情(우정)이 두터웠다는 옛일을 나타낸다. 莫逆之友(막역지우)와는 다른 말로서, 時勢(시세)를 떠나 친구를 위하는 두터운 우정을 나누거나 서로 신뢰하고 가깝고 변치 않는 사귐을 나타내게 되었다.

匡人其如予何(광인기여여하)

• 땅이름 광, 사람 인, 그 기, 같을 여, 나 여, 어찌 하. 匡(광) 지방 사람이 나를 어찌 할 수 있겠느냐? 孔子(공자)가 匡(광) 땅에서 陽虎(양호)라는 사람에게 핍박을 받을 때 한 말. 운명에 대한 자신감이나 맡은 사명에 대한 떳떳한 신념을 표현한 말.

이 말은 『論語(논어)』에 나온다.

공자는 말하기를 "나는 쉰 살에 天命(천명)을 알았다."고 했다. 이것은 공자 자신을 말했다기보다는 사람의 수양 과정을 말하면서 쉰 살쯤 되면 인간은 하늘이 어떤 것이고 운명이 어떤 것인가를 알게 된다는 것을 말한 것으로 생각된다.

아무튼 공자는 세상을 올바로 이끌기 위한 오직 한 생각에서 잠시도 편안할 날이 없이 列國(열국)을 巡廻(순회)하고 있었다. 공자가 宋(송)나라를 갔을 때 桓魋(환퇴)가 공자를 죽이려고 하였다. 陽虎(양호)라는 장수가 匡(광) 고장에서 포학한 짓을 저지른 과거가 있는데 공자가 그 양호와 용모가 비슷하여 생긴 일이었다. 공자가 "하늘이 使命(사명)을 나에게 주셨으니 환퇴 그가 나를 어떻게 하겠느냐." 하고 제자들을 안심시켰다.

'修人事待天命(수인사대천명)'이란 바로 이런 것을 가리켜 하는 말이다. '桓魋其如予何(환퇴기여여하)'는 이 말과 같은 말이다. 환퇴, 그가 나를 어떻게 하겠느냐 하는 말이다. 이 대목에는 '知天命(지천명)'이라는 숙어도 나온다. 지천명은 '知命(지명)'이라고도 하며 지금은 오십 세를 나타내는 말로 굳어졌다.

참고)
修人事待天命(수인사대천명): 닦을 수, 사람 인, 일 사, 기다릴 대, 하늘 천, 목숨 명. 盡人事待天命(진인사대천명).
盡人事待天命(진인사대천명): 다할 진, 사람 인, 일 사, 기다릴 대, 하늘 천, 목숨 명. 할 수 있는 最善(최선)을 다한 뒤에 하늘의 뜻을 기다림. 출전 三國志(삼국지).

曠日彌久(광일미구)

- 밝을 광, 해 일, 많을 미, 오랠 구. 오랫동안 쓸데없이 세월만 보낸다. 쓸데 없이 시간만 끎.

『戰國策(전국책)』 燕策(연책)에 나오는 말이다.

전국시대 말엽, 趙(조)나라 惠文王(혜문왕) 때의 일이다. 燕(연)나라의 공격을 받은 혜문왕은 齊(제)나라에 사신을 보내어 3개 城邑(성읍)을 할양 한다는 조건으로 명장 田單(전단)의 파견을 요청했다. 전단은 일찍이 연나 라의 침략군을 火牛之計(화우지계)로 격파한 명장인데 조나라의 요청에 따라 총사령관이 되었다. 그러자 조나라의 명장 趙奢(조사)는 재상 平原 君(평원군)에게 항의하고 나섰다.

"아니, 조나라엔 사람이 없단 말입니까? 제게 맡겨 주신다면 당장 적을 격파해 보이겠습니다."

평원군은 안 된다고 말했다. 그러자 조사는 물러서지 않았다.

"제나라와 연나라는 원수 간이긴 합니다만 전단은 타국인 조나라를 위 해 싸우지 않을 것입니다. 강대한 조나라는 제나라의 패업에 방해가 되기 때문이죠. 그래서 전단은 조나라 군사를 장악한 채 '오랫동안 쓸데없이 세 월만 보낼 것입니다(曠日彌久).' 두 나라가 병력을 소모하여 피폐해지는 것을 기다리면서……."

평원군은 조사의 의견을 묵살한 채 미리 정한 방침대로 전단에게 조나 라 군사를 맡겨 연나라 침공군과 대적하게 했다. 결과는 조사가 예언한 대로 두 나라는 장기전에서 병력만 소모하고 말았다.

참고)
火牛之計(화우지계): 불 화, 소 우, 갈 지, 셈할 계. 소에게 불을 붙여 날뛰게 하 는 전략. 火牛計(화우계).

壞汝萬里長城(괴여만리장성)

> • 무너질 괴, 너 여, 일만 만, 거리 리, 긴 장, 성 성. 너의 만리장성을 허무는 구나. 자기 스스로 자기의 만리장성과 같은 존재를 허물어 없앤다는 뜻으로 어리석은 사람의 어처구니없는 處事(처사)를 痛嘆(통탄)할 때 쓰임.

『宋書(송서)』 檀道濟傳(단도제전)에 나오는 이야기이다.

魏(위)나라가 宋(송)나라와 서로 對峙(대치)해 있을 때 송나라 檀道濟(단도제)의 威勢(위세)는 송나라 전체를 壓倒(압도)할 지경이었다.

중앙에서 정권을 노리는 권신들도 단도제가 두려워 감히 섣불리 나오지를 못했고, 또 왕족들 중에는 그의 후환이 두려워 일찌감치 없앴으면 하는 사람도 있었다.

단도제는 관우와 장비에 비교될 만한 勇力(용력)도 지녔는데 姦臣(간신)들이 결국 임금의 病中(병중)을 틈타 그를 사로잡자 그는 두 눈이 횃불처럼 빛나 보였다. 그는 냉수를 청해서 한 말이나 들이키고 나서 머리에 쓰고 있던 건을 벗어 땅바닥에 내던지며,

"너의 만리장성을 허문단 말이냐." 하고 외쳤다.

北魏(북위) 사람들은 단도제가 죽었다는 말을 듣자,

"도제가 죽었다니 이제 나머지 사람은 하나도 두려울 것이 없다." 하고 그 뒤로 해마다 남쪽을 侵犯(침범)해 내려왔다. 과연 단도제는 만리장성과 같은 존재였다.

孟子(맹자)의 말 중에,

"나라는 반드시 스스로 망할 짓을 한 뒤에 남이 망치게 된다."고 한 말이 있다.

巧言令色(교언영색)

> • 공교할 교, 말씀 언, 좋을 영, 빛 색. 말투를 교묘하게 하고 얼굴 표정을 예쁘게 꾸미다. 번지르르하게 발라맞추는 말과 알랑거리는 낮빛.

『論語(논어)』 學而篇(학이편)에 나오는 말이다.

"공교로운 말과 좋은 얼굴을 하는 사람은 착한 사람이 적다."는 공자의 말은, 풀이하면 말을 그럴듯하게 잘 꾸며 내거나 남의 비위에 맞추어 잘하는 사람, 그리고 생글생글 웃으며 남의 눈에 잘 보이려는 사람은 마음씨가 착하고 진실한 사람이 적다는 뜻이다. 결국 교언과 영색은 꾸민 말과 꾸민 얼굴을 말한 것이 된다. 꾸미기를 좋아하는 사람의 마음이 참되고 어질 수는 없는 것이다.

위의 책 子路篇(자로편)에는 "剛(강)과 毅(의)와 木(목)과 訥(눌)은 仁(인)에 가깝다."라는 말이 나온다. 강은 剛直(강직), 의는 果敢(과감), 목은 淳朴(순박), 눌은 語遁(어둔)을 말한다. 강직하고 과감하고 순박하고 어둔한 사람은 자기 본심 그대로를 지니고 있는 사람이다.

膠柱鼓瑟(교주고슬)

> • 아교 교, 기둥 주, 탈 고, 비파 슬. 기둥을 아교로 붙이고 거문고를 탄다. 자
> 유롭게 옮겨 가면서 소리를 조정하게 만들어 놓은 거문고의 雁足(안족)을 아
> 교로 고정시켜 악기의 소리를 제대로 내지 못하게 함. 뜯어먹을 살은 없음.
> 큰 소용은 못 되나 버리기는 아까운 사물.

다음은 『史記(사기)』 廉頗藺相如列傳(염파인상여열전)에 나오는 이야기이다.

趙(조)나라 名將(명장) 趙奢(조사)는 자기 아들 趙括(조괄)이 대장이 되
면 조나라가 망할 것이라고 예측했다. 趙括(조괄)은 兵法(병법) 이론에 해
박한 지식을 지니고 있었다. 진나라가 침략해 왔을 때 名將(명장) 廉頗(염
파)가 싸웠으나 불리하여 방어만 하고 시간을 끌었다.

진나라에서 꾀를 내었다. 진나라 측에서는 조괄이 장군이 될까 봐 몹시
겁먹고 있다는 헛소문을 유포하였고 드디어 조나라 왕이 조괄을 대장으로
임명하려 하자 藺相如(인상여)는 이렇게 반대했다.

"임금께서 이름만 듣고 조괄을 쓰려 하시는 것은 마치 기둥을 아교로
붙여 두고 거문고를 타는 것과 같습니다. 괄은 한갓 그의 아버지가 전해
준 책을 읽었을 뿐, 때에 맞추어 변통할 줄을 알지 못합니다."

그러나 결국 조괄이 대장이 되었다. 參謀(참모)들의 말을 이론으로 반
박하고 자기주장대로 싸우다 實戰(실전) 경험이 전연 없이 이론만의 작전
을 敢行(감행)한 끝에 40만이라는 大軍(대군)을 몽땅 죽여 버리는, 중국
역사상 최악의 慘敗(참패)를 가져오고 말았다. 기둥을 풀로 붙여 놓고 거
문고를 타니 소리가 엉망이 될 수밖에 없는 것이다.

이 말은 자유롭게 옮겨 가면서 소리를 조정하게 만들어 놓은 거문고의
雁足(안족)을 아교로 고정시켜 악기의 소리를 제대로 내지 못하게 한다는
말이다. 너무 경직되어 융통성이 없음을 가리키기도 하고, 固執不通(고집
불통)인 사람을 가리키기도 한다.

거문고 줄을 가락에 맞추어 타려면 줄을 받치고 있는 기둥을 이리저리
옮겨야만 된다. 그런 것을 한 번 가락에 맞추었다 해서 아예 기둥을 아교
로 꽉 붙여 버리면 다시는 가락에 맞는 소리를 낼 수가 없다. '鼓(고)'는
북이란 뜻이 아니다. 여기서는 탄다는 뜻이 된다.

膠漆之交(교칠지교)

> • 아교 교. 옻 칠. 갈 지. 사귈 교. 아교와 풀의 사귐. 사귐이 극히 두터워 아교
> 나 풀처럼 서로 떨어질 수 없음. 교칠은 阿膠(아교)와 옻.

唐(당)나라 때 白樂天(백낙천)과 元微之(원미지)는 일찍부터 친구였는데 憲宗(헌종) 元和(원화) 元年(원년), 天子(천자)가 직접 치르는 科擧(과거)에 똑같이 壯元(장원)으로 及第(급제)하여, 낙천은 長安(장안) 근처의 尉(위: 검찰관)에 임명되고, 미지는 門下省(문하성)의 諫官(간관)인 左拾遺(좌습유)에 임명되었다. 이리하여 두 사람은 다 같이 나라와 백성을 건져 보겠다는 불타는 열의 속에 그의 첫발을 내딛게 되었다. 그러나 강직한 성품으로 인하여 미지는 원화 구년에 통주 사마로 左遷(좌천)이 되고 낙천은 이듬해에 강주 사마로 내려앉게 되었다. 백낙천이 원미지에게 편지를 썼는데,

"더구나 膠漆(교칠) 같은 마음으로 몸을 胡越(호월)에 둔단 말인가. 나아가도 서로 만날 수 없고, 물러나도 서로 잊을 수가 없다. 서로 잡아끌리면서도 본의 아니게 떨어져 있어, 이대로 각각 白髮(백발)이 되려 하고 있다. 어쩌면 좋은가. 실상 하늘이 하는 일이니 이를 어쩌면 좋단 말인가?" 라는 표현이 있다.

狡兎死而走狗烹 (교토사이주구팽)

春秋(춘추) 末期(말기) 越(월)나라 范蠡(범려)가 大夫(대부) 鍾(종)에게 보낸 편지에,

"나는 새가 다하면 좋은 활이 들어가고, 날랜 토끼가 죽으면 달리는 개가 삶긴다. 월나라 임금의 사람됨이, 목이 길고 입이 까마귀처럼 생겼다. 환란은 같이할 수 있어도 즐거움은 같이할 수가 없다. 그대는 어찌하여 떠나가지 않는가?"라는 구절이 있다.

다음은 『史記(사기)』 淮陰侯傳(회음후전)에 나오는 이야기이다.

楚漢戰(초한전)에서 項羽(항우)를 물리치는 데 가장 큰 공을 세운 사람이 淮陰侯(회음후) 韓信(한신)이다. 항우의 楚(초)가 사라지자 유방에게는 한신이 가장 두려운 적이 되었다. 그래서 제거하고자 하는데 유방의 策士(책사) 陳平(진평)이 諸侯(제후)들을 모이게 한 후에 한신을 잡으면 된다는 꾀를 내자 유방은 제후들을 陳(진)에 모이도록 한 후 한신을 사로잡으니 한신이 말했다. "과연 사람의 말과 같다. 날랜 토끼가 죽으면 좋은 개가 삶기고, 높이 나는 새가 없어지면 좋은 활이 들어가고, 적국이 파하면 謀臣(모신)이 죽는다고 했다. 천하가 이미 정해졌으니 나도 삶기는 것이 원래 당연한 일이다."

이 말은 漢(한)나라 劉邦(유방)의 名將(명장) 韓信(한신)이 전쟁이 끝난 뒤에 제거된 일을 나타내는 말로 유명하다. 우리나라 속담에 '물을 건너면 지팡이를 버린다.'는 말이 있다. 흔히 '兎死狗烹(토사구팽), 狡兎死良狗烹 (교토사양구팽)'이라고 한다. 이 두 이야기 속에는 '鳥盡弓藏(조진궁장), 長頸烏喙(장경오훼)'라는 숙어도 나와 있다.

ㄱ

口蜜腹劍(구밀복검)

> • 입 구, 꿀 밀, 배 복, 칼 검. 입에는 꿀을 담고 배 속에는 칼을 지녔다. 말은 정답게 하나 속으로는 해칠 생각이 있음.

『唐書(당서)』 李林甫傳(이림보전)에 나오는 이야기이다.

이림보는 현종 때 현종 황제가 사랑하고 있는 후궁에게 잘 보임으로써 출세를 하기 시작, 開元(개원) 二十二(이십이)년에 부총리 격인 中書省門下(중서성문하)가 되고 이 년 후에 재상인 中書令(중서령)이 된 다음, 天寶(천보) 十一(십일)년 그가 병으로 죽을 때까지 십구 년 동안, 항상 현종 측근에 있으면서 인사권을 한 손에 쥐고 나라의 정치를 左之右之(좌지우지)했다. 그 결과 興旺(흥왕)했던 당나라를 한때 멸망의 위기로까지 몰고 갔던 安祿山(안록산)의 난을 불러일으키게 되었다.

그는 자기보다 잘난 사람을 가만히 두고 보지 못하는 질투의 化身(화신)이었다.

『十八史略(십팔사략)』에는 이림보를 평하여 이렇게 말하고 있다

"어진 사람을 미워하고 재주 있는 사람을 시기하며, 자기보다 나은 사람을 밀어내고 내리눌렀다. 성질이 陰險(음험)해서 사람들이 말하기를 '입에는 꿀이 있고 배에는 칼이 있다.'라고 했다."

말은 정답게 하나 속으로는 해칠 생각이 있는 경우를 나타내는 말이다. 우리 속담에 '앞에서 꼬리치는 개가 후에 발뒤꿈치 문다.'는 말이 있다. 앞에서 아첨하는 자일수록 보이지 않는 데서는 도리어 험담을 한다는 말이다. 또한 '나무에 오르라 해놓고 흔든다.'는 말도 있다. 우리나라 숙어로 '勸上搖木(권상요목)'이라고 한다.

참고)
勸上搖木(권상요목): 권할 권, 오를 상, 흔들 요, 나무 목. 나무에 오르게 해 놓고 흔들어 댄다. 남을 煽動(선동)하고 뒤에서는 해를 끼침.

九牛一毛(구우일모)

• 아홉 구, 소 우, 한 일, 털 모. 아홉 마리의 소 가운데서 뽑은 한 개의 (쇠)털.
썩 많은 것 중의 극히 적은 부분. 大海一滴(대해일적). 滄海一粟(창해일속).
출전 史記(사기) 司馬遷傳(사마천전).

漢(한)나라 7대 황제인 武帝(무제: B.C. 141~87) 때(B.C. 99) 5,000 의
보병을 이끌고 匈奴(흉노)를 정벌하러 나갔던 이릉(李陵: B.C. ?~72) 장
군은 열 배가 넘는 적의 기병을 맞아 초전 10여 일간은 잘 싸웠으나 결국
衆寡不敵(중과부적)으로 패하고 말았다. 그런데 이듬해 놀라운 사실이 밝
혀졌다. 亂戰(난전) 중에 전사한 줄 알았던 이릉이 흉노에게 투항하여 후
대를 받고 있다는 것이었다. 이를 안 무제는 크게 노하여 이릉의 一族(일
족)을 참형에 처하라고 엄명했다. 그러나 중신을 비롯한 이릉의 동료들은
침묵 속에 무제의 안색만 살필 뿐 누구 하나 이릉을 위해 변호하는 사람
이 없었다.

그래서 이를 분개한 司馬遷(사마천: B.C. 135?~93?)이 그를 변호하고
나섰다. 사마천은 지난날 흉노에게 敬畏(경외)의 대상이었던 李廣(이광)
장군의 손자인 이릉을 평소부터 '목숨을 내던져서라도 國難(국난)에 임할
勇將(용장)'이라고 굳게 믿어 왔기 때문이다. 그는 史家(사가)로서의 냉철
한 눈으로 사태의 진상을 통찰하고 솔직 대담하게 무제에게 아뢰었다.

"황공하오나 이릉은 소수의 보병으로 오랑캐의 수만 기병과 싸워 그 괴
수를 경악게 하였으나 원군은 오지 않고 아군 속에 배반자까지 나오는 바
람에 어쩔 수 없이 패전한 것으로 생각되옵니다. 하오나 끝까지 병졸들과
辛苦(신고)를 같이 한 이릉은 인간으로서 극한의 역량을 발휘한 명장이라
해도 과언이 아닐 것이옵니다. 그가 흉노에게 투항한 것도 필시 훗날 皇
恩(황은)에 보답할 기회를 얻기 위한 苦肉策(고육책)으로 사료되오니, 차
제에 폐하께서 이릉의 무공을 천하에 공표하시오소서."

무제는 진노하여 사마천을 投獄(투옥)한 후 宮刑(궁형)에 처했다. 世人
(세인)은 이 일을 가리켜 '이릉의 화[李陵之禍]'라 일컫고 있다. 궁형이란

남성의 생식기를 잘라 없애는 것으로 가장 수치스런 형벌이었다. 사마천은 이를 친구인 '任安(임안)에게 알리는 글[報任安書]'에서 '최하급의 치욕'이라고 적고, 이어 착잡한 심정을 이렇게 쓰고 있다.

"내가 법에 따라 사형을 받는다고 해도 그것은 한낱 '아홉 마리의 소 중에서 터럭 하나 없어지는 것'과 같을 뿐이니 나와 같은 존재는 땅강아지나 개미 같은 미물과 무엇이 다르겠나? 그리고 세상 사람들 또한 내가 죽는다 해도 절개를 위해 죽는다고 생각하기는커녕 나쁜 말 하다가 큰 죄를 지어서 어리석게 죽었다고 여길 것이네."

사마천이 수모를 당하면서까지 살아가는 데는 그만한 이유가 있었다. 당시 사마천은 太史令(태사령)으로 봉직했던 아버지 司馬談(사마담)이 임종 시(B.C. 122)에 '通史(통사)를 기록하라.'고 한 유언에 따라 『史記(사기)』를 집필 중에 있었기 때문이다. 그래서 그는 『사기』를 완성하기 전에는 죽으려야 죽을 수도 없는 몸이었다. 그로부터 2년 후에 중국 최초의 史書(사서)로서 不朽(불후)의 名著(명저)로 꼽히는 『사기』 130권이 완성(B.C. 97)되어 오늘에 전해지고 있다.

참고)
태사령: 朝廷(조정)의 기록·천문·제사 등을 맡아 보던 관청의 관리. 史官(사관).
사마천: 전한의 역사가. 자는 子長(자장). 경칭은 太史公(태사공). 젊었을 때 전국 각처를 周遊(주유)하여 전국시대 諸侯(제후)의 기록을 수집 정리함. 기원전 104년 公孫卿(공손경)과 함께 太初曆(태초력)을 제정하여 후세 曆法(역법)의 기틀을 마련함. 아버지 史馬談(사마담)의 뒤를 이어 太史令(태사령)이 됨. 匈奴(흉노) 토벌 중 포로가 되어 투항한 李陵(이릉) 장군을 변호하다가 武帝(무제)의 노여움을 사 宮刑(궁형)을 받음. 기원전 97년 불후의 명저 『史記(사기)』 130권을 완성함.

求則得之舍則失之(구즉득지사즉실지)

• 구할 구, 곧 즉, 얻을 득, 갈 지, 버릴 사, 잃을 실. 구하면 얻을 것이고 버려
두면 잃을 것이다.

『孟子(맹자)』盡心(진심) 上(상)에서 孟子(맹자)가 이렇게 말했다.

"구하면 얻고 두면 잃는다. 이 구하는 것은 얻는 것이 유익한 것이니
구하는 것이 내게 있기 때문이다. 구하는 것이 道(도)가 있고 얻는 것이
盲(맹)이 있으니, 이 구하는 것은 얻는 것이 유익할 것이 없는 것이니, 구
하는 것이 밖에 있기 때문이다."

얼추 풀이하면 다음과 같다. 우리 마음속으로 찾으면 眞理(진리)와 善
(선)을 찾을 수 있고 유익하다. 외부로부터 얻어지는 富(부)와 名譽(명예)
는 사실 유익하지 않을 수 있고 구한다고 얻어지는 것도 아니다. 사람들
은 구하면 얻어지는 유익한 것을 얻으려 하지 않고 반드시 얻어서 좋지도
않은 것들을 얻으려고 血眼(혈안)이 되어 있다는 말이다.

口禍之門(구화지문)

• 입 구. 재앙 화. 갈 지. 문 문. 입은 재앙의 문이다. 말을 함부로 하면 화를
당하기 쉽다는 말.

馮道(풍도)의 [舌詩(설시)]에 나온다.

입은 이 화의 문이요
혀는 이 몸을 베는 칼이다.
입을 닫고 혀를 깊이 간직하면
몸 편안히 간 곳마다 튼튼하다.

口是禍之門 구시화지문
舌是斬身刀 설시참신도
閉口深藏舌 폐구심장설
安身處處牢 안신처처뢰

말을 함부로 하면 화를 당하기 쉽다는 말이니 우리나라 속담인 '화는
입으로부터 나오고 병은 입으로부터 들어간다.'라는 표현과 같다. 口是禍
之門(구시화지문)이 본말이다. 풍도는 실제로 입조심을 했는지, 당나라 말
기에 태어나 당나라가 망한 뒤에도 진, 후한, 후주 등 여러 왕조에 벼슬을
하며 장수를 누렸다.

『太平御覽(태평어람)』 人事篇(인사편)에 보면,
'病從口入 禍從口出(병종구입 화종구출)'이라는 말이 있다. 입으로 인
해 병도 생기도 화도 부른다는 말이다. 우리나라 속담에 '혀 아래 도끼 들
었다.'는 말이 있다. '口是傷人斧(구시상인부)'라는 숙어로 보면 된다.

참고)
口是傷人斧(구시상인부): 입 구, 이 시, 해칠 상, 사람 인, 도끼 부. 입은 사람을
상하게 하는 도끼이다.

國士無双(국사무쌍)

- 나라 국, 선비 사, 없을 무, 견줄 쌍. 천하에서 가장 뛰어난 인물. 또는 그러하여 견줄 사람이 아예 없다는 말.

『史記(사기)』 淮陰侯列傳(회음후열전)에 나오는 말로, 漢(한)나라 때 劉邦(유방)에 의해 兎死狗烹(토사구팽)된 淮陰侯(회음후) 韓信(한신)을 가리킨다.

한신은 본시 楚(초)나라 項羽(항우) 밑에서 일하고 있었다. 항우가 고집이 세고 무식하며 자신을 인정해 주지 않자 결국 도망쳐, 멀리 유방을 찾아 漢(한)나라로 들어갔다. 한나라 장군 夏侯嬰(하후영)에게 인정을 받아 軍糧(군량)을 관리하는 治粟都尉(치속도위)에 任命(임명)되었는데 이때 丞相(승상)인 蕭何(소하)와 알게 되었다. 유방이 항우에게 밀려 南鄭(남정)으로 떠나게 되자 많은 장수들이 실망하고 도망을 쳤는데 소하는 한신이 도망갔다고 하므로 그를 쫓아갔고 유방은 소하까지 도망친 줄 알고 있다가 소하가 돌아오자 도망친 이유를 물었다. 그러자 소하는 이렇게 대답했다.

"다른 장수라면 얼마든지 보충할 수 있습니다. 그러나 한신만은 國士(국사)로서 둘도 없는 사람입니다. 임금께서 漢中(한중)의 왕으로 영영 계실 생각이라면 한신 같은 사람은 필요가 없습니다. 그러나 天下(천하)를 놓고 겨룰 생각이시면 한신을 빼고는 상의할 사람이 없습니다."

國士遇之國士報之(국사우지국사보지)

> • 나라 국, 선비 사, 대우할 우, 갈 지, 갚을 보. 國士(국사)로 나를 대우했으니 나도 국사로서 갚는다.

『史記(사기)』刺客列傳(사객녈션)에 나오는 이야기이다.

　晋(진)나라 사람 豫讓(예양)은 智伯(지백)을 섬겼다. 지백은 趙襄子(조양자)에게 잡혀 죽었는데 조양자는 지백을 죽인 후에 骸骨(해골)에 옻칠을 해서 술을 따르는 그릇으로 썼다. 예양은 자신을 國士(국사)로 대우한 智伯(지백)의 怨讐(원수)를 갚기 위해 趙襄子(조양자)를 죽이려고 결심하며 한 말이 다음과 같다.

　"선비는 나를 알아주는 사람을 위해 죽고, 여자는 자기를 좋아하는 사람을 위해 얼굴을 다듬는 법이다. 지금 智伯(지백)이 나를 알아주었으니 기어코 그의 원수를 갚고 말리라."

　예양은 이름을 바꾸고 몸에 옻칠을 하고 수염과 눈썹을 밀어 문둥이로 가장하기도 하고 불이 이글이글하는 숯을 먹고 목소리를 변하게 만들기도 하여 원수를 갚으려 하였으나 조양자에게 매번 사로잡힌 바 되었고 조양자는 왜 자신을 죽이려는지 추궁을 했다. 그러자 예양은 조양자에게 말했다.

　"신이 范氏(범씨)와 中行氏(중행씨)를 섬겼을 때는 그들이 다 같이 나를 보통 사람으로 대우했습니다. 그러므로 나도 그들을 보통 사람으로 갚았을 뿐입니다. 그러나 지백은 나를 국사로서 대우했습니다. 그러므로 나도 국사로서 갚으려 하는 것입니다."

　예양은 세 번이나 실패한 후 결국 조양자에게 죽임을 당했다.

참고)
士爲知己者死(사위지기자사): 선비 사, 할 위, 알 지, 몸 기, 놈 자, 죽을 사. 선비는 자기의 人格(인격)을 알고 尊重(존중)하여 주는 사람을 위해서 목숨을 버려 그 知遇(지우)에 報答(보답)함.

跼天蹐地(국천척지)

• 구부릴 국, 하늘 천, 살금살금 걸을 척, 땅 지. 하늘이 높아도 구부리고 땅이 두터워도 살금살금 걷다. 이 세상에 안심하고 몸을 둘 곳이 없음을 이름. 跼蹐(국척). 局天蹐地(국천척지).

『詩經(시경)』 小雅(소아) 正月篇(정월편)에 나온다.

> 하늘이 대개 높다고 하지만
> 감히 굽히지 않을 수 없고
> 땅이 대개 두텁다고 하지만
> 감히 조심해 걷지 않을 수 없다.
> 이 말을 부르짖는 것은
> 도리도 있고 이치도 있다.
> 슬프다, 지금 사람은
> 어찌하여 독사요 도마뱀인가.

> 謂天蓋高 위천개고
> 不敢不局 불감불국
> 謂地蓋厚 위지개후
> 不敢不蹐 불감불척
> 有號斯言 유호사언
> 有倫有脊 유윤유척
> 哀今之人 애금지인
> 胡爲虺蜴 호위훼척

이 세상에 안심하고 몸을 둘 곳이 없음을 일컫는 말이고 위 시는 각박한 정치현실을 개탄하는 내용으로 되어 있다. '跼蹐(국척)'이라고도 한다.

國破山河在(국파산하재)

> • 나라 국, 깨뜨릴 파, 뫼 산, 물 하, 있을 재. 나라는 깨어지고 산과 물만 있
> 다. 전쟁으로 인하여 나라는 망하였어도 산천은 옛날 그대로 남아 있어 슬픈
> 마음을 자아낸다는 말.

唐(당)나라 詩聖(시성) 杜甫(두보)의 [春望(춘망)] 한 句節(구절)이다.

나라는 깨어지고 산과 물만 있다.
성안은 봄이 되어 초목만 무성하고
때를 생각하니 꽃에도 눈물을 뿌리고
이별을 한하니 새도 마음을 놀래 준다.
봉화불이 석 달을 계속하니
집에 편지가 만금에 해당한다.
흰 머리를 긁으니 다시 짧아져서
온통 비녀를 이겨 내지 못할 것 같다.

國破山河在 국파산하재
城春草木深 성춘초목심
感時花濺淚 감시화천루
恨別鳥驚心 한별조경심
烽火連三月 봉화연삼월
家書抵萬金 가서저만금
白頭搔更短 백두소갱단
渾欲不勝簪 혼욕불승잠

이 시는 전쟁으로 인하여 나라는 망하였어도 산천은 옛날 그대로 남아
있어 슬픈 마음을 자아낸다는 내용으로 되어 있다. 이 시에는 '家書萬金
(가서만금)'이라는 숙어도 들어 있다.

群盲撫象(군맹무상)

> • 무리 군, 눈멀 맹, 어루만질 무, 코끼리 상. 맹인 코끼리 만지기. 사물을 총체적으로 파악하지 못하고 모든 사물을 자기 주관과 좁은 소견으로 그릇 판단한다는 뜻. 群盲評象(군맹평상).

『涅槃經(열반경)』에 나오는 이야기이다.

어느 곳 한 왕이 하루는 한 대신을 불러 코끼리를 끌어내어 소경들에게 보여 주고 무엇인지 물으라고 하자 소경들은 코끼리인 줄을 모르고 이빨을 만진 소경은 무라고 대답하고 귀를 만져 본 소경은 키라고 대답하고 머리를 만진 소경은 돌이라고 대답하자 왕이 말하길,

"善男子(선남자)들이여, 이 소경들은 코끼리와 몸뚱이를 제대로 말하고는 있지 않지만 그렇다고 말하고 있지 않는 것도 아니다. 그들이 말하고 있는 코끼리는 아니지만, 이것을 떠나서 또 달리 코끼리가 있는 것도 아니다."라고 말했다.

이 이야기에 나오는 코끼리는 佛性(불성)을 비유해서 말한 것으로, 소경은 모든 어리석은 중생을 비유해 말한 것이다. 그리고 이 이야기는 모든 중생이 불성을 부분적으로 이해하고 있다는 점을 지적하고 있다. 또한 모든 중생에게는 다 불성이 있다는 것을 보여 주고 있는 것이다.

또 다른 말로는, 여러 명의 장님들이 코끼리를 어루만져 보고, 배를 만진 장님은 바람벽과 같다고 하고 다리를 만진 장님은 기둥과 같다고 하는 등 자기가 만져 본 부분에 의하여 의견을 말하는 일을 가리킨다.

우리가 쓰고 있는 뜻은, 못나고 어리석은 凡人(범인)들이 위대한 인물이나 사업을 비판한다 해도 그것은 한갓 일부분에 지나지 않는 평으로, 전체에 대한 올바른 평이 될 수 없다는 뜻이다. 사물을 총체적으로 파악하지 못하고 모든 사물을 자기 주관과 좁은 소견으로 그릇 판단한다는 뜻이다. '群盲評象(군맹평상)', '群盲象評(군맹상평)'이라고도 한다.

君命有所不受(군명유소불수)

- 임금 군, 명령 명, 있을 유, 바 소, 아닐 불, 받을 수. 장수가 군에 있을 때는 임금의 명령도 받지 않는 경우가 있다. 전쟁을 치를 때에는 상황에 따라 장수는 임금의 명령이라도 듣지 않을 수 있음.

『孫子(손자)』九變篇(구변편)에 나오는 말이다. 『史記(사기)』司馬穰苴列傳(사마양저열전)에도 나온다.

齊景公(제경공) 때 晉(진)나라가 阿甄(아견)을 치고 燕(연)나라가 河上(하상)을 침략해 왔다. 제나라 군사는 번번이 패하기만 하자 宰相(재상) 晏嬰(안영)이 穰苴(양저)를 薦擧(천거)했고 양저는 대장으로 임명되자 임금이 신임하는 사람을 監軍(감군)으로 정해 같이 보내 주면 장병들이 동요하지 않고 자신을 따를 것이라고 했다. 임금은 莊賈(장가)라는 寵臣(총신)을 감군(감독관)으로 보냈는데 장가가 지위와 임금의 寵愛(총애)를 믿고 軍律(군율)을 어기자 양저는 가차 없이 목을 베어 버렸다. 장가는 임금에게 도움을 청했지만 특사가 늦게 도착하여 이미 죽었고 양저는 소리 높여 군사들에게 말했다. "장수가 군에 있을 때는 임금의 명령도 받지 않는 경우가 있다."

양저는 진과 연의 군대를 물리치고 잃었던 땅을 모두 찾았다.

將帥(장수)가 戰爭(전쟁)을 遂行(수행)하는 마당에 있어서는 임금의 명령도 경우에 따라 듣지 않을 수 있다는 말이다.

君子可欺以其方 (군자가기이기방)

• 군자 군, 선생 자, 가할 가, 속일 기, 써 이, 그 기, 방도 방. 군자는 그럴듯한
  방법으로 남을 속일 수 있음. 可欺以方(가기이방). 可欺以其方(가기이기방).

孟子(맹자)가 들려주는 이야기이다.

옛날 산 물고기를 鄭(정)나라 子産(자산)이 선물로 받자 자산은 살아 있
는 물고기를 차마 잡아먹을 수 없어 정원을 관리하는 校人(교인)에게 연
못에 넣어 잘 살게 하라고 보냈다. 교인은 물고기를 다 잡아먹고 태연하
게 그렇게 했노라 보고하니 아무것도 모르는 자산은 그 물고기가 제 있을
곳을 얻었다며 기뻐했다. 교인은 밖으로 나와 자못 자랑스러운 듯이 이렇
게 말했다.

"누가 자산을 보고 지혜 있는 사람이라 하는가. 이미 삶아먹은 것도 모
르고 제 있을 곳을 얻었구나 제 있을 곳을 얻었구나 하지 않겠는가. 그러
므로 군자는 그럴듯한 방법으로 속일 수는 있어도, 그 도리가 아닌 것으
로는 속이기 어려운 것이다."

맹자는 이 예를 순임금을 변명하기 위해 들고 있다. 학식과 덕행이 높
은 사람을 가리켜 군자라 말하고 있다. 이 군자라도 남에게 속아 넘어갈
수가 있다는 말이다. 세상물정 모르는 군자 같은 사람들이 교활한 사람에
게 속아 넘어가는 것을 가리키는 말이다.

君子不器(군자불기)

• 군자 군. 선생 자. 아닐 불. 그릇 기. 군자는 한 가지 소용에 맞지 않는다. 군자는 그릇으로 잴 수 없다. ① 그릇이란 제각기 한 가지 소용에 맞는 것이나, 덕이 있는 사람은 그렇지 않아. 온갖 방면에 통함을 이르는 말. ② 군자는 기량이 워낙 커서 측량할 수 없다는 말

『論語(논어)』에 나오는 말이다.

군자는 기량이 워낙 커서 측량할 수 없다는 뜻이다. 군자는 한 가지 소용에 맞지 않는다. 그릇이란 제각기 한 가지 소용에 맞는 것이나, 덕이 있는 사람은 그렇지 않아, 온갖 방면에 통한다. 도량이 넓고 덕이 많은 사람이 되라는 말과 같다. 사람이 이러하다면 어떤 일이든지 수행할 수 있는 능력이 있다는 말이다.

朱熹(주희)에 따르면, 그릇은 각각 그 쓰임새에 적당한 능력밖에 없지만 덕을 이룬 선비는 어떤 한 가지 재주나 기술에만 국한되지 않아서 이렇게 부른다고 했다.

君子三樂(군자삼락)

• 군자 군, 선생 자, 석 삼, 즐거울 락. 군자에게는 세 가지 즐거움이 있다.

戰國時代(전국시대), 哲人(철인)으로서 공자의 사상을 계승 발전시킨 맹자는 『孟子(맹자)』 盡心篇(진심편)에서 이렇게 말했다.

"군자에게는 세 가지 즐거움이 있다.
[君子有三樂(군자유삼락)]

양친이 다 살아 계시고 형제가 무고한 것이 첫 번째 즐거움이요.
[父母俱存 兄弟無故 一樂也(부모구존 형제무고 일락야)]

우러러 하늘에 부끄럽지 않고 굽어보아도 사람들에게 부끄럽지 않은 것이 두 번째 즐거움이요.
[仰不愧於天 俯不怍於人 二樂也(앙불괴어천 부부작어인 이락야)]

천하의 영재를 얻어서 교육하는 것이 세 번째 즐거움이다.
[得天下英才 而敎育之 三樂也(득천하영재 이교육지 삼락야)]"

유가의 최고 목표는 성인이 되는 데 있다. 성인 버금가는 사람을 현인이라 한다. 현인 버금가는 사람은 군자라고 한다. 군자와 어슷비슷하거나 버금가는 사람을 선비라고 하면 될 것인데 군자의 세 가지 즐거움은 사리사욕과 관계없는 일에서 비롯됨을 알 수 있다.

참고)
한편 공자는 『孔子家語(공자가어)』 六本篇(육본편)에서 '인생의 세 가지 즐거움'을 다음과 같이 꼽고 있음. 곧 사람으로 태어난 것[吾得爲人 一樂也], 남자로 태어난 것[吾得爲男 二樂也], 장수하는 것[吾行年九十五有矣 三樂也].

君子遠庖廚也(군자원포주야)

• 군자 군, 선생 자, 멀 원, 부엌 포, 부엌 주, 어조사 야. 군자는 푸줏간을 멀리한다.

『孟子(맹자)』에 나오는 말이다.

포주는 푸줏간이다. 소, 돼지 등 가축을 잡는 곳이다.

孟子(맹자)가 齊(제)나라 宣王(선왕)을 만났다. 맹자가 선왕과 대화를 나누는 중 이런 대목이 나온다.

"신이 胡齕(호흘)이란 왕의 신하에게서 들은 바에 의하면, 어느 날 왕께서 대청 위에 앉아 계시는데 그 아래로 소를 몰고 가는 사람이 있었습니다. 왕께서 어딜 가는 소냐고 물으시니, 장차 소를 잡아 그 피로써 새로 만든 종에 바르려 한다고 대답했습니다. 왕은 말씀하시기를, '그만두어라 죄 없이 죽으러 끌려가며 부들부들 떨고 있는 모습을 차마 볼 수가 없다.'고 하셨습니다. '그럼 종에 피 칠을 하는 것은 그만두오리까?' 하고 물었을 때, 왕께서는 말씀하시기를, 어찌 그만둘 수 있겠느냐, 양으로 대신하라고 하셨다는데, 그것이 사실입니까?"

선왕이 죽으러 끌려가는 소가 불쌍한 나머지 양으로 대신한 일을 두고 맹자는 그의 착한 마음씨가 천하를 통일할 수 있다는 것을 일깨우려고 왕의 그 차마 죽이지 못하는 마음을 평가하면서 다음과 같이 말했다.

"조금도 이상할 것이 없습니다. 그것이 어진 마음이라는 것입니다. 소는 직접 부들부들 떨고 있는 것을 보셨고 양은 직접 보시지 않았기 때문입니다. 군자는 짐승에 대해서, 그 사는 것을 보고 차마 그 죽는 것을 보지 못하며, 그 소리를 듣고 차마 그 고기를 먹지 못합니다. 이런 까닭에 군자는 포주를 멀리하는 것입니다."라고 말했다.

참고)
釁鍾(흔종): 피 바를 흔, 종 종. 새로 종을 만들 때 犧牲(희생)을 잡아 그 피로 종에 바르고 제사 지냄을 이름. 출전 孟子(맹자) 梁惠王上篇(양혜왕상편).

君子易事而難悅也(군자이사이난열야)

• 군자 군, 선생 자, 쉬울 이, 섬길 사, 말 이을 이, 어려울 난, 기꺼울 열, 어조 사 야. 군자는 섬기기는 쉬워도 기쁘게 하기는 어렵다.

이 말은 『論語(논어)』 子路篇(자로편)에 나온다.

"군자는 섬기기는 쉬워도 기쁘게 하기는 어렵다. 기쁘게 하기를 정당한 도리로써 하지 않으면 기뻐하지 않지만 그가 사람을 쓸 때는 각각 그 그릇에 맞추어 쓰기 때문이다. 소인은 섬기기는 어렵고 기쁘게 하기는 쉽다. 기쁘게 하는 것은 정당한 도리가 아니더라도 기뻐하지만, 그가 사람을 쓸 때는 한 사람이 다 잘하기를 요구하기 때문이다."

누구를 섬겨야 하는지, 많은 사람을 거느려야 할 때 어찌할 것인가를 시사해 주는 공자의 말이다.

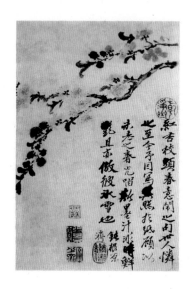

君子之德風(군자지덕풍)

> • 군자 군, 선생 자, 어조사 지, 덕 덕, 바람 풍. 군자의 덕은 바람이다. 윗자리
>   에 있는 사람의 덕은 바람과 같아서 아랫사람은 다 그의 風化(풍화)를 받음.

『論語(논어)』 顔淵篇(안연편)에 나오는 말이다.

魯(노)나라 實權者(실권자) 季康子(계강자)는 政治(정치)를 논하면서 공자에게 이렇게 물었다.

"정치란 어떻게 해야만 하는 것입니까?" 하고 물었을 때 공자는,

"정치란 바른 것이다. 그대가 아랫사람과 백성을 거느리기를 올바른 것으로 하면 누가 감히 바르지 않겠는가." 하고 대답했다.

계강자가 또 물었다.

"만일 無道(무도)한 사람을 죽임으로써 백성들을 올바른 길로 引導(인도)한다면 어떻겠습니까?"

그러자 공자는 이렇게 말했다.

"그대가 정치를 하고 있으면서 어떻게 죽인다는 말을 그렇게 할 수 있는가. 그대가 착한 일을 하고 싶어 하면 백성들은 스스로 착해지게 마련이다. 그래서 君子(군자)의 덕은 바람이요 小人(소인)의 덕은 풀이다. 풀위에 바람이 불면 풀은 반드시 눕기 마련이다."

윗물이 맑아야 아랫물이 맑다는 말이다. 풀이 바람에 의해 눕듯 군자의 덕에 감화되어 백성들이 따른다는 말이다. 이 이야기에는 '政者正也(정자정야)'라는 숙어도 나온다.

참고)

政者正也(정자정야): 정치 정, 놈 자, 바를 정, 어조사 야. '政(정)' 字(자)의 本意(본의)는 천하를 바르게 한다는 뜻임을 이름. 천하를 바로잡는 것이 정치라는 말. 출전 論語(논어) 顔淵篇(안연편).

掘墓鞭屍(굴묘편시)

> • 팔 굴, 무덤 묘, 채찍 편, 주검 시. 무덤을 파헤치고 주검에 채찍질을 하다.
> 지나친 복수. 세대를 이어받은 복수.

姦臣(간신)의 弄奸(농간)으로 忠臣(충신)을 逆賊(역적)으로 몰아 伍子胥
(오자서)의 아버지와 형을 죽인 楚(초)나라 平王(평왕)이 죽은 뒤 오자서에
의해 그의 무덤이 파이고 시체가 채찍질을 당했다.

『史記(사기)』 伍子胥列傳(오자서열전)에도,

"이에 楚平王(초평왕)의 무덤을 파고 그의 시체를 꺼내 삼백 대를 내리
친 뒤에야 그만두었다."라고 나와 있다. 자서의 친구인 신포서가 오자서의
행동을 지나치다고 하자 오자서는,

"나는 날이 저물고 길이 멀어서, 그렇기 때문에 거꾸로 걸으며 거꾸로
일을 했다."고 말했다.

오자서는 자신의 행위에 문제가 있음을 인정하는 듯한 말을 했다. '굴
묘편시'는 신하로서 임금의 무덤을 파서 그 시체에 매를 가하는 일이나
통쾌한 복수, 지나친 복수라는 뜻도 있다. 위 이야기에는 '倒行逆施(도행
역시)', '日暮途遠(일모도원)'이라는 숙어도 나타나 있다.

참고)
倒行逆施(도행역시): 거꾸로 될 도, 행할 행, 거스를 역, 시. 거꾸로 행하고 거슬
러 시행함. 사리에 어긋나게 행동함.
日暮途遠(일모도원): 날 일, 저물 모, 길 도, 멀 원. 해는 저물고 갈 길은 멀고
아득함. 늙고 쇠약한데 앞으로 해야 할 일은 산더미처럼
많음. 사태가 급박하여 갑자기 서둘러도 미치지 못함.

捲土重來(권토중래)

> • 말 권, 흙 토, 거듭 중, 올 래. 흙먼지를 말아 일으키며 다시 쳐들어온다.

唐(당)나라 末期(말기) 詩人(시인) 杜牧(두목)이 [烏江亭(오강정)을 두고 지은 시]에도 나온다.

　　　勝敗(승패)는 兵家(병가)도 기약할 수 없다.
　　　부끄러움을 안고 참는 이것이 사나이
　　　강동의 자제는 豪傑(호걸)이 많다.
　　　땅을 말아 거듭 오면 알 수도 없었을걸.

　　　勝敗兵家不可期 승패병가불가기
　　　包羞忍恥是男兒 포수인치시남아
　　　江東子弟多豪傑 강동자제다호걸
　　　捲土重來未可知 권토중래미가지

楚(초)나라 項羽(항우)가 四面楚歌(사면초가)에 몰려 죽은 오강의 전투를 떠올리며 항우가 江東(강동) 자제 8,000을 모두 잃고 面目(면목)이 없어서 강동 땅으로 돌아가지 못했던 일을 懷古(회고)하며 지은 시이다.

이 말은 『史記(사기)』 項羽本紀(항우본기)에도 나온다. 한 번 싸움에 패한 사람이 다시 힘을 길러 땅을 휘말아 들여오듯 쳐들어오는 것이나 한 번 패했다 세력을 회복하여 다시 쳐들어오는 일, 어떤 일에 실패한 뒤 힘을 쌓아 다시 그 일에 착수하는 것을 나타내는 말로 쓰인다.

참고)
勝敗兵家之常事(승패병가지상사): 이길 승, 패할 패, 군사 병, 집 가, 갈 지, 항상 상, 일 사. 이기고 지는 것은 병가에서 일상적인 일이다. 출전 唐書(당서).

橘化爲枳(귤화위지)

• 귤 귤. 화할 화. 될 위. 탱자 지. 귤이 변하여 탱자가 된다. 같은 종류의 것이
라도 기후와 풍토가 다르면 그 모양과 성질이 달라진다. 사람도 주위환경이
달라지면 바뀌기 마련이라는 말.

『周禮(주례)』에 나오는 이야기이다.

春秋時代(춘추시대) 末期(말기) 齊(제)나라 晏嬰(안영)이 楚(초)나라 靈
王(영왕)을 지혜로 굴복시키며 한 말이다. 안영은 孔子(공자)와는 맞수라
고 할 수 있는 명재상으로 초나라 영왕은 그가 키가 작은 것을 빌미로 망
신 주려 하면서 죄인을 안영 앞에서 심문하며,

"그 죄인이 어느 나라 사람이냐?"고 물으니 捕吏(포리)들이 제나라 사
람이라고 한즉, "제나라 사람은 원래 도둑질을 잘하오?" 하면서 안영을 凌
蔑(능멸)하려 하자 안영은,

"회남의 귤이 회북에 옮겨 심으면 탱자가 된다."고 말해서 역공격으로
도리어 제나라를 멸시했다. 이 안영이 곧 晏子(안자)이다.

克己復禮(극기복례)

• 이길 극. 몸 기. 회복할 복. 예도 례. 나를 이기고 예의를 회복하다. 제 욕심을 버리고 예의범절을 좇음.

『論語(논어)』顔淵篇(안연편)에 나오는 말이다.

顔淵(안연)이 孔子(공자)에게 仁(인)에 대해 물었을 때 공자는 이렇게 말했다.

"나를 이기고 예에 돌아가는 것이 인이다. 하루만 나를 이겨 예로 돌아가면 천하가 인으로 돌아온다. 인을 하는 것은 내게 있다. 남에게 있는 것이 아니다."

이 극기와 복례에 대해서는 여러 가지 학설이 있다. 그러나 대개 자신을 이긴다는 것은 이성으로 인간의 육체적인 욕망을 극복하는 것으로 풀이될 수 있고, 복례의 禮(예)는 천지만물의 자연을 말하는 것으로 無我(무아)의 경지를 말한 것이라 볼 수 있다.

안연은 공자의 애제자이다. 공자는 또 다른 곳에서 제자들을 모아 놓고 이렇게 평했다.

"回(회: 안연)는 석 달을 인에서 벗어나지 않았고, 그 나머지 사람들은 혹 하루에 한 번, 한 달에 한 번 잠시 인에 이를 뿐이다."

안연이 인에 대해 더 구체적으로 대답해 달라고 묻자,

"예가 아니면 보지도 말고, 예가 아니면 듣지도 말고, 예가 아니면 말도 하지 말고, 예가 아니면 움직이지도 말라."고 말했다.

克己(극기)라고도 하는데 극기는 자신을 이긴다는 뜻이다. 결국 극기복례는 제 욕심을 버리고 예의범절을 좇는다는 말이다.

槿花一朝夢(근화일조몽)

> • 무궁화 근, 꽃 화, 한 일, 아침 조, 꿈 몽. 무궁화의 하루 아침 꿈. 槿花一日
> 榮(근화일일영).

근화는 무궁화를 말한다. 겨우 하루아침만의 영화를, 덧없고 허무한 인
간의 영화에 비교해서 쓰고 있는 말이다.

白樂天(백낙천)의 시에는 '槿花一日榮(근화일일영)'이라는 나온다.

> 태산은 털끝도 업신여기기를 필요로 않고
> 顔子(안자)는 老彭(노팽)을 부러워하는 마음이 없다.
> 소나무는 천 년이라도 끝내는 썩고 말고
> 무궁화는 하루라도 스스로 영화로 삼는다.
> 어찌 모름지기 세상을 그리워하며 항상 죽음을 근심하리오
> 또한 몸을 싫어하고 함부로 삶을 싫어하지 말라.
> 삶이 가고 죽음이 오는 것이 다 헛것이다.
> 헛된 사람의 슬퍼하고 즐거하는 것에 무슨 정을 매리오.

그러나 白樂天(백낙천)이 여기서 말한 무궁화의 하루 영화란, 영화의
덧없는 것을 한탄한 것이 아니고 하루의 영화로 만족해하라는 뜻이다. 우
리가 현재 쓰고 있는 하루아침의 꿈이란 뜻과는 상당한 거리가 있는 말이다.

錦上添花(금상첨화)

• 비단 금, 위 상, 더할 첨, 꽃 화. 비단 위에 꽃을 더한다. 좋은 것에 더 좋은 것을 보탬. 아름다운 데에 아름다운 것을 더함.

唐宋(당송) 八大家(팔대가) 중의 한 사람인 王安石(왕안석)의 [卽詩(즉시)]에 나온다.

> 강은 남원을 흘러 언덕 서쪽으로 기우는데
> 바람엔 맑은 빛이 있고 이슬에는 꽃이 있다.
> 문 앞의 버들은 옛사람 도령의 집이요
> 우물가의 오동은 전날 총지의 집이다.
> 좋은 모임에 잔 속의 술을 비우려 하는데
> 고운 노래는 비단 위에 꽃을 더한다.
> 문득 무릉의 술과 안주를 즐기는 손이 되어
> 내 근원엔 응당 붉은 노을이 적지 않으리라.

> 河流南苑岸西斜 風有晶光露有華 하류남원안서사 풍유정광로유화
> 門柳故人陶令宅 井桐前日總恃家 문류고인도영택 정동전일총시가
> 嘉招欲覆盃中淥 麗唱仍添錦上花 가초욕복배중록 려창인첨금상화
> 便作武陵樽俎客 川源應未少紅霞 편작무릉준조객 천원응미소홍하

이 시는 그가 晩年(만년)에 政界(정계)를 떠나 南京(남경)의 閑寂(한적)한 곳에 살 때 지은 것으로 추측된다. '즉시'는 보고 느낀 대로 즉석에서 읊은 卽興詩(즉흥시)를 말한다.

참고)
門柳故人陶令宅은 오류선생 도연명의 집으로 생각된다.

金城湯池(금성탕지)

> • 쇠 금. 재 성. 끓을 탕. 못 지. 끓어오르는 못에 둘러싸인 무쇠 성. 쇠로 만든 성곽과 끓는 물로 채운 연못. 방비가 아주 견고함. 金城鐵壁(금성철벽).

『漢書(한서)』 蒯通傳(괴통전)에 나오는 말이다.

秦(진)나라 시황제(始皇帝: B.C. 246～210)가 죽고 어리석은 2세 황제가 즉위하자 전국시대 6강국의 후예들이 군사를 일으켜 고을의 우두머리를 죽이고 관청을 점거했다. 그 무렵, 武臣(무신)이라는 사람이 趙(조)나라의 옛 땅을 평정하고 武信君(무신군)이라 일컬었다. 이를 본 모사 蒯通(괴통)은 范陽縣令(범양 현령) 서공을 찾아가 이렇게 말했다.

"사또께서는 지금 매우 위급한 처지에 놓여 있습니다. 그러나 제 말대로 하시면 轉禍爲福(전화위복)이 될 수도 있습니다."

서공은 깜짝 놀라서 물었다.

"무엇이 위급하다는 거요?"

"사또께서 현령으로 재임한 지난 10년 동안에 진나라의 가혹한 형벌로 인해 부모가 처형당한 사람, 손발이 잘린 사람, 억울하게 죄인이 된 사람들이 많은데, 지금 그들은 사또를 원망하여 죽일 기회만 노리고 있다는 걸 모르십니까?"

"모르오. 그런데 전화위복이란 또 무슨 말이오?"

"제가 사또를 대신해서 지금 세력이 한창인 무신군을 만나, 싸우지 않고 땅이나 성을 손에 넣을 수 있는 계책을 말해 주면, 그는 틀림없이 사또를 후대할 것입니다."

"그럼, 나를 위해 수고해 주시오."

이리하여 무신군을 찾아간 괴통은 이렇게 말했다.

"만약 귀공이 범양을 쳐서 현령이 항복한 경우, 그 현령을 푸대접한다면 죽음을 두려워하며 부귀를 바라는 각지의 현령들은 '항복하면 범양 현령처럼 푸대접받는다.'며 더욱 군비를 강화하여 마치 '끓어오르는 못에 둘

ㄱ

러싸인 무쇠 성[金城湯池]' 같은 鐵壁(철벽)의 수비를 굳히고 귀공의 군
대를 기다릴 것입니다. 그땐 공격이 쉽지 않을 것이오. 그러니 지금 범양
현령을 극진히 맞이하여 그로 하여금 각지의 현령들을 찾아보게 하십시
오. 그러면 그들은 모두 싸우지 않고 기꺼이 항복할 것입니다."

무신군은 쾌히 괴통의 제안을 받아들였다. 그리고 그대로 실행한 결과
華北(화북: 황하 중·하류 유역의 지방)에서만도 30여 성이 항복을 자청
해 왔다. 한편 戰禍(전화)를 모면한 범양 백성들은 서공의 덕을 칭송하며
기뻐했다고 한다.

방비가 아주 견고함을 이르는 말이니 '難攻不落(난공불락)'의 성이나
다름없다.

참고)
難攻不落(난공불락): 어려울 난, 공격할 공, 아닐 불, 떨어질 락. 공격하기가 어
　　　　　　　 려워 쉽사리 함락되지 않음.

琴瑟之樂(금슬지락)

> • 거문고 금. 비파 슬. 갈 지. 즐거울 락. 夫婦(부부)의 화평하고 즐거움. 일가
> 화합의 즐거움. '금실지락', '금슬'이라고도 한다.

『詩經(시경)』 小雅(소아) 常棣篇(상체편)에 나오는 말이다. 한 집안의
和合(화합)함을 노래한 이 시의 第七章(제칠장)에,

> 처자가 좋게 합하는 것이
> 거문고를 타는 것과 같고
> 형제가 이미 합하여
> 화락하고 또 즐겁다.

> 妻子好合 처자호합
> 如鼓瑟琴 여고슬금
> 兄弟歸翕 형제귀흡
> 和樂且湛 화락차탐

라고 했다.

여기서 슬금이 곧 금슬이다. 슬은 큰 거문고를 말하고 금은 보통 거문
고를 말한다. 큰 거문고와 보통 거문고를 가락에 맞추어 치듯, 아내와 뜻
이 잘 맞는다는 것을 말한 것이다. 처자는 아내와 자식이란 뜻도 되고, 아
내를 나타내기도 한다.

또 같은 『詩經(시경)』 國風(국풍) 關雎篇(관저편) 第四章(제사장)에,

> 요조한 숙녀를
> 금슬로써 벗한다.

窈窕淑女 요조숙녀
琴瑟友之 금슬우지

라고 했다. 조용하고 얌전한 처녀를 아내로 맞아 거문고를 타며 서로 사이좋게 지낸다는 뜻이다. 여기서 부부간의 정을 금슬로써 표현하게 되고 부부간의 금슬이 좋은 것을 '琴瑟相和(금슬상화)'라는 문자로 표현하기도 한다.

참고)
湛: 즐길 탐.
琴瑟不調(금슬부조): 아닐 불, 고를 조. 부부간에 서로 화합하지 못함.
琴瑟相和(금슬상화): 서로 상, 화락할 화. 거문고와 큰 거문고 소리가 잘 調和(조화)됨. 부부간에 화합이 잘 됨.

錦衣夜行(금의야행)

> • 비단 금, 옷 의, 밤 야, 다닐 행. 비단옷을 입고 밤길을 걷다. 자랑삼아 하지만 생색이 나지 않음을 이르는 말.

『史記(사기)』項羽本紀(항우본기)에 나오는 이야기이다.

楚(초)나라 項羽(항우)의 참모가 鴻門(홍문) 잔치에서 劉邦(유방)을 죽이려다가 시기를 놓친 후 며칠이 지나 서쪽으로 향해 秦(진)나라 서울 咸陽(함양)을 무찔렀다. 이미 유방이 항복을 받아 놓은 땅에 거저로 入城(입성)한 항우는 궁전을 불사르고 秦始皇(진시황)의 孫子(손자)이자 부소의 아들인 子嬰(자영)을 끌어내 죽이고 금은보화를 차지하고 다시 동으로 향했다. 참모 중 한 사람이 關中(관중)을 차지해야 천하를 圖謀(도모)할 수 있다고 간하자 항우는 다음과 같이 말했다.

"부귀를 하고 고향에 돌아가지 않으면 비단 옷을 입고 밤길 가는 것과 같다. 누가 알아줄 사람이 있겠는가!"

항우는 그저 출세한 줄 알고 고향에 돌아가고픈 마음만 가득했다. 항우의 謀士(모사)들이 왜 다들 떠나 버렸는지 알 만한 대목이다.

참고)

錦衣還鄕(금의환향): 비단 금, 옷 의, 돌아올 환, 고을 향. 비단옷을 입고 고향에 돌아감. 벼슬하여 또는 성공하여 고향에 돌아옴. 衣錦還鄕(의금환향). 출전 南史(남사).

旣往不咎 (기왕불구)

- 이미 기, 갈 왕, 아닐 불, 허물 구. 이미 지나간 일은 탓하지 않음. 已往之事 (이왕지사)는 탓하지 아니함.

『論語(논어)』 八佾篇(팔일편)에 보면 魯(노)나라 哀公(애공)이 공자의 제자 宰我(재아)에게 社(사)에 대해서 물었다. 사는 천자나 제후가 나라를 지켜 주는 수호신을 제사 지내는 제단을 말하는 것으로 그 제단 주위에는 나무를 심게 되어 있었다.

재아는 임금의 물음에 대충 설명하고 이렇게 맺었다.
"夏后氏(하후씨)는 사에다 소나무를 심고, 殷(은)나라 사람은 사에다 잣나무를 심었는데 周(주)나라 사람은 사에다 밤나무를 심은 까닭은 백성들로 하여금 戰慄(전율)하게 하려는 뜻에서였습니다."

이 말을 전해 들은 공자는, 재아의 그 같은 말이 가뜩이나 백성을 사랑할 줄 모르는 임금에게 엉뚱한 공포정치를 하게 할 마음이 일어나게 할까 두려워 재아를 꾸중하며,
"이루어진 일이라 말하지 않고, 되어 버린 일이라 간하지 않으며, 이미 지나간 일이라 허물하지 않는다."라고 했다.

공자는 재아가 돌이킬 수 없는 잘못을 저질렀다는 것을 알면서도 이미 어찌할 수 없는 일이라 꾸짖기를 단념한 것이다. '旣往勿咎(기왕물구)'라고도 한다.

杞人之憂(기인지우)

• 나라이름 기, 사람 인, 갈 지, 근심 우. 杞(기)나라 사람의 쓸데없는 걱정. 하늘이 무너질까 걱정했다고 함.

『列子(열자)』 天瑞篇(천서편)에 나오는 寓話(우화)이다.

杞(기)나라에 한 사람이 있었다. 그는 하늘이 무너지고 땅이 꺼지면 몸 붙일 곳이 없을 것을 걱정한 나머지 침식을 폐하고 말았다. 여기에 또 그의 그 같은 쓸데없는 걱정을 하고 있는 것을 걱정하는 사람이 있었다. 그가 침식을 폐하고 누워 있는 사람을 찾아가 이렇게 말했다.

"하늘은 기운이 쌓여서 된 것으로 기운이 없는 곳은 한 곳도 없다. 우리가 몸을 움츠렸다 폈다 하는 것도, 숨을 내쉬었다 마셨다 하는 것도 다 기운 속에서 하고 있다. 그런데 무슨 무너질 것이 있겠는가?"

그러자 그 사람은 또,

"하늘이 과연 기운으로 된 것이라면 하늘에 떠 있는 해와 달과 별들이 떨어질 수 있지 않겠는가?" 하고 물었다.

"해와 달과 별들도 역시 기운이 쌓인 것으로 빛을 가지고 있는 것뿐이다. 설사 떨어진다 해도 그것이 사람을 상하게 하지는 못한다."

"그건 그렇다 치고 땅이 꺼지면 어떻게 할 것인가?"

"땅은 쌓이고 쌓인 덩어리로 되어 있다. 사방에 꽉 차 있어서 덩어리로 되어 있지 않은 곳이 없다. 사람이 걸어 다니고 뛰놀고 하는 것도 종일 땅 위에서 하고 있다. 그런데 어떻게 꺼질 수 있겠는가?"

이 말에 寢食(침식)을 폐하고 누워 있던 사람은 꿈에서 깨어난 듯 기뻐 어쩔 줄을 몰랐다. 그의 그 같은 모습을 보고 깨우쳐 주러 간 사람도 따라서 크게 기뻐했다는 것이다.

이 이야기 다음에, 열자는 다시 장려자의 말을 덧붙이고 있다.

이들 두 사람의 주고받은 이야기를 전해 들은 장려자는 이렇게 말했다.

"하늘과 땅이 무너지지 않을까 걱정하는 것은 너무 지나친 걱정이라고 말할 수는 있다. 그러나 무너지지 않는다고 단언하는 것도 또한 옳은 것은 못 된다."

끝으로 열자는 이렇게 매듭을 짓고 있다.

"하늘과 땅이 무너지든 무너지지 않든, 그런 것에 마음이 끌리지 않는 無心(무심)의 경지가 중요한 것이다."

위의 이야기는 쓸데없는 걱정을 보여 주는 사례이지만 고대인의 우주관이 나타나 있는 듯하니 詳考(상고)할 필요가 있는 대목이다. '기인지우'는 보통 '杞憂(기우)'라고 쓴다.

騎虎之勢(기호지세)

• 말 탈 기, 범 호, 갈 지, 형세 세. 호랑이를 타고 달리는 기세. 중도에서 그만 둘 수 없는 형세.

이 말은 隋(수)나라 文帝(문제)인 楊堅(양견)의 皇后(황후) 獨孤氏(독고 씨)가 남편을 격려하는 말 가운데 나와 있다.

독고씨의 아버지는 北周(북주)의 大司馬(대사마) 何內公(하내공) 信(신) 이다. 신은 양견이 앞으로 크게 될 사람으로 예견하고 열네 살짜리 딸을 양견에게 주어서 사위로 삼았다.

그녀는 결혼 당초에 남편에게 첩의 자식을 낳지 않겠다는 맹세를 받았 다고 하는데, 어찌나 질투가 심했던지 언제나 후궁에게 감시의 눈을 떼지 않았고, 그녀가 쉰 살로 죽을 때까지 후궁에게서는 단 한 명의 자식도 태 어나지 않았다고 한다. 단 한 번 문제가 후궁의 미녀에게 손을 댄 일이 있었는데, 이것을 안 그녀는 문제가 조회에 나간 사이에 그 미녀를 죽이 고 말았다.

화가 치민 문제는 혼자 말을 타고 궁중을 뛰쳐나가 뒤쫓아 온 신하들을 보고,

"나는 명색이 天子(천자)로서 내가 하고 싶은 일도 할 수 없단 말인 가?" 하며 울기까지 했다고 한다.

그렇지만 과거에 北周(북주)의 宣帝(선제)가 죽고, 양견이 나이 어린 靜 帝(정제)를 업고 모든 일을 혼자 처리하고 있을 때, 독고씨는 宦官(환관) 을 시켜 남편 양견에게 이렇게 전하게 했다. "큰일은 이미 騎虎之勢(기호 지세)로 되고 말았소. 이제 내려올 수는 없소, 최선을 다하시오."

이리하여 결국 양견은 정제를 밀어내고 隋(수)나라 皇帝(황제)가 된 것이다.

우리 속담에 '벌인 춤'이란 말이 있다. 잘 추든 못 추든 손을 벌리고 추 기를 시작했으면 추는 데까지 출 수밖에 없다는 뜻이다.

奇貨可居(기화가거)

> • 기이할 기, 재화 화, 옳을 가, 살 거. '진기한 보물이다. 차지해야 한다.'

『史記(사기)』 呂不韋列傳(여불위열전)에 나오는 이야기이다.

呂不韋(여불위)는 韓(한)나라 서울 陽翟(양적)의 큰 장사꾼으로 趙(조)나라 서울 邯鄲(한단)으로 장사하러 갔을 때 秦(진)나라 安國君(안국군)의 아들 子楚(자초)가 조나라에 인질로 온 것을 알고 자초를 보자 혼자 이런 말을 던졌다.

"진기한 보물이다. 차지해야 한다."

이때 자초는 異人(이인)이란 이름을 썼었다. 이리하여 여불위는 자초를 만나 그를 갖은 방법으로 도와주고 위로하고 하여 마침내는 그와 뒷날을 굳게 약속한 다음, 그를 華陽夫人(화양부인)의 아들로 입양을 시켜 안국군의 後嗣(후사)를 잇게 하는 데 성공했다. 그가 자초의 환심을 사고 화양부인을 달래기 위한 교제비로 천금이란 돈을 물 쓰듯 했다. 나중에 여불위는 美女(미녀) 趙姬(조희)를 자초에게 보내 아내로 삼게 했는데 그 여자의 몸에는 이미 자신의 자식이 들어 있었다. 그것이 요행히 사내아이일 경우 진나라를 자기 자식의 손으로 남모르게 넘겨주겠다는 음모가 깔려 있었다.

과연 조희는 아들을 낳고 자신은 정부인이 되었다. 이 자식은 나중에 중국을 최초로 통일한 秦始皇(진시황) 政(정)으로, 장사를 해도 크게 한 셈이다. 진시황은 여불위를 丞相(승상)으로 임명했다. 문신후에 봉해지며 십만 호의 봉읍을 먹게 되었으나 얼마 후에 진시황에 의해 제거되었다.

흔히 奇貨(기화)라고 쓴다. 珍奇(진기)한 물건을 사 두었다가 때를 기다리면 큰 이익을 볼 수 있다는 말도 되고 轉(전)하여 좋은 기회의 뜻으로 쓰인다. 『呂氏春秋(여씨춘추)』는 여불위가 만금을 써 가며 만든 역사책이다.

落魄(낙백)

> • 떨어질 낙. 넋 백. 넋이 달아났다. 零落(영락)하다. 뜻을 얻지 못하고 처지가 곤궁해짐.

『史記(사기)』 酈生陸賈列傳(역생육가열전)에 보면 역 생에 대해 다음과 같이 나와 있다.

"역생(역이기)이라는 사람은 陳留(진류) 高陽(고양) 사람으로 글 읽기를 좋아했으나 집이 가난하고 落魄(낙백)하여, 입고 먹기 위한 일을 하는 것이 없었다."

역이기는 훗날 마을 문지기 노릇을 했는데 늘 거만을 떨어서 사람들은 그를 미치광이라고 불렀다. 나이는 60이 넘고 키가 팔 척이었다.

그러던 그가 진시황이 죽고 천하가 다시 어지러워지자 출세의 꿈에 부풀어 줄을 잘 서고 잘나가는 장수를 찾기 시작했다. 마침 패공 휘하의 기사 한 사람을 알아서 그 기사의 소개를 받아서 유방을 만나게 되었다.

패공 劉邦(유방)은 마침 발을 씻기고 있었다. 그대로 역이기를 대했더니 역이기는 두 손을 높이 들어 보일 뿐 절은 하지 않고 목소리를 가다듬어 입을 열었다.

"족하는 진나라를 도와 제후를 칠 생각이오, 아니면 제후를 거느리고 진나라를 칠 생각이오?"

패공은 큰 소리로 꾸짖어 대답했다.

"이 철부지 선비야, 천하가 다 같이 진나라에서 시달린 지 오래다. 그래서 제후가 서로 힘을 합해 진나라를 치려는 것이 아니냐. 진나라를 도와 제후를 치다니 무슨 뚱딴지같은 소리를 한단 말이냐!"

"만일 군대를 모으고 의병을 합쳐 무도한 진나라를 칠 생각이면, 그렇게 걸터앉아 늙은이를 대하지는 못할 거요."

이 말에 패공은 얼른 물그릇을 치우게 하고, 일어나 의관을 갖춘 다음

역생을 상좌로 모셔 올려 그의 의견을 들었다.

역이기는 60평생을 낙백으로 보냈지만 뛰어난 말재주로 출세하고 비상한 공을 많이 세웠다. 그러나 종당에는 韓信(한신)이 猜忌(시기)하고 謀陷(모함)하여 유방은 역이기를 기름 가마에 넣어 죽였다.

낙백이란 모든 일이 뜻대로 되지 않아 형편이 말이 아닌 그런 상태를 말한다. 一定(일정)한 職業(직업)도 生業(생업)도 없이 끼니가 간 데 없는 그런 상태를 말하기도 한다. 우리나라에서는 落鄕(낙향)하다는 말을 많이 쓰는데 낙백의 처지가 되어 고향으로 내려가는 것을 일컫는 말이다.

참고)
落膽喪魂(낙담상혼): 떨어질 낙, 쓸개 담, 죽을 상, 넋 혼. 크게 놀라거나 근심하여 정신을 잃음.
落心千萬(낙심천만): 떨어질 낙, 마음 심, 일천 천, 일만 만. 몹시 실망함. 극도로 낙심이 됨.

洛陽紙貴 (낙양지귀)

> • 물 이름 낙, 볕 양, 종이 지, 귀할 귀. 낙양 땅 종이 값이 크게 오르다. 책이 널리 세상에 퍼져 愛讀(애독)됨. 저서가 호평을 받아 매우 잘 팔린다는 뜻. 본말은 洛陽紙價貴(낙양지가귀).

『晉書(진서)』 左思傳(좌사전)에 나오는 이야기이다.

晉(진)나라 左思(좌사)는 臨淄(임치) 사람이었다.

좌사는 젊었을 때 글과 음악을 배웠으나 도무지 늘지가 않았다. 그런데 어느 날 그의 아버지가 친구를 보고,

"내가 젊었을 때는 저렇지는 않았는데……." 하는 소리를 들은 뒤부터 나도 하면 된다는 결심을 하고 공부에 열중하기 시작했다.

그는 뛰어난 문장 소질을 갖고 있었으나 얼굴이 못생긴데다가 날 때부터 말더듬이였기 때문에, 사람을 대하기를 싫어하여 항상 집 안에 틀어박혀 창작에만 열중하고 있었다.

그러다가 임치의 모습을 韻文(운문)으로 엮은 [齊都賦(제도부)]를 지은 후, 蜀(촉)나라 서울이었던 成都(성도)와 吳(오)나라 서울 建業(건업)과 魏(위)나라 서울 鄴(업)을 노래한 [三都賦(삼도부)]를 지었는데 처음에는 반응이 신통치 않다가 皇甫謐(황보밀)이 크게 칭찬한 후 대단한 문장으로 알려졌고, 司空(사공·치수와 토목을 맡은 재상) 張華(장화)는,

"班固(반고)와 張衡(장형)과 맞먹는 작품이다. 읽는 사람으로 하여금, 다 읽고 나서도 餘韻(여운)을 남기게 하고, 여러 날이 지나도 感銘(감명)을 새롭게 한다."라고 評(평)한 후 사람들이 앞을 다투어 서로 베껴서 洛陽(낙양)의 종이 값이 오르게 되었다.

반고와 장형에 맞먹는다는 말은 반고의 [二都賦(이도부)], 장형의 [二京賦(이경부)]와 맞먹는다는 말이니, 讚辭(찬사) 중의 찬사라 아니 할 수 없다.

難兄難弟(난형난제)

• 어려울 난, 형 형, 어려울 난, 아우 제. 누구를 형이라 하고 누구를 아우라 하기 어렵다. 우열이나 정도의 차이를 판단하기 어려움을 비유하는 말. 莫上莫下(막상막하).

『世說新語(세설신어)』 夙惠篇(숙혜편)에 나오는 이야기이다.

'梁上君子(양상군자)'라는 故事成語(고사성어)로 有名(유명)한 後漢(후한) 말기의 陳寔(진식)에게 두 아들이 있는데 元方(원방) 陳紀(진기), 季方(계방) 陳諶(진심)과 함께 三君(삼군)이라고 불릴 정도로 德望(덕망)이 높았다. 진기의 아들 陳群(진군)도 秀才(수재)였다. 이 진군이 어렸을 때 언젠가 진심의 아들 陳忠(진충)과 사촌끼리 서로 자기 아버지의 功績(공적)과 德行(덕행)을 자랑하여 서로 훌륭하다고 주장을 했으나 결말이 나지 않았다. 그래서 할아버지 진식에게 판정을 내려 줄 것을 요구했다. 그러자 진식은 "원방도 형 되기가 어렵고, 계방도 동생 되기가 어렵다."라고 말했다.

누구를 형이라 하고 누구를 아우라 하기 어렵다는 의미로 쓰인다. 우열이나 정도의 차이를 판단하기 어려움을 비유하는 말이기도 하다. 우리나라에서 잘 쓰이는 형제와 관련된 속담 중에 '형만 한 아우 없다.'는 말이 있다. 아우가 형을 생각한다고는 하나 형의 아우에 대한 그것에는 미치지 못한다는 말이다. '갈모 형제라' 하는 말은 아우가 형보다 잘났을 때 쓰는 말이다. '형제는 잘 두면 보배, 못 두면 원수'라는 말은 집안에 사람 구실 못 하는 형제가 있으면 피해를 많이 본다는 말이다. 난형난제와 비슷한 말로는 伯仲之勢(백중지세), 伯仲之間(백중지간), 莫上莫下(막상막하), 互角之勢(호각지세) 등이 있다.

南柯一夢(남가일몽)

• 남녘 남, 자루 가, 한 일, 꿈 몽. 남쪽으로 뻗은 나뭇가지 아래에서의 한 꿈.
一場春夢(일장춘몽).

중국 唐(당)나라 李公佐(이공좌)의 소설 『南柯記(남가기)』에서 유래한 말이다.

唐(당)나라 德宗(덕종) 때, 강남인 揚州(양주) 땅에 淳于棼(순우분)이 살고 있었다.

그의 집 남쪽에는 몇 아름이나 되는 큰 괴화나무가 수십 평의 그늘을 짓고 있었는데 여름철이면 친구들과 어울려 그 나무 밑에서 술을 마시며 즐기곤 했다.

하루는 술에 취해 누워 있는데 두 관원이 엎드려 절하며,

"괴안국 국왕의 어명을 받잡고 모시러 왔습니다." 하는 것이었다. 그가 따라가자 괴화나무 뿌리 쪽에 있는 굴로 들어갔다. 그곳은 槐安國(괴안국)이었다. 그곳에서 그는 駙馬(부마)가 되었다.

이윽고 남가군의 태수로 임명되어, 이십 년 동안 고을을 태평하게 다스리고 그 사이 다섯 아들과 두 딸을 얻었는데 아들들은 다 높은 벼슬에 오르고 딸은 왕가에 시집을 보냈다.

이십 년이 되던 해 檀羅國(단라국) 군대가 침략하여 나가 싸웠으나 크게 패하고 아내는 급한 병으로 죽어 벼슬을 사임하고 서울로 돌아왔다.

그의 명성 때문에 찾아오는 이가 많아 역적 음모를 꾸민다고 조정에 투서가 들어가 왕은 그에게 근신을 명령했다. 순우분의 세력이 만만치 않은 것을 알게 된 왕은 그를 달래어 고향에 다녀오라 했다. 순우분이 놀라서,

"저의 집이 여긴데 어디에 간단 말입니까?" 하고 반문하자,

"그대는 본시 속세사람으로, 여기는 그대의 집이 아닐세." 하며 웃었다.

그가 깨닫자 본디 처마 밑에서 자고 있는 자신으로 돌아왔다. 그가 친구와 함께 괴화나무 굴로 들어가 살펴보니 성 모양을 한 개미집이 있는데,

머리가 붉은 큰 개미 주위를 수십 마리의 큰 개미가 지키고 있었다. 그것이 자기가 꿈속에서 본 大槐安國(대괴안국)의 왕궁이었다. 다시 구멍을 더듬어 남쪽으로 뻗은 가지를 네 길쯤 올라가자 네모진 곳이 있고 성 모양의 개미집이 있었다. 그가 있던 南柯郡(남가군)이었다.

濫觴(남상)

> • 넘칠 남. 술잔 상. 사물의 맨 처음. 기원. 술잔이 뜰 정도로 적은 물. 양자강 같은 큰 강도 근원을 따라 올라가면 잔을 띄울 만한 가는 물줄기로부터 시작되었다는 말. 시초나 근원. 嚆矢(효시). 元祖(원조). 鼻祖(비조).

『荀子(순자)』 子道篇(자도편)에 나오는 이야기이다.

공자의 제자 子路(자로)가 화려한 차림을 하고 나타나자 공자는 그 같은 모습을 보고 말했다.

"由(유: 자로의 이름)야, 너의 그 거창한 차림은 어찌된 일이냐?"

공자는 자로가 전과 달리 그런 화려한 차림을 하고 있는 것을 보자, 그래서 양자강을 비유해서 자로에게 말했다.

"원래 양자강은 岷山(민산)에서 시작되는데 그것이 처음 시작할 때는 그 물이 겨우 술잔을 띄울 만했다. 그러나 그것이 강나루에 와 닿았을 때는 큰 배를 띄우고 바람을 피하지 않고는 건널 수 없다. 그것은 하류의 물이 많기 때문에 사람들이 겁이 나서 그러는 것이다. 지금 너는 화려한 옷을 입고, 몹시 만족해하는 얼굴을 하고 있는데, 사람들이 너의 그 같은 태도를 보게 될 때 누가 너를 위해 좋은 충고를 해 줄 사람이 있겠느냐."

그가 혹시 사치와 교만에 빠져드는 것이 아닌가 싶어 걱정이 되어서 제자에게 충고하는 말이다. '남상'을 '잔을 담근다'고 풀이하기도 한다. 사물의 맨 처음이나 기원, 시초나 근원을 나타내는 말이 되었다. 비슷한 의미로 쓰이는 말에는 '嚆矢(효시), 元祖(원조), 鼻祖(비조)' 등이 있다.

囊中之錐(낭중지추)

• 주머니 낭, 가운데 중, 갈 지, 송곳 추. 주머니 속에 든 송곳. 재능이 뛰어난 사람은 숨어 있어도 남의 눈에 띔.

『史記(사기)』에 나오는 말이다.

전국시대 말엽, 秦(진)나라의 공격을 받은 趙(조)나라 惠文王(혜문왕)은 동생이자 재상인 平原君(평원군: 趙勝)을 楚(초)나라에 보내어 구원군을 청하기로 했다. 20명의 수행원이 필요한 평원군은 그의 3,000여 食客(식객) 중에서 19명은 쉽게 뽑았으나 나머지 한 사람을 뽑지 못해 고심하고 있었다. 이때 毛遂(모수)라는 식객이 自薦(자천)하고 나섰다.

"대감, 저를 데려가 주십시오."

평원군은 어이없다는 얼굴로 이렇게 물었다.

"그대는 내 집에 온 지 얼마나 되었소?"

"이제 3년이 됩니다."

"재능이 뛰어난 사람은 숨어 있어도 마치 '주머니 속의 송곳[囊中之錐]', 끝이 밖으로 나오듯이 남의 눈에 드러나는 법이오. 그런데 내 집에 온 지 3년이나 되었다는 그대는 이제까지 단 한 번도 이름이 드러난 적이 없지 않소?"

"그건 나리께서 이제까지 저를 단 한 번도 주머니 속에 넣어 주시지 않았기 때문이죠. 하지만 이번에 주머니 속에 넣어 주시기만 한다면 끝뿐 아니라 자루[柄]까지 드러내 보이겠습니다."

이 재치 있는 답변에 만족한 평원군은 모수를 수행원으로 뽑았다.

老馬之智(노마지지)

• 늙을 노, 말 마, 갈 지, 슬기 지. 늙은 말의 지혜. 아무리 하찮은 것일지라도 저마다 장기나 장점을 지니고 있음을 이르는 말. 轉(전)하여 쓸모없는 사람도 때로는 有用(유용)함을 이름.

『韓非子(한비자)』 說林篇(설림편)에 나오는 말이다.

春秋時代(춘추시대), 五覇(오패)의 한 사람이었던 齊(제)나라 환공(桓公: 재위 B.C. 685~643) 때의 일이다. 어느 해 봄, 환공은 명재상 관중(管仲: B.C. ?~645)과 대부 隰朋(습붕)을 데리고 고죽국[孤竹國: 河北省(하북성) 내]을 정벌하러 나섰다.

그런데 전쟁이 의외로 길어지는 바람에 그해 겨울에야 끝이 났다. 그래서 혹한 속에 지름길을 찾아 귀국하다가 길을 잃고 말았다. 全軍(전군)이 進退兩難(진퇴양난)에 빠져 떨고 있을 때 관중이 말했다.

"이럴 때 '늙은 말의 지혜'가 필요하다[老馬之智]."

즉시 늙은 말 한 마리를 풀어 놓았다. 그리고 전군이 그 뒤를 따라 행군한 지 얼마 안 되어 큰길이 나타났다.

또, 한 번은 산길을 행군하다가 식수가 떨어져 전군이 갈증에 시달렸다. 그러자 이번에는 습붕이 말했다.

"개미란 원래 여름엔 산 북쪽에 집을 짓지만 겨울엔 산 남쪽 양지 바른 곳에 집을 짓고 산다. 흙이 한 치[一寸]쯤 쌓인 개미집이 있으면 그 땅속 일곱 자쯤 되는 곳에 물이 있는 법이다."

군사들이 산을 뒤져 개미집을 찾은 다음 그곳을 파 내려가자 과연 샘물이 솟아났다.

이 이야기에 이어 韓非子(한비자: 韓非, B.C. ?~233)는 그의 저서 『한비자』에서 이렇게 쓰고 있다.

"관중의 총명과 습붕의 지혜로도 모르는 것은 늙은 말과 개미를 스승으로 삼아 배웠다. 그러나 그것을 수치로 여기지 않았다. 그런데 오늘날 사람들은 자신이 어리석음에도 성현의 지혜를 스승으로 삼아 배우려 하지 않는다. 이것은 잘못된 일이 아닌가."

　'老馬之智(노마지지)'란 여기서 나온 말인데 요즈음에도 '경험을 쌓은 사람이 갖춘 지혜'란 뜻으로 흔히 쓰이고 있다.

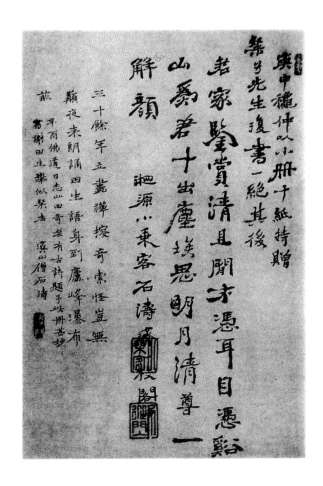

勞而無功(노이무공)

> • 수고할 노, 말 이을 이, 없을 무, 공 공. 애만 쓰고 애쓴 보람이 없는 것. 愁
> 苦(수고)를 많이 했으나 아무 功(공)이 없음.

『莊子(장자)』天運篇(천운편)에 나오는 이야기이다.

孔子(공자)가 衛(위)나라로 갔을 때, 위나라 師金(사금)이라는 자가 공자
의 제자 顔淵(안연)을 보고 공자를 이렇게 평했다.

"물 위를 가는 데는 배만 한 것이 없고 육지를 가는 데는 수레만 한 것
이 없다. 만일 물 위를 가는 데 적당한 배를 육지에서 밀고 가려 한다면
평생 걸려도 몇 발작을 가지 못할 것이다. 옛날과 지금과는 물과 육지처
럼 달라져 있고, 주나라와 노나라와는 배와 수레만큼 차이가 있다. 그런데
지금 주나라 때에 행해지고 있던 도를 노나라에서 행하려 하고 있으니 이
것은 배를 육지에서 밀고 있는 것과 같다. 애쓰고 공이 없을 뿐만 아니라
몸에 반드시 화가 미치게 될 것이다. 공자는 아직 사물에 따라 막힘이 없
는 무한한 변화를 가진 도가 있다는 것을 모르고 있다."

『管子(관자)』形勢篇(형세편)에 "옳지 못한 것에 편들지 말라. 능하지
못한 것을 강제하지 말라. 알지 못하는 사람에게 이르지 말라. 이 같은 것
을 가리켜 수고롭기만 하고 공이 없다고 말한다."라고 쓰여 있다.

ㄴ

綠林豪傑(녹림호걸)

• 푸를 녹. 수풀 림. 호걸 호. 뛰어날 걸. 녹림은 본래 중국 형주에 있는 산 이름. 푸른 숲으로, 도둑떼의 소굴을 의미함.

『漢書(한서)』 土莽傳(왕망전)에 나오는 말이다.

녹림은 원래는 산 이름이었다. 荊州(형주) 綠林山(녹림산)이다. 前漢(전한)과 後漢(후한) 사이에 王莽(왕망)의 新(신)나라가 15년간 계속될 때 新市(신시) 사람 왕광과 王鳳(왕봉)이 난민들을 操縱(조종)하여 녹림산에 근거지를 차렸고, 劉秀(유수)와 유현이 군사를 일으켰을 때 이에 합류하였다. 유수는 後漢(후한)을 建國(건국)하여 光武帝(광무제)가 된다.

이 말은 火賊(화적), 山賊(산적), 불한당 패거리를 일컫는 말이다. 본말은 綠林(녹림)이다. '綠林黨(녹림당)' 하면 도둑떼를 뜻한다. '綠林豪客(녹림호객)'이라고도 쓴다. 綠林(녹림)과 山林(산림)을 혼동해서 '綠林處士(녹림처사)'라고 쓰면 잘못이다. '山林處士(산림처사)'라고 하면 잘 만들어진 말이다. 處士(처사)는 火賊(화적)이나 불한당과는 의미가 전혀 통하지 않는다. 처사는 도를 추구하되 산속이나 절에 들어가지 않고 속가에 머물러 있거나, 산속이나 절에 있어도 몸은 속가의 형태로 있으면서 도를 추구하고 세속의 녹을 먹지 않는 선비를 보통 처사라고 하니 불한당 패거리와는 거리가 먼 말이다. 대표적인 處士(처사)는 南冥(남명) 曹植(조식)이었다.

壟斷(농단)

• 밭두둑 농. 끊을 단. 깎아 세운 듯이 높이 솟은 언덕. 홀로 우뚝한 곳을 차지한다. 가장 유리한 위치에서 이익과 권력을 독차지한다는 말.

『孟子(맹자)』 公孫丑章句(공손추장구)에 나오는 말이다.

원문은 龍斷(용단)으로 되어 있지만, 여기서는 龍(용)이 壟(농)의 뜻으로 쓰이고 있다. 농은 언덕, 단은 낭떠러지, 즉 높직한 낭떠러지를 말한다.

孟子(맹자)가 齊(제)나라 客卿(객경)의 자리를 仕退(사퇴)하고 집에 머물게 되자 齊(제)나라 宣王(선왕)은 時子(시자)라는 사람을 보내 잘 대접하고픈 심정을 전했다.

"서울 중심지에 있는 큰 저택을 제공하고 다시 만 종의 녹을 주어, 제자들을 양성시킴으로써 모든 대신들과 백성들로 하여금 본보기가 되게 하고 싶다."

시자의 이 이야기를 陳臻(진진)이라는 제자를 통해 전해 들은 맹자는,

"시자는 그것이 옳지 못한 것인 줄 알지 못할 것이다. 만 鍾(종)의 녹으로 나를 붙들고 싶어 하지만, 내가 만일 녹을 탐낸다면 십만 종 녹을 받는 객경의 자리를 사양하고 만 종의 녹을 받을 리 있겠느냐? 옛날 季孫(계손)이라는 사람이 子叔疑(자숙의)를 이렇게 평했다.

'자신이 뜻이 맞지 않아 물러났으면 그만둘 일이지 또 그 제자들로 대신이 되게 하니 이상하지 않은가. 부귀를 마다할 사람이 있겠는가. 하지만 부귀 속에 혼자 농단을 해서야 쓰겠는가.'"

맹자가 시자에게 농단에 대한 설명을 다음과 같이 한다.

"옛날 시장이란 것은, 각자가 있는 것을 가지고 있는 것을 바꾸었는데 소임이 있어 시비를 가려 주곤 했다. 그런데 한 못난 사나이가 있어, 반드시 농단을 찾아 그 위로 올라가 좌우를 살핀 다음 시장의 이익을 그물질했다. 사람들이 이를 밉게 보아서 그에게 세금을 물리게 되었는데, 장사꾼에게 세금을 받는 일이 이 못난 사나이에게서 비롯된 것이다."

결국 이 말은 홀로 우뚝한 곳을 차지한다는 말이다. 가장 유리한 위치에서 이익과 권력을 독차지한다는 말이기도 하다. 농단이란 앞과 좌우를 잘 살펴볼 수 있는 지형과 위치를 말하는데, 이곳에 서서 시장 상황을 종합적으로 판단한 뒤에 그날의 물가 동향을 예측하고 나서 부족할 만한 물건을 모조리 사들여 폭리를 취하는 데에서 생긴 말이다.

참고)
鍾(종): 一鍾(일 종)은 八斛(팔 곡)이고, 一斛(일 곡)은 十斗(십 두)이다

累卵之危(누란지위)

• 쌓을 누, 알 란, 갈 지, 위험 위. 알을 쌓아 올린 것처럼 아슬아슬한 위험. 몹
시 위험한 형세. 累卵之勢(누란지세).

『史記(사기)』范雎蔡澤列傳(범수채택열전)에 나오는 이야기이다.

遠交近攻(원교근공)의 對外政策(대외정책)으로 그 이름이 알려진 范雎
(범수)는, 그의 조국인 위나라에서 억울한 죄명으로 하마터면 죽을 뻔한
끝에 용케 살아나 張祿(장록)이란 이름으로 행세하며, 마침 魏(위)나라를
다녀와 돌아가는 진나라 사신 王季(왕계)의 도움으로 진나라로 망명을 하
게 된다. 이때 왕계가 진나라 왕에게 이렇게 보고했다.

"위나라에 장록 선생이란 사람이 있는데 그는 천하에 뛰어난 辯士(변
사)였습니다. 그가 말하기를 '진나라는 지금 알을 쌓아 둔 것보다도 더 위
험하다. 나를 얻으면 안전하게 될 수 있다. 그러나 이것을 글로는 전할 수
없다.'고 하는 터라, 신이 데리고 왔습니다."

진나라는 위기의식을 느낀 나머지 범수를 부른다. 범수는 진나라 재상
이 되고 자신을 죽음으로 몰았던 수가를 혼내 주었다.

몹시 위험한 형세를 일컫는 말이다. 알을 쌓아 놓은 것이 무슨 큰 위험
이 있겠는가마는 위태로운 상황을 비유하는 말로 적절하다. '累卵之勢(누
란지세)'라는 말을 많이 쓴다. 비슷한 말로는 '百尺竿頭(백척간두)', '風前
燈火(풍전등화)' 등이 있다.

能書不擇筆(능서불택필)

• 능할 능, 글 쓸 서, 아닐 불, 가릴 택, 붓 필. 명필은 붓을 가리지 않는다. 글
이 능한 사람은 붓 탓을 하지 않는다는 말.

『論書(논서)』에 나오는 이야기이다.

唐(당)나라 초기 三大(삼대) 名筆(명필) 중 歐陽詢(구양순), 虞世南(우세
남), 褚遂良(저수량) 중에서 저수량이 우세남에게 구양순 선생과 자기의
글씨를 비교해 달라고 묻자 "내가 듣기에 구양순은 종이와 붓을 가리지
않고, 어떤 종이에 어떤 붓을 가지고 쓰든 다 자기 뜻대로 되었다고 한다.
네가 어떻게 그럴 수 있겠느냐."라고 답했다. 그런데 저수량은 너구리 털
로 심을 넣고 토끼털로 겉을 싼 붓끝에 상아나 코뿔소 뿔로 자루를 한 붓
이 아니면 절대로 글씨를 쓰지 않았다고 한다.

한국 俗談(속담)에 '서투른 무당이 장구 탓한다.'라는 말이 있다. 우리
나라의 명필로 알려진 추사 김정희는 붓을 택하는 데 저수량만큼이나 까
다로웠다. 저수량의 경우는 구양순과는 반대로 글씨를 잘 쓰는 사람은 반
드시 붓을 가린다는 전통을 만든 것일지도 모른다.

泥田鬪狗(니전투구)

> • 진흙 니, 밭 전, 싸움 투, 개 구. 진흙탕에서 싸우는 개. 볼썽사납게 서로 헐
> 뜯거나 다투는 것이나 이익을 차지하려고 지저분하게 다툼. 본뜻은 함경도
> 사람의 강인한 성격을 평한 말.

삼봉 정도전의 지역 평을 보면, 경기도는 鏡中美人(경중미인: 거울 속
에 비친 미인), 충청도는 淸風明月(청풍명월: 맑은 바람과 밝은 달빛), 전
라도는 風前細柳(풍전세류: 바람 앞에 하늘거리는 가는 버드나무), 경상도
는 松竹大節(송죽대절: 소나무와 대나무 같은 굳은 절개), 강원도는 巖下
老佛(암하노불: 바위 아래 늙은 부처), 황해도는 春波投石(춘파투석: 봄
물결에 던져진 돌멩이), 평안도는 山林猛虎(산림맹호: 산속 숲에 사는 거
친 호랑이)라고 했다. 그리고 함경도는 泥田鬪狗(이전투구)라고 했다가 태
조 이성계의 얼굴이 벌게지므로 고쳐서 石田耕牛(석전경우: 돌밭을 가는
소)라고 말했다. 이성계의 고향이 함경도였던 것이다.

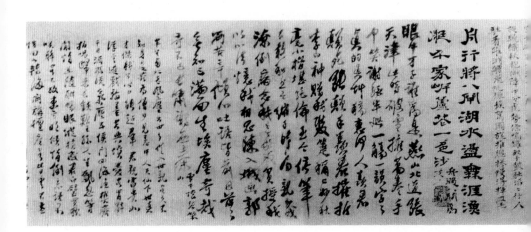

多岐亡羊(다기망양)

> • 많을 다, 갈래 기, 잃을 망, 양 양. 달아난 양을 찾는 데 길이 여러 갈래여서 양을 잃다. ① 학문의 길이 여러 갈래이므로 진리를 찾기 어려움. ② 방침이 너무 많아 도리어 갈 바를 모름. 讀書亡羊(독서망양).

『楊子(양자)』 說符篇(설부편)에 나오는 말이다.

楊朱(양주)가 이웃 사람에게 잃어버린 양에 대해 묻자 이웃사람이 "갈림길에 갈림길이 또 있어 양이란 놈이 어디로 갔는지 도무지 알 수가 없어 그만 지쳐서 양을 잃었다."라고 말했다.

학문이나 어떤 재주를 배우는 데 있어서도 너무 배우는 방법이 여러 가지가 있거나 枝葉的(지엽적)인 것에 拘礙(구애)를 받게 되면, 얻으려던 것을 얻지 못하게 된다는 말이다.

多多益善(다다익선)

• 많을 다, 더할 익, 좋을 선. 많을수록 더욱 좋음.

『史記(사기)』淮陰侯列傳(회음후열전)에 나오는 이야기다.

漢高祖(한고조) 劉邦(유방)이 천하를 주름잡고 韓信(한신)은 楚王(초왕)으로 있다가 잡혀 와 淮陰侯(회음후)로 降等(강등)된 후의 이야기이다. 유방이 여러 장수들의 능력에 대해 한신과 의견을 교환하고 있었다.

이야기가 끝날 무렵 고조는, "그럼 나는 어느 정도의 군사를 거느릴 수 있다고 보는가?" "폐하께선 고작 십만 명 정도밖에 거느릴 수 없을 것입니다."

"그럼 그대는 어느 정도인가?"

"신은 많으면 많을수록 더욱 좋습니다."

그러자 한고조는 어이없다는 듯이 웃고 나서 이렇게 물었다.

"그렇게 多多益善(다다익선)인 그대가 어떻게 해서 내게 잡혀 왔단 말인가?"

"폐하께선 군사를 거느리는 데는 능하지 못하지만, 將帥(장수)는 잘 거느리십니다. 이것이 신이 폐하에게 사로잡히게 된 까닭입니다. 그리고 폐하의 경우는 이른바 하늘이 주신 것으로 사람의 힘은 아닙니다." 하고 대답했다.

ㄷ

多士濟濟(다사제제)

> • 많을 다, 선비 사, 건널 제. 錚錚(쟁쟁)한 인물이 많음. 여러 선비가 모두 다 뛰어남. 濟濟(제제)는 威儀(위의)가 있는 모양. 濟濟多士(제제다사).

『詩經(시경)』 大雅(대아) 文王篇(문왕편)에 이 말이 나온다.

대대로 나타나지 않았던가.
그 꾀하는 일은 조심스러웠다.
그리고 훌륭한, 많은 선비들이 이 왕국에서 났다.
왕국이 능히 낳았으니 이들이 주나라의 받침대다.
제제한 많은 선비여 문왕이 이로써 편안하도다.

世之不顯 세지불현
厥猶翼翼 궐유익익
思皇多士 사황다사
生此王國 생차왕국
王國克生 왕국극생
維周之楨 유주지정
濟濟多士 제제다사
文王以寧 문왕이녕

周(주)나라 文王(문왕)의 거룩한 덕이 대대로 후대에까지 빛나고 있어, 그가 계획한 일이 조심스럽게 지켜 내려오고, 많은 인재들이 이 왕국에서 태어나서 이 나라의 기둥이 되었다는 말이다. '다사제제'란 錚錚(쟁쟁)한 인물이 많다는 말이다. '濟濟多士(제제다사)'라고도 많이 쓴다.

참고)
鐵中錚錚(철중쟁쟁): 쇠 철, 가운데 중, 쇳소리 쟁. 같은 또래에서 뛰어난 사람.
　　　　　　　　　　쟁쟁한 사람. 쇠 중에 좋은 소리가 나는 것. 보통 사람보다
　　　　　　　　　　좀 나은 사람을 비유함.

斷機之戒(단기지계)

• 끊을 단, 베틀 기, 갈 지, 경계할 계. 맹자의 어머니가 유학 도중에 돌아온 맹자를 훈계하기 위해 짜던 베를 끊어서 경계함. 학문을 중도에서 그만두면 아무 쓸모없이 된다고 경계함을 이르는 말.

漢(한)나라 劉向(유향)이 편찬한 『烈女傳(열녀전)』에 나오는 이야기이다.

孟子(맹자)는 가난한 선비의 집에서 태어났는데, 아버지는 일찍 죽고 홀어머니 밑에서 자랐다.

처음에 맹자가 살던 집은 공동묘지 근처였다. 어린 맹자는 눈에 보이는 대로 상여를 메고 가는 시늉과 상여꾼들의 노래 부르는 흉내를 내며, 땅을 파고 널을 묻은 다음 둥그렇게 봉분을 짓는 그런 장난을 했다.

'여기는 자식을 기를 만한 곳이 못 되는구나.'

이렇게 생각한 맹자의 어머니는 곧 집을 시장 근처로 옮겼다.

그러자 맹자는 또 장사꾼들의 흉내를 내며 놀지 않겠는가.

'여기도 역시 자식을 기를 곳이 못 된다.' 하고 맹자의 어머니는 여러 가지 생각한 후에 이번에는 학교 근처로 집을 옮겼다.

그러자 맹자는, 학생들의 공부하는 모습과, 제사상을 차리는 법과, 예의를 갖추고 인사하고 행동하는 광경을 일일이 흉내 내며 놀고 있었다.

'여기가 참으로 자식을 두고 기를 만한 곳이다.' 하고 어머니는 학교 근처에 자리를 잡고 살았다.

그 뒤 맹자는 집을 떠나 멀리 밖에서 유학을 가게 되었다. 얼마 지나지 않아 집으로 돌아왔다. 어머니는 그때 베틀에 앉아 베를 짜고 있었다.

"공부는 어떻게 끝을 마쳤느냐?"

"끝을 마치다니요. 어머님이 뵙고 싶어서 잠시 다녀가려고 왔습니다."

어머니는 아무 말 없이 옆에 있는 칼을 들어 베를 잘라 버렸다. 북이며 바디며 잉앗대가 바닥으로 흘러내렸다.

ㄷ

어머니가 맹자에게 말하기를 "네가 공부를 도중에 그만둔 것은 내가 짜던 베를 다 마치지 못하고 끊어 버리는 것과 같다."

맹자 어머니가 맹자의 학구열이 식은 것을 깊이 깨우쳐 주기 위해 짜고 있던 베를 칼로 끊었다는 故事(고사)이다. 학문을 중도에서 그만두면 아무 쓸모없이 된다고 경계함을 이르는 말이다. 이 이야기 속에는 孟母三遷之敎(맹모삼천지교)고사도 함께 나온다. 원문은 '斷織(단직)'으로 되어 있는데 후에 '斷機(단기)'로 쓰게 되었다. '斷機之敎(단기지교)'라고도 한다.

참고)

孟母三遷之敎(맹모삼천지교): 맏 맹, 어미 모, 석 삼, 옮길 천, 갈 지, 가르칠 교.
　　　　　　　　　　　　맹자의 어머니가 맹자의 교육을 위해 세 번 집을
　　　　　　　　　　　　옮긴 일. 孟母三遷(맹모삼천).

斷腸(단장)

> • 끊을 단. 창자 장. 창자가 끊어질 듯한 고통.

『世說新語(세설신어)』 출면편에 나오는 이야기이다.

桓溫(환온)이 蜀(촉)나라로 가는 도중, 三峽(삼협)을 배로 오르고 있을 때 부대에 있는 사람이 원숭이 새끼를 잡았다. 그러자 어미 원숭이는 새끼를 잃고 슬피 울며 언덕을 따라 백여 리를 따라온 뒤에 마침내는 배 안으로 뛰어들어 그 길로 숨이 끊어지고 말았다.

죽은 어미 원숭이의 배를 가르고 속을 들여다보았더니, 창자가 토막토막 끊어져 있었다. 이 이야기를 전해 들은 환온은 크게 노하여 새끼를 잡은 사람을 군대에서 내쫓도록 명령했다.

우리말에 애가 탄다는 말이 있다. 이 '애'는 옛말로 '창자'를 뜻한다.

ㄷ

螳螂拒轍(당랑거철)

> • 사마귀 당, 버마재비 랑, 막을 거, 바퀴자국 철. 사마귀가 버티고 서서 수레
> 바퀴를 가로막다. 미약한 자가 제 분수도 모르고 무모하게 덤빔.

『淮南子(회남자)』人間訓篇(인간훈편)에 나오는 이야기이다.

齊(제)나라의 莊公(장공)이 사냥을 하러 나가는데, 벌레 하나가 장공이
타고 가는 수레바퀴에 발을 들어 치려 했다. 장공은 御者(어자)에게 물었다.
"저게 무슨 벌레인가?"

"저놈이 이른바 버마재비란 놈입니다. 저놈은 원래 앞으로 나아갈 줄만
알고 뒤로 물러설 줄을 모르며 제 힘도 헤아리지 않고 상대를 업신여기는
놈입니다."

"그래, 그놈이 만일 사람이라면 반드시 천하의 용사가 될 것이다." 하고
장공은 수레를 돌려 버마재비를 피해 갔다.

『莊子(장자)』의 人間世篇(인간세편)에는,

"그대는 당랑을 알지 못하는가. 그 팔을 높이 들어 수레바퀴를 막으려
한다. 그것이 감당할 수 없는 것임을 모르기 때문이다."라고 나와 있다.

미약한 자가 제 분수도 모르고 무모하게 덤비는 경우나 타고난 성질을
고치기 어렵다고 할 때 이 말을 쓴다. 당랑은 버마재비 혹은 사마귀라고
부른다. 당랑거철은 '螳螂之斧(당랑지부)'라고도 한다.

大器晩成(대기만성)

• 클 대, 그릇 기, 늦을 만, 이룰 성. 큰 그릇은 덜된 것처럼 보인다. 크게 될 사람은 오랫동안 공적을 쌓아 늦게 이루어짐. 큰 그릇은 만드는 데 오래 걸림.

『老子(노자)』 제41장에 나오는 말이다.

위대한 사람은 도를 들으면 이를 실천하고, 보통 사람은 도를 들으면 반신반의하게 된다. 그리고 가장 못난 사람은 도를 들으면 아예 믿으려 하지 않고 코웃음만 친다. 코웃음을 치지 않으면 참다운 도가 될 수 없다. 그러기에 옛사람의 말에도,

"밝은 길은 어두운 것처럼 보이고, 앞으로 나아가는 길은 뒤로 물러나는 길로 보이며, 평탄한 길은 험하게 보인다. 높은 덕은 낮게 보이고, 참으로 흰 것은 더러운 것으로 보이며, 넓은 덕은 좁은 것처럼 보이고, 견실한 덕은 약한 것처럼 보이며, 변하지 않는 덕은 변하는 것처럼 보인다. ……(중략)"

"크게 모난 것은 귀가 없고 큰 그릇은 늦게 이루어지며, 큰 소리는 울림이 잘 들리지 않고, 큰 모양은 형체가 없다."

본래의 뜻은 '큰 그릇은 덜된 것처럼 보인다.'는 뜻이다. 지금은 그런 뜻으로는 쓰이지 않는다. 크게 될 사람은 오랫동안 공적을 쌓아 늦게 이루어진다는 뜻이거나 큰 그릇은 만드는 데 오래 걸린다는 의미로 쓰인다.

大道廢有仁義(대도폐유인의)

> • 큰 대, 길 도, 폐할 폐, 있을 유, 어질 인, 옳을 의. 큰 도가 없어지자 인의가
> 있게 됨. 老子(노자)가 儒敎(유교)의 인의의 교는 천지자연의 도가 아니라고
> 비방한 말임.

『老子(노자)』 제18장에 나오는 말이다.

"큰 도가 없어지자 인과 의가 있고, 지혜가 나오자 큰 거짓이 있고, 육
친이 불화하므로 효도와 사랑이 있고, 국가가 혼란하므로 충신이 있다."

上古(상고)시대에는 大道(대도)가 행하여져서 모든 사람이 淳朴(순박)하
였으나 後世(후세)에 이르러 대도가 점차로 消滅(소멸)하매, 仁義(인의)라
고 불리는 것이 나왔다는 말이다. 이는 老子(노자)가 儒敎(유교)에서 말하
는 인의의 敎(교)는 천지자연의 도가 아니라고 비방한 말이다.

大同社會(대동사회)

• 클 대. 같을 동. 사회 사. 모일 회. 큰 도가 행해지고 모두 하나 되는 사회.
  가장 이상적인 사회를 일컫는 말.

『禮記(예기)』 禮運篇(예운편)에 나오는 말이다.

큰 도가 행해지면 전체 사회가 공정해져서 현명한 사람과 능력 있는 사람이 지도자로 뽑히게 되며 신의가 존중되고 친목이 두터워진다. 그러므로 모든 사람들은 자기 부모만을 부모로 생각하지 않고 남의 부모도 내 부모와 똑같이 생각하며, 자기 자식만을 자식으로 생각하지 않고 남의 자식도 내 자식과 똑같이 생각한다.

늙은이는 여생을 편안히 마치게 되고 젊은이는 각각 자기의 적성과 능력에 맞는 일자리에서 활동하게 되며, 어린이들은 곱고 바르게 자라게 되고, 홀아비와 홀어미며 의지할 곳 없고 불구가 된 사람들은 모두 편안히 보호를 받게 된다. 남자는 다 자기 분수에 맞는 일을 하게 되고, 여자들은 다 적당한 곳으로 시집가 살게 된다.

재물과 물건들이 헛되이 버려지는 것을 싫어하지만 그것을 자기 집에다 감춰 두는 일이 없으며 자기가 직접 노력을 제공하지 않는 것을 싫어하지만 그것이 자기 개인을 위한 것으로는 생각하지 않는다. 그렇기 때문에 권모술수와 같은 것이 필요치 않게 되고 도둑이나 불량배 같은 것이 있을 수 없다. 이리하여 집집마다 문을 열어 두고 닫는 일이 없다. 이러한 사회를 가리켜 대동이라 말한다.

위 이야기는 거의 유토피아에 대한 설명이나 다름없다. 가장 이상적인 사회를 일컫는 말이다. 孫文(손문)의 三民主義(삼민주의) 이론의 根底(근저)에는 대동사상이 커다란 뿌리를 이루고 있는 것으로 보고 있다.

ㄷ

大義滅親(대의멸친)

> • 클 대, 옳을 의, 멸할 멸, 어버이 친. 대의를 위해서는 친족도 멸한다.

『春秋左氏傳(춘추좌씨전)』에 나오는 말이다.

魯(노)나라 隱公(은공) 4년 衛(위)나라 公子(공자) 州吁(주우)가 임금 桓公(환공)을 죽이고 스스로 임금 자리에 올랐다. 환공과 주우는 異腹兄弟(이복형제) 사이로, 주우는 첩의 소생이었다. 그는 어릴 때부터 성질이 거칠고 행동이 방자했는데 아버지 莊公(장공)은 그를 사랑한 나머지 멋대로 하게 버려두고 있었다. 대신 石碏(석작)이 장공에게 주우를 태자로 세울 생각을 하면 안 된다고 말렸다. 나중에 석작의 아들 石厚(석후)가 주우와 어울려 다니다 환공을 죽이고 왕위를 차지하려 했다. 주우가 민심을 얻지 못하고 궁한 처지에 몰리자 석후가 아버지에게 방법을 물었다. 석작은 陳(진)나라로 가라고 일러 주고는 주우와 석후가 떠나자 진나라에 전갈을 보냈다.

"우리나라는 힘이 없어 역적의 무리를 다스리지 못하고 있으니, 임금을 죽인 이들 두 사람을 귀국에서 처치해 주시기 바랍니다."

나라를 위해 자기의 아들을 기꺼이 죽인 것이다. 『左傳(좌전)』에는 석작에 대한 평이 나온다. "석작은 충성된 신하다. 주우를 미워하여 내 자식인 후까지 죽였다. 대의를 위해 육친의 정을 버린다는 것은 이를 두고 한 말일 것이다."

이 말은 국가나 사회의 대의를 위해서는 부모 형제의 정도 돌보지 않는다는 뜻으로 쓰인다.

참고)
春秋筆法(춘추필법)이라는 말이 있다. 공자가 편찬했다는 『春秋(춘추)』라는 책에 나오는 역사적 기록은 그 글자 하나하나에 사회 정의와 관련된 깊은 뜻이 들어 있다고 해서 생긴 말이다. 공자는 역사책을 편찬하면서 한 글자 한 글자마다 자신의 잣대로 인물을 평하여 높일 사람은 높이고 낮출 사람은 낮추었다.

大丈夫(대장부)

• 클 대, 장부 장, 사내 부. 뜻이 큰 남자를 달리 부르는 말. 본디 장은 사람의
키를 나타내는 단위임.

출전 『孟子(맹자)』 滕文公章句(등문공장구)에 나오는 말이다.

景春(경춘)이라는 사람이 맹자를 찾아와 말했다.

"公孫衍(공손연)과 張儀(장의)는 어찌 참으로 대장부가 아니겠는가. 그
들이 한번 성을 내면 제후들이 행여나 싶어 겁을 먹고, 그들이 조용히 있
으면 온 천하가 다 조용하다."

공손연과 장의는 유명한 辯士(변사)들이었다. 공손연은 합종론으로, 장
의는 연횡론으로 유명하다. 그러나 맹자는 판연히 달랐다.

"이들이 어떻게 대장부일 수 있겠는가. 그대는 예를 배우지 않았던가.
장부가 갓을 처음 쓰게 될 때는 아버지가 교훈을 주고, 여자가 시집을 가
면 어머니가 교훈을 주는데 어머니는 대문 앞에서 딸을 보내며 이렇게 말
한다.

'너의 집에 가거든 공경하고 조심하여 남편에게 어기는 일이 없게 해
라. 남에게 순종하는 것으로 정당한 것을 삼는 것은 첩이나 아내가 하는
길이다.'"

공손연이나 장의는 순종이나 하는 존재라는 말이다. 그리고 맹자는 대
장부에 대해 다음과 같이 말했다.

"천하의 넓은 곳에 몸을 두고, 천하의 바른 위치에 서 있으며, 천하의
큰 길을 걷는다. 뜻을 얻었을 때는 백성들과 함께 그 길을 가고, 뜻을 얻
지 못했을 때는 혼자 그 길을 간다. 부귀를 가지고도 그의 마음을 어지럽
게 만들 수 없고, 가난과 천대로 그의 마음을 바꿔 놓지는 못하며, 위세나 폭
력으로도 그의 지조를 꺾지 못한다. 이런 사람을 가리켜 대장부라고 한다."

大丈夫當雄飛(대장부당웅비)

• 클 대. 장부 장. 사내 부. 당할 당. 수컷 웅. 날 비. 대장부는 마땅히 웅비해
야 한다. 사나이는 마땅히 수컷답게 날아야 한다.

『後漢書(후한서)』 趙典傳(조전선)에 나오는 이야기이다.

趙典(조전)은 後漢(후한) 말기 사람으로 成都(성도) 출신이다. 그는 젊
었을 때부터 학문과 실천으로 이름이 알려졌는데 桓帝(환제) 때 侍中(시
중)으로 있으면서 천자를 바른 길로 이끌기 위해 바른 말을 많이 했다. 그
의 형의 아들 趙溫(조온)도 기질이 조전과 비슷했는데 조온은 "대장부란
마땅히 雄飛(웅비)해야만 한다. 어떻게 능히 가만히 엎드려 있을 수 있겠
는가." 하고 京兆丞(경조윤) 벼슬을 그만두고 말았다.

후에 조온은 흉년이 들어 사람들이 굶주리는 것을 보자 집에 있는 식량
을 풀어 만 명 이상의 사람을 구했고 獻帝(헌제) 때는 江南亭侯(강남정후)
에 封(봉)해졌으므로 雄飛(웅비)했다고 할 수 있다.

德不孤必有隣(덕불고필유린)

- 큰 덕, 아닐 불, 외로울 고, 반드시 필, 있을 유, 이웃 린. 덕이 있는 사람은 고립되어 있는 것이 아니고 반드시 따르는 이웃이 있다.

이 말은 『論語(논어)』 里仁(이인)에 나온다.

훌륭한 일을 하는 사람은 한때 고립되고 남의 질시를 받을 수도 있지만 결국 정성이 통해 이에 동참하는 사람이 나온다는 말이다. 德必有隣(덕필유린)이라고도 한다.

『周易(주역)』 文言(문언)에는 "군자는 공경으로써 마음을 바르게 하고 의로움으로써 외모를 반듯하게 한다. 공경과 의로움이 섰으니 덕은 외롭지 않다. 君子敬以直內 義以方外 敬義立而德不孤(군자경이직내 의이방외 경의립이덕불고)"는 말이 있다. 孔子(공자)의 말은 이 『주역』에 나오는 말을 심화시킨 말이라고 볼 수 있다.

圖南鵬翼(도남붕익)

> • 꾀할 도. 남녘 남. 붕새 붕. 날개 익. 대붕이 날개를 펴고 남쪽으로 옮겨 가려 한다. 대업 또는 원정을 계획하는 큰 뜻. 圖南(도남)이란 대업을 꾀한다는 말.

이 圖南(도남)이란 말은 붕새가 북쪽 바다에서 남쪽 바다로 옮겨 갈 때의 어마어마한 광경을 이야기한 『莊子(장자)』에서 나온 말이다.

"北海(북해)에 鯤(곤)이라는 고기가 있다. 그 크기는 몇천 리가 되는지 알 수 없다. 이 고기가 化(화)해서 鵬(붕)이라는 새가 된다. 붕새의 등은 그 길이가 몇천 리가 되는지 알 수 없다. 이 새가 한번 날아오르게 되면 그 날개는 하늘을 덮은 구름처럼 보인다. 이 새는 바다에 물결이 일기 시작하면 남쪽 바다로 옮겨 가려 한다. 남쪽 바다는 천연의 못이다."

『齊諧(제해)』라는 책에는 다음과 같이 나와 있다.

"붕새가 남해로 옮겨 가려는 때는 날개가 물 위를 치는 것이 삼천 리에 미치고, 회오리바람을 일으키며 날아오르는 것이 구만 리에 이른다. 여섯 달을 계속 난 다음에야 쉰다."

圖南(도남)이란 대업을 꾀한다는 말이고 붕익은 대붕의 날개라는 말이다. 여기에서 圖南(도남), 鵬翼(붕익), 鵬程萬里(붕정만리) 등의 말이 나왔다. 大業(대업) 또는 遠征(원정)을 계획하는 큰 뜻을 나타낸다. 어느 다른 지역으로 가서 큰 사업을 시작하려고 하는 것을 가리켜 圖南(도남)이라고 한다.

桃李不言下自成蹊(도리불언하자성혜)

• 복숭아 도, 오얏 리, 아닐 불, 말씀 언, 아래 하, 스스로 자, 이룰 성, 지름길 혜. 복숭아나무와 오얏나무는 말을 하지 않아도 그 밑에 절로 길이 난다는 말.

출전 『史記(사기)』 李將軍列傳(이장군열전)에 나오는 말이다.

漢(한)나라 武帝(무제) 때 李將軍(이장군) 李廣(이광)은 활의 명수로 유명했고, 힘이 세고 몸이 빨랐기 때문에 匈奴(흉노)들은 그를 漢(한)나라의 날아다니는 장수라는 이름으로 漢飛將軍(한비장군)이라고 부를 정도였는데 太史公(태사공) 司馬遷(사마천)이 이광을 두고 한 말이며, 이광이 특히 말이 없었기 때문에, 이 속담으로 말이 없는 그의 성실성을 비유해 표현한 것이다.

이광은 '화살이 돌에 박혔다.'는 일화로도 유명하다.

하루는 사냥을 나갔던 이광이 늦게 돌아오는데 범이 산 옆에 웅크리고 있는 것을 발견했다. 활의 명수인 이광은 화살을 얹어 있는 힘을 다해 범을 쏘았다. 화살이 꽂히는 소리가 나며 범은 그대로 꼼짝을 하지 않았다.

죽었으려니 하고 가까이 가 보니 그것은 범이 아니고 돌이었다.

이 逸話(일화)가 '射虎石(사호석)'이라는 이름으로 전해 내려온다.

속담에 말하기를 복숭아나무와 오얏나무는 말을 하지 않아도 그 밑에 절로 길이 난다고 했다. 이 말은 아주 쉽고 평범한 말이기는 하지만, 李廣(이광)과 같은 큰 덕을 비유해서 한 말로 볼 수 있다. 복숭아나무와 오얏나무는 열매가 맛이 있어서 따 먹으러 오는 사람이 많은 까닭에 자연히 길이 생긴다는 뜻으로, 德行(덕행)이 있는 사람은 無言(무언) 중에 남을 심복시킴을 비유하는 말이다.

참고)
漢飛將軍(한비장군): 한나라 한, 날 비, 장수 장, 군사 군. 漢(한)나라의 날아다니는
　　　　　　　　　　장수 李廣(이광)을 흉노들이 존경하고 두려워하며 부른 말.

道不拾遺(도불습유)

- 길 도, 아닐 불, 주울 습, 남길 유. 길에 물건이 떨어져 있어도 줍지 않을 정도로 나라가 잘 다스려지고 있음. 곧 善政(선정)을 베풀어 사람마다 물자가 풍부하고 道義心(도의심)이 강함을 이름. 路不拾遺(노불습유).

『子家語(공자가어)』, 『史記(사기)』, 『韓非子(한비자)』 등에 나오는 이야기이다.

鄭(정)나라 임금 簡公(간공)은 자기 스스로의 부족을 자책하는 한편, 새로운 재상에 임명된 子産(자산)에게 모든 정치를 바로잡는 책임을 지고 과감한 시책을 단행할 것을 당부했다. 그래서 자산은 물러나와 재상으로서 정치를 오 년을 계속했는데, 나라에는 도적이 없고 길에는 떨어진 것을 줍지 않았으며, 복숭아와 대추가 거리를 덮고 있어도 이를 따 가는 사람이 없었으며, 송곳이나 칼을 떨어뜨렸을 때도 사흘 후에 가 보면 그 자리에 그대로 있었고, 삼 년을 흉년이 들어도 백성이 굶주리는 일이 없었다고 했다.

또 孔子(공자)가 魯(노)나라 정승으로 석 달을 정치를 하게 되자, 송아지나 돼지를 팔러 가는 사람이 아침에 물을 먹이는 일이 없고, 길에 떨어진 것을 줍는 사람이 없었다고 전한다. 어느 곳에 가거나 물을 얻어 먹일 수 있으므로 애써 아침에 물을 많이 먹일 필요가 없고 사람들이 순박해서 남의 물건을 보고도 욕심을 내지 않았다는 말이다.

본디 善政(선정)의 極致(극치)를 표현해서 한 말이었는데, 商鞅(상앙)의 경우와 같이 법이 너무 엄해서 겁을 먹고 길에 떨어진 것을 줍지 못하는 예도 있었다. 상앙은 공포정치를 했던 것이다. '道不拾遺(도불습유)'는 '路不拾遺(로불습유)'라고도 한다. 위 이야기에는 '國無盜賊(국무도적)'이라는 숙어도 나온다.

度外視(도외시)

• 법 도, 바깥 외, 볼 시. 문제시할 것 없다. 안중에 두지 않고 무시함. 문제로 삼지 않고 생각 밖으로 내버려 둠. 가외 것으로 봄. 안중에 두지 않고 무시함. 문제 삼지 않음. 置之度外(치지도외). 度外置之(도외치지).

『後漢書(후한서)』 光武帝紀(광무제기)에 나오는 말이다.

후한의 시조 光武帝(광무제) 때의 일이다. 광무제 劉秀(유수)는 한(漢:前漢)나라를 빼앗아 新(신)나라를 세운 王莽(왕망)을 멸하고 劉玄(유현)을 세워 황제로 삼고 한나라를 재흥했다.

大司馬(대사마)가 된 유수는 그 후 銅馬(동마)·赤眉(적미) 등의 반란군을 무찌르고 부하들에게 추대되어 제위에 올랐으나 천하 통일에의 싸움은 여전히 계속되었다. 이윽고 齊(제) 땅과 江淮(강회) 땅이 평정되자 中原(중원)은 거의 광무제의 세력권으로 들어왔다. 그러나 벽지인 秦(진) 땅에 웅거하는 외효와 역시 산간오지인 蜀(촉) 땅의 成都(성도)에 거점을 둔 公孫述(공손술)만은 항복해 오지 않았다.

중신들은 계속 이 두 반군의 토벌을 진언했다. 그러나 광무제는 이렇게 말하며 듣지 않았다.
"이미 중원은 平定(평정)되었으니 이제 그들은 문제시할 것 없소[度外視]."
광무제는 그간 함께 많은 고생을 한 병사들을 하루속히 고향으로 돌려보내어 쉬게 해 주고 싶었던 것이다.

ㄷ

桃園結義(도원결의)

- 복숭아 도, 뜰 원, 맺을 결, 옳을 의. 복숭아밭에서 맺은 의로운 약속. 촉한의 유비, 관우, 장비가 도원에서 의형제를 맺었다는 고사. 의형제를 맺음.

『三國志演義(삼국지연의)』라는 소설에 나오는 이야기이다.

蜀漢(촉한)의 劉備(유비), 關羽(관우), 張飛(장비)가 도원에서 의형제를 맺었다는 고사이다. 장비의 청으로, 그의 집 후원 복숭아밭에서 세 사람이 형제의 의를 맺고, 힘을 합쳐 천하를 위해 일하기로 맹세를 했다.

「생각하건대, 유비, 관우, 장비는 비록 성은 다르지만 이미 의를 맺어 형제가 되었으니, 곧 마음을 같이하고 힘을 합하여, 괴로운 것을 건지고 위태로운 것을 붙들어 위로는 국가에 보답하고 아래로는 만백성을 편안케 하리라. 같은 해 같은 달 같은 날 나기를 구할 수는 없지만, 다만 같은 해 같은 달 같은 날 죽기를 원한다. 천지신명은 참으로 이 마음을 굽어 살피시옵소서. 의리를 저버리고 은혜를 잊는 일이 있으면 하늘과 사람이 함께 죽이리라.」

의형제를 맺는다는 말이다. 『三國志(삼국지)』는 歷史書(역사서)이고 『三國志演義(삼국지연의)』는 小說(소설)이다. 우리나라 사람들은 이 문제를 혼동한다. 우리가 주로 이야기하는 『三國志(삼국지)』는 바로 『三國志演義(삼국지연의)』에 나오는 일들이다. 演義(연의)라는 말은 뜻을 보태고, 經書(경서)에 나오는 좋은 뜻을 보태어 해석하고 꾸민다는 말이다. 국어사전에는 연의를 "사실을 부연하고 자세하고 재미있게 설명하는 것"이라고 뜻을 풀었지만 정확한 풀이가 아니다. 소설과 역사서는 확실히 구분해야 한다.

陶朱之富(도주지부)

> • 질그릇 도, 붉을 주, 갈 지, 부유할 부. 도주공의 부유함.

『史記(사기)』殖貨列傳(식화열전)에 나오는 이야기이다.

'臥薪嘗膽(와신상담)'이라는 고사에 나오는 越王(월왕) 句踐(구천)은 吳(오)나라의 포로에서 풀려나온 20년 뒤에, 마침내 오나라를 멸하고 남방의 覇者(패자)가 되었다. 구천을 도와 이 날이 있게 한 것은 范蠡(범려)의 공이었다. 그러나 오나라를 멸하고 상장군이 되어 돌아온 범려는 "나는 새가 죽으면 좋은 활은 광으로 들어가고, 날랜 토끼가 죽으면 사냥개는 삶아 먹힌다."는 옛말의 교훈을 따르고, 또한 구천의 인물됨이 長頸烏喙(장경오훼) 상이라고 생각했다. 고생은 같이할 수 있어도 낙은 같이할 수 없는 사람이라고 생각한 것이다. 결국 그는 월나라를 떠나 바다 건너 멀리 齊(제)나라로 갔다.

범려는 鴟夷子皮(치이자피)라는 이름으로 행세를 했다. 얼마 안 되어 수천만의 재산을 모았다. 그러자 제나라에서는 그가 비범한 사람인 것을 알고 그를 재상으로 맞아들였다.

그러나 범려가 말하길 "집은 천금의 부를 이루고 벼슬은 재상에 올랐으니 이는 평민으로서는 극도에 달한 것이다. 오래 높은 이름을 누린다는 것은 상서롭지 못한 일이다." 하고 남몰래 陶(도)란 곳으로 가 숨어 살며 朱公(주공)이란 이름으로 행세를 했다.

도주공은 후에 석숭과 함께 부자의 대명사가 되었다.

道聽塗說(도청도설)

• 길 도. 들을 청. 진흙길 도. 말씀 설. 길에서 얻어 듣고 이를 이내 길에서 옮겨 말함. 아무 근거도 없는 허황한 소문. 좋은 말을 듣고도 마음에 깊이 새기지 아니함의 비유. 거리의 소문을 전함. 천박한 사람은 교훈이 될 만한 좋은 말을 듣고도 이를 깊이 간직하지 못함.

『論語(논어)』 陽貨篇(양화편)에서 공자는 "길에서 듣고 길에서 이야기하는 것은 덕을 버리는 것이다."라고 말했으며,

공자는 또 말하기를 "사람을 보고 말을 택하지 말고 말을 가지고 사람을 택하지 말라."고 했다.

『荀子(순자)』 勸學篇(권학편)에는 "소인들의 학문은 귀로 들어와서 입으로 나간다. 귀와 입 사이에는 네 치밖에 안 된다. 어떻게 그것으로 일곱 자 몸을 아름답게 할 수 있겠는가?"라고 나와 있다.

도청도설은 아무 근거도 없는 허황한 소문을 말하고 다니는 경우나, 천박한 사람이 교훈이 될 만한 좋은 말을 듣고도 이를 깊이 간직하지 못하는 경우를 나타내는 말이다.

塗炭之苦(도탄지고)

> • 진흙 도, 숯 탄, 갈 지, 괴로울 고. 진구렁에 빠지고 숯불에 타는 듯한 고생. 몹시 고통스러운 처지.

『書經(서경)』仲虺之誥(중회지고)에 나오는 말이다.

"유하의 어두운 덕으로 백성이 도탄에 빠졌다."라는 구절이 있다. 殷(은)나라 湯(탕)임금은 桀(걸)을 내쫓고 천자가 되어 무력혁명에 의해 천하를 얻게 된 것을 부끄러워하자 左相(좌상)인 仲虺(중회)가 글을 지어 탕임금을 위로했는데 그 글 속에,

"슬프다, 하늘이 사람을 내었으나 사람에게는 욕심이란 것이 있어 이를 이끌어 줄 지도자가 없으면 곧 혼란을 가져오게 된다. 그러므로 하늘은 총명한 임금을 낳아 이들을 올바로 이끌게 한다. 그런데 夏(하)나라 桀(걸)임금은 어둡고 덕이 없어 백성들이 진흙과 숯불 속에 빠지게 되었다. 그래서 하늘은 임금에게 용기와 지혜를 주어, 모든 나라들을 법도로써 바로잡게 하고, 우임금의 옛 영토를 이어받게 했다. 지금은 우임금의 옛 제도를 따라 천명에 순종하는 것이 마땅할 뿐이다."라고 나와 있다.

이 글은 중회가 탕임금의 행동을 격려한 글이다. 탕임금이 역성혁명을 일으키며 "나는 후세 사람이 내가 한 일을 가지고 구실을 삼을까 두렵다."고 하자 임금에게 힘을 실어 주고 정당한 일을 한 것이라고 격려하는 말이다. '도탄지고'는 백성들이 몹시 고통스러운 처지에 빠져 있다는 말이다.

ㄷ

獨留靑塚(독류청총)

• 홀로 독, 머무를 류, 푸를 청, 무덤 총. 중국 한나라 元帝(원제) 때의 궁녀 王昭君(왕소군)과 관련된 말.

원제는 궁녀를 직접 보지 않고 화가로 하여금 궁녀들의 용모를 그리게 하여 이를 보고 선택하여서 궁녀들은 자기 얼굴을 예쁘게 그리게 하기 위해 많게는 십만 금에서 적어도 오만 금을 뇌물로 화공에게 바쳐야 했다. 왕소군은 스스로 자신의 용모만을 믿어 뇌물을 주지 않았다. 뒤에 흉노가 입조하매 궁녀를 뽑아 이에게 짝맞춰 주는데, 밉게 그려진 그림만 보고 왕소군으로 하여금 이에 대충케 하였다. 왕소군은 오랑캐 땅으로 가는 도중에 시름을 이기지 못하여 말 위에서 비파를 뜯어 자신의 원한을 풀었고, 그 뒤에 독약을 먹고 자살하니 오랑캐 땅에서 장사지내 주었다. 원래 그 땅에는 풀이 모두 흰 빛을 띠었는데, 왕소군 무덤 위의 풀만은 홀로 푸르러 이것을 靑塚(청총)이라 불렀다. 따라서 이 말은 "왕소군 무덤의 풀만이 홀로 푸른빛을 띠었다."는 뜻이다.

讀書百遍義自見(독서백편의자현)

- 읽을 독, 책 서, 일백 백, 두루 편, 뜻 의, 스스로 자, 드러날 현. 같은 책을 여러 번 되풀이해 읽으면 저절로 뜻을 알게 됨. 讀書百遍義自通(독서백편의자통).

『三國志(삼국지)』 魏志(위지) 제13권에 나오는 말이다. [주자훈학재규] 에도 나온다.

魏(위)나라 董遇(동우)는 後漢(후한) 말기 사람으로 당시는 모든 사람들 이 자기가 가지고 있는 조그만 재주를 유력자에게 팔아 바침으로써 출세 를 하고 생활을 하는 시대였다. 그러나 동우는 그럴 생각은 조금도 없이 가난 속에 몸소 일을 해 가면서 공부에 열중하고 있었다. 그는 잠시도 손 에서 책을 놓는 일이 없었던 것으로 유명하다.

그 뒤 동우는 黃門侍郎(황문시랑)이라는 벼슬에 올라 헌제의 글공부 상 대가 되어 왔었는데 승상이었던 曹操(조조)의 의심을 받아 閒職(한직)으로 쫓겨나게 되었다.

그 뒤 조조가 정권을 장악한 후에도 侍中(시중), 大司農(대사농) 등 대 신의 벼슬에 올랐었다. 동우는 글을 배우겠다는 사람이 찾아오면,

"내게서 배우기보다는 집에서 자네 혼자 읽고 또 읽어 보게. 그러면 자 연 뜻을 알게 될 테니." 하고 거절했다.

三國志(삼국지) 魏志(위지) 제13권에는 "동우는 가르치기를 즐겨하지 아니하며 말하기를, '반드시 마땅히 먼저 백 번을 읽으라.' 했고 '글을 백 번 읽으면 뜻이 절로 나타난다.'고 말했다."라는 말이 나온다.

참고)
手不釋卷(수불석권): 손 수, 아닐 불, 놓을 석, 책 권. 손에서 책을 놓지 않는다.
　　　　　　늘 글을 읽음. 출전 三國志(삼국지) 吳志(오지).
讀書萬卷始通神(독서만권시통신): 읽을 독, 글 서, 일만 만, 책 권, 비로소 시,
　　　　　　통할 통, 귀신 신. 책 만 권을 읽고 난 후라야 비로소 필적이
　　　　　　神通(신통)하여 훌륭하게 된다는 뜻.

ㄷ

獨眼龍(독안룡)

• 홀로 독, 눈 안, 용 룡. 애꾸눈의 용. 외눈박이 용. 애꾸눈의 영웅. 애꾸눈의 용맹한
 장수. 애꾸눈의 高德(고덕)한 사람 등을 나타냄.

唐(당)나라 18대 황제인 僖宗(희종: 873~883) 때의 일이다. 山東(산동)
출신인 黃巢(황소)는 王仙芝(왕선지) 등과 반란을 일으킨 지 5년 만에 10
여만의 농민군을 이끌고 마침내 도읍인 장안에 입성했다. 그리고 스스로
齊帝(제제)라 일컫고 大齊國(대제국)을 세웠다.

한편 成都(성도)로 蒙塵(몽진)한 희종은 突厥族(돌궐족) 출신인 맹장 李
克用(이극용: 856~908)을 기용하여 황소 토벌을 명했다. 당시 4만여에
이르는 이극용의 군사는 모두 검은 옷을 입고 사정없이 맹공을 가했기 때
문에 반란군은 '갈가마귀의 군사[鴉軍]가 왔다!'며 심히 두려워했다고 한다.

19대 황제인 昭宗(소종: 883~903)이 즉위한 그 이듬해 마침내 반란군
은 토벌되었고 황소도 敗死(패사)하고 말았다. 이극용은 그 공에 隴西[농
서: 甘肅省(감숙성)] 郡王(군왕)에 책봉되었다. 그러나 이극용은 숙적 朱全
忠[주전충: 852~912, 반란군에 가담했다가 귀순한 뒤 황소 토멸에 공을
세워 東平郡王(동평군왕)이 됨]과 정권을 다투다가 패하고 실의 속에 세
상을 떠났다.

조정의 실권을 장악한 주전충은 20대 황제인 哀宗(애종: 903~907)을
폐하고 스스로 제위에 올라 後梁(후량: 907~923)을 세웠으나 16년 후 이
극용의 아들 이존욱[後唐(후당)의 초대 황제인 莊宗(장종)]에게 멸망했다.

맹장 이극용에 대해 『五代史(오대사)』 唐記(당기)에는 다음과 같이 적
혀 있다.

"이극용은 젊고 驍勇(효용: 사납고 날쌤)했는데 軍中(군중)에서는 李鴉
兒(이아아)라고 일컬었다. 그의 눈은 애꾸눈이었다. 그가 귀한 자리에 오
르자 일컬어 '독안룡'이라고 했다."

同工異曲(동공이곡)

> • 같을 동. 장인 공. 다를 이. 가락 곡. 서로 재주는 같으나 취미가 다름. 기교
> 는 같지만 표현 형식이나 내용은 다름.

韓愈(한유)의 [進學解(진학해)]에 나오는 말이다.

한유가 학생과 문답하는 내용 중에 학생은 한유의 문장을 칭찬하며 "위로는 舜(순)임금과 禹(우)임금의 문장, 그리고 『詩經(시경)』의 바르고 화려함, 아래로는 莊子(장자)와 屈原(굴원), 司馬遷(사마천)의 『史記(사기)』, 揚雄(양웅)과 司馬相如(사마상여)와 더불어 工(공)을 같이 하고 曲(곡)을 달리한다."고 말했다.

즉 한유는 문체만 다를 뿐 그 내용에 있어서는 옛날 위대한 문장의 글과 조금도 다를 것이 없다는 말이다.

음악이나 문장이 됨됨은 비슷한데 내용이 다르다든가 혹은 또 하는 일이나 만들어 놓은 것이 얼른 보면 다른 것 같은데 실상 조금도 다를 것이 없다는 뜻으로 쓰인다. 서로 재주는 같으나 취미가 다른 것을 나타내기도 한다. 원래 이 '동공이곡'은 상대를 칭찬해서 한 말이었는데 지금은 오히려 경멸하는 뜻으로 쓰이는 경우가 많다. 즉 똑같은 내용의 것을 다른 것처럼 보이려 하고 있는 경우를 꼬집어 말할 때 쓰인다. 同工異體(동공이체)라고도 한다.

ㄷ

同病相憐(동병상련)

• 같을 동. 병 병. 서로 상. 불쌍할 련. 같은 병을 앓는 사람끼리 서로 가엾게
여김. 어려운 사람끼리 동정하고 도움.

『吳越春秋(오월춘추)』 闔閭內傳(합려내전)에 나오는 이야기이다.

吳子胥(오자서)가 闔閭王(합려왕)의 심복으로 吳(오)나라의 실권을 잡게
되었을 때 楚(초)나라에서 백주리의 아들 伯嚭(백비)가 찾아왔다. 백주리
도 오자서의 아버지를 죽게 만든 費無忌(비무기)라는 간신에 의해 억울하
게 죽었기 때문에 백비는 오자서에게 몸을 의탁하기 위해 찾아온 것이다.
오자서는 원수를 같이 하는 그를 동정하여 그를 합려왕에게 천거해서 대
부의 벼슬에 앉게 했다. 이때 오자서는 이미 대부의 벼슬에 오른 피리의
충고를 받게 된다. 피리가 물었다. "당신은 어째서 백비를 한 번 겨우 만
나보고 그토록 신임을 하시오?"

오자서가 말하기를 "그것은 나와 같은 원한을 품고 있기 때문이오. 강
가 사람들이 부르는 노래를 듣지 못했소. 과부의 설움은 과부가 안다고,
그 노래에 말하기를,

> 같은 병은 서로 불쌍히 여기고
> 같은 근심은 서로 구원한다.
> 놀라 나는 새는
> 서로 따라 날고
> 여울 아래 물은
> 따라 다시 함께 흐른다.

> 同病相憐 동병상련
> 同憂相救 동우상구
> 驚翔之鳥 경상지조
> 相隨而飛 상수이비

瀨下之水 뢰하지수
因復俱流 인부구류

고 했소.”

　‘동병상련’이란 어려운 사람끼리 동정하고 도와준다는 말이다. 그러나
백비는 훗날에 적국인 월나라의 뇌물에 팔려 충신 오자서를 자살하게 만
들었고 곧 오나라를 멸망케 한 장본인이 된다.

董狐直筆(동호직필)

• 감독할 동, 여우 호, 곧을 직, 붓 필. 동호는 晉(진)나라의 직필하던 사관이므로, 威勢(위세)를 두려워하지 아니하고 사실을 사실대로 直筆(직필)하였던 고사를 이름.

『春秋左氏傳(춘추좌씨전)』에 나오는 말이다.

趙(조)나라의 어진 재상이었던 趙盾(조돈)은 어리석고 못난 靈公(영공) 임금의 부당한 처사를 일일이 못 하게 諫(간)함으로써 영공의 미움을 받게 되었다. 그러나 임금은 그를 재상에서 파면시킬 만한 명분도 없었고 힘도 없었다. 그래서 임금은 비겁하게 자객을 시켜 조돈을 죽이려다가 실패하자 다시 그를 초대한 자리에서 그에게 칼을 빼게 한 다음 그것을 구실로 그를 죽이려고 했다. 그러나 조돈은 음모가 있는 것을 알고 급히 자리에서 일어나 밖으로 달아났다.

그러자 영공은 숨겨 두었던 무사들을 풀어 조돈의 뒤를 추격하는 한편, 호랑이 같은 개를 풀어 놓아 그를 물어 죽이게 하려 했다. 그러나 조돈의 심복 호위였던 堤彌明(제미명)이라는 장사가 개를 쳐서 죽이고 다시 뒤쫓아 오는 무사 가운데 전에 조돈에 의해 목숨을 건지게 된 靈輒(영첩)이라는 사람이 있어서 조돈을 업고 달아나 무사히 난을 면했다.

조돈은 국외로 망명할 생각으로 국경까지 왔다가 趙穿(조천)이 영공을 죽였다는 소식을 듣고 국경을 넘지 않고 돌아갔다.

그러자 太史(태사)인 董狐(동호)가 나라에서 보관하는 사건 기록에 '조돈이 그 임금을 죽였다.'라고 쓰고 그 사실을 조정에 널리 알렸다.

"그건 사실과 다르오." 하고 조돈이 말하자 董狐(동호)는 이렇게 대답했다.

"당신은 재상으로서 달아나 국경을 넘지 않았고, 돌아와 하수인을 처형하지 않았으니 그 책임을 당신이 지지 않고 누가 지겠소."

그러자 조돈이 이렇게 탄식했다.

"그대로 국경을 넘어설 것을, 그래도 나랏일이 걱정이 되어 되돌아왔더니 결국 이런 죄명을 쓰게 되었구나."

뒤에 공자는 이 일을 두고 이렇게 평했다.

"동호는 옛날 훌륭한 사관이다. 법을 굽히지 않고 바른 대로 썼다. 조돈은 옛날 훌륭한 대신이다. 법을 위해 싫은 이름을 그대로 받았다. 애석하게도 국경을 넘었더라면 그런 이름을 면했을 것을."

권세를 두려워하지 않고 사실대로 쓰는 것을 동호의 直筆(직필)에 비유해서 말한다. '董狐之筆(동호지필)'이라고도 한다.

참고)
太史(태사): 역사를 기록하는 벼슬아치. 史官(사관).

得隴望蜀(득롱망촉)

• 얻을 득, 고개이름 롱, 바라볼 망, 나라이름 촉. 농을 얻은 후 촉을 바란다. 한나라 때 광무제가 농주 땅을 정복하고 난 뒤 촉나라를 탐냈다는 말로, 끝 없는 욕심을 말함.

『後漢書(후한서)』 岑彭傳(잠팽전)에 나오는 이야기이다.

한나라 建武(건무) 八年(팔년) (A.D. 32년) 岑彭(잠팽)은 군사를 거느리고 光武帝(광무제)를 따라 天水(천수)를 점령한 다음 隗囂(외효)를 西城(서성)에서 포위했는데 이때 公孫述(공손술)이 외효를 구원하기 위해 부장 李育(이육)을 시켜 천수 서쪽 60리 떨어진 上邽城(상규성)을 지키게 했다. 그래서 광무제는 다시 군대를 나누어 이를 포위하게 했으나 자신은 일단 낙양으로 돌아가기로 하고 떠날 때 잠팽에게 편지를 보내,

"두 성이 만일 함락되거든 곧 군사를 거느리고 남쪽으로 蜀(촉)나라 오랑캐를 쳐라. 사람은 만족할 줄을 모르기 때문에 고통스러운 것이다. 이미 隴(농: 감숙성)을 평정했는데 다시 촉을 바라게 되는구나. 매양 한번 군사를 출동시킬 때마다 그로 인해 머리털이 희어진다."라고 했다.

여기서는 '득롱망촉'이 아닌 '平隴望蜀(평롱망촉)'으로 되어 있는데 4년 후인 건무 12년에는 성도의 공손술을 패해 죽게 함으로써 '망촉'을 실현시키게 된다. 지금은 이 말이 끝없는 욕심을 나타낸다.

得魚忘筌(득어망전)

• 얻을 득, 물고기 어, 잊을 망, 통발 전. 물고기를 잡고 나면 통발을 잊는다. 轉(전)하여 근본을 확립하면 지엽적인 것은 문제가 되지 않음의 뜻. 得魚而忘筌(득어이망전).

『莊子(장자)』外物篇(외물편)에서 장자가 말했다.

"가리는 고기를 잡기 위한 것이다. 그러나 고기를 잡으면 가리는 잊고 만다. 덫은 토끼를 잡기 위한 것이다. 그러나 토끼를 잡으면 덫은 잊고 만다. 말은 뜻을 나타내기 위한 것이다. 그러나 뜻을 나타낸 뒤에는 말은 잊고 만다. 나는 어떻게 하면 말을 잊는 사람을 만나 함께 이야기할 수 있을까?"

장자는 시비선악을 초월한 사람을 만나길 원한다는 표현인데 지금은 다양하게 쓰인다. 사소한 일에 얽매여 큰일을 놓치지 말아야 한다는 의미로 쓰기도 하고 목적을 달성하면 그동안 쓰이던 사물이나 사람은 無用之物(무용지물)이 되는 것을 나타내기도 하고, 학문이 성취되면 책이 무용하게 됨을 이르기도 하고, 轉(전)하여 근본을 확립하면 지엽적인 것은 문제가 되지 않는다는 뜻까지 보태졌다. 책에 나온 의미와는 상당히 멀어졌다.

登龍門(등용문)

> • 오를 등. 용 용. 문 문. 용문에 오른다. 출세의 관문을 일컬음. 중요한 시험에
> 譬喩(비유)하기도 함. 立身揚名(입신양명)함. 龍門(용문)은 황하 상류에 있는
> 급류.

出世(출세)의 關門(관문)이란 뜻으로 등용문이란 말을 많이 쓰고 있다. 쉽게 생각할 때 용이 되어 하늘로 올라가는 문이란 뜻으로 풀이될 수도 있다.

後漢(후한) 말기 宦官(환관)이 得勢(득세)하고 농단할 때 李膺(이응)은 官僚(관료)의 領袖(영수)로 字(자)는 元禮(원례)였다. 혼자서 頹廢(퇴폐)된 紀綱(기강)을 바로 세우려고 애쓰고 性品(성품)이 高潔(고결)하다 보니 '천하의 모범은 이원례'라고까지 칭찬을 받게 되었는데, 특히 청년 관료들은 그와 알게 되는 것을 '등용문'이라고 부르며 몹시 자랑으로 알고 있었다는 것이다.

『後漢書(후한서)』李膺傳(이응전)에 보면, "선비들로 그의 容接(용접)을 받는 사람이 있으면, 이름하여 등용문이라고 했다."고 나와 있다. 이 부분에 대한 註解(주해)에 따르면 다음과 같다.

"하진은 一名(일명) 용문인데 물이 험해 통하지 못한다. 고기나 자라의 무리는 능히 오를 수 없었다. 강과 바다의 큰 고기가 용문 밑으로 다가가 모이는 것이 수천이었지만, 오르지는 못한다. 오르면 용이 된다."

唐代(당대)에 와서는 오로지 과거에 급제하는 것을 가리켜 말하게 되었다. 지금은 출세의 관문을 나타내거나 중요한 시험에 비유하기도 한다. 보통 立身揚名(입신양명)하는 것을 가리킨다. 용문은 황하 상류에 있는 급류이고, 이 이야기 속의 이응은 당고지화를 당해서 제거된다.

登泰山而小天下 (등태산이소천하)

> • 오를 등, 클 태, 뫼 산, 말 이을 이, 작을 소, 하늘 천, 아래 하. 태산에 올라
> 가면 천하가 조그맣게 보인다. 태산에 올라 천하가 작은 것을 안다. 큰 진리
> 를 깨우친 사람은 그만큼 사고나 행동의 폭이 넓어져 세상을 인식하는 방식
> 도 거침이 없어진다는 말.

『孟子(맹자)』盡心(진심) 上(상)에 나오는 맹자의 말에,

"공자께서 노나라 동산에 올라가서는 노나라를 작게 여기시고, 태산에
올라가서는 천하를 작게 여기셨다. 그렇기 때문에 바다를 구경한 사람에
게는 어지간한 큰 강물 따위는 물같이 보이지가 않고 성인의 문에서 배운
사람에게는 어지간한 말들은 말같이 들리지가 않는 법이다."라는 말이 있다.

지금은 이 말을 좋은 뜻에서보다 사람의 일관성 없는 태도를 비유해서
말하기도 하고 '개구리가 올챙이 적 생각을 못한다.'는 의미로 쓰이기도
한다. 본래의 의미는 다르다. 사람은 그가 있는 위치에 따라 보는 눈이 달
라진다는 말이다. 곧 견문이 넓어지면 뜻이 커지고 사람의 눈과 귀가 열
린다는 말이다.

磨斧作針 (마부작침)

• 갈 마, 도끼 부, 만들 작, 바늘 침. 도끼를 갈아서 바늘을 만든다. 아무리 이루기 힘든 일도 끊임없는 노력과 인내로 성공함. 끈기 있게 학문이나 일에 힘씀. 磨斧爲針(마부위침). 磨杵作針(마저작침).

詩仙(시선)이라 불렸던 당나라의 시인 李白[이백: 자는 太白(태백), 701~762]의 어렸을 때 이야기이다. 이백은 아버지의 임지인 蜀(촉) 땅 成都(성도)에서 자랐다. 그때 훌륭한 스승을 찾아 象宜山(상의산)에 들어가 修學(수학)했는데 어느 날 공부에 싫증이 나자 그는 스승에게 말도 없이 산을 내려오고 말았다. 집을 향해 걷고 있던 이백이 계곡을 흐르는 냇가에 이르자 한 노파가 바위에 열심히 도끼(일설에는 쇠공이[鐵杵(철저)])를 갈고 있었다.

"할머니, 지금 뭘 하고 계세요?"

"바늘을 만들려고 도끼를 갈고 있다[磨斧作針]."

"그렇게 큰 도끼를 간다고 바늘이 될까요?"

"그럼, 되고 말고. 중도에 그만두지만 않는다면……."

이백은 '중도에 그만두지만 않는다면'이란 말이 마음에 걸렸다. 여기서 생각을 바꾼 그는 노파에게 공손히 인사하고 다시 산으로 올라갔다. 그 후 이백은 마음이 해이해지면 바늘을 만들려고 열심히 도끼를 갈고 있던 그 노파의 모습을 떠올리곤 분발했다고 한다.

아무리 어려운 일이라도 참고 계속하면 언젠가는 반드시 성공하는 일, 노력을 거듭해서 목적을 달성한다는 것, 끈기 있게 학문이나 일에 힘씀 등을 나타내는 말이다.

馬耳東風(마이동풍)

> • 말 마, 귀 이, 동녘 동, 바람 풍. 말 귀에 봄바람. 남의 의견이나 비평을 귀담
> 아 듣지 않고 흘려버림.

唐(당)나라 李白(이백)의 [答王十二寒夜獨酌有懷(답왕십이한야독작유
회)]라는 장편 시 가운데 나오는 말이다. 차가운 밤에 혼자 술을 마시며
느낀 바가 있어서 쓴다는 시이다. 일부분만 보면 다음과 같다.

세상 사람들은 내가 하는 이 소리를 듣고 모두 머리를 내두른다.
마치 조용히 불어오는 동풍이 말의 귀를 스쳐 가는 것처럼.

世人聞比皆掉頭 세인문비개도두
有如東風射馬耳 유여동풍사마이

'말의 귀에 동풍'이라는 뜻이다. 우리 속담에 '쇠귀에 경 읽기'란 말이
있는데 한문 문자 '牛耳讀經(우이독경)', '牛耳誦經(우이송경)'과 같은 말
이다. 즉 남의 하는 말을 전연 관심 없이 들어 넘기는 것을 말하기도 하
고, 이쪽에서 아무리 열심히 떠들어 보아야 상대에게 아무런 반응도 주지
못하는 것을 말할 때 쓴다. 남의 의견이나 비평을 귀담아 듣지 않고 흘려
버리는 경우에도 이 말을 쓴다.

참고)
牛耳讀經(우이독경): 소 우, 귀 이, 읽을 독, 경서 경. 쇠귀에 경 읽기. 아무리
　　　　　　　　가르치고 일러도 알아듣지 못함.

馬革裹屍(마혁과시)

• 말 마, 가죽 혁, 쌀 과, 시체 시. 말가죽에 시신을 싸고 담는다. 전쟁에 나가기 전에 戰意(전의)를 가다듬으면서 하는 말.

『後漢書(후한서)』 馬援傳(마원전)에 나오는 마원의 말이다.

馬援(마원)은 後漢(후한) 光武帝(광무제) 때 伏波將軍(복파장군)으로 지금의 越南(월남)인 交趾(교지)를 平定(평정)하고 건무 20년(서기 44년) 수도 낙양으로 돌아왔다. 그는 용맹과 인격이 뛰어난 名將(명장)이었다.

마원이 凱旋(개선)했을 때 많은 사람들이 성 밖으로 나와 그를 맞이했는데 그 속에는 지모가 뛰어나기로 유명했던 孟翼(맹익)도 있었다. 맹익은 많은 사람들 사이에서 판에 박은 축하의 인사만을 건넸다. 그러자 마원이 맹익에게 말했다.

"나는 그대가 가슴에 사무치는 충고의 말을 해 줄 것으로 기대하고 있었다. 겨우 남과 똑같은 인사만을 한단 말인가. 옛날 복파장군 路博德(노박덕)은 南越(월남)을 평정하여 일곱 군을 새로 만드는 큰 공을 세우고도 겨우 수백 호의 작은 영토를 받은 데 불과했다. 그런데 지금 나는 별로 공을 세우지도 못했는데 큰 고을을 봉읍으로 받게 되었다. 공에 비해 은상이 너무 크다. 도저히 이대로 오래 영광을 누릴 수는 없을 것 같다. 그대에게 무슨 좋은 생각은 없는가?"

맹익이 좋은 꾀가 생각나지 않는다고 대답하자, 마원은 다시 말을 계속했다.

"지금 匈奴(흉노)와 烏桓(오환)이 북쪽 변경을 시끄럽게 하고 있다. 이들을 정벌할 것을 청하리라. 사나이는 마땅히 변경 싸움터에서 죽어야만 한다. 말가죽으로 시체를 싸서 돌아와 장사를 지낼 뿐이다. 어찌 침대 위에 누워 여자의 시중을 받으며 죽을 수 있겠는가?"라고 말했다.

전쟁에 나가기 전에 戰意(전의)를 가다듬으면서 하는 말이며, 전쟁터에 나가 적과 싸우다가 죽고 말겠다는 용장의 각오를 가리켜 한 말이다.

輓歌(만가)

• 끌 만. 노래 가. 상여를 메고 갈 때 부르는 노래. 상여를 메고 갈 때 수레를
끌면서 부르는 노래. 죽은 사람을 애도하는 노래.

『蒙求(몽구)』에 나오는 이야기이다.

漢(한)나라 고조 劉邦(유방)이 즉위하기 직전의 일이다. 한나라 창업 三
傑(삼걸) 중 한 사람인 韓信(한신)에게 급습당한 齊王(제왕) 田橫(전횡)은
그 분풀이로 유방이 보낸 說客(세객) 酈食其(역이기)를 삶아 죽여 버렸다.
이윽고 고조가 즉위하자 보복을 두려워한 전횡은 500여 명의 부하와 함께
渤海灣(발해만)에 있는 지금의 전횡도로 도망갔다.

그 후 고조는 전횡이 반란을 일으킬까 우려하여 그를 용서하고 불렀다.
전횡은 일단 부름에 응했으나 낙양을 30여 리 앞두고 스스로 목을 찔러
자결하고 말았다. 포로가 되어 고조를 섬기는 것이 부끄러웠기 때문이다.
전횡의 목을 고조에게 전한 두 부하를 비롯해서 섬에 남아 있던 500여 명
도 전횡의 절개를 경모하여 모두 殉死(순사)했다.

그 무렵, 전횡의 門人(문인)이 薤露歌(해로가)·蒿里曲(호리곡)이라는
두 곡의 상가를 지었는데 전횡이 자결하자 그 죽음을 애도하여 노래했다.

> 부추 잎의 이슬은 어찌 그리 쉬이 마르는가
> [薤上朝露何易晞(해상조로하이희)]
> 이슬은 말라도 내일 아침 다시 나리지만
> [露晞明朝更復落(노희명조갱부락)]
> 사람은 죽어 한 번 가면 어느 때 돌아오리
> [人死一去何時歸(인사일거하시귀)]
>   - 해로가 -
>
> 호리는 뉘 집 터인고
> [蒿里誰家地(호리수가지)]

혼백을 거둘 땐 현·우가 따로 없네

[聚斂魂魄無賢愚(취렴혼백무현우)]

귀백은 어찌 그리 재촉하는고

[鬼伯一何相催促(귀백일하상최촉)]

인명은 잠시도 머뭇거리지 못하네

[人命不得少踟躕(인명부득소지주)]

- 호리곡 -

이 두 상가는 그 후 7대 황제인 武帝(무제: B.C. 141~81) 때에 樂府(악부) 총재인 李延年(이연년)에 의해 작곡되어 해로가는 公卿貴人(공경귀인), 호리곡은 士夫庶人(사부서인)의 장례 시에 상여꾼이 부르는 '만가'로 정해졌다고 한다.

참고)

해로가: 인생은 부추 잎에 맺힌 이슬처럼 덧없음을 노래한 것.

호리: 山東省(산동성) 泰山(태산) 남쪽에 있는 산 이름. 옛 중국인들은 사람이 죽으면 넋이 이곳으로 온다고 믿어 왔음.

萬事休矣(만사휴의)

> • 일만 만, 일 사, 쉴 휴, 어조사 의. 모든 일이 끝장남. 어떻게 해 볼 도리가 없다는 말.

이 말은 『宋史(송사)』 荊南高氏世家(형남고씨세가)에 나온다.

荊南(형남) 고씨 집 4대째 임금인 保勖(보욱)은 어릴 때부터 몸이 약했고 자라난 뒤로는 몹시 음란한 짓을 좋아했는데 매일같이 娼女(창녀)들을 한방에 모아 넣고 군대 속에서 건장한 사람을 뽑아 함께 亂雜(난잡)한 짓을 하게 만든 다음 그 광경을 姬妾(희첩)들과 함께 발 뒤에 숨어 구경을 하는 변태성욕자였다.

이 고보욱이 아직 어릴 때 일이다. 그는 수많은 아들들 가운데서 아버지 종희의 사랑을 독차지하고 있었는데 그래서 그가 미워 눈을 흘기며 노려보는 사람이 있어도 보욱은 자기가 귀여워서 그런 줄로 알고 벙글벙글 웃고만 있었다 한다. 이런 것을 보는 사람들은 모든 일이 끝났다고 했다는 것이다.

결국 그가 자라 왕이 되자 곧 망하여 형남 고씨는 역사 속으로 사라졌다.

'이젠 끝장이다.'라는 말을 흔히 듣는다. 다시 어떻게 해볼 방법도, 행여나 하는 희망도 전연 없게 된 절망과 체념의 뜻을 표하는 말이다. '만사휴의'는 그런 경우에 쓰는 말이다.

亡國之音(망국지음)

> • 망할 망, 나라 국, 갈 지, 소리 음. 망해 가는 나라의 음악. 樂記(악기)에서 슬프고 근심이 많고, 원망에 차 있고, 노여움으로 떨리고, 음란한 음악을 일컬음.

『禮記(예기)』 중 樂記(악기)에 나오는 말이다.

樂記(악기)의 대목을 보면 "무릇 음악이란 것은 사람의 마음에서 나오는 것이다. 감정이 속에서 움직이기 때문에 그것이 소리에 나타나게 된다. 소리가 문장을 이루고 있는 것을 음악이라고 말한다. 이런 까닭에 태평시대의 음악은 편안하고 즐겁다. 그 정치가 자연스럽기 때문이다. 어지러운 시대의 음악은 원망스럽고 노여움을 띠고 있다. 그 정치가 정상이 아니기 때문이다. 망해 버린 나라의 음악은 슬프고 옛날을 생각하게 된다. 그 백성이 고달프기 때문이다."라고 나와 있다.

도에 지나치게 음악을 좋아하는 것도 망국의 한 조건이 된다는 것을 말하고 있다. 슬프고 근심이 많고, 원망에 차 있고, 노여움으로 떨리고, 음란한 음악, 망한 나라의 음악이 망국지음이다. 나라를 망하게 하는 음악이라는 말도 된다. '亡國之聲(망국지성)'이라고도 한다.

孔子(공자)가 극찬한 음악은 순임금의 韶(소)였다. 이 소를 듣고 공자는 감격한 나머지 한 달 동안 고기 맛을 잊었다고 했다.

참고)
靡靡之樂(미미지악): 쓰러질 미, 갈 지, 풍류 악. 亡國(망국)의 음악. 중국 殷(은) 나라의 최후 임금인 紂王(주왕)이 師延(사연)에게 시켜서 만든 음악. 망한 나라의 음악. 은나라가 망하자 사연은 도망쳐 濮水(복수)까지 와서 물에 몸을 던져 죽었다. 그 뒤로 음악을 좋아하는 사람이 근처를 지날 때면 한밤중에 들렸다는 음악이다. 출전 淮南子(회남자).

麥秀之嘆(맥수지탄)

> • 보리 맥, 빼어날 수, 갈 지, 탄식할 탄. 기자가 은나라가 망한 후에도 보리만
> 은 잘 자람을 보고 한탄했다는 고사에서 나온 말로, 고국의 멸망을 한탄함을
> 이름. 黍離之嘆(서리지탄).

箕子(기자)의 東來說(동래설)을 놓고 우리나라 古代史(고대사)에 많은
문제를 남기고 있는 기자는 殷(은)나라 마지막 임금인 紂(주)의 작은아버
지뻘 되는, 덕이 높은 분이었다.

은의 주가 酒池肉林(주지육림)에 빠져 있을 때, 기자는 주에게 간곡히
충고했다. 그러나 통하지 않고 목숨이 위태로워지자 기자는 몸을 멀리 피
해 머리를 풀어 미치광이 행세를 하며, 남의 집 종이 되어 세상을 숨어
살았다. 주는 주나라 무왕에 의해 죽고 은나라는 망했다. 그 뒤 기자가 은
나라 옛 도성을 지나다가 무상한 조국의 흥망에 감개를 이기지 못하여 눈
물 대신 麥秀之詩(맥수지시)를 지어 읊었다.

옛 궁궐 자리에는 보리만이 무성해 있고
벼와 기장들도 잎이 기름져 있다.
화려하던 도성이 이 꼴로 변해 버린 것은 그 미친 녀석이
내 말을 듣지 않았기 때문이다.

麥秀漸漸兮 맥수점점혜
禾黍油油 화서유유
彼狡童兮 피교동혜
不如我好兮 불여아호혜

故國(고국)의 滅亡(멸망)을 歎息(탄식)하는 것을 '맥수지탄'이라고 한다.
맥수는 보리가 무성하다는 뜻이다. 옛날에는 榮華(영화)를 자랑하던 도읍
의 궁궐터가 보리밭으로 변해 버린 것을 보고 興亡盛衰(흥망성쇠)의 無常
(무상)함이 感慨無量(감개무량)해서 불렀다는 맥수의 노래에서 나온 말이
다. 고국의 멸망을 한탄한다는 뜻이 되었다. '亡國之歎(망국지탄), 黍離之
歎(서리지탄)'은 비슷한 말이다.

麥舟(맥주)

• 보리 맥, 배 주. 물건을 보내어 남의 喪事(상사)를 돕는 일. 扶助(부조).

　　北宋(북송)의 명재상 范仲淹(범중엄)이 맏아들 堯夫(요부)를 고향인 姑蘇(고소 - 蘇洲소주)로 보리 500석을 가지러 보냈다. 요부는 귀갓길에 친구 石曼卿(석만경)을 만나 "요 몇 년 사이에 부모와 아내를 잃었으나 假埋葬(가매장)했을 뿐"이라는 말을 듣자 보리 500석을 배째로 내주고 빈손으로 돌아왔다. 요부가 범중엄에게 고향 소식을 전하면서 석만경의 어려운 처지를 말했다. 범중엄이 "그럼, 왜 보리 싣는 배를 주지 않았느냐?"고 꾸짖듯이 묻자 요부는 "벌써 주었습니다."라고 대답했다는 옛일에서 온 말이다.

明鏡止水(명경지수)

• 밝을 명, 거울 경, 그칠 지, 물 수. 맑은 거울과 조용한 물. 아주 맑고 깨끗한
心境(심경).

孔子(공자)가 제자 常季(상계)와 문답하는 내용이 『莊子(장자)』德充符
篇(덕충부편)에 나온다.

발이 잘린 王駘(왕태)라는 불구자의 이야기이다. 왕태의 문하에서 배우
는 사람의 수는, 공자의 문하에서 배우는 사람의 수만큼 많았다. 그래서
상계는 속으로 그것을 다소 불만스럽게 생각하고 공자에게 그 까닭을 물
었다.

"왕태는 몸을 닦는 데 있어서, 자신의 지혜로써 자신의 마음을 알고, 그
것에 의해 자신의 본심을 깨닫는다고 합니다. 이것은 어디까지나 자기 자
신만을 위한 공부로서 남을 위하거나 세상을 위한 공부는 아닙니다. 그런
데도 어떻게 그토록 많은 사람들이 그에게 모여드는지 알 수 없습니다."

공자는 이렇게 대답했다.

"사람은 흐르는 물을 거울로 삼는 일이 없이 그쳐 있는 물을 거울로 삼
는다. 왕태의 마음은 그쳐 있는 물처럼 조용하기 때문에 사람들은 그를
거울삼아 모여들고 있는 것이다."

공자는 왕태의 마음을 명경지수에 비유했다. 명경지수는 아주 맑고 깨
끗한 心境(심경)이라는 뜻이다. 사람의 마음이 맑고 조용한 것을 비유해서
명경지수와 같다고 한다. 佛經(불경)에 흔히 邪念(사념)이 없이 맑고 깨끗
한 마음을 가리켜서 명경지수라 말하고 있다.

明哲保身(명철보신)

• 밝을 명, 밝을 철, 보호할 보, 몸 신. 밝고 능통하여 그 몸을 보전한다. 세태와 사리에 밝아서 자기를 위험한 곳에 빠뜨리지 않고 잘 보전함.

『詩經(시경)』大雅(대아) 烝民篇(증민편)에 나오는 말이다.

숙숙한 왕명을
중산보가 맡고 있다.
나라의 좋고 나쁜 것을
중산보가 밝힌다.
이미 밝고 또 통한지라
그로써 그 몸을 보전한다.
아침이나 밤이나 게으르지 않고
그로써 한 사람(王)을 섬긴다.

肅肅王命 숙숙왕명
仲山甫將之 중산보장지
邦國若否 방국약부
仲山甫明之 중산부명지
旣明且哲 기명차철
夙夜匪解 숙야비해
以事一人 이사일인

이 시에서 '명철보신'이라는 말이 나온다. 明은 이치에 밝은 것을 말하고 哲은 사물에 능통하다는 뜻이다. 保身은 몸을 안전한 위치에 두는 것을 뜻한다. 세상일을 훤히 내다보는 처세를 잘함으로써 亂世(난세)를 무사히 살아가게 되는 것을 말한다. 대개 부귀를 탐내지 않고 자기의 재주와 학식을 숨긴 채 평범한 인물로서 표 나지 않게 살아가는 것을 가리켜 말하게 된다. 세태와 사리에 밝아서 자기를 위험한 곳에 빠뜨리지 않고 잘 보전하는 경우에 쓰여야 마땅하나 요즘은 자기 위주의 현명한 처세술을 의미하는 정도가 강하다. 오죽하면 保身主義(보신주의)라는 말이 생겼겠는가!

矛盾(모순)

- 닭 계, 갈비뼈 륵. 닭의 갈비뼈. 버리기에는 아깝고 뜯어먹을 살은 없음. 큰 소용은 못 되나 버리기는 아까운 사물.

『韓非子(한비자)』說難篇(세난편)에 나와 있는 이야기이다.

楚(초)나라 사람으로 방패와 창을 같이 놓고 파는 장사꾼이 있었다. 그가 선전하기를,

"자아, 이 방패로 말할 것 같으면 아무리 날카로운 창으로도 뚫을 수 없는 견고한 것입니다."

"자아, 이 창으로 말할 것 같으면 제아무리 여물고 단단한 것이라도 단 한 번에 꿰뚫고 맙니다."

그러자 한 사람이 말했다.

"그럼 그 창으로 그 방패를 한 번 찔러 보시오. 그러면 그 결과가 어떻게 되겠소?"

장사꾼은 대답에 궁했다.

이 일에서 서로 앞뒤가 맞지 않는 일을 모순이라고 한다. 矛盾撞着(모순당착), 自家撞着(자가당착)이라고도 한다.

目不識丁 (목불식정)

> • 눈 목, 아닐 불, 알 식, 고무래 정. 고무래를 앞에 놓고도 고무래 정자를 알지 못한다. 아주 무식함.

『唐書(당서)』張弘靖傳(장홍정전)에 나오는 이야기이다.

장홍정은 憲宗(헌종) 때 유주 節度使(절도사)였던 劉總(유총) 덕분에 幽州(유주)로 부임하며 安祿山(안녹산)의 무덤을 파헤치고 지방민들을 무시하며,

"이 태평시대에 너희들이 兩石弓(양석궁)을 당긴들 그것이 무슨 소용이 있느냐. 차라리 고무래 정자 하나라도 아는 것이 낫지."라고 말했다.

이 '고무래 정자'는 詳考(상고)해야 되겠지만 '一介字(일개자)'의 의미로 풀이하여야 할 것 같다. 『康熙字典(강희자전)』에 보면 이 丁(정) 자는 옛날에는 개와 같이 썼기 때문에 一介字(일개자), 즉 한 개의 글자라는 것을 잘못 알고 그릇 전해진 것이라 했다.

고무래는 멍석에 널어놓은 곡식을 넓고 고르게 펴기 위해 미는 기구이다. 생김새가 고무래 정자와 흡사하다. 우리말에 '낫 놓고 ㄱ자도 모른다.'는 말이 있다. 이른바 글자라고는 전연 모르는 까막눈이란 뜻이다. 菽麥(숙맥), 魚魯不辨(어로불변), 一字無識(일자무식) 등이 비슷한 말이다.

참고)
一字無識(일자무식): 한 일, 글자 자, 없을 무, 알 식. 글자를 한 자도 모르는 정도의 무식.
魚魯不辨(어로불변): 물고기 어, 성 로, 아닐 불, 분별할 변. '어' 자와 '로' 자를 分揀(분간)하지 못한다. 몹시 無識(무식)함.
菽麥不辨(숙맥불변): 콩 숙, 보리 맥, 아닐 불, 분별할 변. 콩과 보리를 구별 못함. 어리석고 못난 사람을 비유하는 말. 菽麥(숙맥).

木鐸(목탁)

> • 나무 목, 방울 탁. 나무로 만든 방울. 세상 사람을 깨우쳐 인도할 만한 사람
> 이나 기관. 佛家(불가)에서 많이 쓰이지만 그 이전에 儒家(유가)에서 이 말을
> 사용함.

『論語(논어)』 八佾篇(팔일편)에 나오는 말이다.

孔子(공자)가 모국인 魯(노)나라를 떠나 衛(위)나라 국경 가까이에 있는
儀(의)라는 곳에 와 닿았을 때, 이곳 관문을 지키는 封人(봉인)이 공자에
게 면회를 청하며, 그는 공자에게 "여러분께서는 조금도 안타까워하실 필
요가 없습니다. 천하가 어지러운 지 이미 오래인지라, 하늘이 장차 선생님
으로 목탁을 삼으실 것입니다."라고 말하며 공자의 제자들을 위로했다.

목탁은 혀가 나무로 된 방울을 말한다. 쇠로 만든 것을 옛날에는 금탁
이라고 했다.

'신문은 사회의 목탁이다.' 할 때, 그것은 사회를 올바로 깨우쳐 주고
이끌어 주는 것이란 뜻을 갖게 된다. 옛날에는 대중의 관심을 집중시키기
위한 방법으로 금탁과 목탁을 사용했다. 즉 관에서 군사와 관련이 있는
일을 백성들에게 주지시킬 때는, 담당 관원이 금탁을 두들기며 관의 지시
와 명령을 대중에게 전달했다. 또 군사가 아닌 일반 행정이나 문교에 관
한 사항을 전달할 때는 목탁을 두들기며 관원이 골목을 돌곤 했다. 이 관
습에서 목탁이란 세상 사람을 깨우쳐 인도할 만한 사람이나 기관을 나타
내게 되었다. 현재 佛家(불가)에서 많이 쓰이지만 그 이전에 儒家(유가)에
서 이 말을 사용했다.

武陵桃源(무릉도원)

> • 호반 무, 언덕 릉, 복숭아 도, 근원 원. 무릉의 복숭아밭. 신선들이 사는 이상 세계. 이 세상을 떠난 別天地(별천지).

이 말은 陶淵明(도연명)이 지은 [桃花源記(도화원기)]라는 글에 나온다. 줄거리만 略(약)하면 다음과 같다.

晉(진)나라 太元(태원) 연간(376~396)에 무릉의 어느 고기잡이가 시냇물을 따라 무작정 올라가던 중, 문득 양쪽 언덕이 온통 복숭아 숲으로 덮여 있는 곳에 와 닿았다. 막 복숭아꽃이 만발해 있을 때라 고기잡이는 노를 저으며 정신없이 바라보고 있었다. 복숭아 숲은 가도 가도 끝이 없었다. 꽃잎은 푸른 잔디 위로 펄펄 날아 내리고 있었다. 시냇물 근원까지 오자 숲도 함께 끝나고 앞은 산이 가로막혀 있고 산 밑으로 조그마한 바위굴이 하나 있었다. 그 굴속으로 무언가 빛나고 있었다. 그곳으로 굴이 나 있는데 그 속에 들어가자 그곳은 별천지였다.
그래서 속세와 떨어져 있는 별천지란 뜻으로 무릉도원이란 말을 쓰게 되었고 또 '무릉도원'이니 '桃源境(도원경)'이니 하는 말은 평화롭고 조용한 이상향이란 뜻이 담기게 되었다. 이 무릉도원에는 주씨와 진씨 두 성이 서로 사돈을 하며 내려왔다 해서 서로 사돈이 되는 것을 '朱陳之誼(주진지의)'를 맺는다고 한다.

참고)
朱陳之好(주진지호): 붉을 주, 늘어놓을 진, 갈 지, 좋아할 호. 朱氏(주씨)와 陳氏(진씨)의 두터운 世誼(세의). 徐州(서주)의 朱陳村(주진촌)에 주씨와 진씨만이 살아 대대로 婚姻(혼인)을 하였으므로 兩家(양가)에서 대대로 通婚(통혼)하는 사이라는 말. 성이 다른 두 집안끼리 정이 두터운 경우를 일컫는 말. 朱陳之誼(주진지의).

無面渡江東(무면도강동)

> • 없을 무. 낯 면. 건널 도. 강 강. 동녘 동. 江東(강동)으로 건너갈 面目(면목)
> 이 없다. 고향에 돌아갈 면목이 없음.

『史記(사기)』 項羽本紀(항우본기)에 나온다.

마지막 싸움에 패하고 單身(단신)으로 烏江(오강)까지 도망쳐 온 項羽
(항우)가 자살하기에 앞서 남긴 말에서 나온 말이다.

漢(한)나라 군사에 포위된 垓下(해하)에 버티고 있던 항우는 휘하 장수
팔백여 명을 거느리고 어두운 밤을 타서 적의 포위를 뚫고 탈출하게 된다.
항우는 양자강을 건널 생각으로 오강까지 왔다. 오강 亭長(정장)이 배를
준비하여 기다리고 있었다. 정장은 항우를 보고 이렇게 위로했다.

"강동이 좁다고는 하지만 그래도 사방 천 리 땅에 있으니 어서 건너십
시오. 현재 배를 가진 사람은 소인 한 사람밖에 없으므로 한나라 군사가
건너지는 못할 것입니다."

그러나 항우는 굴욕을 참지 못했다.

"하늘이 나를 망하게 했는데 건너가면 무얼 하겠는가. 내가 강동 자제
팔천 명을 거느리고 강을 건너왔었는데 지금 함께 돌아가는 사람이 한 사
람도 없지 않은가. 강동의 부형들이 나를 불쌍히 여겨 임금으로 받든다
한들, 내가 무슨 면목으로 이들을 대하겠는가. 그들이 비록 말은 하지 않
더라도 내가 어떻게 마음에 부끄럽지 않겠는가?" 하고 다시 돌아서서 한
나라 군사와 싸워 수백 명을 죽인 다음 스스로 목을 쳐 죽고 말았다.

사업에 실패한 사람들이 고향으로 돌아갈 면목이 없는 그런 경우를 가
리켜 이 문자를 쓴다.

無顔(무안)

> • 없을 무, 얼굴 안. 얼굴이 없다. 잘못을 깨닫고 부끄러워 고개를 들지 못할
>   때 쓰는 말.

이 無顔(무안)이란 말은 白居易(백거이)의 유명한 [長恨歌(장한가)]에 나온다.

중국 황제가 여색을 귀중히 여겨 傾國(경국)의 미인을 사모했으나
천자로 있는 여러 해 동안 구해도 얻지 못했다.
양씨 집에 딸이 있어 이제 겨우 장성했으나
깊은 안방에 들어 있어 아는 사람이 없었다.
하늘이 고운 바탕을 낳았으니 스스로 버리기 어려운지라
하루아침에 뽑혀 임금의 곁에 있게 되었다.
눈동자를 돌려 한 번 웃으면 백 가지 사랑스러움이 생겨서
육궁의 분 바르고 눈썹 그린 궁녀들이 얼굴빛이 없다.

漢皇重色思傾國　한황중색사경국
御宇多年求不得　어우다년구부득
楊家有女初長成　양가유녀초장성
養在深閨人未識　양재심규인미식
天生麗質難自棄　천생여질난자기
一朝選在君王側　일조선재군왕측
廻眸一笑百媚生　회모일소백미생
六宮粉黛無顔色　육궁분대무안색

양귀비의 아리따운 모습 앞에 궁녀들이 얼굴값을 못 하는 상황을 그려 낸
시이다. 요즘은 잘못을 깨닫고 부끄러워 고개를 들지 못할 때 쓰는 말이다.
또 기가 죽어 상대를 떳떳하게 대하지 못하는 것을 무안하다고 한다. 無顔色
(무안색), 無色(무색)이라고도 한다. 무색이라는 말은 현재 많이 쓰이고 있다.
장한가는 백낙천이 36세 때 지은 작품으로 안녹산의 난으로 당나라 현
종이 양귀비를 잃고 만 극적인 사건을 소재로 쓴 시이다. 양귀비는 경국
의 책임을 물어 마외파에서 장수들에 의해 처형된다.

ㅁ

無恙(무양)

> • 없을 무. 병 양. 병이 없다. 탈이 없다. 모든 일이 평온무사하거나 사람이 건강한 것. 無故(무고).

『戰國策(전국책)』 齊策(제책)에 나오는 말이다.

제나라 왕이 趙(조)나라 威太后(위 태후)에게 사신을 보내 안부를 묻게 한 이야기가 나온다. 위 태후가 실권을 쥐고 있을 때다. 위 태후는 사신이 올리는 글을 뜯어보기도 전에 먼저 이렇게 물었다. "해도 무양한가. 백성도 무양한가. 왕도 무양한가."

그러자 사신은 임금의 안부부터 묻지 않는다고 불평을 했다. 그러자 태후는,

"풍년이 들고 난 다음이라야 백성은 그 생활을 유지할 수가 있고, 백성이 편한 뒤라야 임금은 그 지위를 보존할 수가 있다. 그 근본부터 먼저 묻는 것이 어찌 순서가 바뀐 것이 되겠는가?" 하고 타일렀다는 것이다.

後漢(후한)의 應邵(응소)가 지은 『風俗通義(풍속통의)』에는 무양의 양을 벌레의 이름이라고 하고 "양은 사람을 무는 벌레다. 사람의 마음을 잘 물어, 사람들은 항상 이를 근심하고 괴로워한다."고 했다. 그렇지만 무양이라는 말은 벌레와는 아무 상관이 없다.

본디 이 말이 쓰였을 때는 걱정이 없다는 정도로 쓰이고 있었던 것 같다. 지금은 모든 일이 평온무사하거나 사람이 건강한 것을 나타낸다. 無故(무고)라고 보면 된다. 해방 전의 우리나라 소설에서는 무양이라는 말이 자주 쓰였다. 홍명희가 쓴 『林巨正(임꺽정)』에 "……감사까지 밤사이 무양한 것을 기뻐하는 기색이 현연하였다."라고 나와 있다.

無用之用 (무용지용)

> • 없을 무, 쓸 용, 갈 지. 쓸모없는 것의 쓸모. 쓸모없다고 생각하는 것이 실은 쓸모가 있음.

『莊子(장자)』人間世篇(인간세편)에 나오는 이야기이다.

"산의 나무는 제 스스로를 해치고 있다. 기름불의 기름은 제 스스로 태우고 있다. 계피는 먹을 수 있는 것이기 때문에 사람들이 그 나무를 베게 된다. 옻은 칠로 쓰이기 때문에 사람들이 칼로 쪼갠다. 사람은 모두 쓸모 있는 것의 쓸모만을 알고, 쓸모없는 것의 쓸모를 알지 못한다."

이 이야기는 孔子(공자)가 楚(초)나라에 갔을 때 초나라의 隱者(은자) 狂接輿(광접여)가 공자가 묵고 있는 집 문 앞에서 한 말로 되어 있는 마지막 부분이다.

『莊子(장자)』外物篇(외물편)에는 또 이러한 이야기가 나온다.

惠子(혜자)가 장자에게 말했다. "당신이 하는 말은 아무 데도 소용이 닿지 않는 것뿐이다."

장자가 말했다.

"쓸모가 없는 것을 아는 사람이라야 무엇이 참으로 쓸모가 있는 것인가를 말할 수 있다. 땅이 넓지만 사람이 서 있는 데는 발을 둘 곳만 있으면 된다. 하지만 발을 둘 곳만을 남기고 그 주위를 깊숙이 파 버린다면 사람이 서 있을 수 있겠는가?"

"서 있을 수 없다."

"그렇다면 쓸모없는 것이 쓸모 있는 것도 또한 알 수 있지 않는가."

『莊子(장자)』山木篇(산목편)에는 이러한 이야기가 나온다.

장자가 산길을 가노라니 가지와 잎이 무성한 큰 나무가 있었다. 바라보고 있노라니 그 옆에 나무꾼이 있는데도 베려 하지 않는다. 장자가 그 까닭을 물으니 "아무 짝에도 소용이 없기 때문에."라고 대답했다. 그러자 장자는 말했다.

"이 나무는 좋지 못하기 때문에 그 타고난 수명을 다하게 된다."

'無用之物(무용지물)'이란 아무 데도 쓸모없는 물건을 말한다. 그 무용지물이 때로는 有用之物(유용지물)이 되는 경우가 있다. 이와 마찬가지로 아무 쓸모없는 것처럼 보이는 것이 실상보다 쓸모 있는 것이 되는 것이 '無用之用(무용지용)'이다. 세속 사람들이 생각하고 있는 그 반대쪽에 항상 진리가 있다고 주장하는 道家(도가)의 생각에서 나온 말이다. 莊子(장자)는 逆說的(역설적)으로 무용지용에 대해 말했다. 우리나라 속담에 '굽은 나무가 선산 지킨다.'는 말이 있는데 무용지용의 의미와 符合(부합)한다.

無爲而化(무위이화)

> • 없을 무, 할 위, 어조사 이, 될 화. 아무런 일을 하지 않아도 일이 저절로 이
> 루어진다. 성인의 덕은 지대하여서 아무 일도 하지 아니하여도 저절로 다스
> 려짐.

『老子(노자)』 57章(장)에,

한 나라를 다스리는 데는 바른 정책을 쓰고, 전쟁을 하는 데는 奇策(기
책)을 쓴다. 그러나 천하를 얻는 데는 이 正(정)과 奇(기)를 초월한 無事
(무사)로써 하지 않으면 아니 된다. 어째서인가. 다음과 같은 것을 보면 알
수가 있다.

천하에 禁令(금령)이 많으면 많을수록 백성들은 가난해지고, 백성들의
지혜가 더해 가면 더해 갈수록 나라는 어지러워진다. 사람들의 기술이 향
상되면 될수록 괴상한 것들이 나타나게 되고, 법령이 무서우면 무서울수
록 도적이 늘어난다. 그렇게 때문에 聖人(성인)은 이렇게 말하고 있다.

"내가 하는 것이 없으면 백성은 스스로 화하고, 내가 움직이지 않고 가
만히 있으면 백성은 스스로 바르게 된다. 내가 일 없이 있으면 백성은 저
절로 잘 살게 되고, 내가 욕심이 없으면 백성은 저절로 소박해진다."

애써 바로잡지 않아도 저절로 잘 고쳐져 나가는 것을 '無爲而化(무위이
화)'라고 한다. 위대한 정치가, 위대한 교육가는 다 같이 이 무위이화를
이상으로 하고 있다. 無爲之治(무위지치)란 바로 이 무위이화로 이루어지
는 정치를 말한다.

그러나 여기서 말하는 무위이화는 백성들이 무위자연의 원시상태로 되
돌아가는 것을 이상으로 삼고 한 말이다. 지금은 이 말이 정치하는 사람
이 백성에게 지나친 간섭을 하는 일이 없어, 알지 못하는 사이에 모두 착
하고 올바른 사람이 되는 경우를 말하게 된다. 말하자면 '無爲而治(무위
이치)'와 같은 뜻으로도 쓰이고 있는 것이다.

無何有之鄕(무하유지향)

> • 없을 무, 어찌 하, 있을 유, 갈 지, 고을 향. 그 무엇도 없는 곳. 장자가 말한
> 理想鄕(이상향).

『莊子(장자)』逍遙遊篇(소요유편)을 보면,

하루는 惠子(혜자)가 莊子(장자)를 보고, 자기 집 마당에 큰 개똥나무가 있으나 아무 쓸모가 없다는 것을 말하고, 마치 장자의 하는 말도 크기만 하고 아무 쓸모가 없는 것이 이 개똥나무와 같다고 비유해 말한다. 그러자 장자는 긴 설명을 한 끝에 이렇게 반박을 한다.

"당신은 집 안에 큰 나무가 있어서 아무 소용이 없는 것을 고통스러워하고 있지만, 그런 걱정은 필요가 없다. 왜 그 나무를 무하유의 땅이나, 넓은 들판에 심어 두고, 그 나무 주위를 일없이 왔다 갔다 놀기도 하고, 그 나무 밑에서 편안히 누워 쉬지 않는가."

또 『莊子(장자)』應帝王篇(응제왕편)을 보면,

"저 끝없는 하늘 저쪽을 나는 새를 타고, 우주 밖으로 나가서 무하유의 고을에서 놀며, 끝없이 넓은 들판에 몸을 두고 싶다."라고 했다.

또 『莊子(장자)』知北遊篇(지북유편)에는,

"한번 무하유의 집에서 놀며, 상대적인 것을 초월한 절대적인 위치에서 끝이 없는 것에 대해 서로 이야기해 보지 않겠는가……."라고 한 대목이 나온다.

'무하유지향'이란 말은 세속적인 번거로움이 없는 자연 그대로의 곳, 즉 이상향이란 뜻으로 쓰이고 있다. 여기에 나오는 의미는 거의 우주, 우주적 존재, 너무 텅 빈 쓸쓸한 그런 곳을 나타내는 것 같으니 우리가 지금 쓰는 의미인 '이상향'과는 거리가 먼 듯한 느낌이다.

ㅁ

無恒産無恒心(무항산무항심)

• 없을 무, 항상 항, 낳을 산, 마음 심. 일정한 생산이 없으면 일정한 마음도 없다. 생계를 유지할 일정한 바탕이 없으면 放縱(방종)하거나 彷徨(방황)하게 된다는 말. 의식주의 중요성을 나타낸 말.

이 말은 『孟子(맹자)』 梁惠王上篇(양혜왕상편)에 나온다.

孟子(맹자)가 齊宣王(제선왕)이 정치에 대해 물었을 때 이렇게 말했다.

"일정한 살림이 없어도 떳떳한 마음을 가지는 것은 오직 뜻있는 선비만이 가능한 일입니다. 백성들은 떳떳한 살림이 없으면 따라서 떳떳한 마음이 없게 됩니다. 참으로 떳떳한 마음이 없어지게 되면 放蕩(방탕), 怪癖(괴벽), 不淨(부정), 脫線(탈선) 등 모든 惡(악)을 저지르게 됩니다. 그들이 죄를 범하게 된 뒤에 법으로 그들을 처벌한다는 것은 곧 백성을 그물질하는 것과 같습니다. 어떻게 어진 임금이 위에 있으면서 백성들을 그물질할 수가 있겠습니까."

우리 속담에 '곳집이 차야 예절을 안다.'는 말에 부합하는 말이다. 항심이란 말은 우리가 많이 쓰고 있다. 변하지 않는, 언제나 지니고 있는 떳떳한 마음이란 뜻이다.

이 이야기에는 網民(망민)이라는 말도 나온다. 백성들을 그물질한다는 말이다. 법률이 너무 까다로워 '耳懸鈴鼻懸鈴(이현령비현령)'이 되는 경우를 '網民法(망민법)'이라고 한다.

墨翟之守(묵적지수)

> • 먹 묵, 꿩 적, 갈 지, 지킬 수. 묵적(墨子: 묵자)이 끝까지 성을 지켰다는 고
> 사. 자기의 의견 또는 소신을 굽힘이 없이 끝까지 지키는 것. 융통성이 없음.
> 墨守(묵수).

『戰國策(전국책)』 齊策(제책)에는 墨翟(묵적)의 이야기가 나온다.

魯仲連(노중련)이 燕(연)나라 장수에게 보낸 편지의 구절에,
"지금 공께서 피폐된 요성 백성을 거느리고 제나라 전체 군사를 상대로
버티고 있으니 이는 묵적의 지킴이다."라는 구절이 있다. 강대국인 초나라
의 침략에 떨고 있는 송나라를 묵자가 그 제자들과 함께 무사히 지켜 낸
것을 말한다. 이야기의 내용을 요약하면 다음과 같다.

"묵적의 적은 공수반이었다. 公輸盤(공수반)은 원래 宋(송)나라 사람이
었는데 송나라에서 푸대접을 받고 楚(초)나라로 가서 출세를 하게 된 사
람이다. 공수반은 초나라 왕을 달래서 송나라를 치게 했는데 기계 제작에
천재적 소질을 가진 사람이었다. 그래서 성을 공격할 수 있는 전차와 구
름사다리[雲梯(운제)]를 만들어 공격 준비를 마쳤다. 그때 묵적도 송나라
사람으로 공수반과 같은 기술자 계급 출신이었다. 그는 방어 기계를 만들
어 배치하고 공수반과 만나 담판을 지어서 둘이 모의 전쟁을 하여 공수반
의 의도를 꺾어 놓는다. 초왕은 결국 송나라 침공을 포기했다."

이 말이 나온 『後漢書(후한서)』의 鄭玄傳(정현전)에 정현의 높은 학식
을 칭찬하는 말 가운데,
"그때 任城(임성)의 何休(하휴)는 公羊學[공양학: 春秋公羊傳(춘추공양
전)]을 좋아하여 드디어 『公羊墨守(공양묵수)』와 『左氏膏肓(좌씨고황)』과
『穀梁廢疾(곡량폐질)』이라는 책을 지었다. 그래서 정현은 이 묵수를 쳐부
수고 고황(불치병)을 침을 놓아 고치고 폐질(병신)을 일으켜 세웠다."라는

부분이 있다.

이 말은 자기 의견이나 주장을 끝까지 지켜 나가는 것을 말한다. 좋은 뜻으로도 쓰이지만, 좀 완고하고 변통을 모르는 그런 태도나 생각을 답답하게 여기는 어감을 약간 풍기는 말이다. 자기의 의견 또는 소신을 굽힘이 없이 끝까지 지키는 것을 나타내기도 하고 융통성이 없음을 나타내기도 한다. 墨翟之守(묵적지수)란 말이 줄어들어서 '墨守(묵수)'가 된 것이다.

주) 墨子(묵자): 중국 전국시대 宋(송)나라 사람인데 魯(노)나라 출신이라고도 함. 이름은 翟(적). 생명 있는 것을 사랑하고 검소 질박함을 숭상해야 한다는 墨家(묵가)의 시조로 겸애설을 주장함. 겸애설은 맹자에게 심한 攻駁(공박)을 당함. 『墨家全書묵가전서』를 지었음. 사람과 사귀는 데 조심해야 된다며 실에 대한 비유를 들었다.

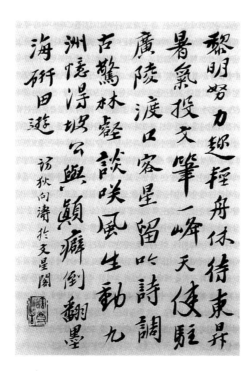

刎頸之交(문경지교)

> • 목 벨 문, 목 경, 갈 지, 사귈 교. 목을 베어 줄 수 있을 정도로 절친한 사귐. 생사를 같이하는 사귐 또는 그 벗. 설사 목이 달아날지라도 마음이 변치 아니할 만큼 친한 교제. 곧 생사를 함께하는 친한 사이.

『史記(사기)』廉頗藺相如傳(염파인상여전)에 나오는 이야기이다.

인상여는 華氏璧(화씨벽)을 진나라로부터 잘 보존하여 다시 가져와서 상대부에 임명되었다. 염파 장군은 이를 시기하였다. 인상여가 벼락출세를 한 셈이니 염파는 그를 인정하지 않았던 것이다. 그래서 인상여는 염파를 만나려 하지 않고 되도록이면 피해 다녔다.

화씨벽을 고스란히 물려주게 된 秦(진)나라는 여러 차례 쳐들어온 끝에 사신을 보내 조나라와 화친을 맺고 싶다면서 양국 국경 가까이 있는 면지에서 만나자고 통고를 해 왔다.

조왕은 어쩔 수 없이 면지에 나갔다. 진왕이 조왕에게 거문고를 타게 하며 모욕을 주자 인상여가 진왕을 대신 모욕했다. 인상여가 진왕 가까이 다가가 협박을 했다.

진왕은 조나라가 이미 만일의 일에 대비한 것을 알고는 조나라를 침범하지 못했다.

조왕이 무사히 귀국하자 왕은 인상여를 上卿(상경)에 임명했다. 염파는 더욱 화가 났다.

"나는 조나라 장군으로서 성을 치고 들에서 싸운 큰 공이 있는 사람이다. 인상여는 한갓 입과 혀를 놀림으로써 나보다 윗자리에 오르다니 이는 용납할 수 없는 일이다." 하면서 인상여를 모욕하려고 벼르게 되었다.

인상여는 염파가 나라를 지탱하는 장군이라서 그와 사이가 벌어질까 염려하여 그와의 다툼을 피하며 자기의 측근들에게 자신이 염파를 무서워하여 피하는 것이 아니고 염파와 자신 사이에 틈이 생기면 진나라가 쳐들어올 것이기 때문이라고 이야기하였다. 염파는 그 이야기를 전해 듣고 인상여의 집을 찾아가 무릎을 꿇고 사죄했다. 이리하여 두 사람은 다시 친한 사이가 되어 죽음을 함께해도 마음이 변하지 않는 그런 사이가 되었다.

刎頸之交(문경지교)는 곧 서로 죽음을 같이할 수 있는 의기가 상통하는 사이를 말한다. 생사를 같이하는 사귐 또는 그 벗을 나타낸다. '竹馬故友(죽마고우), 金蘭之交(금란지교), 莫逆之友(막역지우), 知己之友(지기지우), 伯牙絶絃(백아절현)' 등은 비슷해 보이나 이 말과는 다른 의미를 지닌다.

聞一知十(문일지십)

• 들을 문, 한 일, 알 지, 열 십. 한 가지를 들으면 열을 미루어 앎. 한 대목을
듣고 나머지 열 대목을 깨달아 앎. 극히 총명함. 聞一以知十(문일이지십).

『論語(논어)』 公冶長篇(공야장편)에 나오는 이야기이다.

孔子(공자)가 제자 子貢(자공)을 불러 물었다.

"너는 顏回(안회)와 누가 낫다고 생각하느냐?"

공자의 제자가 삼천이나 되었고 후세에 이름을 남긴 제자가 72명이나
된다고 한다. 당시 재주로서는 자공을 첫손으로 꼽고 있었다. 실상 안회가
자공보다 월등히 나은 편이었지만 안회는 아는 척을 하지 않고 바보같이
사는 사람이었다.

자공은 서슴지 않고 이렇게 대답했다.

"賜(사)가 어찌 감히 回(회)를 바랄 수 있습니까. 회는 하나를 들으면
열을 알고, 賜(사)는 하나를 들으면 둘을 알 뿐입니다." 공자가 또 말했다.

"네가 안회만은 못하다. 나도 네 말을 인정한다."

賜(사)는 자공의 이름이다. 안회는 공자가 가장 아끼는 제자였다.

'聞一知十(문일지십)'은 하나를 들으면 열을 안다는 말로, 재주가 비상
하다거나 극히 총명함을 이른다. 자공의 말에서는 '聞一知二(문일지이)'라
는 말이 보인다. 하나를 들으면 둘을 안다는 말로, 문일지십과는 다르다.

門前成市 (문전성시)

• 문 문. 앞 전. 이룰 성. 시장 시. 문 앞이 시장바닥 같다. 권세가 크거나 부자가 되어 문 앞이 찾아오는 손님들로 마치 저자를 이룬 것 같음. 門庭如市(문정여시).

『漢書(한서)』 鄭崇傳(정숭전)에 나오는 이야기이다.

漢(한)나라 멸망 직전 哀帝(애제)는 스무 살에 천자가 되었는데 정치적인 실권은 외척들의 손아귀에 들어 있고, 그는 다만 자리만 차지하고 있을 뿐이었다.

이 애제를 받들고 정치를 잘해 보려고 애쓴 사람이 정숭이다. 처음에 정숭은 애제에 발탁되어 尙書僕射(상서복야)에 있었는데 그 무렵은 外戚(외척)들의 專橫(전횡)을 두고 볼 수 없어 자주 애제에게 대책을 건의했다. 애제는 외척 세력을 이겨 내지 못하고 정숭을 멀리하게 되었다.

애제가 자포자기하여 나랏일을 잘 돌보려 하지 않자 鄭崇(정숭)이 나서서 諫言(간언)을 하다가 譴責(견책)을 받았다. 마침 尙書令(상서령) 趙昌(조창)이 정숭을 미워하여 모함하자 그의 말을 그대로 믿고 정숭을 불러 問責(문책)했다.

"그대의 집 문전에는 사람이 시장바닥 같다는데 무엇 때문에 나를 괴롭히려 하는 건가?"

"신의 문전은 시장바닥 같아도, 신의 마음은 물처럼 맑습니다. 바라옵건대 다시 한 번 조사를 해 보시기 바랍니다."

이 말을 듣고 애제는 성을 내며 그를 옥에 가두어 버렸다. 정숭은 끝내 옥중에서 죽고 말았다.

門庭如市(문정여시)라는 말도 있다. 이 말은 본디 임금께 諫(간)하는 신하들이 조정에 가득 차 있다는 말로 쓰였다. 지금은 문전성시와 같은 뜻으로 쓰인다.

ㅁ

門前雀羅(문전작라)

> • 문 문, 앞 전, 참새 작, 그물 라. 문 앞에 새그물을 친다. 아무도 찾는 사람이
> 없어 문 앞에 참새를 잡는 그물을 칠 수 있을 정도로 쓸쓸하다는 뜻.

前漢(전한) 7대 황제인 武帝(무제) 때 汲黯(급암)과 鄭當詩(정당시)라는 두 賢臣(현신)이 있었다. 그들은 한때 각기 구경(九卿: 9개 부처의 각 으뜸 벼슬)의 지위에까지 오른 적도 있었지만 둘 다 개성이 강한 탓에 좌천·면직·재등용을 되풀이하다가 급암은 淮陽太守(회양태수)를 끝으로 벼슬을 마쳤다. 이들이 각기 현직에 있을 때에는 방문객이 늘 문전성시를 이루었으나 면직되자 방문객의 발길이 뚝 끊어졌다고 한다.

이어 司馬遷(사마천)은 『史記(사기)』 汲鄭列傳(급정열전)에서 이렇게 덧붙여 쓰고 있다.

"급암과 정당시 정도의 현인이라도 세력이 있으면 賓客(빈객)이 열 배로 늘어나지만 세력이 없으면 당장 모두 떨어져 나간다. 그러니 보통 사람의 경우는 더 말할 나위도 없다."

또 翟公(적공)의 경우는 이렇다. 적공이 廷尉(정위)가 되자 빈객이 문전성시를 이룰 정도로 붐볐다. 그러나 그가 면직되자 빈객은 금세 발길을 끊었다. 집 안팎이 어찌나 한산한지 '문 앞(밖)에 새그물을 쳐 놓을 수 있을 정도[門外可設雀羅]'였다. 얼마 후 적공은 다시 정위가 되었다. 빈객들이 몰려들자 적공은 대문에 이렇게 써 붙였다.

> 한 번 죽고 한 번 삶에 곧 사귐의 정을 알고
> [一死一生 卽知交情(일사일생 즉지교정)]
> 한 번 가난하고 한 번 부함에 곧 사귐의 태도를 알며
> [一貧一富 卽知交態(일빈일부 즉지교태)]
> 한 번 귀하고 한 번 천함에 곧 사귐의 정은 나타나네
> [一貴一賤 卽見交情(일귀일천 즉현교정)]

권세를 잃거나 貧賤(빈천)해지면 문 앞에 새그물을 쳐 놓을 수 있을 정도로 방문객의 발길이 끊어진다는 말이다. 炎涼世態(염량세태)를 잘 나타내는 말이다.

問鼎輕重(문정경중)

> • 물을 문. 솥 정. 가벼울 경. 무거울 중. 솥이 가벼운지 무거운지 묻다. 楚(초)
> 나라 莊王(장왕)이 천하를 뺏으려는 野心(야심)을 품고, 周(주)나라 定王(정
> 왕)에게 帝位(제위)의 象徵(상징)이며 全國(전국)의 보물인 九鼎(구정)의 무
> 게를 물었다는 고사. 타인의 실력 또는 內幕(내막)을 엿봄을 비유함.

春秋五覇(춘추오패)의 한 사람인 楚(초)나라 莊王(장왕)이 천하를 뺏으
려는 野心(야심)을 품고, 周(주)나라 定王(정왕)에게 帝位(제위)의 象徵(상
징)이며 全國(전국)의 보물인 九鼎(구정)의 무게를 물었다. 그러자 정왕의
대부 王孫滿(왕손만)은 대답했다.

"솥의 크기와 무게는 그것을 가지고 있는 사람의 덕에 의해 결정되는
것으로 솥 자체에 있는 것은 아닙니다. 禹(우)임금이 만든 솥이 桀(걸)의
부덕으로 商(상)나라로 옮겨 갔고, 육백년 뒤에 紂(주)가 포학하자 솥은 다
시 주나라로 옮겨 갔습니다. 덕이 크고 밝으면 비록 작아도 무겁고, 어둡
고 어지러우면 비록 커도 가볍습니다…… 成王(성왕)께서 솥을 주나라로
옮긴 뒤 대를 점쳐 三十(삼십)을 얻고 해를 점쳐 백을 얻었으니 이는 하
늘이 명한 것입니다. 지금 주나라의 덕이 비록 쇠했어도 천명은 아직 고
쳐지지 않았으니 솥의 무게는 물을 일이 못 되는 줄로 압니다."

全國(전국)의 보물인 九鼎(구정)은 솥이다. 이 솥은 무게가 천 鈞(균)이
나 되었다고 한다. 한 균이 三十(삼십) 근이니 천균은 三萬(삼만) 근이다.
진시황이 이것을 함양으로 옮겨 간 기록이 남아 있을 뿐 현재는 없다. 왕
손만은 아직 초나라가 천하를 주름잡지 못하고 있으므로 김칫국부터 마시
지 말라고 정중하게 대답한 것이다. 본디 '問鼎之輕重(문정지경중)'으로
되어 있다. 타인의 실력 또는 內幕(내막)을 엿보거나 상대방의 실력을 떠
본다는 뜻으로 쓰이는 말이다.

未亡人(미망인)

> • 아닐 미, 죽을 망, 사람 인. 아직 죽지 못한 사람. 남편과 사별한 여자가 스스
> 로를 지칭하는 말.

『春秋左氏傳(춘추좌씨전)』에 나오는 이야기이다.

楚(초)나라 令尹(영윤)인 子元(자원)이 죽은 文王(문왕)의 부인 文夫人
(문부인)을 유혹할 계획으로 부인이 있는 궁전 옆에 자기 관사를 짓고, 거
기에서 殷(은)나라 湯(탕)임금이 처음 만들었다는 萬(만)이란 춤을 추게 하
며 음악을 울렸다. 부인은 음악소리를 듣자 눈물을 흘리며 말했다.

"선군께서는 이 춤의 음악을 軍隊(군대)를 調練(조련)할 때에 쓰시곤 했
다. 그런데 지금 영윤은 이것을 원수들을 치기 위해 쓰지 않고 이 미망인
옆에서 하고 있으니 또한 이상하지 않은가."

원은 즉시 춤과 음악을 걷어치우고 말았다.

남편과 사별한 여자가 스스로를 지칭하는 말이다. 과부라는 말을 듣기
좋게 말할 때 미망인이라고 한다. 미망인은 죽지 못한 사람이라는 뜻이다.
남편을 따라 죽어야 마땅할 사람이 죽지 못하고 살아 있다는 뜻이니 따지
고 보면 실례가 되는 말 같기도 하다. 지금은 여자 스스로 쓰는 말로 한
정되지 않고 아무나 쓰고 있다.

彌縫策(미봉책)

> • 기울 미. 꿰맬 봉. 꾀 책. 터진 곳을 임시로 얽어맨다. 빈구석이나 잘못된 것을 그때그때 임시변통으로 메움. 彌縫(미봉).

『左傳(좌전)』桓公五年(환공오년)에 나오는 이야기이다.

周(주)나라 桓王(환왕) 13년 왕이 鄭(정)나라를 치려 했다. 정나라 장공으로부터 왕실의 경사라는 직책을 거두어들였고, 이를 못마땅하게 생각한 정장공은 왕실에 대한 조공을 일체 중지해 버렸다. 환왕은 이 기회에 정나라를 쳐서 주나라 왕실의 위신을 회복할 생각이었다.

환왕은 虢(괴), 蔡(채), 晋(진), 衛(위) 등 네 나라 군대도 함께 거느리고 위세당당하게 정나라로 향했다. 정장공은,

"내란이 생겨 진나라 군사는 싸울 경황이 없을 테니 먼저 이를 치면 곧 달아나게 될 것입니다. 그렇게 되면 다른 나라들도 지탱을 못 하고 달아날 것입니다. 그런 다음 왕이 지휘하는 군사를 집중 공격하면 승리는 우리의 것이 될 것입니다." 하는 의견을 받아들이고 전차 부대를 앞세우고, 보병을 그 뒤에 세워 전차의 틈 사이를 보병으로 미봉하게 했다. 곧 사람으로 戰車(전차) 사이사이를 이어 고기그물처럼 진을 친 것을 彌縫(미봉)이라 했다.

전차가 헝겊조각이라면 사람은 실이 된 셈이다. '彌縫(미봉)'은 터진 곳을 임시로 얽어맨다는 뜻이다. 이 말에서 임시로 꾸며 대어 눈가림만 하는 계책을 미봉책이라 하게 되었다. 결점이나 실패를 일시 얼버무려 나가는 것을 가리킨다. '臨時變通(임시변통), 姑息之計(고식지계), 下石上臺(하석상대)' 등이 비슷한 의미로 쓰인다. 우리나라 속담에 '언 발에 오줌 누기'라는 말이 있다.

靡不有初鮮克有終(미불유초선극유종)

• 없을 미, 아닐 불, 있을 유, 처음 초, 선명드물할 선, 능히 극, 마칠 종. 처음이 있지 않은 것은 없으나 능히 끝이 있는 것은 드물다는 말.

'靡不有初(미불유초)'는 '처음이 있지 않는 것은 없다.'는 뜻이고 '鮮克有終(선극유종)'은 '능히 끝이 있는 것이 적다.'는 뜻이다.

晉(진)나라 靈公(영공)이 한때 무도했다. 영공을 諫(간)하기 위해 내전으로 들어간 사계는 지나가는 영공의 앞으로 다가가서 넙죽이 엎드렸다. 영공은 못 본 체하며 발길을 옮겼다. 세 번째 처마 밑까지 가서 엎드리자 그제야 겨우 알아차린 체했다.

사계가 말을 꺼내기 무섭게 영공은,

"알았소. 내가 잘못했소. 앞으로 그러지 않겠소." 하고 입을 막으려 했다. 그러나 사계는 영공의 그 말을 받아 이렇게 간곡히 호소했다.

"사람이 누가 허물이 없겠습니까. 잘못하고 능히 고친다면 그보다 더 훌륭한 일은 없습니다. 『詩經시경』에도 말하기를 '처음을 갖지 않는 사람은 없으나 능히 끝을 얻는 사람이 적다.'고 했습니다. 이 말만 보더라도 잘못을 바로잡는 사람이 드물 것 같습니다. 만일 임금께서 능히 끝을 맺으신다면 이는 이 나라의 복이옵니다."

즉 처음 시작할 때는 누구나가 성공을 결심하고 열심히 하게 되지만, 끝까지 그 결심이 누그러지는 일이 없이 계속하는 사람은 적다는 뜻이다. 사계가 인용한 말은 『詩經(시경)』大雅(대아) 蕩篇(탕편)에 나오는 말로, '有終之美(유종지미)'를 일컬은 것이다. '有終之美(유종지미)'라는 말은 도중에 그만두는 일이 없이 끝까지 견디어 나가 목적을 달성하는 것을 가리켜서 하는 말이다. 이 유종의 미를 거두기 어려운 것을 표현한 말이다.

尾生之信(미생지신)

『史記(사기)』蘇秦列傳(소진열전)에 보면, 소진이 燕(연)나라 왕의 의심을 풀기 위해 미생의 이야기를 늘어놓았다. 소진은 자신을 왕이 믿지 않는 것은 누군가 자신을 重傷(중상)하기 때문이라고 말하면서, 연왕에게 말했다.

"실상 나는 曾參(증삼) 같은 효도도 없고, 伯夷(백이) 같은 청렴도 없고, 미생 같은 신의도 없습니다. 그러나 왕께서는 증삼 같은 효도와, 백이 같은 청렴과, 미생 같은 신의가 있는 사람을 얻어 왕을 섬기도록 하면 어떻겠습니까?"

왕이 "만족합니다."고 하자

"그렇지 않습니다. 효도가 증삼 같으면 하룻밤도 부모를 떠나 밖에 자지 않을 텐데, 왕께서 어떻게 그를 걸어서 천 리 길을 오게 할 수 있겠습니까. 백이는 무왕의 신하가 되는 것이 싫어 수양산에서 굶어 죽고 말았는데 어떻게 그런 사람을 천 리의 제나라 길을 달려가게 할 수 있겠습니까. 신의가 미생 같다면, 그가 여자와 다리 밑에서 만나기로 약속을 해 두고 기다렸으나, 여자는 오지 않고 물이 불어 오르는지라 다리 기둥을 안고 죽었으니 이런 사람을 왕께서 천 리를 달려가 제나라의 강한 군사를 물리치게 할 수 있겠습니까. 나를 불효하고 청렴하지 못하고 신의가 없다고 중상하는 사람이 있지만, 그렇기 때문에 나는 부모를 버리고 여기까지 와서, 약한 연나라를 도와 제나라를 달래어, 빼앗긴 성을 다시 바치게 한 것이 아니겠습니까."

따라서 미생의 신의라 함은 하나만 알고 둘은 모르는 바보 같은 신의, 愚直(우직)하고 융통성이 없으며 매우 미련한 것을 말한다.

民可使由之不可使知之

(민가사유지불가사지지)

• 백성 민, 옳을 가, 시킬 사, 말미암을 유, 이 지, 아닐 불, 알이지. "백성이란 가야 할 길로 걸어가게는 할 수 있어도, 그것을 알게 만들 수는 없다."

『論語(논어)』 泰伯篇(태백편)에 나오는 말이다.

정치를 말할 때 흔히 인용되는 孔子(공자)의 말이다. 즉 당시의 현실을 느낀 그대로 안타까워서 탄식한 말이다. 그 증거로 공자는 이런 말을 한 적이 있다. "백성을 가르치지 않고 전쟁을 하는 것은 버리는 것과 마찬가지다."

다시 말해 나라를 사랑하고 민중을 사랑하는 사상교육을 하지 않고 전쟁으로 끌고 나가는 것은 사람을 소모품으로 취급하는 것이라는 뜻이다.

盤根錯節 (반근착절)

• 얽힐 반, 뿌리 근, 섞일 착, 마디 절. 뿌리가 많이 내리고 마디가 이리저리 서로 얽혀 있다. ① 구불구불한 길. ② 정당한 방법을 취하지 않고 옳지 못한 手段(수단)을 써서 抑止(억지)로 일을 한다는 말.

『後漢書(후한서)』虞詡傳(우후전)에 나오는 말이다.

後漢(후한) 安帝(안제) 永初(영초) 4년 북방 이민족이 침략을 해오자 대장군 鄧騭(등즐)은 凉州(양주)를 포기하고 변방을 지키자고 주장했으나 虞詡(우후)는 서슴지 않고 반대하여 등즐은 우후를 미워하게 되었다. 마침 朝歌縣(조가현: 안휘성)에 도적 떼가 일어나자 등즐은 갑자기 우후를 조가현 장관에 임명해서 분풀이를 대신했다. 우후의 친구들이 모두 우후를 걱정하자 우후가 말하길,

"생각은 쉬운 것을 찾지 않고, 일은 어려운 것을 피하지 않는 것이 신하 된 사람의 직분이다. 반근착절을 만나지 않으면, 어떻게 잘 드는 연장을 구별할 수 있겠는가."

조가에 赴任(부임)한 우후는 지혜와 용맹으로 도적을 평정했다. 그 뒤에도 外戚(외척)과 宦官(환관)들을 비롯한 모든 不義(불의)와 맞서 끝까지 싸워 나갔다.

'槃根錯節(반근착절)'은 뿌리가 많이 내리고 마디가 이리저리 서로 얽혀 있다는 뜻이므로 세력이 뿌리 깊이 박혀 있고 당파가 잘 단결이 되어 있어 이를 제거하기가 어려울 때 쓰는 말이다. 또한 정당한 방법을 취하지 않고 옳지 못한 수단을 써서 억지로 일을 한다는 말로도 쓰고, 통상 곤란한 일 또는 고난에 부딪혀야 비로소 그 사람의 참된 가치를 안다는 뜻으로 사용된다. 槃根(반근)은 盤根(반근)으로도 쓴다.

伴食宰相(반식재상)

• 따를 반. 밥 식. 재상 재. 재상 상. 밥이나 축내는 재상. 유능한 관리 옆에 붙
  어서 정치에 참여하는 무능한 사람. 伴食大臣(반식대신).

『唐書(당서)』盧懷愼傳(노회신전)에 나오는 이야기이다.

당나라 6대 황제인 玄宗(현종)을 도와 唐代(당대) 最盛期(최성기)인 '開
元(개원)의 治(치)'를 연 대신은 姚崇(요숭)이었다.

개원 2년(713), 현종이 망국의 근원인 사치를 추방하기 위해 문무백관
의 호사스런 비단 관복을 正殿(정전) 앞에 쌓아 놓고 불사른 일을 비롯하
여, 조세와 부역을 감하여 백성들의 부담을 줄이고, 형벌 제도를 바로잡아
억울한 죄인을 없애고, 農兵(농병)제도를 募兵(모병)제도로 고친 것도 모
두 요숭의 진언에 따른 개혁이었다.

이처럼 요숭은 백성들의 안녕을 꾀하는 일이 곧 나라 번영의 지름길이
라 믿고 늘 이 원칙을 관철하는 데 힘썼다. 특히 政務裁決(정무재결)에 있
어서의 迅速的確(신속적확)함에는 그 어느 宰相(재상: 大臣)도 요숭을 따
르지 못했는데 당시 黃門監(황문감: 환관 감독부서의 으뜸 벼슬)인 盧懷
愼(노회신)도 예외는 아니었다.

노회신은 청렴결백하고 근면한 사람이었으나 휴가 중인 요숭의 직무를
10여 일간 대행할 때 요숭처럼 신속히 재결하지 못함으로 해서 정무를 크
게 정체시키고 말았다. 이때 자신이 요숭에게 크게 미치지 못한다는 것을
체험한 노회신은 이후 매사를 요숭에게 상의한 다음에야 처리하곤 했다.
그래서 사람들은 노회신을 가리켜 '자리만 차지하고 회식이나 하는 무능
한 대신[伴食宰相]'이라고 冷評(냉평)했다.

拔本塞源(발본색원)

• 뽑을 발, 밑 본, 막을 색, 근원 원. 뿌리를 뽑고 근원을 막는다. 일을 올바로 처리하기 위하여 폐단의 근원을 아주 뽑아서 없애 버림. 弊害(폐해) 같은 것의 根源(근원)을 아주 뽑아서 없애 버림.

『春秋左氏傳(춘추좌씨전)』昭公(소공) 9년에 나오는, 周(주)나라 왕이 한 말이다.

周(주)나라 왕이,

"나는 伯父(백부)에게 있어서, 마치 옷에 갓이 있고, 나무와 물에 뿌리와 근원이 있고, 백성들에게 집 주인이 있어야 하는 것과 같다. 백부가 만일 갓을 찢어 버리고, 뿌리를 뽑고 근원을 막으며, 집주인을 아주 버린다면, 비록 저 오랑캐들이라도 나 한 사람을 우습게 볼 것이다."라고 말했다.

伯父(백부) 덕분에 나라를 굳건히 이어 가게 되었다고 武王(무왕)의 어린 아들인 聖王(성왕)이 말한 내용이다. 여기에서 백부는 곧 자신의 叔父(숙부)인 주공이다. 주공은 武王(무왕)이 죽고 어린 성왕이 즉위하자 성왕을 지성으로 보좌하여 주나라의 기틀을 세운 사람이다. 성왕이 주공에게 얼마나 많이 의존하고 있었는지 이 대목을 보면 알 수 있다.

傍若無人(방약무인)

• 곁 방. 같을 약. 없을 무. 사람 인. 곁에 사람이 없는 듯이 세상이 제 것처럼 여러 사람 앞에서 아무 어렴성 없이 마음대로 행동하고 버릇없이 굶. 거리낌 없이 함부로 행동함.

『史記(사기)』 刺客列傳(자객열전)에 나오는 말이다.

전국시대도 거의 막을 내릴 무렵, 즉 秦王(진왕) 정(政: 훗날의 시황제)이 천하를 통일하기 직전의 일이다. 당시 暴虐無道(포학무도)한 진왕을 암살하려다 실패한 자객 중에 荊軻(형가)라는 사람이 있었다.

그는 衛(위)나라 사람이었으나 위나라 元君(원군)이 써 주지 않자 여러 나라를 전전하다가 燕(연)나라에서 축(筑: 거문고와 비슷한 악기)의 명수인 高漸離(고점리)를 만났다. 형가와 고점리는 곧 意氣投合(의기투합)하여 매일 저자에서 술을 마셨다. 취기가 돌면 고점리는 축을 연주하고 형가는 노래를 불렀다. 그러다가 감회가 복받치면 함께 엉엉 울었다. 마치 '곁에 아무도 없는 것처럼[傍若無人]'……

주위의 다른 사람을 전혀 의식하지 않은 채 제멋대로 마구 행동함을 이르는 말이다.

ㅂ

杯盤狼藉(배반낭자)

> • 잔 배, 소반 반, 어수선할 낭, 깔 자. 술잔과 그릇이 어지러이 널려 있음. 거나한 술자리가 罷(파)한 모습.

'배반이 낭자하다'는 말은 술잔과 안주 접시가 질서 없이 뒤섞여 있다는 뜻으로 술을 진탕 마시며 정신없이 놀고 난 자리의 어지러운 모습을 말한다.

『史記(사기)』滑稽列傳(골계열전)의 淳于髡傳(순우곤전)에 나오는 말이다.

齊威王(제위왕)이 순우곤을 후궁으로 초대하여 술을 마시며 물었다.
"선생은 어느 정도 마시면 취하는지?"
"한 말로도 취하고 한 섬으로도 취합니다."
"한 말로 취하는 사람이 한 섬을 마실 수야 없지 않겠소. 어떻게 하는 말씀이신지?"
순우곤은 술이란 마시는 사람의 기분에 따라 취하는 양이 달라진다는 것을 말하고는 끝으로 한 섬을 마시게 되는 경우를 말했다.
"날이 저물어 술이 얼근해졌을 때 술통을 한데 모으고 무릎을 맞대며 남자와 여자가 한자리에 앉아, 신발이 서로 엇갈리고, 술잔과 안주 접시가 어지럽게 흩어져 있는데, (중략)
그러기에 말하기를, 술이 극도에 달하면 어지러워지고, 즐거움이 극도에 달하면 슬퍼진다고 합니다. 술뿐이 아니고 모든 일이 다 그렇습니다."
순우곤이 이렇게 꾸며 대어 말하자 위왕은 밤 깊도록 술을 마시는 일을 중지했다고 한다.

ㅂ

背水一陣(배수일진)

『史記(사기)』淮陰侯列傳(회음후열전)에 나오는 이야기이다.

韓信(한신)이 趙(조)나라를 칠 때의 일이다.

한신이 말하길,

"우리 주력부대는 퇴각을 한다. 그것을 보면 적은 진지를 비우고 우리를 추격해 올 것이다. 그러면 제군들은 재빨리 조나라 진지로 들어가 조나라의 기를 뽑아 버리고 한나라의 붉은 기를 세우는 거다." 하고는 또,

"오늘 아침은 조나라를 이기고 나서 모여서 잘 먹기로 하자." 하고 모든 장수들에게 전하게 했다.

장수들은 속으로 코웃음을 쳤다. 한신은 軍史(군리)들에게 이렇게 말했다.

"조나라 군사는 유리한 곳을 점령하여 진을 치고 있기 때문에 싸움을 서두르지 않을 것이다. 그리고 적은 우리 쪽 대장기를 보기 전에는 나와 싸우려 하지 않을 것이다.

이리하여 한신은 1만의 군사를 먼저 가게 하여 물을 등지고 이른바 背水陣(배수진)을 치게 했다. 조나라 군사들은 이것을 바라보며 병법을 모르는 놈들이라고 크게 웃었다. 그러나 한신은 조나라를 이겼다. 병사들이 한신에게 물었다.

"병법에는 산을 등지고 물을 앞으로 진을 치라고 했는데, 장군께선 물을 등지고 진을 쳐서 이겼습니다. 그리고 조나라를 이기고 나서 아침을 먹자고 하시더니 과연 말대로 되었습니다. 이것은 무슨 전법입니까?"

한신이 대답했다.

"이것은 병법에 있는 것이다. 제군들이 미처 몰랐을 뿐이다. 병법에 '죽을 땅에 빠뜨려 두어야 사는 길이 있다.'고 하지 않았는가. 그리고 우리 군사는 아직 烏合之卒(오합지졸)이다. 이들을 결사적으로 싸우게 하려면

죽을 곳을 뒤에 두지 않으면 안 된다."

병사들이 물러나지 못하도록 물을 등지고 치는 진이므로 목숨을 걸고 일을 도모하는 결연한 자세를 나타낸다든지 위험을 무릅쓰고 전력을 다하는 경우를 비유할 때 쓰는 말이다. 背水之陣(배수지진), 背水陣(배수진)이라고도 한다. 우리나라 속담에 '죽을 땅에 빠진 후에 산다.'는 말이 있다. 배수진과 비슷한 말이다.

杯中蛇影(배중사영)

• 잔 배, 가운데 중, 뱀 사, 그림자 영. 악광의 친구 한 사람이 벽에 걸린 활 그림자가 술잔에 비친 것을 뱀으로 잘못 알다. 杯弓蛇影(배궁사영).

후한 말기의 학자 應劭(응소)가 지은 『風俗通(풍속통)』에 자신의 할아버지 應彬(응빈)이 남긴 말 중에 두선에 관한 이야기가 있다.

「세상에는 이상한 것을 보고 놀라 스스로 병이 되는 사람이 많다…….
우리 할아버지 응빈이 汲縣(급현) 원이 되었을 때 일이다. 夏至(하지) 날 문안을 온 主簿(주부) 杜宣(두선)에게 술을 대접했다. 마침 북쪽 벽에 빨간 칠을 한 활 하나가 걸려 있었는데 그것이 잔에 든 술에 흡사 뱀처럼 비치었다. 두선은 오싹 놀랐으나 상관의 앞이라서 그냥 아무 말도 못 하고 억지로 마셨다.

그런데 그날로 가슴과 배가 몹시 아프기 시작, 음식을 못 먹고 설사만 계속했다. 그 후로도 아무리 해도 낫지 않았다.

그 뒤 할아버지 응빈이 두선의 집으로 가서 문병할 때 까닭을 물었더니 두선은 사실대로 이야기했다. 집으로 돌아온 할아버지는 두선에게서 들은 이야기를 놓고 여러모로 생각하던 끝에 벽에 걸린 활을 돌아보며,

'저것이 틀림없다.' 하고 사람을 보내 두선을 가마에 태워 곱게 데려오게 했다.

그리고는 자리를 전과 똑같은 위치에 차리고 술을 따라 전과 같이 뱀의 그림자가 비치게 한 다음, 그에게 말하길,

'보게, 이건 벽에 걸린 활의 그림자가 술에 비친 걸세. 괴물이 무슨 괴물이란 말인가.' 하고 일러 주었다.

그러자 두선은 갑자기 새 정신이 들며 아픈 증세가 모두 사라져 버렸다.」

『晉書(진서)』 樂廣傳(악광전)에는 악광의 친구 한 사람이 벽에 걸린 활 그림자가 술잔에 비친 것을 뱀으로 잘못 알고 뱀을 삼켰다고 생각하여 병

이 되었는데 악광이 그렇지 않음을 소상히 설명해 주었더니 곧 개운하게 병이 나았다는 옛일이 나온다.

이 이야기에서 공연한 헛것을 보고 놀라 속을 썩이는 것을 가리켜 후세 사람들이 '배중사영'이라고 한다. '杯弓蛇影(배궁사영)'이라고도 한다. '노루가 제 방귀에 놀란다.'는 속담이 있다.

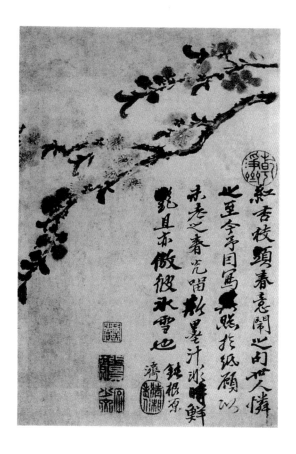

百年河淸(백년하청)

> • 일백 백, 해 년, 물 하, 맑을 청. 황하가 늘 흐려 맑을 때가 없다는 뜻. 아무
> 리 오래되어도 어떤 일이 이루어지기 어려움.

『左傳(좌전)』 襄公(양공) 8년조에 나오는 말이다.

楚(초)나라가 鄭(정)나라를 쳐들어오자 정나라에서는 항복을 하자는 측
과, 晉(진)나라의 구원을 기다려 저항을 해야 한다는 측이 맞서 의견의 일
치를 보지 못하였다. 이때 항복을 주장하는 측의 子駟(자사)가 말했다.
  "주나라 시에 말하기를,
  '하수가 맑기를 기다리고 있으면 사람은 늙어 죽고 만다. 여러 가지를
놓고 점을 치면 그물에 얽힌 듯 갈피를 못 잡는다.'고 했다. 그리고는, 우
선 급한 대로 초나라 군사를 맞아 그들의 말을 따르기로 하고 진나라 군
사가 오게 되면 또 진나라에 좇으면 그만이다. 우리는 그들을 맞이할 선
물이나 준비해 두고 기다리는 것이 마땅하다."고 역설했다.

어느 세월에 진나라 구원병이 오기를 기다릴 수 있겠느냐 하는 뜻이다.
  '百年河淸(백년하청)'이란 말은, 아무리 기다려도 소용이 없다는 뜻으로
쓰인다. 중국의 黃河(황하)는 항상 물이 누렇게 흐려 있기 때문에 백 년에
한번 물이 맑아질 때가 있거나 한다는 말에서 생겨난 말이다. 원래는 백
년하청을 기다린다고 하던 것이 기다린다는 말없이, 백년하청만으로 같은
뜻을 나타내고 있다. 아무리 오래되어도 어떤 일이 이루어지기 어려움을
뜻한다.

白面書生(백면서생)

• 흰 백, 낯 면, 글 서, 날 생. 얼굴이 하얀 선비. 글만 읽고 세상일에는 조금도 경험이 없는 사람. 책상물림. 샌님. 풋내기. 白面書郎(백면서랑).

『宋書(송서)』沈慶之傳(심경지전)에 나오는 이야기이다.

南北朝(남북조)시대, 남조인 宋(송)나라 3대 황제 文帝(문제: 424~453) 때 吳(오: 절강성) 땅에 沈慶之(심경지)라는 사람이 있었다. 그는 어릴 때부터 힘써 무예를 닦아 그 기량이 뛰어났다. 前(전) 왕조인 東晉(동진: 317~420)의 遺臣(유신) 孫恩(손은) 장군이 반란을 일으켰을 때 그는 불과 10세의 어린 나이에 一團(일단)의 私兵(사병)을 이끌고 반란군과 싸워 번번이 승리하여 武名(무명)을 떨쳤다.

그의 나이 40세 때 異民族(이민족)의 반란을 진압한 공로로 장군에 임명되었다. 문제에 이어 즉위한 孝武帝(효무제: 453~464) 때는 도읍인 建康(건강: 南京)을 지키는 방위 책임자로 승진했다. 그 후 또 많은 공을 세워 建武將軍(건무장군)에 임명되어 변경 수비군의 總帥(총수)로 부임했다.

어느 날 효무제는 심경지가 배석한 자리에 문신들을 불러 놓고 숙적인 北魏(북위: 386~534)를 치기 위한 출병을 논의했다. 먼저 심경지는 北伐(북벌) 실패의 전례를 들어 출병을 반대하고 이렇게 말했다.

"폐하, 밭갈이는 농부에게 맡기고 바느질은 아낙에게 맡겨야 하옵니다. 하온데 폐하께서는 어찌 북벌 출병을 '백면서생'과 논의하려 하시나이까?"

그러나 효무제는 심경지의 의견을 듣지 않고 문신들의 의견을 받아들여 출병했다가 크게 패하고 말았다.

百聞不如一見(백문불여일견)

> • 일백 백, 들을 문, 아닐 불, 같을 여, 한 일, 볼 견. 백 번 듣는 것이 한 번 보는 것만 못하다. 무엇이든지 실제로 경험하여야 확실히 안다는 말.

『漢書(한서)』趙充國傳(조충국전)에 나오는 말이다.

한나라 宣帝(선제, 서기 전 74~49) 神爵(신작) 元年(원년, 서기 전 61)에 羌(강)이라는 티베트 계통의 유목민족이 반란을 일으켰다. 선제는 御使大夫(어사대부) 丙吉(병길)을 後將軍(후장군) 趙充國(조충국)에게 보내 적임자를 물었더니 "내가 비록 나이 늙었지만 나보다 나은 사람은 없습니다." 하고 대답했다. 조충국의 나이는 70이 넘었다. 선제는 병길의 보고를 듣자 곧 조충국을 불러 물었다. "반란군 진압에 장군은 어떤 군략을 쓸 것인가? 병력은 어느 정도 필요하고." 그러자 조충국은 대답했다.

"백 번 듣는 것이 한 번 보는 것만 같지 못합니다. 군사일이란 멀리 떨어져 있어서는 계획을 짜기 어려운 것입니다. 신은 급히 금성으로 달려가 현지 도면을 놓고 방안을 짜기를 바라고 있습니다." 선제는 웃으며 이를 승낙했다. 이리하여 조충국은 金城(금성)으로 달려가 현지 踏査(답사)로써 정세를 파악한 다음 屯田策(둔전책)을 세웠다. 즉 步兵(보병) 약 만 명을 각지에 배치시켜 농사일을 해 가면서 軍務(군무)에 종사하게 했다.

이 말은 글자 그대로 백 번 듣는 것이 한 번 보는 것만 못하다는 말이다. 우리 속담에 '귀 장사 말고 눈 장사하라'는 말이 있다. 소문만 듣고 쫓아다니지 말고 눈으로 직접 보고 나서 행동하라는 뜻이다.

白眉 (백미)

> • 흰 백, 눈썹 미. 흰 눈썹. 蜀漢(촉한)의 馬良(마량)이 5형제 중 가장 재주가
> 뛰어났다는 데서 유래한 말로, 여럿 가운데 가장 뛰어난 사람이나 물건을 이름.

『三國志(삼국지)』蜀志(촉지) 馬良傳(마량전)에 있는 이야기다.

제갈량과도 남다른 친교를 맺은 바 있었던 마량은 형제가 다섯 사람이
었다. 다섯 형제는 字(자)에 모두 常(상)이란 글자가 붙어 있었기 때문에
세상 사람들은 그들 형제를 가리켜 '馬氏五常(마씨오상)'이라 불렀다. 다
섯 사람이 다 재주로 이름이 높았으나 그중에서도 마량이 가장 뛰어나 있
었으므로 그 고을 사람들은, "마씨 집 5상은 모두 뛰어나지만 그중에서도
흰 눈썹이 가장 훌륭하다."고 했다. 마량은 어릴 적부터 눈썹 속에 흰 털
이 섞여 있었기 때문에 이렇게 불렸다는 것이다. '泣斬馬謖(읍참마속)' 고
사에 나오는 마속은 마량의 아우였다.

'백미(白眉)'는 흰 눈썹이란 뜻이다. 그런데 그 흰 눈썹이란 여럿 가운
데서 가장 뛰어난 것을 말하게 된다.

그렇다면 壓卷(압권)이라는 말은 무슨 뜻인가? 고대 중국의 관리 등용
시험에서, 가장 뛰어난 답안지를 다른 답안지 위에 얹어 놓았다. 그래서
생긴 말이 압권이다. 지금은 이 말이 가장 잘 지은 책이나 작품, 그 책 중
가장 잘 지은 부분, 가장 뛰어난 것을 나타낸다. 판소리에서 눈 대목에 해
당하는 것을 일러 압권이라 해도 과히 틀리지 않는다.

百發百中 (백발백중)

• 일백 백, 쏠 발, 적중할 중. 백 번 쏘아 백 번 맞춘다. 모든 일이 계획대로 들어맞음.

『史記(사기)』 周紀(주기)에 나오는 이야기이다.

"楚(초)나라에 養由基(양유기)라는 사람이 있었는데 활을 잘 쏘는 사람이었다. 버드나무 잎을 백 보 떨어진 곳에서 쏘면 백 번 쏘아 백 번 맞히었다……."

양유기는 활을 잘 쏘기만 하는 것이 아니라 막기도 잘하고 힘도 또한 세어 화살이 소리보다 먼저 갔다고 한다.

鬪越椒(투월초)라는 초나라 재상이 반란을 일으켰을 때 양유기는 이름 없는 하급 장교였다. 양유기가 나서서 단둘이 담판을 짓자고 제안하여 투월초와 양유기 둘이 승부를 결정짓게 되었을 때 먼저 투월초가 활을 쏘아 보냈다. 처음은 활로써 오는 화살을 막고 두 번째는 몸을 옆으로 기울여 화살을 피했다. 세 번째는 몸을 피하지 않고 이빨로 물어서 화살을 막았다.

그 다음 양유기는 단 한 발을 쏘아 투월초를 죽였고 반란은 끝났다.

그러나 초나라 共王(공왕)은 그가 재주만 믿고 함부로 날뛴다 해서 항상 주의를 주며 활을 함부로 쏘지 못하게 했다. 그 뒤 양유기는 결국 화살에 맞아 죽고 말았다.

요즘은 이 말이 모든 일이 계획대로 들어맞거나 하는 일마다 족족 적합하고 득이 되는 일일 경우에 많이 쓴다.

ㅂ

白髮三千丈(백발삼천장)

> • 흰 백, 터럭 발, 석 삼, 일천 천, 단위 장. 근심으로 허옇게 센 머리카락의 길이가 삼천 장이나 된다. 백발이 길다는 것을 과장한 표현.

李伯(이백)의 시에는 과장된 표현이 많은 것이 한 특성인데 그의 시 [秋浦歌(추포가)]에 나오는 말이다.

> 흰 머리털이 삼천 길
> 수심으로 이토록 길었나.
> 알지 못하겠도다, 거울 속
> 어디서 가을 서리를 얻었던고.

> 白髮三千丈 백발삼천장
> 緣愁似箇長 연수사개장
> 不知明鏡裏 부지명경리
> 何處得秋霜 하처득추상

근심으로 허옇게 센 머리카락의 길이가 삼천 장이나 된다는 말이다. 이것은 愁心(수심)으로 덧없이 늙어 가는 것을 한탄하는 뜻으로도 쓰이지만, 흔히 표현이 지나치게 과장된 예로 들기도 한다. 백발삼천장은 머리털을 표현한 것보다도 한이 없는 근심과 슬픔을 말한 것이리라. 이러한 誇張(과장)에는 그의 浩蕩(호탕)한 성격이 그대로 살아 있다.

伯牙絶絃(백아절현)

• 맏 백, 어금니 아, 끊을 절, 줄 현. 백아가 거문고 줄을 끊음. 즉 절친한 친구
를 잃음. 춘추시대 거문고의 명수 백아가 자신의 음악세계를 제대로 알아주
는 친구 종자기가 죽자 거문고의 줄을 끊고 다시는 연주를 하지 않았다는 고사.

春秋時代(춘추시대), 거문고의 명수로 이름 높은 伯牙(백아)에게는 그
소리를 누구보다 잘 감상해 주는 친구 鐘子期(종자기)가 있었다. 백아가
거문고를 타며 높은 산과 큰 강의 분위기를 그려 내려고 시도하면 옆에서
귀를 기울이고 있던 종자기의 입에서는 탄성이 연발했다.

"아, 멋지다. 하늘 높이 우뚝 솟은 그 느낌은 마치 泰山(태산) 같군."

"응, 훌륭해. 넘칠 듯이 흘러가는 그 느낌은 마치 黃河(황하) 같군."

두 사람은 그토록 마음이 통하는 연주자였고 청취자였으나 불행히도 종
자기는 병으로 죽고 말았다. 그러자 백아는 절망한 나머지 거문고의 줄을
끊고 다시는 연주하지 않았다고 한다.

知己(지기)를 가리켜 知音(지음)이라고 일컫는 것은 이 고사에서 나온
말이다.

곧 서로 마음이 통하는 절친한 벗[知己]의 죽음을 이르는 말이다. 친한
벗을 잃은 슬픔을 나타내기도 한다. '知己之友(지기지우)'도 知音(지음)이
나 伯牙絶絃(백아절현)에서 나온 말이다.

白眼視(백안시)

- 흰 백, 눈 안, 볼 시. 눈을 흘겨 노려보다. 흰 눈동자로 흘겨봄. 즉 남을 업신여기거나 홀대함. 중국 晉(진)나라의 阮籍(완적)이 친한 사람은 靑眼(청안)으로, 거만한 사람은 白眼(백안)으로 대하였다는 고사.

『晉書(진서)』 阮籍傳(완적전)에 나오는 말이다.

魏晉時代(위진시대: 3세기 후반)에 있었던 이야기이다.

老莊(노장)의 철학에 심취하여 대나무 숲에 은거하던 竹林七賢(죽림칠현)의 한 사람에 阮籍(완적)이 있었다. 그는 예의범절에 얽매인 지식인을 보면 속물이라 하여 '백안시'했다고 한다.

어느 날 역시 죽림칠현의 한 사람인 嵆康(혜강)의 형 嵆喜(혜희)가 찾아왔다. 완적이 냉대하여 흘겨보자 혜희는 불쾌하여 물러가고 말았다. 혜강이 이 이야기를 듣고 완적이 좋아하는 술과 거문고를 가지고 찾아가자 완적은 크게 기뻐하여 靑眼(청안)으로 맞이했다.

이처럼 상대가 친지의 형일지라도 완적은 그가 속세의 지식인인 이상 靑眼視(청안시)하지 않고 '백안시'했던 것이다. 그래서 당시 朝野(조야)의 지식인들은 완적을 마치 원수 대하듯 몹시 미워했다고 한다.

참고)
靑眼(청안): 남을 아주 기쁜 마음으로 대하는 눈초리. 호의에 찬 눈.
靑眼視(청안시): 청안으로 남을 봄.

百戰百勝(백전백승)

• 일백 백, 싸움 전, 이길 승. 백 번 싸워 백 번을 모두 이김. 싸울 때마다 반드시 이긴다는 말이다.

春秋時代(춘추시대), 齊(제)나라 사람으로서 吳王(오왕)의 闔閭(합려: B.C. 514~496)를 섬긴 병법가 孫子(손자: 孫武)가 썼다고 하는 『孫子(손자)』 謀攻篇(모공편)에 다음과 같은 글이 실려 있다.

"승리에는 두 종류가 있다. 적을 공격하지 않고서 얻는 승리와 적을 공격한 끝에 얻는 승리인데 전자는 最上策(최상책)이고 후자는 次善策(차선책)이다. '백 번 싸워 백 번 이겼다[百戰百勝]' 해도 그것은 최상의 승리가 아니다. 싸우지 않고 상대방을 굴복시키는 것이야말로 최상의 승리인 것이다.

곧, 최상책은 적이 꾀하는 바를 간파하고 이를 봉쇄하는 것이다. 그 다음 상책은 적의 동맹 관계를 끊고 적을 고립시키는 것이고, 세 번째로는 적과 싸우는 것이며, 최하책은 모든 수단을 다 쓴 끝에 강행하는 攻城(공성)이다."

伯仲之勢(백중지세)

• 맏 백, 버금 중, 갈 지, 형세 세. 서로 우열을 가리기 힘든 형세. 伯仲之間(백중지간).

이 백중이란 말을 누구보다 먼저 쓴 사람으로 魏(위)나라 文帝(문제) 曹丕(조비)를 꼽는다. 그는 典論(전론)이란 논문 첫머리에,

"글 쓰는 사람끼리 서로 상대를 업신여기는 것은 옛날부터 그러했다. 예를 들면, 傅毅(부의)와 班固(반고)는 그 역량에 있어 서로 백중한 사이였다."라고 쓰고 있다.

또한 唐(당)나라 시인 杜甫(두보)도 시에서 諸葛亮(제갈량)을 칭찬하며 殷(은)나라 湯王(탕왕)을 도와 殷(은)을 건국한 伊尹(이윤)과, 周(주)나라 文王(문왕), 武王(무왕)을 도와 周(주) 왕조를 창건한 태공망 呂尙(여상)과 맞먹는다고 했다.

우열을 가릴 수 없는 양쪽을 가리켜 '백중지세'니 '伯仲之間(백중지간)'이니 하고 말한다.

백중숙계라는 말도 있다. 맏이를 백씨라 부르고 둘째를 중씨라 부르고 끝을 계씨라 부르는 것은 지금도 행해지고 있는 호칭이다.

伐柯伐柯其則不遠(벌가벌가기칙불원)

이것은 『中庸(중용)』 13장에 나오는 유명한 말이다. 孔子(공자)가 『詩經(시경)』의 구절을 인용하여 말하길,

"도는 사람에게서 먼 것이 아니다. 사람에게서 먼 도를 한다면 그것은 도가 될 수가 없다. 『詩經(시경)』에 말하기를, '도끼자루를 베는 것이여, 도끼자루를 베는 것이여, 그 법이 멀지 않다.'고 했다. 사람들은 도끼를 들고 도끼자루를 베러 가서도 무슨 어려운 일을 하는 것처럼 이 나무 저 나무 물끄러미 바라보기만 한다. 자기가 잡고 있는 도끼자루에 맞추어 그만한 크기와 그만한 길이의 나무를 베면 그만인 것을."

공자도 이 말을 해석했다. "忠恕(충서)는 道(도)에서 멀지 않다. 그것은 자신이 원치 않는 것을 다른 사람에게 베풀지 않는 것뿐이다……."

사람들은 도가 하늘에서 떨어진 것으로 여길 정도로 늘 어려운 것이라고 한다. 그러나 전혀 멀리 있거나 어려운 것이 아니라는 말이다. 그러기에 위대한 사람은 사람을 지도할 때 무슨 특별한 방법을 쓰는 일이 없이, 자신을 포함한 모든 사람에게 공통되어 있는 것으로 하게 된다. 그리하여 그들이 자신의 본심을 되찾으면 더 이상 간섭할 필요가 없다. 그러나 공자의 해석에 의하면 道(도)가 곧 忠恕(충서)이고 충서는 거짓 없는 본심의 忠(충), 그 본심을 그대로 미루어 나가는 恕(서)가 곧 도나 별로 다를 것이 없는 것이다. 왜냐하면 내 자신이 원하지 않는 것을 남에게 시키지 않는 것이 충서이기 때문이다. 즉 내 마음을 미루어 남의 마음을 알고 그대로 실천하는 것이 곧 도를 향해 가는 길인 것이다.

法之不行自上征之(법지불행자상정지)

• 법 법, 갈 지, 아닐 불, 갈 행, 부터 자, 위 상, 칠 정. 법이 행해지지 않는 것
  은 윗사람이 먼저 범하기 때문이다.

商鞅(상앙)의 유명한 밀이다.

秦孝公(진효공)의 신임을 받는 상앙은 새 법령을 반포하고 시행했으나 번거롭고 벌이 무거워서 대신과 백성들의 불평불만이 많았다. 마침 태자가 법령을 위반하게 되었다. 태자는 상앙을 처음부터 좋지 않게 생각하고 있었으며 또 백성들의 불만이 너무도 큰 것을 보고 고의로 백성들을 대표해서 직접 반대하고 나선 행동이었다.

상앙은 노엽기도 하고 좋은 기회다 싶어서,

"법이 행해지지 않는 것은 윗사람이 먼저 범하기 때문이다."라고 하고 태자를 법으로 다스리려 했으나 그럴 수가 없었다. 그래서 법을 제대로 시행하고자 한다는 명목하에 태자의 太傅(태부: 스승)인 公子虔(공자건)을, 지도를 잘못한 책임을 지워 처형하고 공자건의 스승인 公孫賈(공손가)의 이마에다 먹물을 넣었다.

이 소문이 한번 퍼지자 다음 날부터 진나라 사람으로 감히 새 법에 따르지 않는 사람이 없었다.

이렇게 새 법령을 십 년을 계속 실시하자 진나라 백성으로 좋아하지 않는 사람이 없었다. 그도 그럴 것이, 길에 떨어진 물건을 줍는 사람이 없고, 산에 도적이 없었으며, 집은 넉넉하고 인구도 많아지고, 나라를 위한 싸움에도 용감하고, 사사로이 싸우는 일은 무서워했기 때문이다.

상앙은 또 새 법이 불편하다고 말한 사람과, 좋다고 일부러 찾아와서 말하는 사람들을 기록하게 한 다음 이들을 모두 변방으로 이민을 보내 버렸다. 이리하여 진나라가 통일천하할 수 있는 힘의 바탕이 상앙의 이 법령에 의해 다져지게 되었다.

그러나 효공이 죽고 태자가 임금이 되던 그날, 상앙은 묵은 원한으로

인해 車裂(거열)이라는, 수레로 몸을 찢어 죽이는 무서운 형벌을 받아 죽고 말았다.

법이 제대로 행해지지 못하는 것은, 윗사람이 먼저 그 법을 위반하기 때문이라는 것이다. 이 이야기 속에는 道不拾遺(도불습유)라는 숙어도 나온다. 여기에서는 사람들이 너무나 무서워서 길에 떨어진 물건을 줍지 않는다는 의미로 쓰였다. 이와 달리 태평시대를 나타낼 때도 이 말이 쓰인다. 사람들이 하나같이 선량하고 바르기 때문에 길에 물건이 떨어져 있어도 줍지 않는다는 말이다.

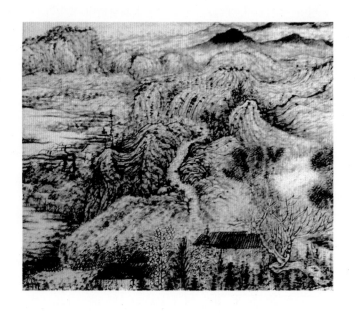

兵死地也(병사지야)

> • 전쟁 병, 죽을 사, 땅 지, 어조사 야. 전쟁은 필사의 지경임. 지극히 위험한 일이라는 말. 전쟁터에 나가서는 목숨을 걸고 싸워야 한다는 말. 군대니 전쟁이니 하는 것은 죽느냐 사느냐 하는 문제가 걸려 있는 곳이라는 뜻.

이 말은 戰國(전국) 말기 趙(조)나라의 명장 趙奢(조사)에게서 나온 말이다. 조사에게는 趙括(조괄)이라는 아들이 있었다. 어릴 때부터 兵書(병서)를 좋아해서 아버지 조사와 兵法(병법)을 놓고 토론을 하면 조사가 항상 이론에 밀리곤 했다. 그러나 한 번도 아들을 칭찬하는 일이 없었다. 그 부인이 까닭을 묻자 조사는 이렇게 대답했다. "전쟁은 죽는 곳이다. 그런데 괄은 그것을 쉽게 말하고 있다. 조나라로 하여금 괄을 대장으로 임명하지 않도록 하면 다행이거니와, 만일 기어코 대장으로 임명한다면 조나라 군사를 패하게 만들 사람은 반드시 괄이 될 것이다."

조사가 죽고, 진나라가 다시 침략해 왔을 때, 조나라 왕은 조괄 어머니의 반대 호소를 듣지 않고, 그를 대장으로 임명했다. 과연 조괄은 조사의 예언대로 크게 패했다. 조나라 군사 40만이 떼죽음을 당하는 진기한 기록을 남기고 조나라는 멸망의 길을 재촉했다.

兵者不祥之器(병자불상지기)

> • 군사 병, 놈 자, 아닐 불, 상서로울 상, 갈 지, 그릇 기. 병장기는 사람을 해
>   치는 데 쓰이므로 상서롭지 못한 기구이다. 兵者凶器也(병자흉기야).

무기란 상서롭지 못한 기구란 뜻이다. 兵(병)은 칼이란 뜻도 되고 모든
무기를 가리켜 말하기도 한다.

『老子(노자)』 31장에 있는 말이다.
"대저 무기라는 것은 상서롭지 못한 기구다. 자연[物: 물]은 그래서 이
를 미워한다. 그러므로 도를 깨달은 사람은 이것을 쓰지 않는다……."

『國語(국어)』 越語篇(월어편)에도 范蠡(범려)의 말이라 하여,

"용기란 것은 거슬린 덕이요, 무기란 것은 흉한 도구요, 싸움이란 것은
일의 마지막이다."라는 말이 실려 있다. 여기에 '兵者凶器也(병자흉기야)'
라고 되어 있다.
국가의 興亡(흥망)이 兵(병)을 일으켜 전쟁을 하는 일에 달려 있는 경우
도 허다하다.

覆水不返盆 (복수불반분)

太公望(태공망) 呂尙(여상)의 첫 아내는 馬氏(마 씨)였다. 마 씨는 태공이 공부만 하고 살림을 전연 돌보지 않는지라 남편을 버리고 친정으로 돌아가 버린다. 그 뒤 태공이 齊(제)나라 임금이 되어 돌아가자 마 씨는 다시 만나 살았으면 하고 태공 앞에 나타난다. 태공은 물동이를 길어오라 해서 그것을 땅에 부은 후 마 씨를 바라보며 그 물을 다시 동이에 담으라고 했다. 마 씨는 열심히 담으려 했으나 진흙만이 손에 잡힐 뿐이었다. 그것을 보고 태공은 말했다.

"그대는 떨어졌다 다시 합칠 수 있다고 생각하겠지만, 이미 엎지른 물이라 다시 담을 수는 없는 것이다."라고 말했다.

원래는 한번 헤어진 부부가 다시 만나 살 수 없다는 것을 말한 것이었지만, 그 뒤로 무엇이고 일단 해 버린 것은 다시 原狀復舊(원상복구)를 한다거나 다시 시작해 볼 수 없다는 뜻으로 쓰이게 되었다.

우리 속담에 '엎질러진 물'이란 말이 있다. 위 이야기와 비슷한 말이다. 태공망 여상은 우리나라 사람들의 입에 오르내린다. 낚시꾼을 강태공이라고 하는데 바로 은나라 탕왕의 책사로서 은을 세운 개국 공신 태공망 여상을 가리킨다. 여상이 출세하기 전 매일 위수에서 고기만 잡고 있었다는 逸話(일화)에서 비롯된 일이다.

封禪(봉선)

옛 순임금에 대하여 상고하면 이름은 重華(중화)라 하였다. 堯(요)임금
을 받들어 모셨으며, 신중하고 어질며 의젓하고 명석하였다. 온화하고 공
손하며 진지하고 착실하여 숨은 덕이 위에까지 들리니, 드디어 제위를 계
승하라는 명을 받게 되었다. 삼가 오륜을 아름답게 하라 하니 오륜이 잘
지켜졌고, 百揆(백규)의 직책을 맡기니 그 직무를 잘 처리하였다. 사대문
에서 제후들을 영접하게 하니 거기에 화기가 넘쳐흘렀고, 커다란 숲속에
들여놓았으나 열풍과 뇌우에도 길을 잃지 않았다. 요임금께서 말씀하셨다.
"그대 순에게 알리노라. 일을 묻고 말을 고찰하여 그대의 언행이 가히 공
적을 이룰 수 있다고 보아온 지 3년이 되었으니, 그대가 제위에 오르도록
하시오." 순은 겸양의 미덕을 발휘하여 제위를 잇지 않았다. (중략)

정월 上日(상일)에 요임금의 퇴위를 文祖(문조)의 廟(묘)에 아뢰었다. 옥
으로 장식된 渾天儀(혼천의)를 살피시어 日月五星(일월오성)의 운행을 바
로 잡으셨다. 이어 상제에게 제사를 지내고, 천지와 춘하추동의 六宗(육
종)에게 제사를 지냈다. 그리고 산천에 제사지내는 등 뭇 신들에게 두루
제사를 지냈다. 다섯 가지 홀을 모으고, 좋은 달과 날을 받아 사악과 뭇
州牧官(주목관)들을 접견한 뒤 홀을 제후들에게 나누어주었다. 이해 2월
에 동쪽으로 巡狩(순수)를 나서 泰山(태산)에 이르러 柴祭(시제)를 지내고,
차례로 산천의 신들에게 제사를 올렸다.

이 글은 『書經(서경)』 虞書(우서) 舜典(순전)의 한 대목이다. 요가 순에
게 제위를 물려주는 장면, 순은 거듭 사양하는 장면, 요임금 대신 攝政(섭
정)을 하면서 봉선을 지내는 장면이 나와 있다.

ㅂ

鳳凰(봉황)

- 봉황새 봉. 봉황새 황. 봉과 황.

봉황은 수컷인 봉과 암컷인 황이 합성된 한자어이다. 우리나라의 고대 사회에는 봉황에 대한 신성 관념이 강하지 않았다. 봉황의 모습에 대해서는 여러 가지 설이 있다. 일반적으로, 닭의 주둥이, 제비의 턱, 뱀의 목, 거북의 등, 용의 무늬, 물고기의 꼬리 모양을 갖춘 것으로 본다. 그리고 오색의 깃털을 지니고, 五音(오음)의 소리를 내며, 오동나무에 깃들이고 대나무의 열매를 먹고 산다는 상서로운 새로서, 동방의 君子之國(군자지국), 곧 우리나라에서 난다고 했다.

봉황과 가까운 것은 신라 시조 혁거세와 알영 왕비의 신화에 나오는 鷄龍(계룡)이다. 삼국유사에 의하면 자주색(또는 보라색) 알에서 태어난 혁거세왕을 맞이한 후 왕후를 구하고자 했을 때, 알영정 가에 계룡이 나타나 왼쪽 옆구리에서 여자아이를 낳았는데, 자태와 얼굴은 유달리 고왔으나, 입술이 닭의 부리와 같았다. 월성 북쪽 냇가에 가서 목욕시키니, 그것이 빠졌다. 태어난 곳에 의해 알영이라 이름하였다. 즉 봉황을 닮은 계룡의 출현과 함께 성인(왕후)이 세상에 나타났다.

위 이야기는 『한국문화 상징사전』에 나오는 김종주의 글이다. 공자는 오랑캐의 나라라고 하더라도 仁(인)이 베풀어지고 군자가 사는 땅이라면 기꺼이 갈 수 있다고 말했다.

富貴如浮雲(부귀여부운)

> • 가멸 부, 귀할 귀, 같을 여, 뜰 부, 구름 운. 不義(불의)로써 얻은 재산이나 지위는 어진 사람이 보기에는 뜬구름처럼 덧없음과 같다.

이 말은 원래 孔子(공자)가 한 말에서 찾아볼 수 있다. 『論語(논어)』 述而篇(술이편)에 보면 孔子(공자)의 말씀으로 이런 것이 나온다.

"나물밥 먹고 맹물 마시며 팔을 굽혀 베고 자도 즐거움이 또한 그 속에 있다. 옳지 못한 부나 귀는 내게 있어서 뜬구름과 같다. 飯疏食飮水 曲肱而枕之 樂亦在其中 不義而富且貴 於我如浮雲(반소사음수 곡굉이침지 낙역재기중 불의이부차귀 어아여부운)"

부니 귀니 하는 것은 떠가는 구름이나 다를 것이 없다는 말이다. 불의한 부나 귀는 공자에게 있어서 아무런 애착이 없는 것이었다. '曲肱而枕之(곡굉이침지)'라는 숙어도 보인다.

富貴者驕人乎貧賤者驕人乎

(부귀자교인호빈천자교인호)

- 가멸 부, 귀할 귀, 놈 자, 교만할 교, 사람 인, 어조사 호, 가난한 빈.
- "부귀한 사람이 남을 업신여깁니까, 가난하고 천한 사람이 남을 업신여깁니까?"

『史記(사기)』魏世家(위세가)에 나오는 이야기이다.

위와 같이 물은 사람은 魏文侯(위문후)의 태자 擊(격)이었다. 위문후는 전국 초기의 가장 위대한 임금으로 알려졌다.

그는 공자의 제자 子夏(자하)에게 몸소 글을 배웠고 도가 계통의 인물인 田子方(전자방)을 스승이나 친구처럼 대우했다. 태자가 中山(중산)을 통치할 때 태자의 수레가 전자방과 마주쳤다. 전자방은 당연히 태자를 致賀(치하)해야 했는데 수레에서 내리지도, 치하하지도 않고 무심하게 지나쳤다. 태자는 괘씸하여 수레를 멈추게 하고 물었다. "부귀한 사람이 남을 업신여깁니까, 가난하고 천한 사람이 남을 업신여깁니까?" 가난하고 천한 사람은 남을 업신여길 수 없다는 말이다.

이 물음을 들은 田子方(전자방)은 그것도 모르느냐는 듯이,

"그야 빈천한 사람이 사람을 업신여기지. 제후가 사람을 업신여기면 그 나라를 잃고, 대신이 사람을 업신여기면 그 집이 망하게 된다. 그러나 빈천한 사람은 하는 일이 뜻에 맞지 않고, 하는 말을 써 주지 않으면 멀리 훌쩍 떠나 버리면 그만이다. 어떻게 같을 수가 있겠는가?"

태자 격은 말을 잃었다. 이 이야기를 듣고 위문후는 전자방을 더욱 존경하게 되었다.

不動心(부동심)

• 아닐 부, 움직일 동, 마음 심. 정의감이 흔들리지 않는 마음.

『孟子(맹자)』 公孫丑上(공손추상)에 나오는 이야기이다.

공손추가 맹자에게 물었다.

"선생님께서는 제나라의 재상이 되어 도를 행하시게 되면 覇(패)나 王(왕)을 이루시어도 이상할 것은 없습니다. 그러나 그렇게 되면 마음을 움직이게 되십니까, 그렇지 않습니까?"

맹자가 대답했다. "그렇지 않다. 나는 마흔에 마음을 움직이지 않게 되었다."

공손추가 다시 물었다.

"그럼 선생님께선 孟賁(맹분)과는 거리가 머시겠습니다."

맹분은 한 손으로 황소 뿔을 잡아 뽑아 죽게 만들었다는, 이름난 장사였다.

"맹분과 같은 그런 부동심은 어려운 것이 아니다. 告子(고자) 같은 사람도 나보다 먼저 부동심이 되었다."

"부동심에도 道(도)가 있습니까?"

"(중략) 옛날 曾子(증자)께서 子襄(자양)을 보고 말씀하셨다. 그대는 용병을 좋아하는가. 내 일찍이 공자에게서 큰 용기에 대해 들었다. '스스로 돌이켜 보아 옳지 못하면 비록 천한 사람일지라도 내가 양보를 한다. 스스로 돌이켜 보아 옳으면 비록 천만 명일지라도 밀고 나간다.'고 하셨다."

마음이 어떤 일이나 외부의 충격으로 인해 동요되는 일이 없는 것을 뜻한다. 공자가 "마흔에 의혹을 하지 않았다."고 해서 不惑(불혹)이라는 말이 생겼는데 의혹이 없으면 자연 동요하는 일이 없기 때문에 부동심과 비슷한 말이 된다. 양심에 따라 행동을 하는 곳에 참다운 용기가 생기고 이러한 용기가 부동심을 만든다.

駙馬都尉(부마도위)

• 곁말 부, 말 마, 도읍 도, 벼슬 위. 임금의 사위. 駙馬(부마).

임금의 사위를 駙馬(부마) 혹은 駙馬都尉(부마도위)라고 한다. 이 부마도위란 이름은 漢武帝(한무제) 때 저음 생긴 벼슬의 이름이었다. 한무제는 匈奴(흉노)의 왕자로 한나라에 항복해 온 金日磾(김일선)에게 이 벼슬을 처음으로 주었다. 부마도위는 일정한 정원이 없이 천자가 자기 마음에 드는 사람에게 이 벼슬을 주곤 했었다. 그것이 魏晉(위진) 이후로 公主(공주)의 남편 되는 사람에 한해서 이 벼슬을 주게 됨으로써 임금의 사위를 부마라고 부르게 되었다. 駙馬(부마)는 원래 천자가 타는 副車(부거)에 딸린 말로 그것을 맡은 벼슬이 부마도위다. 부마도위의 계급과 봉록은 比二千石(비이천석)으로 대신과 같은 급이었다.

김일선은 김일제의 조상이다. 김일제는 갑자기 김해 김씨 시조 수로왕 왕릉 비문에 나온다. 수로왕의 말에 의하면 자신의 조상 어르신이 투후 김일제라고 밝혔다. 김해 김씨가 성으로 쓰인 예가 김수로왕으로부터 비롯되었는데 김수로왕의 말에 의하면 김해 김씨의 본원은 바로 흉노왕자 김일선에서 시작되고 그 성을 하사한 사람은 바로 한무제가 된다. 김해 김씨는 조상이 북방에서 내려온 이주민이라는 사실을 알게 된다.

俯仰無愧(부앙무괴)

> • 굽어볼 부, 우러를 앙, 없을 무, 부끄러워할 괴. 하늘을 우러러보나 세상을 굽어보나 양심에 거리낄 만한 것이 조금도 없음.

『孟子(맹자)』盡心(진심) 上(상)에 나오는 말이다.

"군자는 세 가지 즐거움이 있다. 그러나 천하에 왕 노릇 하는 것은 이 세 가지 속에 들어 있지 않다. 부모가 함께 살아 계시고 형제가 無故(무고)한 것이 첫째 즐거운 일이다. 우러러 하늘에 부끄럽지 않고, 굽어 사람에게 부끄럽지 않은 것이 둘째 즐거움이다. 천하의 영재를 얻어 가르쳐 기르는 것이 셋째 즐거움이다. 이렇게 군자에겐 세 가지 즐거움이 있지만, 이 속에 천하에 왕 노릇 하는 것은 들어 있지 않다."

이것이 이른바 맹자가 말한 君子三樂(군자삼락)이다. 이 속에 나오는 俯仰不愧(부앙불괴)란 말은 글자 그대로 풀면, '굽어보나 우러러보나 부끄럽지 않다.'는 뜻이다. '仰不愧於天 俯不怍於人(앙불괴어천 부부작어인: 우러러 하늘에 부끄럽지 않고, 굽어 사람에게 부끄럽지 않다.)'는 말에서 나온 말이다. 마음가짐에 있어서나 행동에 있어서나 양심에 아무 부끄러울 것이 없는 대장부의 公明正大(공명정대)한 심경을 가리켜서 한 말이다.

焚書坑儒(분서갱유)

> • 불사를 분, 글 서, 묻을 갱, 선비 유. 진시황이 학자들의 정치 비판을 막기 위해 민간의 서적을 불태우고 儒生(유생)들을 구덩이에 묻어 죽인 일.

『史記(사기)』 秦始皇本紀(진시황본기)에 나오는 이야기이다.

秦始皇(진시황)은 咸陽宮(함양궁)에서 술자리를 베풀었다. 이때 郡縣制度(군현제도)를 찬양하는 僕射(복야) 周靑臣(주청신)과 封建制度(봉건제도)의 부활을 주장하는 博士(박사) 淳于越(순우월)이 시황 앞에서 대립된 의견을 놓고 싸웠다.

시황은 신하들에게 토의하게 했는데 승상 李斯(이사)가 순우월의 주장에 몹시 못마땅해하며 다음과 같이 안을 제시했다.

"史官(사관)이 맡고 있는 진나라 기록 이외의 것은 모두 태워 없앤다. 박사가 직무상 취급하고 있는 것 이외에 감히 詩書(시서)나 百家語(백가어)들을 가지고 있는 사람이 있으면, 모두 고을 수령들에게 이를 바치게 해서 태워 없앤다. 감히 시서를 말하는 사람이 있으면 모두 시장 바닥에 끌어내다 죽인다. 옛날 것을 가지고 지금 것을 비난하는 사람은 일족을 다 처형시킨다. 관리로서 이를 알고도 검거하지 않는 사람도 같은 죄로 다스린다. 금령이 내린 삼십 일 이내에 태워 없애지 않는 사람은 이마에 먹물을 넣고 징역형에 처한다. 태워 없애지 않는 것은 醫藥(의약), 卜筮(복서), 농사에 관한 책들이다. 만일 법령을 배우고자 할 때는 관리에게 배워야 한다."

이것이 秦始皇本紀(진시황본기)에 나온 焚書(분서) 사건이다. 진시황이 학자들의 정치 비판을 막기 위해 민간의 서적을 불태우고 儒生(유생)들을 구덩이에 묻어 죽인 일이다.

그러나 이 분서갱유를 대단치 않은 사건으로 보는 학자도 있다. 죽은 사람은 四六○ 명뿐이었고, 책들은 사실상 참고를 위해 몇 벌씩 정부 서고에 보관되어 있었다. 그것을 불살라 버린 것은 초패왕 項羽(항우)였다.

不共戴天之讎(불공대천지수)

• 아닐 불, 함께 공, 일 대, 하늘 천, 갈 지, 원수 수. 함께 하늘을 이지 않는
  원수. 不俱戴天之怨讎(불구대천지원수).

『禮記(예기)』 曲禮篇(곡례편)에 나오는 말이다.

"아비의 원수는 더불어 하늘을 이지 않는다. 형제의 원수는 칼을 돌이
키지 않는다. 사귀어 온 사람의 원수는 나라를 함께하지 않는다."

글자대로 새기면 '함께 하늘을 이지 않는 원수'란 말이다. '하늘을 인
다'는 것은, '서서 걸어 다닌다'는 뜻이다. 죽지 않고서는 한 하늘을 이고
다니지 않을 수 없다. 즉 함께 세상에 살아 있을 수 없는 원수, 상대를 죽
이든가 아니면 내가 죽든가 해야 할 원수, 다시 말해 누가 죽든 결판을
내고 말아야 할 원수가 불공대천지수다. 혹 '불공대천지원수'라고 말하는
사람도 있다. '不俱戴天之怨讎(불구대천지원수), 不共戴天之怨讎(불공대
천지원수), 不共戴天(불공대천), 不俱戴天(불구대천)'이라고도 한다.

不念舊惡(불념구악)

• 아닐 불. 생각할 념. 예 구. 악할 악. 남의 예전 허물을 掛念(괘념)치 않음.

『孟子(맹자)』 公孫丑(공손추) 上(상)에 보면 맹자는 伯夷(백이)에 대해 이렇게 말한다.

"백이는 그 임금이 아니면 섬기지 않고, 그 벗이 아니면 사귀지 않았으며, 악한 사람의 조정에 서지도 않고, 악한 사람과는 함께 말도 하지 않았다. 악한 사람의 조정에 서거나, 악한 사람과 함께 말하는 것은, 마치 예복을 입고 예모를 쓴 채 시궁창이나 숯검정 위에 앉은 것처럼 여겼다. 이러한 악한 것을 미워하는 마음을 확대시켜 시골 사람들과 같이 섰을 때, 그 사람의 갓이 비뚤어졌으면 뒤도 돌아보지 않고 가 버렸다. 마치 더러운 것이라도 묻은 것처럼 생각했다. 그러니 제후들 중에 좋은 말로 그를 모시러 오는 사람이 있어도 이를 거절했다."

백이는 까다롭고 결백했던 사람임을 알 수 있다. 그런데 『論語(논어)』 公冶長(공야장)편에 보면 공자는 이렇게 말하고 있다.

"伯夷(백이)와 叔齊(숙제)는 옛 惡(악)을 생각지 않았다. 그래서 원망이 적었다."

지나간 잘못을 염두에 두지 않는 것이 '不念舊惡(불념구악)'이다. 지나간 일을 탓하지 않는 것을 '旣往不咎(기왕불구)'라고 한다. 이 말과 약간 일맥상통하는 것이 있기는 하나 뜻은 다르다. '기왕불구'가 의식적인 노력에서 나오는 아량이라면, '不念舊惡(불념구악)'은 그야말로 明鏡止水(명경지수)와 같은 聖者(성자)의 超然(초연)한 심정에서일 것이다.

拂鬚塵(불수진)

> • 떨 불, 수염 수, 먼지 진. 수염에 붙은 먼지를 떨어냄.

『宋史(송사)』 寇準傳(구준전)에 나오는 이야기이다.

宋(송)나라 眞宋(진송) 때 宰相(재상)이었던 寇準(구준)은 정의파였다. 어느 날 中書省(중서성)에서 회식이 있었을 때, 구준의 수염에 국 찌꺼기가 붙어 있었다. 구준의 一擧一動(일거일동)에 주의를 보내고 있던 丁謂(정위)는 그것을 보는 즉시 자리에서 일어나, 구준의 옆으로 다가가서 그 묻은 것을 털어 주었다.

구준은 그 같은 태도가 약간 못마땅하였다.

"參政(참정)이라면 一國(일국)의 重臣(중신)인데, 그런 사람이 上官(상관)의 수염을 털어 줄 것까지야 없지 않은가." 하고 웃으며 그의 아부하는 태도를 일깨워 주었다. 이 일로 인해 정위는 구준을 밀어낼 궁리만 하다가 임금이 병이 위독한 틈을 타 구준을 황후에게 모함하여 쫓아내고 자기가 그 재상자리를 차지해 버렸다.

이 말은 남의 환심을 사려는 어울리지 않는 행동을 가리켜서 말할 때 쓰이고 있다. 아부를 한다는 말로 유명한 말은 '嘗糞之徒(상분지도)'이다. '吮疽之仁(연저지인)'이라는 말도 유명하다.

참고)
嘗糞之徒(상분지도): 맛볼 상, 똥 분, 갈 지, 무리 도. 똥을 맛보며 아부하는 무리들. 嘗糞(상분)이란 똥을 맛본다는 말로, 唐(당)나라의 侍御史(시어사) 郭弘覇(곽홍패)가 大夫(대부) 魏元忠(위원충)에게 阿諂(아첨)하여 위원충의 病中(병중)에 그의 병의 輕重(경중)을 알려고 똥을 맛본 옛일에서 나온 말. 義理(의리)·廉恥(염치)가 없이 다만 아첨만 할 줄 아는 무리.

不入虎穴不得虎子(불입호혈부득호자)

> • 아닐 불, 들 입, 호랑이 호, 구멍 혈, 얻을 득, 자식 자. 호랑이 굴에 들어가
>   지 않고는 호랑이 새끼를 잡을 수 없다.

『後漢書(후한서)』班超傳(반초전)에 나오는 말이다.

반초가 36명의 장사를 이끌고 鄯善國(선선국)으로 사신을 갔을 때의 일
이다. 국왕인 廣(광)은 반초를 극진히 대우했다. 그러나 며칠이 안 가서
갑자기 대우가 달라졌다. 알고 보니 匈奴(흉노)의 사신 무리가 찾아와서
선선국은 눈치를 보는 중이었다.

선선은 天山(천산) 남쪽 길가 북쪽길이 갈라지는 분기점에 있는 교통의
요지였으므로 흉노도 많은 관심을 가지고 자기 지배하에 두려 했다. 광왕
은 흉노를 한나라 이상으로 무서워하고 있었다.

정세의 변동을 재빨리 알아차린 반초는 광왕의 시종 한 사람을 불러내어,

"흉노의 사신이 온 지 며칠 되었는데 그들은 지금 어디에 있는가?" 하
고 유도 심문을 했다.

시종이 겁을 먹고 사실을 말하자 반초는 곧 그를 골방에 가둬 두고 부
하들을 모아 잔치를 벌였다. 술이 얼근해 올 무렵, 반초는 그들을 격분시
키는 어조로 말했다.

"지금 흉노의 사신이 여기 와 있다. 이곳 왕이 우리를 잡아 흉노에게
넘겨줄지도 모른다. 그렇게 되면 우리는 만리타국에서 승냥이의 밥이 되
고 말 것이다. ……호랑이 굴에 들어가지 않으면 호랑이 새끼를 얻지 못
한다고 했다. 지금 우리로서는 밤에 불로 놈들을 공격하는 길밖에 없다."
라고 말하곤 흉노의 숙소에 쳐들어가 모조리 다 죽였다. 선선왕은 한나라
에 항복했다.

반초는 『漢書(한서)』를 쓴 班固(반고)의 아우이다.

不戚戚於貧賤不汲汲於富貴

(불척척어빈천불급급어부귀)

> • 아닐 불, 걱정할 척, 어조사 어, 가난할 빈, 천할 천, 조바심할 급, 가멸 부,
> 귀할 귀. 가난하고 천하게 살아도 걱정하지 않고, 부귀를 못 해 조바심하는
> 일도 없는 것.

『烈女傳(열녀전)』, [五柳先生傳(오류선생전)] 등에 나오는 이야기이다.

前漢(전한)의 劉向(유향)이 편찬한 『烈女傳(열녀전)』 가운데 나오는 黔
婁(검루)의 아내가 남편이 죽은 뒤 弔喪(조상) 온 曾子(증자)에게 한 말을
陶淵明(도연명)이 다시 인용한 것이다.

검루는 춘추 말기 魯(노)나라의 어진 사람이었다. 검루의 아내가 증자에
게 이렇게 말했다.

"그분은 천하의 맛없는 것을 달게 여기고 천하의 낮은 자리를 편안한
곳이라 하여, 가난하고 천한 것을 슬퍼하지 아니하고 부와 귀를 기뻐하지
아니하며, 仁(인)을 구하여 인을 얻고, 義(의)를 구하여 의를 얻었습니다."
라고 말했다.

도연명은 자신이 지은 [五柳先生傳(오류선생전)]에서 이렇게 끝을 맺고 있다.

"검루가 말하기를 '빈천에 척척하지 않고 부귀에 급급하지 않는다. 不
戚戚於貧賤 不汲汲於富貴(불척척어빈천 불급급어부귀)'고 했다. 이 말을
캐고 볼 때 오류선생은 이런 종류의 사람이었던가. 술잔을 즐겨하고 시를
지으며 자기의 뜻을 즐겼다. 그는 無懷氏(무회씨)의 백성이었던가. 葛天氏
(갈천씨)의 백성이었던가?"

검루는 無懷氏(무회씨)의 백성이고 葛天氏(갈천씨)의 백성이며, 오류선
생 도연명도 이들을 追從(추종)하던 사람으로 여겨진다. 오류선생은 도연
명 자신이다. 자신의 집 앞에 다섯 그루의 버드나무가 있었기에 지어진
이름이다. 무회씨나 갈천씨는 道家(도가)에 나오는 聖王(성왕)이다.

不惑之年(불혹지년)

• 아닐 불. 미혹될 혹. 갈 지. 해 년. 나이 40을 이르는 말. 공자는 40이 되어서야 세상일에 미혹되지 않았다 하여 쓰이는 말. 불혹은 의혹되지 않는다는 말. 不惑(불혹).

이 말은 『論語(논어)』 爲政篇(위정편)에 있는 孔子(공자)의 말씀에서 나온 말이다.

공자는 일생을 회고하며 자신의 학문 수양의 발전 과정에 대해 『논어』 爲政篇(위정편)에서 이렇게 말했다.

나는 열다섯 살에 학문에 뜻을 두었고
[吾十有五而志于學(오십유오이지우학) - 志學]
서른 살에 (학문상) 자립했다.
[三十而立(삼십이립) - 而立]
마흔 살에는 미혹하지 않게 되었고
[四十而不惑(사십이불혹) - 不惑]
쉰 살에 하늘의 명을 알게 되었다.
[五十而知天命(오십이지천명) - 知天命]
예순 살에는 남의 말을 순순히 이해하게 되었고
[六十而耳順(육십이이순) - 耳順]
일흔 살이 되니 마음 내키는 대로 해도 법도를 넘어서지 않았다.
[七十而從心所欲 不踰矩(칠십이종심소욕 불유구) - 從心]

나이 마흔 살을 일컬어 '불혹'이라 한다. 나이 마흔쯤 되니 세상 경험이 많아져 의혹됨이 별로 없다는 말일 것이다.

참고로 20세는 弱冠(약관)이라 하고, 삼십을 입년 대신 而立(이립)이라는 말을 쓰기도 하며, 오십을 명년 대신 知命(지명)이라는 말로 쓰고 있다. 두보의 시에 의하여 칠십은 古稀(고희)라는 말이 생겨서 지금은 종심보다는 고희라는 말을 많이 쓴다.

여자는 옛날 一五 살만 먹으면 쪽을 올리고 비녀를 꽂았다. 그래서 笄年(계년)이라면 여자의 나이 一五 세를 가리키게 된다.

不患寡而患不均(불환과이환불균)

> • 아닐 불, 근심 환, 적을 과, 어조사 이, 고를 균. 적은 것을 걱정하지 않고 고르지 못한 것을 걱정한다는 말임.

이 말은 『論語(논어)』 季氏篇(계씨편)에 나오는 공자가 한 말이다.

魯(노)나라 實權者(실권자) 季氏(계씨)가 노나라의 屬國(속국)인 顓臾(전유)를 쳐서 자신의 영지로 만들려 했을 때 공자는 제자 冉有(염유)와 子路(자로)가 계씨의 家臣(가신)으로 있어서 내심 걱정을 하고, 출세지향적 인물인 염유가 변명을 해대자 그를 탓하며,

"네가 조종하는 일이 아니냐. 전유는 노나라에 속해 있는 나라인데 이것을 칠 이유가 무엇이란 말이냐?"라고 말했다.

그러자 그들은 그 일이 계씨의 단독 의사로, 자신들은 관여한 바가 없다고 발뺌을 했고 공자는 다시 그들을 나무랐다. 염유가 이렇게 말했다.

"전유는 費(비)에 가까이 있고 또 견고한 성이므로 지금 이것을 점령하지 않으면 뒷날 반드시 자손들에게 걱정을 끼치게 될 것입니다."

공자가 꾸짖었다.

"그러기에 군자는, 솔직히 탐이 난다고 말하지 않고, 뭔가 구실을 붙여 자기의 행동을 정당화시키려는 사람을 미워한다." 그리고 다시 덧붙여,

"내가 들으니, 나라를 갖고 집을 가진 사람은 적은 것을 걱정하지 않고 고르지 못한 것을 걱정하며, 가난한 것을 걱정하지 않고 편안하지 못한 것을 걱정한다고 했다. 대개 고르면 가난한 사람이 없고, 서로 사이가 좋으면 적은 일이 없으며, 평안하면 서로 넘어지는 일이 없기 때문이다."라고 말하며 계씨가 밖으로 욕심을 드러내고 있으므로 반드시 내부로부터 변란이 있을 것이라고 예고했다.

髀肉之歎(비육지탄)

- 넓적다리 비, 살 육, 갈 지, 탄식할 탄. 말 타고 전장에 나가지 않은 지가 오래되어 넓적다리의 살만 찜을 탄식함.

『三國志(삼국지)』 蜀志(촉지)에 나오는 이야기이다.

삼국시대 玄德(현덕) 劉備(유비)가 한 말이다. 유비는 한때 曹操(조조)와 협력하여 呂布(여포)를 下邳(하비)에서 격파하고 임시 수도였던 許昌(허창)으로 올라와 조조의 주선으로 獻帝(헌제)를 拜謁(배알)하고 좌장군에 임명된다. 그러나 조조 밑에 있는 것이 싫어 허창을 탈출하여 같은 皇族(황족)인 형주의 유표에게 의지하였고, 유비의 부하들은 이 땅을 은근히 넘보고 있었다.

유비가 荊州(형주) 땅 유표에게 의지하고 있을 때, 유표가 마련한 술자리에서 술을 마시고 변소에 다녀오다 넓적다리에 살이 붙은 것을 느끼고 크게 울다가 자리에 돌아오는데 유표가 낌새를 알고 왜 우느냐 물으니,

"나는 언제나 몸이 말안장을 떠날 겨를이 없어 넓적다리 살이 붙은 일이 없었는데, 요즘은 말을 타는 일이 없어 넓적다리 안쪽에 살이 다시 생기지 않았겠습니까. 세월은 달려가 머지않아 늙음이 닥쳐올 텐데 공도 일도 이룬 것이 없어 그래서 슬퍼했던 것입니다." 하며 자신의 신세를 한탄했다.

능력을 발휘하여 보람 있는 일을 하지 못하고 헛되이 세월만 보내는 것을 한탄하는 경우를 가리키는 말이다. 髀肉(비육)은 넓적다리 살을 말한다. 바쁘게 돌아다닐 일이 없어 가만히 놀고먹기 때문에 넓적다리에 살만 찐다고 한탄하는 말이 '비육지탄'이다.

참고)
髀肉皆消(비육개소): 넓적다리 비, 고기 육, 다 개, 없어질 소. 넓적다리의 살이 닳아 없어진다. 항상 말을 탐을 이름.

貧者之一燈(빈자지일등)

> • 가난할 빈, 놈 자, 갈 지, 한 일, 등불 등. 가난한 사람의 등불 하나. 貧者一
> 燈(빈자일등).

『賢愚經(현우경)』에 나오는 이야기이다.

釋迦世尊(석가세존)께서 舍衛國(사위국)의 어느 精舍(정사)에 계실 때
일이다. 사위국에 難陀(난타)라는 한 가난한 여인이 있었는데, 몸을 의지
할 곳이 없이 얻어먹으며 다녔다. 그녀는 국왕을 비롯해 많은 사람들이
각각 신분에 맞는 供養(공양)을 석가와 그 제자들에게 하고 있는 것을 보
자 스스로 한탄하여 이렇게 말했다.

"나는 前生(전생)에 범한 죄 때문에 가난하고 천한 몸으로 태어나, 모처
럼 고마우신 스님을 뵙게 되었는데도 아무 공양도 할 수가 없다."

이렇게 슬퍼한 나머지, 온종일 거리를 돌아다니며 求乞(구걸)한 끝에
겨우 돈 한 푼을 얻게 되었다. 그녀는 그 돈 한 푼을 가지고 기름집으로
갔다. 기름을 사서 등불을 만들려는 것이었다. 그러나 기름집 주인은,

"아니 겨우 한 푼어치 기름을 사다가 어디에 쓰려는 것인지 모르지만."
하고 기름을 주려고 하지 않았다.

난타는 마음속에 있는 말을 다 이야기했다. 그러자 기름집 주인은 딱한
생각에 돈 한 푼을 받고 몇 배나 되는 기름을 주었다.

난타는 기뻐 어쩔 줄을 모르며 등을 하나 만들어 석가가 계신 精舍(정
사)로 달려갔다. 이를 석가에게 바치고 불을 밝혀 佛壇(불단) 앞에 있는
무수한 등불 속에 놓아두었다.

그런데 이상하게도 난타가 바친 등불만이 새벽까지 홀로 밝게 타고 있었다.
손을 저어 바람을 보내도, 옷을 흔들어 바람을 보내도 꺼지지 않았다. 뒤에
석가가 난타의 정성을 알고 그녀를 比丘尼(비구니)로 받아들였다는 것이다.

부자의 萬(만) 燈(등)보다 가난한 사람의 정성 어린 한 등이 낫다는 뜻
으로, 물질의 많고 적음보다 정성이 소중하다는 말이다.

氷炭不相容(빙탄불상용)

> • 얼음 빙, 숯 탄, 아닐 불, 서로 상, 용납할 용. 두 사물이 서로 화합할 수 없음을 이르는 말.

『楚辭(초사)』 七諫(칠간)의 自悲(자비)에 나오는 말이다.

『楚辭(초사)』는 屈原(굴원)의 작품과 후대 사람들이 굴원을 위해 지은 작품들을 수록해 놓은 책이다. 빙탄불상용이라는 말이 나오는 구절은 다음과 같다.

>   얼음과 숯이 서로 같이할 수 없음이여
>   내 처음부터 목숨이 길지 못한 것을 알았노라.
>   홀로 고생하다 죽어 낙이 없음이여
>   내 나이를 다하지 못함을 안타까워하노라.

>   氷炭不可以相並兮 빙탄불가이상병혜
>   吾固知乎命之不長 오고지호명지부장
>   哀獨苦死之無樂兮 애독고사지무락혜
>   惜予年之未央   석여년지미앙

굴원은 간신들의 모함을 받아, 나라를 위하고 임금을 위하는 일편단심을 안은 채 멀리 고향을 떠나 귀양살이를 하는 신세가 되었다. 자신을 모함하는 간신들과 나라를 사랑하는 자신은 성질상 얼음과 숯이 함께 있을 수 없는 그런 운명을 지니고 있다. 자신은 목숨이 길지 않음을 알고 있다. 그마저 다 살지 못하고 객지에서 죽어갈 생각을 하면 안타까울 따름이다.

결국 굴원은 멱라수에 몸을 던져 물고기 배 속에 장사 지냈다고 한다. 그래서 '魚腹忠魂(어복충혼)'이라는 말까지 생겨났다.

성질이 정반대여서 도저히 서로 융합될 수 없는 사이를 '氷炭間(빙탄간)'이라고 한다. 빙탄상용이라는 말도 많이 쓰인다.

死孔明走生仲達(사공명주생중달)

• 죽을 사, 구멍 공, 밝을 명, 달아날 주, 살 생, 버금 중, 이를 달. 죽은 諸葛
亮(제갈량)이 살아 있는 司馬懿(사마의)를 도망치게 한 일.

『三國志(삼국지)』에 나오는 이야기이다.

蜀(촉)나라 제갈공명은 魏(위)나라 대장군 사마의(중달)와 대치하던 중
陣中(진중)에서 병으로 사망한다. 촉나라 군사들은 하는 수 없이 철수를
단행했다. 항상 공명에게 속아만 온 중달은, 공명이 죽었다는 소문과 철수
작전이 모두 자기를 유인해 내기 위한 술책이라고 생각하게 되었다. 잘못
하다가는 앞뒤로 협격을 당할 염려마저 없지 않았으므로 중달은 허둥지둥
달아나기가 바빴다. 이 사실을 안 백성들이 "죽은 제갈이 산 중달을 달아
나게 했다."고 말했다. 이 말을 전해 들은 중달은 멋쩍은 웃음을 지으며
"산 사람이 하는 일이야 알 수 있지만 죽은 사람이 하는 일이야 어떻게
알 수가 있어야지." 했다는 것이다.

죽은 諸葛亮(제갈량)이 살아 있는 司馬懿(사마의)를 도망치게 한 사실
을 놓고, 그 당시 사람들이 만들어 냈다고 전해 오는 말이다. 원문에는 死
孔明(사공명)이 아니고 死諸葛(사제갈)로 되어 있다. 그것을 다음에 있는
仲達(중달)과 맞추기 위해서인지 '사공명'이란 말을 쓰기도 한다. 중달은
사마의의 자다.

제갈량은 꾀가 많은 사람이었다. 늘 싸움에 임하느라 분주했는데 군사
들의 식량을 조달하기 위해 채소 중에서 무를 많이 심었다고 한다. 무는
몇 달만 지나면 다 자라는지라 군영을 차릴 때마다 무를 많이 심어서 병
사들의 배고픔을 달랬다고 하여 무를 제갈채라고 부르게 되었다고 할 정
도이다.

四端七情(사단칠정)

『孟子(맹자)』 公孫丑(공손추) 上(상)에 나오는 말이다.

맹자의 이 사단론은 性善說(성선설)에 바탕을 둔 정치이론에서부터 출
발한다.

"사람은 누구나 남에게 차마 못 하는 마음을 가지고 있다. 옛 聖王(성
왕)들은 남에게 차마 못 하는 마음을 가지고 남에게 차마 못 하는 정치를
했다. 남에게 차마 못 하는 마음으로 남에게 차마 못 하는 정치를 행하면
천하를 다스리는 것은 손바닥 위에 올려놓고 놀리는 것과 같다.

이른바 사람이 다 남에게 차마 못 하는 마음을 가졌다는 것은, 지금 사
람들이 어린아이가 우물에 빠지려 하는 것을 보면, 그 순간 누구나가 놀
라며 슬퍼하고 아파하는 마음을 갖게 된다는 것이다. 그것은 어린아이 부
모에게 잘 보이려는 것도 아니요, 이웃 친구들의 칭찬을 듣기 위해서도
아니며, 흉보는 소리가 싫어서 그런 것도 아니다.

이것을 놓고 보면, 측은해하는 마음이 없는 것도 사람이 아니며, 부끄러
워하는 마음이 없는 것도 사람이 아니며, 사양하는 마음이 없는 것도 사
람이 아니다.

측은해 하는 마음은 인의 실마리요, 부끄러워하는 마음은 의의 실마리
요, 사양하는 마음은 예의 실마리요, 옳다 그르다 하는 마음은 지의 실마
리다."

"사람이 이 사단을 가진 것은 그가 四體(사체: 四端)를 가지고 있는 것
과 같다. 이 사단을 가지고 있으면서 스스로 못 한다고 하는 사람은 자기
자신을 해치는 사람이요, 임금을 보고 못 한다고 하는 사람은 임금을 해
치는 사람이다.

무릇 사단이 나에게 있는 것을 모두 키워 나가 이를 충실하게 할 줄을 알면, 그것이 불이 처음 타기 시작하는 것과 같고, 샘물이 처음 솟아나는 것과 같다. 참으로 계속 키워 나가게 되면 천하도 능히 다스릴 수 있고, 참으로 키워 나가지 못한다면 부모도 제대로 섬길 수 없다."

端(단)은 끝이란 뜻인데 그것은 처음 시작되는 끝을 말한다. 우리가 어떤 사건을 해결하는 단서(端緖)를 찾았다고 할 때의 단서와 같은 뜻이다. 우리말의 실마리에 해당한다.

仁義禮智(인의예지) 중에서 仁(인)의 실마리는 惻隱之心(측은지심), 義(의)의 실마리는 羞惡之心(수오지심), 禮(예)의 실마리는 辭讓之心(사양지심), 智(지)의 실마리는 是非之心(시비지심) 등이며 보통 인의예지 이 네 가지를 말하게 된다.

人

死馬骨五百金(사마골오백금)

- 죽을 사, 말 마, 뼈 골, 다섯 오, 일백 백, 쇠 금. 죽은 말의 뼈가 오백금. 買死馬骨(매사마골).

『戰國策(전국책)』에 나오는 이야기이다.

燕(연)나라 昭王(소왕)은 임금이 되자 부왕을 죽이고 나라를 짓밟았던 齊(제)나라에게 앙갚음하기 위해 腐心(부심)하던 중 먼저 인재를 얻지 않으면 안 된다고 생각했다. 그래서 그의 옛날 스승이었던 郭隗(곽외)를 찾아가서 인재를 얻는 방법을 물었다. 곽외는 소왕에게 천리마를 구하기 위해 죽은 말의 뼈를 오백 금을 주고 사 왔던 涓人(연인)에 대해 이야기를 하였다.

연인은 어떤 임금이 천리마를 구해 오라고 해서 죽은 말의 뼈를 사서 돌아왔다. 임금이 크게 노하여 그를 꾸짖자 인이 대답하기를 "죽은 천리마도 오백 금을 주고 샀으니 산 천리마야 말할 것이 있겠습니까. 천리마를 가진 사람이 소문을 듣고 不遠千里(불원천리)하고 찾아오게 될 것입니다. 애쓰고 돌아다녀도 구하기 힘든 천리마를 이제 앉아서 얻게 될 것입니다."라고 말했는데 과연 그렇게 되었다고 말하며 임금께서 곽외 자신을 우선 五百金(오백 금)을 주고 사라고 했다. 왕이 늙은 곽외를 그리하였더니 樂毅(악의), 鄒衍(추연), 劇辛(극신) 같은 名將(명장)과 名士(명사)들이 앞을 다투어 연나라로 모여들었다. 소왕은 百官(백관)들과 고락을 함께하기를 스물여덟 해, 마침내 악의를 上將軍(상장군)으로 하여 제나라를 일거에 휩쓸고 들어가 꿈에도 잊지 못하던 원수를 갚을 수 있었다.

본디 '買死馬骨五百金而還(매사마골오백금이환)'이다. '先始於隗(선시어외)'라는 말도 생겼다.

四面楚歌(사면초가)

• 넉 사. 방면 면. 초나라 초. 노래 가. 사면에서 들려오는 초나라 노래. ① 사방이 모두 적으로 둘러싸인 형국이나 누구의 도움도 받을 수 없는 고립된 상태. 孤立無援(고립무원)의 상태. ② 사방으로부터 비난을 받음.

漢王(한왕) 劉邦(유방)이 약속을 어기고 項羽(항우)를 垓下(해하)에서 포위했다. 해하에 진을 친 항우는 군사도 적고 식량도 다 떨어졌다. 겹겹이 포위한 한나라 군사는 張良(장량)의 꾀로 초나라 출신 장병들을 항우 진영 가까이 배치하고 밤에 초나라 노래를 부르게 했다.

『史記(사기)』 項羽本紀(항우본기)에 보면,

"밤에 한나라 군사가 사면에서 모두 초나라 노래를 부르는 것을 듣자, 항왕은 이에 크게 놀라 말하기를 '한나라가 이미 다 초나라를 얻었단 말인가. 어째서 초나라 사람이 이다지도 많지?'"

항우는 더 이상 싸울 기력을 잃고 만다.

'四面楚歌(사면초가)'는 사방이 완전히 적으로 둘러싸여 있다는 뜻인데, 그 속에는 내 편이었던 사람까지 적에 가담하고 있는 비참한 처지라는 뜻이 포함되어 있다. 사방이 모두 적으로 둘러싸인 형국이나 누구의 도움도 받을 수 없는 고립된 상태이다. 孤立無援(고립무원)의 상태를 나타내거나 사방으로부터 비난을 받는 경우에도 쓰는 말이다.

ㅅ

駟不及舌(사불급설)

> • 말 네 필 사, 아닐 불, 미칠 급, 혀 설. 네 마리 말도 혀에는 미치지 못한다.
> 네 마리 말이 끄는 마차도 혓바닥같이 빠르지는 못하다는 말.

『論語(논어)』顔淵篇(안연편)에 나오는 子貢(자공)의 말이다.

棘子成(극자성)이 자공을 보고 말했다. "군자는 質(질)만 있으면 그만이다. 文(문)이 무엇 때문에 필요하겠는가?" 그러자 자공은, "안타깝도다, 駟(사)도 혀를 미치지 못한다. 문이 질과 같고, 질이 문과 같다면 호랑이나 표범의 가죽이 개나 양의 가죽과 같단 말인가?"라고 그의 경솔한 말을 반박했다.

네 마리 말이 끄는 마차도 혓바닥같이 빠르지는 못하다는 말이다. 위에 나온 質(질)은 소박한 인간의 본성을 말하고, 文(문)은 인간만이 가지고 있는 예의범절 등 외면치레를 나타낸다.

말을 조심해야 한다는 경계의 말은 예부터 많이 전해지고 있다. 『詩經(시경)』大雅(대아) 抑篇(억편)에 나오는,
"흰 구슬이 이지러진 것은 오히려 갈 수 있지만 이 말이 이지러진 것은 어찌 할 수 없다."도 그 예이다.
唐(당)나라 명재상 馮道(풍도)는 그의 [舌詩(설시)]에서 "입은 화의 문이요, 혀는 몸을 베는 칼이다."라고 했다.

似而非(사이비)

> • 같을 사, 어조사 이, 아닐 비. 겉은 진짜처럼 보이지만 사실은 가짜.

이 사이비라는 말은 孟子(맹자)가 한 말로 『孟子(맹자)』 盡心下(진심하)에 보면, 맹자는 제자 萬章(만장)과 이러한 문답을 한다.

"온 고을이 다 그를 원인이라고 하면 어디를 가나 원인일 터인데, 孔子(공자)께서 덕의 도적이라고 하신 것은 무슨 까닭입니까?"

"비난을 하려 해도 비난할 것이 없고 공격을 하려 해도 공격할 것이 없다. 시대의 흐름에 함께 휩쓸리며 더러운 세상과 호흡을 같이하여, 그의 태도는 충실하고 신의가 있는 것 같으며, 그의 행동은 청렴하고 결백한 것 같다. 모든 사람들도 다 그를 좋아하고 그 자신도 스스로 옳다고 생각하고 있다. 그러나 그와는 함께 참다운 성현의 길로 들어갈 수가 없다. 그래서 덕의 도적이라고 말하는 것이다. 공자는 말씀하시기를 '惡似而非者(악사이비자: 나는 같고도 아닌 것을 미워한다)'고 하셨다. 가라지를 미워하는 것은 그것이 곡식을 어지럽게 할까 두려워함이요…… 鄕原(향원)을 미워하는 것은 그것이 덕을 어지럽게 할까 두려워함이다……."

겉으로 보면 같은데 실상은 그것이 아닌 것이 僞善者(위선자)이다. 일찍이 공자는 향원을 덕을 해치는 도적이라고 욕한 적이 있다. 향원은 덕이 있는 체하나 덕이 없는 사람이다. 사이비 군자이다. 원인이 이 향원을 뜻하는 것으로 판단된다.

射人先射馬(사인선사마)

• 쏠 사, 사람 인, 먼저 선, 말 마. 사람을 쏘려거든 먼저 그가 타고 가는 쏘기 쉬운 말부터 쏘아 거꾸러뜨려 놓고 그 다음에 사람을 쏘란 이야기다.

杜甫(두보)의 [前出塞(전출새)]라는 시에 나온다. 아홉 首(수)로 된 이 시의 여섯째 수에 나온다.

> 활을 당기려거든 마땅히 센 것을 당기라.
> 화살을 쏘려거든 마땅히 긴 것을 써라.
> 사람을 쏘려거든 먼저 말을 쏘고
> 적을 사로잡으려거든 먼저 왕을 사로잡으라.
> 사람을 죽이는 것도 또한 한이 있고
> 나라를 세우면 스스로 국경이 있다.
> 진실로 능히 侵陵(침릉)을 제지한다면
> 어찌 살상을 많이 할 필요가 있으리오.

적의 침략을 막고 제지할 수만 있다면 그것으로 목적을 달성한 것이고, 구태여 많은 생명을 희생시킬 필요가 없다는 뜻이 담겨 있다. 이 시는 邊塞詩(변새시)에 해당한다고 볼 수 있다.

師子身中蟲(사자신중충)

- 사자 사, 아들 자, 몸 신, 가운데 중, 벌레 충. 사자의 몸속에서 사자를 좀먹는 벌레. 佛教(불교)의 正法(정법)은 法(법) 속의 惡比丘(악비구) 때문에 무너진다는 말.

『梵綱經(범강경)』에 이르길,

"사자 몸속의 벌레가 스스로 사자의 살을 먹지, 다른 밖의 벌레가 아닌 것과 같다. 이와 같이 불제자가 스스로 불법을 파괴한다. 外道(외도)와 하늘의 魔鬼(마귀)가 능히 파괴하는 것이 아니다."

본디 불교용어이다. 獅子(사자)의 목숨이 끊어지면, 감히 딴 짐승들은 먹으려 하지 않지만, 사자의 몸속에서 생긴 벌레는 그 사체를 먹는다.

불가에서는 이 말을 불교의 正法(정법)은 法(법) 속의 惡比丘(악비구) 때문에 무너진다는 말로 쓴다. 즉 內部(내부)에서 생기는 禍亂(화란)을 비유적으로 말한 것이다.

人

獅子吼(사자후)

• 사자 사. 아들 자. 으르렁거릴 후. 사자의 으르렁거림. 즉 울부짖으며 熱辯
(열변)을 토하는 연설을 일컬음. 불교에서는 부처님의 威嚴(위엄) 있는 설법
에 모든 악마들이 屈服(굴복)하여 歸依(귀의)함을 비유한 말.

『傳燈錄(전등록)』에서 석가모니는 처음 나자마자, 한 손으로는 하늘을
가리키고, 한 손으로는 땅을 가리키며 일곱 걸음을 옮겨 돈 다음 사방을
둘러보고 '하늘 위 하늘 아래에 오직 나만이 홀로 높다.'고 했다는 이야기
가 나온다. 여기 나오는 '天上天下唯我獨尊(천상천하유아독존)'을 사자후
로 풀이하여 '석가모니 부처님께서 도솔천에 태어나 손을 나눠 하늘과 땅
을 가리키며 獅子吼(사자후) 소리를 질렀다.'라고 했다.

또 다른 뜻이 있다. 蘇東坡(소동파)가 친구 吳德仁(오덕인)에게 보낸 시
가운데서, 같은 친구인 陣系常(진계상)의 아내가 남편에게 퍼붓는 욕설을
'사자후'라고 표현하고 있다.

> 용구거사는 역시 가련하다.
> 空(공)과 有(유)를 말하며 밤에도 자지 않는데
> 문득 하동의 사자후를 듣자
> 拄杖(주장)이 손에서 떨어지며 마음이 아찔해진다.

이때는 아내의 불호령, 아내가 남편에게 퍼붓는 욕설을 의미한다. 진계
상(용구거사)은 아내가 으르렁거리자 지팡이도 떨어뜨리며 마음이 아찔해
진다고 했으니 벌벌 떤다는 말이다.

석가의 설법이 사자후와 같다고 한 말이 다시 일반에게 전용되어 熱辯
(열변)을 吐(토)하며 정당한 의론으로 남을 說服(설복)한다는, 다시 말해
雄辯(웅변)이란 뜻으로 쓰이게 되었다. 그리고 보통 아내가 남편에게 악다
구니를 써 가며 크게 소리 지르는 것을 일컫는다. 진계상 같은 사람을 우
리나라에서는 恐妻家(공처가)라고 부른다.

蛇足(사족)

> • 뱀 사, 다리 족. 뱀의 발. 뱀은 발이 없는데 발을 그린다. 필요 없는 것을 덧
> 붙여 일을 그르침.

『戰國策(전국책)』楚策(초책)에 나오는 말이다.

楚(초)나라 令尹(영윤) 昭陽(소양)이 초나라를 위해 위나라를 치고, 다시
齊(제)나라를 치려 했다. 陳軫(진진)이라는 辯士(변사)가 제나라 왕을 위해
소양을 찾아가서 설득하였다.

"초나라에선 전쟁에 크게 승리하면 어떤 벼슬을 주게 됩니까?"

"벼슬은 上柱國(상주국), 작은 上執珪(상집규)가 되겠지요."

"그보다 더 높은 지위는 무엇입니까?"

"영윤이 있을 뿐입니다."

"그럼 영윤이 된 사람에게는 관작을 높일 수가 없지 않습니까? 제가 장
군을 위해 비유를 하나 들겠습니다."

"여러 사람이 술 한 대접을 놓고 혼자 다 마실 내기를 했다. 내기는 땅
바닥에 뱀을 먼저 그리는 것이었다.

한 사람이 뱀을 제일 먼저 그렸다. 그는 '술은 내 것이다.' 하고 왼쪽
손으로 술잔을 들고 오른손으로는 계속 뱀의 발을 그리면서 '나는 발까지
그릴 수 있다.'고 뽐냈다. 그러나 그가 미처 발을 다 그리지 않아서, 다른
사람이 뱀 그리기를 마치고 술잔을 뺏어 들더니,

'뱀은 원래 발이 없다. 그런데 자네는 발까지 그렸으니 발을 그린 뱀은
뱀이 아니다.' 하고 술을 쭈욱 들이켜고 말았다."

이 이야기를 마친 진진은,

"만일 제나라와의 싸움에서 만에 하나 실수라도 한다면 뱀의 발을 그리
려다 전부를 잃게 되는 꼴이 되지 않는다고 누가 장담하겠습니까."라고
말했다. 소양은 과연 그렇겠다 싶어 군대를 거두어 철수하고 말았다.

이 이야기에서 아무 도움도 되지 않는 공연한 것을 가리켜 '사족'이라
고 하게 되었다. 필요 없는 것을 덧붙여 일을 그르치는 경우를 일컫는다.

人

四知(사지)

> • 넉 사, 알 지. 넷이 알다. 하늘이 알고, 땅이 알고, 그대가 알고, 내가 안다는 말.

後漢(후한)의 楊震(양진)은 그의 해박한 지식과 淸廉潔白(청렴결백)으로 關西公子(관서공자)라는 칭초를 들었디고 한다. 그가 來來(농래)태수로 부임할 때 昌邑(창읍)에서 묵게 되었는데 창읍 현령인 王密(왕밀)이 밤에 찾아와서 10금을 내밀며 뇌물로 바쳤다. 양진은 좋은 말로 타이르며 거절했다.

"나는 당신을 정직한 사람으로 믿어 왔는데, 당신은 나를 이렇게 대한단 말인가."

왕밀은,

"지금은 밤중이라 아무도 아는 사람이 없습니다." 하고, 마치 양진이 소문날까 두려워하는 식으로 말했다. 양진이 나무랐다.

"아무도 모르다니, 하늘이 알고 땅이 알고 그대가 알고 내가 아는데 어째서 아는 사람이 없다고 한단 말인가."

여기에서 사지라는 말이 생겼다고 한다.

殺身成仁(살신성인)

- 죽일 살. 몸 신. 이룰 성. 어질 인. 자신의 몸을 죽여 仁(인)을 이룸. 곧 옳은 일을 위하여 자기 몸을 희생함.

이 말은 『論語(논어)』 衛靈公篇(위령공편)에 나오는 공자의 말이다.

공자는 말하기를, "志士(지사)와 仁人(인인)은 삶을 찾아 인을 해치는 일이 없고, 몸을 죽여 인을 이룩하는 일은 있다."라고 했다.
살신성인은 간단히 말해서 올바른 일을 위해서는 몸도 犧牲(희생)한다는 뜻이다. 志士(지사)란 의를 지키는 義士(의사)의 뜻을 나타낸다.

三顧草廬(삼고초려)

• 석 삼, 돌아볼 고, 풀 초, 오두막 려. 오두막을 세 번 찾아간다. 중국 촉한의 임금 유비가 제갈량의 초옥을 세 번 찾아가 懇請(간청)하여 드디어 諸葛亮(제갈량)을 軍師(군사: 군대의 우두머리)로 맞아들인 일.

제갈량의 [出師表(출사표)]에 나오는 말이다.

三國時節(삼국시절)의 劉玄德(유현덕)이 臥龍江(와룡강)에 숨어 사는 제갈공명을 불러내기 위해 세 번이나 그를 찾아가 있는 정성을 다해 보임으로써 마침내 공명의 마음을 감동시켜 그를 세상 밖으로 끌어낼 수 있었던 이야기에서 비롯된 말이다.

"신은 본래 布衣(포의)로서 몸소 南陽(남양)에서 밭갈이하며 구차히 어지러운 세상에 목숨을 보존하려 했을 뿐, 제후들 사이에 이름이 알리기를 바라지는 않았습니다. 先帝(선제: 유현덕)께서 신의 천한 몸을 천하다 생각지 않으시고, 황공하게도 스스로 몸을 굽히시어 세 번이나 신의 草幕(초막) 속으로 찾아오셔서 신에게 당면한 세상일을 물으시는지라, 이로 인해 감격하여 선제를 위해 좇아 다닐 것을 결심하게 되었던 것입니다."

이 일 이전에도 殷(은)나라 湯王(탕왕)이 三顧之禮(삼고지례)로 伊尹(이윤)을 맞이한 일이 古典(고전)에 나온다. 그러므로 삼고초려는 유비가 처음 행한 일이 아닌 듯하다. 지금은 이 말이 신분이나 지위가 높은 사람이 자기 신분과 지위를 잊고 세상 사람들이 대단치 않게 보는 사람을 끌어내다가 자기 사람으로 만들려고 하는 겸손한 태도와 간곡한 성의를 뜻하는 말로 쓰이게 되었다.

三年不動不飛不鳴(삼년부동불비불명)

> • 석 삼, 해 년, 아닐 불, 움직일 동, 날 비, 울 명. 삼 년 동안 꼼짝도 않으며
> 날지도 울지도 않는다.

『呂氏春秋(여씨춘추)』重言篇(중언편)에 나오는 이야기이다.

五覇(오패)의 한 사람인 楚莊王(초장왕)은 왕이 된 지 삼 년이 되도록
술, 여자, 춤, 노래만 즐기고 있었는데 이를 말리는 신하가 자주 번거롭게
하자 '감히 간하는 사람이 있으면 죽음을 당하리라'는 현판까지 걸어 두
었다.

成公賈(성공가)가 이를 보다 못해 꾀를 내었다.

성공가가 들어오는 태도를 바라보고 있던 장왕은,

"간하는 사람은 죽는다는 현판을 보지 못했는가. 아니면 술이 마시고
싶어 들어왔는가. 음악이 듣고 싶어 들어왔는가?" 하고 선수를 쳤다.

"신은 간하러 온 것이 아니라 수수께끼를 말씀드리러 왔습니다."

"그래, 어디 말해 보게."

"남쪽 언덕에 새가 한 마리 날아와 앉았는데 삼 년이 되도록 꼼짝도 하
지 않으며 나는 일도 없으며 우는 일도 없으니 이 새가 대관절 무슨 새이
겠습니까?"

초장왕은 이 말을 알아들었다. 그리고 그는 그동안 누가 姦臣(간신)이
고 누가 忠臣(충신)인지 알게 되었고 정치를 어떻게 해야 할지 알게 되었
다고 말한 후 肅淸(숙청)을 단행하고 하늘을 나는 기세로 천하를 橫行(횡
행)하여 세상을 놀라게 하는 霸業(패업)을 이룩했다.

이 말은 활동해야 할 사람이 활동을 하지 않는 것을 가리켜 말하게 된
다. '三年不蜚又不鳴(삼년불비우불명)'이라고도 한다.

三十六計走爲上策(삼십육계주위상책)

> • 석 삼, 열 십, 여섯 육, 꾀 계, 달아날 주, 될 위, 위 상, 꾀 책. 삼십육 종이
> 나 되는 많은 꾀 가운데서 도망치는 것이 제일 좋은 꾀가 된다는 말.

南北朝時代(남북조시내)에 宋(송)나라 명장 檀道濟(단도제)가 北魏(북위)와 싸울 때, 자신 없는 접전을 회피하여 툭하면 달아나곤 하였기 때문에 당시 사람들이 "단공은 서른여섯 가지 꾀 중에서는 달아나는 것이 최상의 것이 된다."고 한 데서 나온 말이라고 한다.

혹자는 『손자병법』의 36계에 나와 있는 전술이라고 한다.

우리나라에서는 '삼십육계 줄행랑을 친다.'고 표현한다. 삼십육이란 많다는 것의 표현에 불과하다. 이 '삼십육계 주위상책'에서 생겨난 말인 듯하다. 이 말이 현재는 자신 없는 일에는 우물쭈물 주저할 것 없이 얼른 걷어치우거나 피해 버리는 것이 제일이란 뜻이다.

三人成虎(삼인성호)

> • 석 삼. 사람 인. 이룰 성. 범 호. 세 사람이 입을 모으면 호랑이를 만들 수 있음. 거짓말이라도 여럿이 말하면 참말이 되어 버린다는 뜻.

『戰國策(전국책)』魏志(위지)에 나오는 龐蔥(방총)의 말이다.

방총은 태자 때문에 人質(인질)로 趙(조)나라 서울인 邯鄲(한단)으로 가게 되었는데 惠王(혜왕)에게, 호랑이가 장마당에 나타났다고 한번 말하면 믿지 못하겠지만 여러 사람이 차례로 와서 호랑이가 나타났다고 하면 왕께서는 믿게 될 것이라고 전제한 후,

"대체로 장마당에 호랑이가 나타나지 않는다는 것은 누구나 알고 있는 사실입니다. 그런데도 세 사람이 똑같이 호랑이가 나타났다고 하면 나타난 것이 되고 맙니다. 지금 한단은 大梁(대량: 위나라 서울)에서 떨어져 있는 것이 장마당보다 멀고, 신을 모함하는 사람은 세 사람 정도가 아닙니다. 바라옵건대 왕께서는 굽어 살피십시오."

과연 방총이 떠나자 모함하는 사람이 나타나서 방총은 인질에서 풀려난 후에도 임금을 뵐 수가 없었다.

이와 같은 이야기가 曾子(증자)의 경우에도 나온다. 同名異人(동명이인)인 증자가 살인을 하자 사람들이 거듭 증자의 어머니에게 증자가 살인을 했다고 하자 두 번째까지 믿지 않던 어머니가 세 번째 말하는 사람이 있자 베틀에서 일어나 피해 숨었다는 이야기이다.

거짓말이라도 여럿이 말하면 참말이 되어 버린다는 뜻이다. 우리 속담에 '열 번 찍어 안 넘어 가는 나무 없다.'는 말이 있다. 이것을 문자로 '十伐之木(십벌지목)'이라 한다. 약간 경우는 다르지만 사실이 없는 거짓말을 여러 사람이 또 하고 또 함으로써 상대방을 믿게 하는 것이다.

ㅅ

三人行必有我師(삼인행필유아사)

> • 석 삼, 사람 인, 다닐 행, 반드시 필, 있을 유, 나 아, 스승 사. 세 사람이 길을 가면 반드시 나의 스승이 될 만한 사람이 있다.

『論語(논어)』 述而篇(술이편)에 보면 孔子(공자)의 말씀으로 이렇게 실려 있다.

"세 사람이 가면 반드시 내 스승이 있다. 그중 착한 사람은 이를 좇고, 그중 착하지 못한 사람은 이를 고친다. 三人行 必有我師 擇其善者而從之 其不善者而改之(삼인행 필유아사 택기선자이종지 기불선자이개지)"

『論語(논어)』 里仁篇(이인편)에,
"착한 것을 보면 같기를 생각하고 착하지 못한 것을 보면, 안으로 스스로 살핀다. 見賢思齋焉 見不賢而內自省也(견현사제언 견불현이내자성야)"고 한 말이 바로 이 말의 바탕이 되는 말이다.

남의 착한 행실은 따를 만하고, 남의 악한 행실은 반면교사로 삼을 일이다. 他山之石(타산지석)이라는 말도 이와 비슷한 말이다.

우리 속담에 '남의 흉보고 내 흉 고친다.'라는 말이 있다.

三從之道(삼종지도)

> • 석 삼, 좇을 종, 갈 지, 길 도. 여자가 지켜야 할 세 가지 도리.

　『禮記(예기)』에,
　"여자는 세 가지 좇는 길이 있으니, 집에서는 아비를 좇고, 남에게 시집
가서는 남편을 좇고, 남편이 죽으면 아들을 좇는다. 女子有三從之道 在家
從父 適人從夫 夫死從子(여자유삼종지도 재가종부 적인종부 부사종자)"
라고 되어 있다.

　'삼종지도'는 여자가 평생을 통해 좇아야 되는 세 가지 길이란 뜻이다.
같은 뜻의 말로 '三從之道(삼종의탁), 三從之德(삼종지덕), 三從之禮(삼종
지례), 三從之法(삼종지법), 三從之義(삼종지의), 三從之托(삼종지탁)' 등
이 있다.

人

三寸之舌 彊於百萬之師

(삼촌지설 강어백만지사)

> • 석 삼, 마디 촌, 갈 지, 혀 설, 강할 강, 어조사 어, 일백 백, 일만 만, 갈 지,
> 군사 사. 세 치의 혀가 백만 명의 군대보다 더 강하다는 말.

『史記(사기)』에 나오는 말이다.

戰國(전국) 말기, 趙(조)나라가 진나라의 침략으로 거의 멸망해 갈 무렵 조나라 공자 平原君(평원군)이 楚(초)나라에서 구원을 청할 인재를 찾을 때 언변과 지식과 담력이 있는 사람 20명을 구하고자, 19명까지 구하곤 나머지 한 명을 뽑지 못하는데, 이때 식객 중에서 毛遂(모수)라는 사람이 자진해 나와 평원군에게 청했다. 그러자 평원군이 말했다.

"대체로 훌륭한 선비가 세상을 살아가는 것은 송곳이 주머니 속에 들어 있는 것과 같아서 반드시 그 끝이 밖으로 나타나기 마련입니다. 그런데 선생은 삼 년이나 내 집에 있는 동안 이렇다 할 소문 하나 들려준 일이 없으니 특별히 남다른 재주를 갖고 있지 않다는 증거가 아니겠습니까. 선생은 좀 무리일 것 같습니다."

모수는 "그러니까 저를 오늘 주머니에 넣어 주십사 하는 겁니다. 저를 일찍 주머니 속에 넣어 주셨으면 끝은 고사하고 자루까지 밖으로 내밀어 보였을 것입니다."라고 하여 사신으로 가게 되었다. (중략)

모수의 활약으로 용케 성공을 거두고 조나라로 돌아온 평원군은,

"나는 앞으로 사람을 평하지 않으리라. 지금까지 수백 명의 선비를 보아 온 나는 아직껏 사람을 잘못 보았다는 생각을 해 본 적이 없었다. 그런데 이번은 모 선생을 몰라보았다. ……모 선생은 세 치 혀로써 백만의 군사보다 더 강한 일을 했다."라고 했다.

백만 군대의 위력으로도 되지 않을 일을 말로써 상대를 설복시켜 뜻을 이루게 되었다는 뜻이다. 이 일에서 '毛遂自薦(모수자천)'이라는 고사성어가 생겼고, 숙어로 '囊中之錐(낭중지추)', '人因成事(인인성사)'라는 말도 나온다.

喪家之狗 (상가지구)

• 죽을 상, 집 가, 갈 지, 개 구. 초상난 집 개. 주인 없는 개. 초라한 모습으로 얻어먹을 것만 찾아다니는 이를 빈정거려 이르는 말.

『孔子家語(공자가어)』 입관편에 나오는 말이다.

孔子(공자)가 鄭(정)나라로 갔을 때 제자들과 길이 어긋나고 말았다. 공자는 제자들이 오기를 기다리며 동쪽 성문 밖에 혼자 서 있었다. 공자를 찾던 子貢(자공)에게 한 노인이 이렇게 말했다.

"글쎄, 당신 스승이 누구인지는 알 수 없으나 이런 사람이 동문 밖에 서 있는 것을 보았소. 이마는 堯(요)임금 같고, 목은 皐陶(고요) 같고, 어깨는 子産(자산) 같고, 허리의 아래는 禹(우)임금보다 세 치가 모자라는데 흡사 초상집 개 같습니다."

이 말은 隱士(은사)가 공자의 처지를 놀려 말한 것이다. 공자는 요임금, 우임금처럼 위대한 성인의 덕을, 고요나 자산처럼 위대한 정치인의 자질을 가지고는 있지만 때를 얻지 못해 여기저기 벼슬길을 구하고 다니는 비참한 처지라는 것이다.

나중에 공자가 이 말을 듣고 "형상은 그렇지 못하지만, 초상집 개 같다는 것은 과연 그렇다."라고 답했다.

초상집 개는 주인이 슬픔에 잠겨 미처 개를 돌볼 정신이 없어 배가 고파도 먹지를 못한 채 주인의 얼굴을 찾아 기웃거리기만 하게 된다. 그래서 뜻을 얻지 못하고 이리저리 돌아다니는 정치인이나 사업가들의 실의에 찬 모습을 가리켜 '상가지구', 즉 '초상집 개' 같다는 말을 하게 된다. 초라한 모습으로 얻어먹을 것만 찾아다니는 이를 빈정거려 이르는 말이다.

相思病(상사병)

> • 서로 상, 그리워할 사, 병 병. 사랑하면서도 그 뜻을 이루지 못해 생긴 마음
>   의 병.

『捜神記(수신기)』에 나오는 말이다.

春秋時代(춘추시대) 宋(송)은 康王(강왕)의 暴虐(포학)으로 망한다. 이 강왕은 그의 뛰어난 용맹으로 한때 이웃 나라를 침략해서 영토를 확장시키는 등 대단한 위세를 떨치고 있었다. 여기에 그는 眼下無人(안하무인)이 되어 정도를 벗어난 짓을 자행하게 된다.

강왕의 시종 韓憑(한빙)의 아내 河氏(하 씨)는 絶世美人(절세미인)이었는데 강왕이 우연한 기회에 하 씨를 보자 강제로 데려와 후궁으로 삼았다. 그 후로 한빙과 하 씨는 서로 사무치게 그리워하다가 한빙이 자살을 했다. 얼마 후 한빙이 자살한 것을 알자 하 씨는 자기가 입는 옷을 썩게 만들었다가, 성 위를 구경하던 중 몸을 던졌다. 수행한 사람들이 급히 옷소매를 잡았으나 소매만 끊어지고 사람은 아래로 떨어졌다. 죽은 그녀의 띠에는 유언이 적혀 있었다.

"임금은 사는 것을 다행으로 여기지만 나는 죽는 것을 다행으로 압니다. 바라건대 시체와 뼈를 한빙과 합장하게 해 주십시오."

노한 강왕은 고의로 무덤을 서로 떨어지게 만들었다. 그러자 밤사이에 두 그루 노나무가 각각 두 무덤에 나더니 열흘이 못 가서 아름드리로 자란 후 위로는 가지가 얽히고 아래로는 뿌리가 맞닿았다. 그리고 나무 위에는 한 쌍의 원앙새가 앉아 서로 목을 안고 슬피 울며 듣는 사람을 애처롭게 만들었다. 사람들은 이 새를 한빙 부부의 넋이라 했다.

송나라 사람들은 이를 슬피 여겨, 그 나무를 想思樹(상사수)라고 했는데, '想思(상사)'라는 이름이 여기에서 시작되었다. 남녀 사이에 서로 그리워하며 뜻을 이루지 못해 생긴 병을 상사병이라고 한다. 글자 그대로 서로 생각하는 병인 것이다. 이 이야기에는 連理枝(연리지)라는 말도 나오고 있다.

桑中之期(상중지기)

• 뽕나무 상, 가운데 중, 갈 지, 기약할 기. 뽕밭 속에서 약속함. 桑中之喜(상중지희).

『詩經(시경)』 鄘風(용풍)에 나오는 [桑中(상중)]이라는 시에 나온다.

여기저기 풀을 뜯는다.
沫(매)라는 마을에서
누구를 생각하는가.
아름다운 孟姜(맹강)이로다.
나와 뽕밭 속에서 약속하고
나를 다락으로 맞아들여
나를 기수 위에서 보내 준다.

爰采唐矣 원채당의
沫之鄉矣 매지향의
云誰之思 운수지사
美孟姜矣 미맹강의
期我乎桑中 기아호상중
要我乎上宮 요아호상궁
送我淇之上矣 송아기지상의

중국 衛(위)나라의 공실이 음탕하여 뽕나무 밭에서 정을 통하였다는 옛일로 해석하기도 한다. 남녀 간의 不義(불의)의 쾌락, 남녀간의 密會(밀회), 密通(밀통), 淫事(음사), 姦通(간통)을 일러 말한다. 桑中之約(상중지약), 桑中之喜(상중지희)라고도 말한다. 우리나라 속담에 '임도 보고 뽕도 딴다.'는 말이 있다.

人

塞翁之馬(새옹지마)

> • 변방 새. 늙은이 옹. 갈 지. 말 마. 변방 늙은이의 말. 인생에 있어서의 吉凶
> 禍福(길흉화복)은 항상 바뀌어 미리 헤아릴 수가 없다는 말. 吉凶禍福(길흉
> 화복)이 無常(무상)함. 塞翁馬(새옹마).

『淮南子(회남자)』 人間訓(인간훈)에 나오는 이야기다.

북방 국경 가까이 점을 잘 치는 사람이 살고 있었다. 하루는 말이 아무 까닭도 없이 도망쳐 오랑캐들이 사는 국경 너머로 들어갔다. 마을 사람들이 찾아와 동정하며 위로를 하자, 이 집 늙은이는,

"이것이 어찌 복이 될 줄 알겠소." 하고 걱정이 없었다.

그럭저럭 몇 달 지났는데 하루는 뜻밖에도 도망쳤던 말이 오랑캐의 좋은 말 한 필을 데리고 돌아왔다. 마을 사람들은 모두 몰려와서 횡재를 했다면서 축하했다. 그러자 그 영감은 또,

"그것이 어떻게 화가 되라는 법이 없겠소." 하며 조금도 기뻐하는 기색이 보이지 않았다. 그런데 집에 좋은 말이 하나 더 생기자, 전부터 말 타기를 좋아했던 주인의 아들이, 데리고 온 호마를 타고 들판으로 마구 돌아다니다가 그만 말에서 떨어져 넓적다리를 다치고 말았다.

사람들은 또 몰려와서 아들이 병신이 된 데 대해 안타까워하며 인사를 보냈다. 그러자 영감은,

"그것이 복이 될 줄 누가 알겠소." 하고 담담했다.

그럭저럭 1년이 지나자 오랑캐들이 국경을 넘어 대규모로 침략했다. 장정들은 일제히 활을 들고 나가 적과 싸웠다. 그리하여 국경 근처의 사람들이 열에 아홉은 죽었는데 영감의 아들은 다리병신이라서 부자가 함께 무사했다.

인생에 있어서의 吉凶禍福(길흉화복)은 항상 바뀌어 미리 헤아릴 수가 없다는 말이다. 利(이)가 害(해)가 되고 失(실)이 得(득)이 되는 수도 있으며 吉凶禍福(길흉화복)이 無常(무상)하다는 점을 시사한 이야기이다. '塞翁馬(새옹마), 塞翁得失(새옹득실), 人間萬事(인간만사) 塞翁之馬(새옹지마), 塞翁禍福(새옹화복)' 등으로도 말한다.

黍離之歎(서리지탄)

• 기장 서, 무성할 리, 갈 지, 탄식할 탄. 기장이 무성한 것을 보고 탄식한다.
  나라가 망하고 종묘·궁전이 없어져 그 터가 기장 밭이 된 것을 탄식함. 곧
  세상의 榮枯盛衰(영고성쇠)가 무상하다는 탄식. 麥秀之嘆(맥수지탄).

『詩經(시경)』 王風(왕풍)에 나오는 말이다.

    저 기장의 무성함이여
    저 피의 싹이여
    가는 걸음의 더딤이여
    속마음이 어지럽도다.
    나를 아는 사람은
    나를 일러 마음이 아프다 하는데
    나를 모르는 사람은
    나를 일러 무엇을 찾는가 한다.
    아득한 푸른 하늘이여
    이것이 누구의 탓입니까?

    被黍離離 피서리리
    被稷之苗 피직지묘
    行邁靡靡 행매미미
    中心搖搖 중심요요
    知我者 지아자
    謂我心憂 위아심우
    不知我者 부지아자
    謂我何求 위아하구
    悠悠蒼天 유유창천
    此何人哉 차하인재

나라가 망하고 옛 도성의 궁궐터가 밭으로 변해 버린 것을 한탄하는 시

ㅅ

이며 여기에서 나온 말이 서리지탄이다. 이 시에 대한 毛詩(모시)의 序(서)에 따르면 이 시는 周(주)나라 大夫(대부)가 원래 주나라의 宗廟(종묘)와 宮闕(궁궐)이 서 있던 자리에 기장과 피가 무성하게 자라나 있는 것을 보고 주나라의 衰亡(쇠망)을 슬퍼하며 차마 그 앞을 그대로 지나가지 못하고 서성거리며 지은 시라고 한다.

서리의 離(이)는 離離(이리)가 약해진 것으로 '무성하다'는 뜻이다.

西施矉目 (서시빈목)

> • 서녘 서. 베풀 시. 찌푸릴 빈. 눈 목. 서시가 눈살을 찌푸린다. 서시가 눈살
> 찌푸리는 것을 흉내 냄. ① 영문도 모르고 무조건 흉내를 냄. ② 남의 단점
> 을 장점인 줄 알고 본뜸. 西施捧心(서시봉심). 效矉(효빈).

　春秋時代(춘추시대) 말엽, 吳(오)나라와의 전쟁에서 패한 越王(월왕) 勾
踐(구천)은 吳王(오왕) 夫差(부차)의 방심을 유도하기 위해 절세의 미인
西施(서시)를 바쳤다. 그러나 서시는 가슴앓이로 말미암아 고향으로 돌아
왔다.
　그런데 그녀는 길을 걸을 때 가슴의 통증 때문에 늘 눈살을 찌푸리고
걸었다. 이것을 본 그 마을의 醜女(추녀)가 자기도 눈살을 찌푸리고 다니
면 예쁘게 보일 것으로 믿고 서시의 흉내를 냈다. 그러자 마을 사람들은
모두 질겁해서 집 안으로 들어가 대문을 굳게 걸어 잠그고 아무도 밖으로
나오려 하지 않았다.

　『莊子(장자)』 天運篇(천운편)에 나오는 이 이야기는 원래 反儒敎的(반
유교적)인 장자가 외형에만 사로잡혀 本質(본질)을 꿰뚫어 볼 능력이 없는
사람을 신랄하게 풍자하고 있는 것으로, 실로 意味深長(의미심장)하다.
　춘추시대 말엽의 亂世(난세)에 태어난 공자가 그 옛날 周王朝(주왕조)
의 理想政治(이상정치)를 그대로 魯(노)나라와 衛(위)나라에 재현시키려는
것은 마치 '서시빈목'을 흉내 내는 추녀의 행동과 같은 것이라는 것이다.

　곧 영문도 모르고 남의 흉내를 내는 일, 남의 단점을 장점인 줄 알고
모방하려는 일 등을 비유하는 말이다. '嚬蹙(빈축)을 사다'라는 말이 있다.

噬臍莫及(서제막급)

• 물 서, 배꼽 제, 말 막, 미칠 급. 배꼽을 물려고 하지만 입이 닿지 않는다. 機會(기회)를 잃고 난 뒤에는 아무리 後悔(후회)해도 소용이 없다는 말.

『左傳(좌전)』 莊公(장공) 6년에 나오는 말이다.

기원전 7세기 말엽, 周王朝(주왕조) 莊王(장왕) 때의 이야기이다. 楚(초)나라 文王(문왕)이 지금의 河南省(하남성)에 있었던 申(신)나라를 치기 위해 역시 하남성에 있었던 鄧(등)나라를 지나가자 등나라의 임금인 祁侯(기후)는 "내 조카가 왔다."며 반갑게 맞이하여 진수성찬으로 환대했다. 그러자 세 賢人(현인)이 기후 앞으로 나와 이렇게 진언했다.

"아뢰옵기 황공하오나 머지않아 저 문왕은 반드시 등나라를 멸하고 말 것이옵니다. 하오니 지금 조치하지 않으면 훗날 후회해도 소용이 없을 것이옵니다."

그러나 기후는 펄쩍 뛰며 듣지 않았다. 그로부터 10년이 지난 어느 날, 문왕은 군사를 이끌고 등나라로 쳐들어왔다. 이리하여 등나라는 일찍이 세 현인이 예언한 대로 문왕에게 멸망하고 말았다.

곧, 기회를 잃고 후회해도 아무 소용없음을 빗대어 나타내는 말이다.

書足以記姓名(서족이기성명)

> • 글 서, 족할 족, 써 이, 기록할 기, 성 성, 이름 명. 글은 성과 이름만 쓸 줄
>   알면 그만이다.

『史記(사기)』 項羽本紀(항우본기)에 나오는 말이다.

項籍(항적)은 下相(하상) 사람으로 字(자)를 羽(우)라고 했다. 처음 일어
났을 때 나이 스물넷이었다. 그의 작은 아버지는 項梁(항양)이었는데 양의
아버지는 바로 초나라 장군 項燕(항연)으로, 秦(진)나라 장군 王翦(왕전)에
게 죽은 바 된 사람이다.

항적은 어릴 때 글을 배우다가 이루지 못하고 그만두었는데, 칼을 배우
다가 또 이루지 못했다. 항양이 화를 내며 그를 꾸짖자 항적은 이렇게 말
했다.
"글은 성명만 쓸 줄 알면 족하고 칼은 한 사람을 대적하는 것이니 배울
만한 것이 못 됩니다. 만 사람을 대적하는 것을 배우겠습니다."
그래서 항양은 그에게 兵法(병법)을 가르쳤다.

이 말은 항우가 어릴 때 했다는 말로, 너무 학식만을 내세우는 사람들
을 비웃는 그런 뜻으로 쓰이기도 하고 지식보다는 행동이라는 뜻으로 쓰
이기도 한다. 이 이야기에는 '劍一人敵(검일인적)'이라는 말도 나온다.

先始於隗(선시어외)

• 먼저 선, 비로소 시, 어조사 어, 높을 외. 먼저 隗(외)부터 시작하라.

戰國時代(전국시대), 燕(연)나라가 영토의 태반을 齊(제)나라에 빼앗기고 있을 때의 일이나. 이런 어려운 시기에 즉위한 昭王(소왕)은 어느 날, 재상 郭隗(곽외)에게 失地(실지) 회복에 필요한 인재를 모으는 방법을 물었다. 곽외는 이렇게 대답했다.

"신은 이런 이야기를 들은 적이 있사옵니다. 옛날에 어느 왕이 千金(천금)을 가지고 천리마를 구하려 했으나 3년이 지나도 얻지 못했나이다. 그러던 어느 날, 잡일을 맡아 보는 신하가 천리마를 구해 오겠다고 자청하므로 왕은 그에게 천금을 주고 그 일을 맡겼나이다. 그는 석 달 뒤에 천리마가 있는 곳을 알고 달려갔으나 애석하게도 그 말은 그가 도착하기 며칠 전에 죽었다고 하옵니다. 그런데 그가 그 '죽은 말의 뼈를 五百金(오백금)이나 주고 사오자[買死馬骨]' 왕은 진노하여 '과인이 원하는 것은 산 천리마야. 누가 죽은 말뼈에 오백 금을 버리라고 하였느냐'며 크게 꾸짖었나이다. 그러자 그는 '이제 세상 사람들이 천리마라면 그 뼈조차 거금으로 산다는 것을 안 만큼 머지않아 반드시 천리마를 끌고 올 것'이라고 말했나이다. 과연 그 말대로 1년이 안 되어 천리마가 세 필이나 모였다고 하옵니다. 하오니 전하께오선 진정으로 賢才(현재)를 구하신다면 '먼저 신 외부터[先始於隗]' 스승의 예로 대하도록 하옵소서. 그러면 외 같은 자도 저렇듯 후대를 받는다며 신보다 어진 이가 천 리 길도 멀다 않고 스스로 모여들 것이옵니다."

소왕은 곽외의 말을 옳게 여겨 그를 위해 黃金臺(황금대)라는 궁전을 짓고 스승으로 예우했다. 이 일이 諸國(제국)에 알려지자 천하의 현재가 다투어 연나라로 모여들었는데 그중에는 趙(조)나라의 명장 樂毅(악의)를 비롯하여 陰陽說(음양설)의 鼻祖(비조)인 鄒衍(추연), 대정치가인 劇辛(극신)과 같은 큰 인물도 있었다. 이들의 보필을 받은 소왕은 드디어 諸國(제국)의 군사와 함께 제나라를 쳐부수고 숙원을 풀었다.

先憂後樂(선우후락)

• 먼저 선, 근심 우, 뒤 후, 즐거울 락. 천하의 근심은 내가 먼저 하고 천하의 낙은 내가 뒤에 한다. 곧 志士(지사)나 어진 사람의 마음씨.

范仲淹(범중엄)의 [岳陽樓記(악양루기)]에 나오는 말이다. 朱子(주자)의 [名臣言行錄(명신언행록)]에도 나온다.

宋(송)나라 명재상 范仲淹(범중엄)이 한 말이다. 범중엄은 가난한 집에서 태어나 재상까지 되었다. 그가 어렸을 때 사당 앞을 지나다가 사람들이 소원을 빌면 뜻대로 된다고 하는지라 그는 들어가 이렇게 빌었다.
"저는 훌륭한 재상이 되기를 원하지 않고 훌륭한 醫員(의원)이 되기를 원합니다."
이렇듯 인자한 생각을 가진 사람이었다.

朱子(주자)의 名臣言行錄(명신언행록)에서,

"슬프다 내가 일찍이 옛날 어진 사람의 마음을 찾아보건대, 부처나 노자와 다른 점이 무엇이겠는가. 물건으로 기뻐하지 않고 자기로써 슬퍼하지 않는다. 조정에 있어서는 백성을 걱정하고, 강호에 있어서는 임금을 걱정한다. 이것은 나아가도 걱정이요, 물러나도 걱정이다. 그러면 어느 때에 즐거워하는가. 그것은 필시 천하의 근심을 먼저 해서 근심하고, 천하의 낙을 뒤에 해서 즐긴다고 말할 수 있지 않을까. 슬프다, 이 사람이 아니면 내가 누구와 함께할 것인가."라고 말했다.

세상에 근심할 일은 남보다 먼저 걱정하고, 즐거워할 일은 남보다 나중에 즐긴다. 곧 志士(지사)나 어진 사람의 마음씨를 나타낸다. '先天下之優而後天下之樂(선천하지우 이후천하지락)'에서 비롯된 말이다.

先入之語(선입지어)

> • 닭 계, 갈비뼈 륵. 닭의 갈비뼈. 버리기에는 아깝고 뜯어먹을 살은 없음. 큰
>   소용은 못 되나 버리기는 아까운 사물.

『漢書(한서)』 息夫躬傳(식부궁전)에 나오는 이야기이다.

漢(한)나라 哀帝(애제) 때 息夫躬(식부궁)이라는 辯士(변사)가 애제에게 匈奴(흉노)가 곧 쳐들어오려 하니 대군을 邊境(변경)에 배치해야 한다고 力說(역설)했다. 애제가 丞相(승상) 王嘉(왕가)에게 상의하자 왕가는 浪說(낭설)이라고 일축하였다. 그러면서 애제가 간신들에게 놀아나지 않도록 충고하길,

"옛날 秦穆公(진목공)은 百里奚(백리해)와 蹇叔(건숙)의 말을 좇지 않았다가 그 군사를 패하게 한 다음, 허물을 뉘우치고 스스로를 책하며, 교묘한 말로 남을 속이는 신하들을 미워하고, 경험이 많은 노인의 말을 존중하게 되었으므로 이름이 후세에까지 전하게 되었습니다. 폐하께서는 옛날 교훈을 살피시어 거듭 참고로 삼으시고 먼저 들어온 말로써 주장을 삼지 마십시오." 하고 간했다.

사람은 누구나 먼저 들은 이야기가 마음속을 차지하고 있어 나중 듣는 이야기를 거부하려는 마음을 가질 수도 있다. 본디 '以先入之語爲主(이선입지어위주)'라고 한다.

先則制人(선즉제인)

> • 먼저 선, 곧 즉, 누를 제, 사람 인. 남보다 먼저 하면 남을 이긴다는 말. 선수
> 를 치면 남을 누르게 된다. 남보다 먼저 하면 남을 이긴다는 말. 先發制人
> (선발제인).

『史記(사기)』項羽本紀(항우본기)에 나오는 말이다.

項羽(항우)의 작은 아버지 項梁(항량)은 항우와 함께 會稽(회계)에 와
있었는데 회계태수로 와 있던 殷通(은통)이 항량을 보고 이런 말을 했다.

"江西(강서)가 다 反旗(반기)를 들고 일어섰으니 이것은 아마 하늘이 秦
(진)나라를 망하게 하는 시기인 것 같습니다. 내가 들으니 '먼저 하면 곧
남을 누르고 뒤에 하면 남의 누르는 바가 된다.'고 했는데 나도 군사를 일
으켜 공과 桓楚(환초)로 장군을 삼을까 합니다."

이때 환초는 도망쳐 다른 곳에 가 있었다. 항량은 딴 생각을 품고 은통
에게,

"환초가 숨어 있는 곳을 아는 사람은 籍(적: 항우)밖에 없습니다."

이렇게 말한 다음, 일어나 밖으로 나가 항우에게 귓속말로 무어라 타이
르고 칼을 준비하여 밖에서 기다리게 했다.

다시 들어온 항량은 태수와 마주 앉아,

"적을 불러 태수의 명령을 받아 환초를 불러오도록 하시지요." 하고 청
했다. 태수가 그러라고 하자 항량은 항우를 데리고 들어왔다. 잠시 후 항
량은 항우에게 눈짓을 하며,

"그렇게 해라." 하고 일렀다. 순간 항우는 칼을 빼들고 은통의 목을 쳤다.

이리하여 자신이 회계태수를 맡고, 항우는 비장으로 삼아서 정병 팔천
을 뽑아 강을 건너 진나라로 진격하게 된다.

人

先着鞭(선착편)

> • 먼저 선, 붙을 착. 채찍 편. 먼저 채찍을 친다. 먼저 말에 채찍을 가해 남보다
>   먼저 도착한다는 말. 어떤 일을 남보다 먼저 시작한다는 것.

『晉書(진서)』 劉琨傳(유곤전)에 나오는 이야기이다.

西晋(서진)이 무너지기 직전 幷州刺使(병주자사)가 된 劉琨(유곤)은 산서지방에서 匈奴(흉노)와 해마다 싸웠으나 여러 해 지나 手下(수하)에 補給(보급)이 끊어져, 버려진 상태에 있었다.

그는 이해에 흉노의 左賢王(좌현왕)인 段匹磾(단필제)와 동맹을 맺고, 세력을 확장시켜 가는 羯族(갈족) 출신인 石勒(석륵)에 대항해 싸울 준비를 서두르고 있었다.

그러나 나중에는 운이 없었던지 모함을 받아 段匹磾(단필제)의 손에 죽게 된다.

이 유곤이 祖逖(조적)과 친한 사이였는데 조적이 장군에 임용되었다는 소식을 듣자 친구에게 보내는 편지에 "나는 창을 베고 누워 아침을 기다리며 생각은 옛적 오랑캐를 무찌르는 데 두고 항상 祖生(조 생)이 나를 앞서 채찍을 댈까 두려워하고 있다."고 썼다.

지금은 이 말이 다른 사람보다 일을 먼저 시작하는 뜻으로 쓰인다. 그러나 원래 이 말에는 먼저 채찍을 들어 말을 달림으로써 남이 이루기 전에 자기가 먼저 공을 세운다는, 보다 큰 뜻이 있었다.

成功者退(성공자퇴)

> • 이룰 성. 공 공. 놈 자. 물러날 퇴. 공을 이룬 사람은 물러나야 한다.

『史記(사기)』范雎蔡澤列傳(범수채택열전)에 나오는 蔡澤(채택)의 말이다.

하루아침에 秦(진)나라 승상이 된 范雎(범수)가 차츰 실수를 저지르게 되자 秦昭王(진소왕)의 신임이 점차 없어져 가고 있을 때 채택이 범수의 뒤를 물려받고자 咸陽(함양)으로 들어와 헛소문을 퍼트려 범수의 귀에 들어가게 했다.

"燕(연)나라 사람 채택은 천하의 豪傑(호걸)이요 辯士(변사)다. 그가 한 번 진왕을 뵙게 되면 왕은 재상의 자리를 앗아 채택에게 줄 것이다."

범수는 채택을 데려다 물었다.

"당신이 나를 대신해서 진나라 승상이 된다고 했다는데 그런 사실이 있소?"

"그렇습니다."

"어디 이야기를 한번 들어 봅시다."

채택이 대답했다.

"어쩌면 그렇게도 보시는 것이 더디십니까. 대저 四時(사시)의 순서란 공을 이룬 것은 가는 법입니다. (중략)"

범수의 추천으로 채택은 진나라의 재상이 되었다. 몇 달 지나자 그를 모략하는 사람이 있자, 곧 병을 핑계로 자리를 내놓았다. 그리하여 편안히 여생을 진나라에서 보냈다.

원말은 '成功者去(성공자거)'다. '成功之下不可久處(성공지하불가구처)'를 참고할 만하다.

誠中形外(성중형외)

- 정성 성. 가운데 중. 모양 형. 바깥 외. 속마음에 들어 있는 참된 것은 숨기려 해도 자연 밖에 나타나게 된다. 심중에 생각하고 있는 것은 비록 숨기려고 하여도 겉으로 나타나는 법임. 誠於中形於外(성어중형어외).

『大學(대학)』誠意章(성의장)에 보면,

"이른바 그 뜻을 정성되게 한다는 것은, 스스로 속이지 않는 것이다. 나쁜 냄새를 싫어하듯 하며 좋은 色(색)을 좋아하듯 하는 것이 스스로 마음 편하게 하는 것이다. 그러므로 군자는 반드시 그 홀로 있을 때를 조심한다."라고 나와 있으며 또한,

"소인이 한가하게 있을 때면 착하지 못한 일을 하는 것이, 이르지 않는 바가 없다. 그러다가 군자를 보면 씻은 듯이 그의 착하지 못한 것을 감추고 그의 착한 것을 나타내려 한다. 그러나 남이 날 보기를 자기 속 들여다보듯 하는데 무슨 소용이 있겠는가. 이것을 일러 속에 참된 것이 있으면 밖에 나타난다고 한다. 그러므로 군자는 반드시 그 홀로 있을 때를 조심한다."라고 나와 있다.

원래는 誠於中形於外(성어중형어외)이다. '그 홀로 있을 때를 조심한다.'는 말이 곧 愼獨(신독)이다. 소인은 한가한 때면 남이 상상조차 할 수 없는, 갖은 악한 짓을 거리낌 없이 하게 된다. 이것이 곧 '無所不至(무소부지)'다.

城下之盟(성하지맹)

> • 성 성, 아래 하, 갈 지, 맹세할 맹. 성 아래에서의 맹세. 적군이 성 밑까지 쳐들어와서 항복하고 체결하는 맹약. 몹시 屈辱的(굴욕적)인 講和(강화).

『春秋左氏傳(춘추좌씨전)』 桓公(환공) 十二年(십이년) 기록에 나오는 이야기이다.

楚(초)나라가 絞(교)를 쳐들어가, 성 남문에 진을 쳤다. 莫敖(막오)라는 벼슬에 있는 屈瑕(굴하)가 계책을 말했다.

"교 땅의 사람들은 도량이 좁고 경솔합니다. 사람이 경솔하면 또한 생각하고 염려하는 것이 부족합니다. 땔나무를 하는 인부들을 호위병을 딸리지 않은 채 내보내서 이것을 미끼로 삼아 그들을 치는 것이 어떻겠습니까?"

그래서 나무하는 인부들을 내보냈다. 교 땅 사람들은 예상대로 북문을 열고 나와 산속에 있는 초나라 인부를 삼십 명이나 잡아갔다.

이튿날은 더 많이 인부를 내보냈더니 교 사람들은 재미를 붙여서 성문을 열고 서로 앞을 다투어 산속으로 들어가 인부를 쫓기에 바빴다. 그 틈을 타 초나라 군사들은 북문을 점령하고, 산기슭에 숨겨 두었던 복병이 일어나 성 밖으로 나온 군사를 습격함으로써 크게 승리를 거두고, 성 아래에서의 맹세를 하고 돌아왔다는 것이다.

같은 책 宣公(선공) 15년의 기록에도 나오는 이야기이다.

초나라가 송나라 성을 포위했을 때 송나라가 끝내 버티고 항복을 하지 않는지라 초나라 申叔時(신숙시)의 꾀를 써서 숙사를 짓고 밭을 가는 등 장기전 태세를 보였다. 과연 송나라는 겁을 먹고 사신을 보내 화평을 청해 왔다.

"성 아래에서의 맹세는 나라가 망하는 한이 있어도 맺을 수가 없습니다. 그러니 군대를 30리만 후퇴시키십시오. 그러면 어떤 조건이라도 받아들이겠습니다."

적군이 성 밑까지 쳐들어와서 항복하고 체결하는 맹약을 일컫는다. 아주 屈辱的(굴욕적)인 講和(강화)나 적에게 성을 포위당한 끝에 견디다 못해서 나가 항복을 하는 것이다. 성 아래에서의 맹세는 압도적인 승리와 패배를 뜻하므로 성하지맹을 당하는 쪽의 굴욕은 견디기 어려운 것이 아닐 수 없다.

歲月不待人(세월부대인)

• 해 세, 달 월, 아닐 부, 기다릴 대, 사람 인. 세월은 사람을 기다리지 않는다. 젊었을 때 부지런히 학문에 힘쓰라는 당부.

勸學詩(권학시)로 알고 있는 陶淵明(도연명)의 시에 나온다.

한창 시절은 거듭 오지 않고
하루는 두 번 새기 어렵다.
때에 미쳐 마땅히 힘쓰라
세월은 사람을 기다리지 않는다.

盛年不重來 성년부중래
一日難再晨 일일난재신
及時當勤勵 급시당근려
歲月不待人 세월부대인

그러나 실상 이 시는 늙기 전에 술을 실컷 마시자는 勸酒詩(권주시)로, 공부를 열심히 하라는 勸學詩(권학시)는 아니다.

人

小國寡民(소국과민)

> • 작을 소, 나라 국, 적을 과, 백성 민. 나라는 작고 백성은 적다. 이상 국가가
>   갖추어야 할 핵심조건.

『老子(노자)』 제80장에,

"나라는 작고 백성은 적으며 여러 가지 기구가 있어도 쓰지 않게 된다. 백성은 생명이 중한 것을 알아 멀리 떠나가는 일도 없고, 배며 수레가 있어도 타고 갈 곳이 없으며 무기가 있어도 쓸 곳이 없다. 백성들도 다시 옛날로 돌아가 글자 대신 노끈을 맺어 쓰게 하고, 그들의 먹는 것을 달게 여기고, 그들의 입는 것을 아름답게 여기며, 그들의 삶을 편안히 여기고, 그들의 관습을 즐기게 한다. 이웃나라끼리 서로 바라보며 닭 울음과 개 짖는 소리가 서로 들리지만, 백성들은 늙어 죽도록 서로 가고 오는 일이 없다."라고 나온다.

이른바 약소국가를 가리킨 말 같은데 실은 그것이 아니고 가장 평화롭고 이상적인 사회를 말한다. 노자가 그린 이상사회다. 이 이야기에는 '鷄犬相聞(계견상문)'이라는 성어도 나온다.

참고)
鷄犬相聞(계견상문): 닭 계, 개 견, 서로 상, 들을 문. 닭 우는 소리와 개 짖는
　　　　　　　　　소리가 여기저기서 들린다. 땅이 좁고 人家(인가)가 隣接
　　　　　　　　　(인접)해 있음. 출전 老子(노자).

人

少年易老學難成(소년이로학난성)

> • 젊을 소, 해 년, 쉬울 이, 늙을 로, 배울 학, 어려울 난, 이룰 성. 젊은이는 쉽게 늙어 버리는데 학문은 이루기가 어렵다.

이 밀은 南宋(남송: 1127~1279)의 大儒學者(대유학자)로서 송나라의 理學(이학)을 대성한 朱子(주자: 朱熹)의 『朱文公文集(주문공문집)』[勸學文(권학문)]에 나오는 시의 첫 구절이다.

　　소년은 늙기 쉬우나 학문을 이루기는 어렵다
　　순간순간의 세월을 헛되이 보내지 마라
　　연못가의 봄풀이 채 꿈도 깨기 전에
　　계단 앞 오동나무 잎이 가을을 알린다

　　少年易老學難成 소년이로학난성
　　一寸光陰不可輕 일촌광음불가경
　　未覺池塘春草夢 미각지당춘초몽
　　階前梧葉已秋聲 계전오엽이추성

늙음은 금방 오는 것이고 학문은 이루기 어려우니 촌각이라도 아껴서 공부 열심히 하라는 말이다.

宋襄之仁(송양지인)

> • 송나라 송, 도울 양, 갈 지, 어질 인. 송나라 양공의 어짊.

『左傳(좌전)』에 나오는 말이다.

春秋時代(춘추시대) 宋(송)나라 襄公(양공)은 楚(초)나라와 싸움이 일어났을 때 아들 目夷(목이)가 초나라의 허점을 공격하자고 하였다.

"적이 강을 반쯤 건너왔을 때를 타서 공격을 가하면 적은 수로 많은 적을 이길 수 있습니다."

"그건 정정당당한 싸움이 될 수 없다. 정정당당하게 싸워 이기지 못한다면 어떻게 참다운 覇者(패자)가 될 수 있겠는가?"

초나라 군사가 진을 벌이고 있을 때 또 목이가 말했다.

"적이 진을 미처 다 벌이기 전에 이를 치면 적을 혼란에 빠뜨릴 수가 있습니다."

양공이 말했다. "군자는 사람이 어려운 때 괴롭히지 않는다." 하고 말을 듣지 않았다. 결국 송나라는 크게 패했다.

이 일로 인해 이 말은 남에게 비웃음을 받게 된 어짊을 나타낸다. 어리석은 사람의 잠꼬대 같은 名分論(명분론)을 비웃어 하는 말이다.

首鼠兩端(수서양단)

• 머리 수, 쥐 서, 두 량, 끝 단. 쥐가 구멍에서 머리만 내밀고 요리조리 엿봄.
進退(진퇴)나 去就(거취)를 결단하지 못하고 관망하고 있는 상태.

'首鼠(수서)'는 머리를 구멍으로 내밀고 있는 쥐를 말한다. '兩端(양단)'
은 반대되는 두 끝을 말한다. 쥐가 구멍에서 머리를 내밀고 밖으로 나올
까 안으로 들어갈까 형편을 살피고 있는 것이다.

『史記(사기)』 魏其武安列傳(위기무안열전)에 나오는 이야기이다.

한무제 때 外戚(외척) 魏其侯(위기후) 竇嬰(두영)의 편을 들던 장군 灌
夫(관부)가 홀로 위기후를 감싸고 있을 때 田蚡(전분)은 관부의 실수를 빌
미로 옥에 가두고 그에게 불경죄와 여러 죄를 씌어 관부를 사형에 처하고
가족까지 몰살하려 했으나 위기후가 무제에게 상소를 올려 관부의 처리가
조신들의 공론에 처해졌다. 이때 어사대부 韓安國(한안국)이 천자의 裁斷
(재단)에 맡겨야 한다고 奏請(주청)하자 한무제는 신하들의 어정쩡한 태도
를 보고는 토론을 중단해 버렸다. 조정에서 물러나온 무안이 어사대부 한
안국을 자기 수레에 태우고 돌아오며 꾸짖었다.
"그대와 함께 대머리 늙은이를 해치우려 했었는데, 어째서 首鼠兩端(수
서양단)의 태도를 취한단 말인가."

漱石枕流(수석침류)

• 양치질 수, 돌 석, 베개 침, 흐를 류. 돌로 양치질하고 흐르는 물을 베개 삼는
다. 勝癖(승벽)이 지나쳐서 마구 우겨 대는 경우를 말함.

『晉書(진서)』에 나오는 이야기이다.

晉(진: 265~317)나라 초엽, 馮翊太守(풍익태수)를 지낸 孫楚(손초)가
벼슬길에 나가기 전, 젊었을 때의 일이다. 당시 사대부 간에는 속세의 도
덕·名聞(명문)을 경시하고 老莊(노장)의 哲理(철리)를 중히 여겨 담론하
는 이른바 淸談(청담)이 유행하던 때였다. 그래서 손초도 竹林七賢(죽림칠
현)처럼 속세를 떠나 산림에 은거하기로 작정하고 어느 날 친구인 王濟
(왕제)에게 흉금을 털어놓았다.

이때 '돌을 베개 삼아 눕고, 흐르는 물로 양치질하는 생활을 하고 싶다
[枕石漱流]'고 해야 할 것을, 반대로 '돌로 양치질하고, 흐르는 물로 베개
로 삼겠다[漱石枕流]'고 잘못 말했다. 왕제가 웃으며 실언임을 지적하자
자존심이 강한데다가 文才(문재)까지 뛰어난 손초는 서슴없이 이렇게 강
변했다.

"흐르는 물을 베개로 삼겠다는 것은 옛날 隱士(은사)인 許由(허유)와 같
이 쓸데없는 말을 들었을 때 귀를 씻기 위해서이고, 돌로 양치질한다는
것은 이를 닦기 위해서라네."

곧 엉터리를 인정하려 들지 않고 억지를 쓴다든지 억지로 발라맞춰 발
뺌을 한다든지 남에게 지기 싫어서 좀처럼 체념을 아니 하고 억지가 센
경우를 나타낸다.

ㅅ

水魚之交(수어지교)

> • 물 수. 고기 어. 갈 지. 사귈 교. 물과 물고기의 사귐. 아주 친하여 떨어질 수 없는 사이. 임금과 신하의 친밀함. 부부의 화목함. 水魚之親(수어지친).

『三國志(삼국지)』蜀志(촉지) 諸葛亮傳(제갈량전)에 나오는 이야기이다.

蜀漢(촉한)의 劉玄德(유현덕)이 諸葛亮(제갈량)을 만난 후 사이가 지나치게 친밀해 보이자 關羽(관우)와 張飛(장비) 등 武將(무장)들이 현덕의 태도에 불만을 품자 유현덕이 무장들에게,

"내가 공명을 가졌다는 것은 물고기가 물을 가진 것과 같다. 제군들은 다시는 아무 말도 하지 말아 주게."라고 말했다.

그렇게 잠시도 떨어져 살 수 없는 친밀한 사이를 水魚之交(수어지교)나 魚水之親(어수지친)이라고 말한다. 魚水之樂(어수지락)이라고 했을 때는 부부와 남녀 사이의 사랑을 뜻하게 된다. 비슷한 말로는 '管鮑之交(관포지교), 膠漆之交(교칠지교), 金石之交(금석지교), 斷金之交(단금지교), 刎頸之交(문경지교)' 등이 있다.

豎子不足與謀(수자부족여모)

• 더벅머리 수, 아들 자, 아닐 부, 족할 족, 함께 여, 꾀할 모. 미숙한 아이와 무슨 일을 도모하겠는가? 나이가 어리고 경험이 부족한 사람과는 함께 큰일을 할 수 없다는 것. 爲人(위인)이 좀 모자라서 함께 議論(의논)할 만한 사람이 못됨을 비유한 말. 豎(수)는 '더벅머리, 내시, 천하다'의 의미.

이것은 화가 난 范增(범증)이 項羽(항우)를 보고 한 소리였는데 같이 일을 하다가 상대가 시킨 대로 하지 않고 제 주장만 내세워 일을 망치거나 했을 때 흔히 쓰는 문자다.

秦(진)나라 말기 項羽(항우)가 沛公(패공: 유방))을 맞아 술자리를 베푼 鴻門宴(홍문연: 홍문에서의 잔치)에서 范增(범증)은 항우에게, 패공을 죽여 없애지 않는 한 천하는 누구의 것이 될지 모른다고 그를 죽이도록 권했다. 항우는 군대가 40만이고 유방은 10만이었다. 이날 술자리에서도 범증은 패공을 죽이라고 허리에 차고 있는 구슬을 들어 세 번이나 신호를 보냈다. 항우는 패공이 겸손하게 사과를 해 오는 바람에 죽일 생각이 전혀 없었다. 범증은 칼춤을 추며 패공을 죽이려 했으나 패공의 장수 樊噲(번쾌)가 맞대응을 하는 바람에 죽일 수가 없었다. 패공은 술을 핑계로 도중에 자리를 뜨며 구슬 한 쌍을 항우에게 바치고, 옥으로 만든 술잔 한 쌍을 범증에게 선물로 주었다.

항우는 구슬을 받아 자리에 놓았다. 그러나 범증은 잔을 받아 땅에 놓더니 칼을 뽑아 쳐 깨뜨리며,

"에잇! 어린것과는 일을 같이 할 수 없다. 항왕의 천하를 앗을 사람은 반드시 패공이다. 우리 무리들은 이제 그의 포로가 되고 말 것이다."라고 했다 한다.

水滴穿石 (수적천석)

• 물 수. 물방울 적. 뚫을 천. 돌 석. 물방울이 돌을 뚫는다. ① 물방울이라도 끊임없이 떨어지면 종래엔 돌에 구멍을 뚫듯이. 작은 노력이라도 끈기 있게 계속하면 큰 일을 이룰 수 있음의 비유. ② 작은 것이라도 모이고 쌓이면 큰 것이 됨의 비유.

北宋(북송: 960~1127) 때 崇陽縣令(숭양현령)에 張乖崖(장괴애)라는 사람이 있었다. 어느 날 그는 관아를 돌아보다가 창고에서 황급히 튀어나오는 한 구실아치를 발견했다. 당장 잡아서 조사해 보니 상투 속에서 한 푼짜리 엽전 한 닢이 나왔다. 엄히 추궁하자 창고에서 훔친 것이라고 한다. 즉시 刑吏(형리)에게 곤장을 치라고 했다. 그러자 그 구실아치는 장괴애를 노려보며 이렇게 말했다.

"이건 너무 하지 않습니까? 사또. 그까짓 엽전 한 푼 훔친 게 뭐 그리 큰 죄라고."

이 말을 듣자 장괴애는 화가 머리끝까지 치밀었다.

"네 이놈! 티끌 모아 태산[塵合泰山]이라는 말도 못 들었느냐? 하루 한 푼[一文]이라도 천 날이면 천 푼이요, '물방울이 끊임없이 떨어지면 돌에 구멍을 뚫는다[水滴穿石]'고 했다."

장괴애는 말을 마치자마자 층계 아래 있는 죄인 곁으로 다가가 칼을 빼어 목을 치고 말았다. 이 같은 일은 당시 상관을 무시하는 구실아치의 잘못된 풍조를 고치려는 행위였다고 『鶴林玉露(학림옥로)』에는 적혀 있다.

守株待兎(수주대토)

『韓非子(한비자)』五蠹篇(오두편)에 다음과 같은 이야기가 나와 있다.

"宋(송)나라에 한 농부가 있었다. 하루는 밭을 가는데 토끼가 한 마리 달려가더니 밭 가운데 있는 그루터기에 머리를 들이받고 목이 부러져 죽었다. 그걸 본 농부는 토끼가 그렇게 달려와 죽을 줄 알고 쟁기를 놓아둔 채 그루터기만을 지켜보고 있었다. 그러나 토끼는 다시 나오지 않았다. 결국 온 나라 사람들의 웃음거리만 되고 말았다."

壽則多辱(수즉다욕)

• 목숨 수, 곧 즉, 많을 다, 욕 욕. 오래 살면 욕됨이 많음.

『莊子(장자)』 天地篇(천지편)에 나오는 이야기이다.

堯(요)임금이 華(화)란 곳으로 시찰을 나갔을 때 일이다. 그곳 관문을 지키는 봉인이 요임금과 말했다.

"수와 부와 많은 아들은 모든 사람들이 바라는 것인데 임금님만 이를 마다하니 어찌된 일입니까?" 요임금이 대답했다.

"아들이 많으면 두려운 일이 많고 부하면 일이 많고, 오래 살면 욕된 일이 많은지라 이 세 가지는 덕을 기르는 것이 되지 못하므로 그래서 사양하는 거요."

임금의 이 말에 봉인은 이렇게 반박을 가한다.

"나는 처음 당신을 거룩한 성인인 줄로 알았더니 이제 보니 겨우 군자라고 할 수 있는 그런 사람이구료. 하늘이 모든 사람을 낳을 때는 각각 직업을 갖도록 해 주면 무슨 두려울 것이 있겠는가. 재물이 불어나는 대로 그것을 사람들에게 나눠 주면 무슨 귀찮은 일이 있겠는가…… 천년이나 살다가 세상이 싫어지면 하늘에 올라가 신선이 되어 흰 구름을 타고 상제가 있는 곳으로 가면 그만이다. 병과 늙음과 죽음 세 가지 걱정에 이르지 않고, 몸은 항상 재난을 입는 일이 없거늘 무슨 욕될 것이 있겠는가."

誰知烏之雌雄(수지오지자웅)

> • 누구 수, 알 지, 까마귀 오, 갈 지, 암컷 자, 수컷 웅. 누가 까마귀의 암수를
> 구분할 수 있겠는가? 사물의 是非(시비), 善惡(선악)을 가리기가 무척 어렵다
> 는 말.

『詩經(시경)』 小雅(소아) 正月(정월)편 제5장에,

산을 대개 낮다고 하지 마라.
뫼가 되고 언덕이 된다.
백성의 거짓된 말을
어찌하여 막지 못하는가?
저 옛 늙은이를 불러
꿈을 점쳐 묻는다.
모두 내가 성인이라지만
누가 까마귀의 암수를 알리

못된 정치를 원망한 시의 한 대목으로, 저마다 모두 성인이라고 자랑하
지만 누가 위대한지 알 사람이 누구이겠는가의 의미를 지니고 있다. 여기
에서 그게 그것 같아 구별할 수 없는 것을 가리켜 까마귀의 암컷, 수컷이
라 말하게 되었다.

水至淸則無魚(수지청즉무어)

> • 물 수, 다할 지, 맑을 청, 곧 즉, 없을 무, 물고기 어. 물이 지극히 맑으면 물고기가 없다. 엄격하고 급하면 친구가 없음.

이것은 청렴결백이 좋다고는 하지만 그것이 도에 지나치면 사람이 따르지 않는다는 것을 비유해 하는 말이다. 옛말에 '탐관 밑에서는 살 수 있어도 淸官(청관) 밑에서는 살지 못한다.'는 말이 있다.

『孔子家語(공자가어)』 入官篇(입관편)에 子張(자장)의 물음에 대답한 孔子(공자)의 긴 말 가운데 "물이 지나치게 맑으면 고기가 없고 사람이 지나치게 맑으면 따르는 사람이 없다."고 하는 말이 나오고, 백성이 작은 허물이 있으면 그의 착한 점을 찾아내어 그의 허물을 용서하라고 했다.

『後漢書(후한서)』 班超傳(반초전)에는 西域都護(서역도호)로 있던 반초가 그의 後任(후임)으로 온 任尙(임상)을 訓戒(훈계)한 말이라 하여,
"그대는 성질이 엄하고 급하다. 물이 맑으면 큰 고기가 없는 법이니 마땅히 蕩佚(탕일)하고 簡易(간이)하게 하라."고 나와 있다.

脣亡齒寒 (순망치한)

• 입술 순. 망할 망. 이 치. 찰 한. 입술이 없으면 이가 시리다. 이해관계가 서로 밀접하여 한쪽이 망하면 다른 한쪽도 보전하기 어려움을 비유한 말.

『左傳(좌전)』 僖公(희공) 5년에 나오는 말이다.

　春秋時代(춘추시대) 초기 晉獻公(진헌공)이 虢(괵)나라를 치기 위해 虞(우)나라에 길을 빌려 달라고 청을 넣었다. 우나라를 거쳐야만 괵으로 갈 수 있었기 때문이다. 진헌공은 순식을 보내 천하에 이름이 알려져 있는 명마와 구슬을 우나라 임금에게 뇌물로 바치고, 진나라와 우나라와의 형제 우의를 거짓 약속하며 청을 받아 줄 것을 간청하게 했다.

　우나라의 임금은 뇌물이 탐나고 하는 말이 솔깃해서 순순히 청을 받아들이려 했는데 宮之奇(궁지기)라는 신하가 이를 말렸다.

　"괵나라는 우나라의 울타리입니다. 괵나라가 망하면 우나라도 반드시 따라 망하게 됩니다. 침략자와 행동을 같이 해서는 안 됩니다. 전에도 한 번 그런 실수를 했는데, 똑같은 실수를 두 번 다시 되풀이해서 되겠습니까. 속담에 이른바 '덧방나무와 수레는 서로가 의지하고 입술이 없어지면 이가 시리다.'고 한 말이 바로 우리나라와 괵나라를 두고 한 말입니다."

　그러나 우나라 임금은 진나라 荀息(순식)의 달콤한 말과 뇌물에 마음을 빼앗겨 길을 빌려 주기로 했다. 궁지기는 나라를 떠나며 "우리나라는 한 해를 넘기지 못할 것이다."라고 했다. 과연 그해 8월에 진나라는 괵을 쳐들어가 이를 자기의 땅으로 만들어 버리고 돌아오는 길에 우나라를 기습해서 마저 자기 것을 만들고 말았다. 미끼로 던져 주었던 명마와 구슬도 땅과 함께 도로 진나라로 돌아갔다.

　여기에 나오는 두 나라의 관계와 같은 경우를 가리켜 '순망치한'이라고 한다. '가도멸괵'이라는 고사성어도 이 일에서 나온 말이다. 또 '輔車相衣(보거상의)'란 말도 쓰고 둘을 합친 '脣齒輔車(순치보거)'란 말을 쓰기도 한다.

人

述而不作(술이부작)

• 이을 술. 어조사 이. 아닐 부. 지을 작. 이어서 記述(기술)만 할 뿐 창작하지 않는다. ① 선인의 업적을 이어 이를 설명하고 서술할 뿐 새로운 부분을 만들어 첨가하지 않는 태도. ② 禮樂(예악)을 제작하려면 반드시 덕과 지위를 겸해야 하는데 孔子(공자)는 덕은 있으나 지위가 없음을 이름. 述(술)은 舊章(구장)을 傳(전)하는 것, 作(작)은 새로 製作(제작)하는 것.

術(술)은 著述(저술)이란 뜻이고 作(작)은 創作(창작)이란 뜻이다. 저술은 예부터 내려오는 사상과 문화를 바탕으로 이것을 다시 정리하거나 서술하는 것을 말하고 창작은 지금까지 일찍이 없었던 새로운 사상과 학설을 처음으로 만들어 내는 것을 말한다.

『論語(논어)』 述而篇(술이편)에 나오는 말이다.

孔子(공자)는 말하기를 "전해 말하고, 새것을 만들지 않으며, 믿어 옛것을 좋아하는 것을, 가만히 우리 老彭(노팽)에게 비교해 본다."고 했다.

노팽은 殷(은)나라의 어진 대신이라고 하는데 공자는 자신의 일을 겸손하게 표현하려고 述而不作(술이부작)이라는 말을 썼는데 거기에서 더 나아가 자신의 일을 노팽에게 비교해 본다고 했다. 자신이 직접 만든 것은 거의 없다는, 지극히 겸손한 태도이다.

勝敗兵家之常事(승패병가지상사)

> • 이길 승. 패할 패. 군사 병. 집 가. 갈 지. 항상 상. 일 사. 이기고 지는 것은
> 병가에서 일상적인 일이다.

『唐書(당서)』 배도전에 나오는 말이다.

이 말은 옛날 역사적 기록에 자주 나오는 말이다. 특히 전쟁에 패하고 낙심하고 있는 임금이나 장군들을 위로하기 위해 늘 인용되는 말이다. 전쟁을 직업처럼 일삼고 있는 兵家(병가)로서는 이기고 지고 하는 것을 당연한 것으로 알고 있어야 한다. 기뻐하지도 낙심하지도 말고 당연히 있을 수 있는 일이라는 태연한 생각과 앞으로의 대책에 보다 신중을 기하라는 뜻이다. 위로와 훈계와 격려와 분발을 뜻하는 말이다. '져 본 놈이 이긴 다.'는 말이 있다. 이기는 방법을 배우는 것은 주로 진 데 있다.

人

尸位素餐(시위소찬)

• 시동 시, 자리 위, 흴 소, 먹을 찬. 시위와 소찬. 벼슬자리에 있어 그 직책을 다하지 못하고 녹만 타 먹는 사람을 이르는 말. 시위는 尸童(시동)의 자리.

尸位(시위)의 尸(시)는 尸童(시동)을 발한다. 옛날 중국에서는 조상의 제사를 지낼 때 조상의 혈통을 이은 어린아이를 조상의 神位(신위)에 앉혀 놓고 제사를 지냈다는데 그때 신위에 앉아 있는 아이가 神童(신동)이다.

그러므로 아무것도 모르면서 아무 실력도 없으면서 남이 만들어 놓은 높은 자리에 우두커니 앉아 있는 것을 가리켜 시위라고 한다.

素餐(소찬)의 素(소)는 맹탕이라는 뜻이다. 素饌(소찬)이라고 쓰면 고기나 생선 같은 맛있는 반찬이 없는 것을 뜻하고 素餐(소찬)이라고 쓰면 공짜로 먹는다는 뜻이 된다. 그러므로 尸位素餐(시위소찬)이라는 말은 분수에 벗어난 높은 자리에 앉아 하는 일 없이 공으로 祿(녹)만 받아먹는 것을 말하게 된다.

食馬肉不飮酒傷人(식마육불음주상인)

> • 닭 계, 갈비뼈 륵. 닭의 갈비뼈. 버리기에는 아깝고 뜯어먹을 살은 없음. 큰
>   소용은 못 되나 버리기는 아까운 사물.

『史記(사기)』에 나오는 이야기이다.

春秋(춘추)五覇(오패)의 한 사람인 秦穆公(진목공)은 마음이 착하고 도
량이 크기로 이름이 나 있었다. 岐山(기산)으로 사냥을 나갔을 때 마구간
에 매어 놓은 말 몇 마리가 없어져서 군사를 풀어 도둑을 잡으니 三百(삼
백)이나 되는 野人(야인)들이 말을 잡아먹고 있었다. 군법에 의해 모두 사
형에 처하게 되었는데 목공은,

"군자는 짐승 때문에 사람을 해치지 않는 법이다. 내가 들으니 좋은 말
고기를 먹고 술을 마시지 않으면 사람을 상한다고 하더라." 하고 모두 술
을 나눠 주게 한 다음 곱게 돌려보내 주었다.

먼 훗날 은혜를 많이 베풀었던 晉(진)나라가 배신을 하자, 진목공은 군
대를 이끌고 몸소 나가 晉惠公(진혜공)과 격전을 벌이다 포로가 될 순간
에 처하여서 "아아 하늘도 무심하구나." 하며 탄식을 하고 있는데 뜻밖에
머리를 풀어헤치고 반나체가 된 수백 명의 사람들이 칼을 휘두르며 쳐들
어와 진목공을 구해 주었다. 나중에 그들에게 큰 상을 내리려 하자,

"저희들은 이미 은상을 받은 지 오래입니다. 다시 또 무엇을 바라겠습
니까? 저희들은 옛날 임금의 말을 훔쳐서 잡아먹고 죽을죄를 지은 몸이었
는데 임금께서 처형은커녕 좋은 술까지 하사해 주신 그 도둑놈들이올시
다."라고 말했다.

食少事煩(식소사번)

• 먹을 식, 적을 소, 일 사, 번거로울 번. 먹는 것은 적은데 일만 번거롭다. 춘
추전국시대 위나라 사마의가 제갈공명이 보낸 使臣(사신)에게 제갈량을 평하
여 '먹는 것은 적고 일은 번거로우니 어디 오래 살 수 있겠소?'라고 한 말에
서 由來(유래)됨.

『三國志(삼국지)』에 나오는 이야기이다.

春秋戰國時代(춘추전국시대) 魏(위)나라 司馬懿(사마의)가 諸葛孔明(제
갈공명)과 對峙(대치)하고 있을 때이다.

제갈량은 사마의를 끌어내어 빨리 승패를 결정지으려 했으나 사마의는
지구전으로 제갈량이 지칠 때를 기다리고 있었다. 서로 대치하며 사신만
자주 왕래할 때 사마의는 제갈공명이 보낸 사신에게 물었다.

"공명은 하루 식사를 어떻게 하며, 일 처리를 어떻게 하시오?"

그러자 사자는 음식은 지나치게 적게 먹고, 일은 새벽부터 밤중까지 손
수 일일이 처리한다는 이야기를 했다 사마의는,

"먹는 것은 적고 일은 번거로우니 어떻게 오래 지탱할 수 있겠소." 하
고 진담 반 농담 반으로 말했다.

사자가 돌아오자 제갈량은,

"사마의가 무슨 하는 말이 없던가." 하고 물었다.

사자가 들은 그대로 전하자 제갈량도,

"중달의 말이 맞다. 나는 아무래도 오래 살 것 같지가 않다."고 말했다
는 것이다.

과연 제갈량은 곧 병이 깊어져 진중에서 죽었다.

食言 (식언)

> • 먹을 식, 말씀 언. 약속한 말을 지키지 않음. 음식이 입 안에서 없어지는 것
> 과 같다는 뜻.

『書經(서경)』湯誓(탕서)에 이 말이 나온다. 탕서는 殷(은)나라 탕임금
이 夏(하)나라 桀王(걸왕)을 치기 위해 군사를 일으켰을 때 모든 사람들에
게 맹세한 말이다.

탕왕이 말씀하셨다.

"고하노니 그대들이여, 모두 짐의 말을 들으라. 결코 내가 경솔하게 감
히 난을 일으키는 것이 아니고 하나라의 죄가 크기에 하늘이 나에게 명하
여 그를 멸하도록 한 것이다. 이제 그대들은 말하기를 '우리 임금이 우리
들을 가엾게 여기지 않고 우리들의 농사를 그르치게 하고, 하나라를 치게
한다.'라고 한다. 나도 그대들의 말을 들었다. 그러나 하나라의 왕이 죄를
지은 이상 나는 하늘이 두려워 감히 정벌하지 않을 수 없다.

이제 그대들은 '하나라의 죄가 무엇이냐'고 물을 것이다. 하의 걸왕은
모든 사람의 힘을 고갈시키고 하나라를 해치기만 하였다. 이에 모든 사람
들은 게을러지고 걸왕과 화합하지 못하게 되어 말하기를 '이 해가 언제
망할 것인가. 내 너와 함께 망했으면 한다.'고 하였다. 하왕의 덕이 이와
같으니 이제 나도 반드시 가서 정벌해야 하겠다. 바라건대 그대들은 오로
지 나를 보필하여 하늘의 벌을 이루도록 하라. 내 그대들에게 크게 상을
내리리라. 그대들은 이 말을 불신하지 말라. 나는 말을 먹지 않는다."

여기에는 '말을 먹는다.'라고 나와 있는데 결국 이 말은 약속한 말을 지
키지 않는다는 뜻이다.

識者憂患(식자우환)

> • 알 식, 놈 자, 근심 우, 근심 환. 학식이 있는 것이 도리어 근심을 사게 됨.
> 識者憂患始(식자우환시).

『二國志(삼국지)』라는 역사책을 보면 徐庶(서서)의 어머니 衛夫人(위부인)이 曹操(조조)에게 속고 한 말에 '女子識字憂患(여자식자우환)'이란 말이 있다. 서서는 劉玄德(유현덕)의 謀士(모사)로, 세상에 이름난 효자였다. 조조가 서서의 꾀에 숱하게 농락당하자 서서를 자기편으로 만들려고 서서의 어머니가 자식과 편지를 주고받을 때 편지를 僞造(위조)하여 서서에게 보내 서서가 집으로 돌아오게 만들었다. 위 부인은 본시 아들이 유현덕을 섬기기를 원하던 사람이었다. 이 사실을 알게 된 위 부인이 "도시 여자가 글자를 안다는 것부터가 걱정을 낳게 한 근본 원인이다." 하고 체념했다.

蘇東坡(소동파)의 [石蒼舒醉墨堂詩(석창서취묵당시)]에도 '식자우환'이라는 말이 나온다.

인생은 글자를 알 때부터 우환이 시작된다.
성명만 대충 쓸 줄 알면 그만둘 일이다.

서투른 지식 때문에 도리어 일을 망치는 경우가 많다. 이럴 때 흔히 쓰는 문자가 '識字憂患(식자우환)'이다. 글자를 아는 것이 우환이란 말이다.

食指動(식지동)

• 먹을 식. 손가락 지. 움직일 동. 식지가 움직인다.

『春秋左氏傳(춘추좌씨전)』 宣公(선공) 4년에 楚(초)나라 사람이 鄭(정)나라 靈公(영공)에게 큰 자라를 바쳤다. 영공은 그 자라로 죽을 끓여 朝臣(조신)들에게 나눠 줄 생각이었다. 그날 아침 공자 宋(송)이 공자 子家(자가)와 조회에 들어가려는데, 공자 송의 둘째손가락이 갑자기 움직이기 시작했다. 공자 송은 그것을 자가에게 보이며, "오늘은 반드시 뭔가 별미를 먹게 될 거야. 전에도 이 둘째손가락이 공연히 움직이게 되면 그날은 반드시 별미를 먹게 되었거든." 하면서 서로 웃었다. 이 모습을 본 영공이 이유를 물어 알자 심술이 나서 자라요리를 일부러 적게 만들어 송에게는 주지 않으며 "아무리 손가락이 움직여도 과인이 주지 않으면 먹지 못할 것이 아닌가." 해서 공자 송을 놀렸다. 격분해서 나가 버린 송은 영공이 자신을 죽이려 하는 기미를 알아차리고 공자 자가와 함께 기습하여 영공을 죽이고 만다.

食指(식지)는 둘째손가락을 말한다. 음식을 그 손가락으로 집어먹는다고 해서 먹는 손가락(식지)이라는 이름이 붙게 된 것이다. '식지가 동한다'는 말은 먹을 생각이 간절해서 손가락이 절로 음식이 있는 쪽으로 움직이게 된다는 뜻이다. 그래서 이 말은 '구미가 당긴다, 야심을 품는다' 하는 뜻으로 많이 쓰이게 되었다.

身言書判(신언서판)

• 몸 신, 말씀 언, 글 서, 판단할 판. 사람됨을 판단하는 네 가지 기준. 신수(身 手: 얼굴의 건강색이나 몸집이 큼.), 말씨(言), 문필력(書), 판단력(判)을 일컬 음. 풍채와 언변과 문장력과 판단력. 본디 당나라 때 관리를 등용하는 네 가 지 기준에서 유래하였다.

『唐書(당서)』選擧志(선거지)에 다음과 같은 기록이 있다.

무릇 사람을 가리는 방법에는 네 가지가 있다. 첫째는 身이니 풍채나 외모가 풍성하고 훌륭한 것을 말한다. 둘째는 言이니 언변이나 말투가 분 명하고 바른 것이다. 셋째는 書니 글씨체가 굳고 아름다운 것을 말한다. 넷째는 判이니 글의 이치가 우아하고 뛰어난 것을 말한다. 이 네 가지를 갖추고 있으면 뽑아 쓸 만하다.

지금은 그다지 시의적절하지 못한 이야기인 듯하다. 풍채나 외모는 중 요하지 않다. 글씨체는 전혀 중요하지 않다.

實事求是(실사구시)

• 사실 실, 일 사, 구할 구, 옳을 시. 사실에 토대를 두어 진리를 탐구함. 사실에 의거하여 진리를 탐구하다. 사실에 임하여 그 일의 진상을 찾고 구하는 것.

'實事(실사)'는 진실한 사물을 말한다. '求是(구시)'는 올바른 것을 찾는다는 뜻이다. 즉 눈으로 보고 귀로 듣고 손으로 만져 보는 것과 같은 실험과 연구를 걸쳐 누구도 부정하거나 부인할 수 없는 객관적 사실을 통해 정확한 판단, 정확한 해답을 얻는 것이 실사구시이다.

이것은 『漢書(한서)』 河間獻王德傳(하간헌왕덕전)에 나오는 '修學好古 實事求是(수학호고 실사구시)'에서 비롯되었다고들 한다. 즉 '학문을 닦아 옛것을 좋아하며, 일을 실상되게 하여 옳은 것을 찾는다.'는 말의 뒷부분을 따다가 새롭게 만들어 낸 말이다. 이 말은 주로 학문을 하는 태도를 말한다.

淸朝(청조) 전기 考證學(고증학)의 중심인물은 戴震(대진)이다. 대진은 말하기를, "학자는 마땅히 남의 것으로 자신을 가리지 말고, 내 것으로 남을 가리지 말아야 한다."고 했다.

실사구시라는 말에서 實學(실학)이라는 말이 연유되었다.

人

失言失人(실언실인)

> • 잃을 실, 말씀 언, 사람 인. 실언하여 사람을 잃는다.

『論語(논어)』 衛靈公篇(위령공편)을 보면 孔子(공자)는 이렇게 말했다.

"함께 말할 만한데 함께 말하지 않으면 그것은 사람을 잃는 것이다. 함께 말할 만하지 못한데 함께 말을 하면 그것은 말을 잃는 것이다. 知者(지자)는 사람을 잃지도 않고, 또 말을 잃지도 않는다."

失言(실언)이란 말은 우리가 흔하게 쓰는 말이다. 무심중에 하지 않을 말을 한 것도 실언이고 상대가 누구인지도 모르고 실례되는 말을 한 것도 실언이다. 결국 말을 안 해야 할 것을 해 버린 것이 실언이다.

말이 중요하고도 어려운 것임을 짐작하고 말한 것이다.

心不在焉視而不見(심부재언시이불견)

• 마음 심, 아닐 부, 있을 재, 어조사 언, 볼 시, 어조사 이, 볼 견. 마음에 있지 아니하면 보아도 보이지 않는다는 말.

『大學(대학)』正心章(정심장)에 나오는 말이다.

"이른바 몸을 닦는 것이 그 마음을 바르게 하는 데 있다. 몸에 분노하는 바가 있으면 그 바름을 얻지 못하고, 두려워하는 바가 있으면 그 바름을 얻지 못하고, 좋아하는 바가 있으면 그 바름을 얻지 못하고, 근심하는 바가 있으면 그 바름을 얻지 못한다. 마음이 있지 아니하면 보아도 보이지 않고 들어도 들리지 않고 먹어도 그 맛을 알지 못한다. 이것이 이른바 몸을 닦는 것이 그 마음을 바르게 하는 데 있다는 것이다."

心猿意馬(심원의마)

> • 마음 심. 원숭이 원. 뜻 의. 말 마. 마음은 원숭이처럼 이랬다저랬다 하고 생각은 말처럼 달아난다.

중국 唐(당)나라 石頭大師(석두대사)는, 禪(선)의 이치를 말한 『參同契(참동계)』 註釋(주석)에서 말하기를,

"마음의 원숭이는 가만히 있지 못하고, 생각의 말은 사방으로 달리며, 神氣(신기)는 밖으로 어지럽게 흩어진다."고 했다.

王陽明(왕양명: 1472~1528)은 '심원의마'를 다음과 같이 쓰고 있다.

"처음 배울 때는 마음이 원숭이 같고 생각이 말과 같아, 붙들어 매어 안정시킬 수가 없다……"라고 학문하는 일의 어려움을 말하며 학문의 목적이 지식보다는 마음의 안정에 있다는 것을 강조하였다.

원숭이는 잠시도 가만히 있지 못하는 성질이다. 마음이 조용히 가라앉지 못하고 이랬다저랬다 하는 것이 心猿(심원)이다. 말은 달리는 성질을 가지고 있다. 생각이 가만히 한곳에 있지 못하고 먼 곳으로 달아나 버리는 것이 意馬(의마)다. 사람이 번뇌로 인해 잠시도 마음과 생각을 가라앉히지 못하는 것을 원숭이와 말에 비유한 것이다. 변덕이 죽 끓듯 하거나 안절부절못하는 것을 나타내기도 한다. '意馬心猿(의마심원)'이라고 쓰기도 한다.

十年磨一劍(십년마일검)

> • 열 십, 해 년, 갈 마, 한 일, 칼 검. 10년 동안 칼 한 자루를 갈다. 여러 해 동안 武藝(무예)를 鍊磨(연마)함.

王陽明(왕양명)은 학문의 첫 목적이 지식에 있지 않고 마음의 안정에 있다는 것을 강조하여 '10년을 두고 칼 한 자루를 간다.'는 말을 썼다. 원래는 불의를 무찔러 없애기 위한 원대한 계획과 결심을 뜻하는 말로 쓰였는데 지금은 어떤 목적을 위해 때를 기다리며 준비를 게을리 하지 않는다는 뜻으로 널리 쓰이고 있다.

中唐(중당) 詩人(시인) 賈島(가도)의 五言古詩(오언고시) [劍客(검객)]에 나오기도 한다.

　　십 년을 두고 한 칼을 갈아
　　서릿발 칼날을 일찍이 시험하지 못했다.
　　오늘 가져다 그대에게 보이노니
　　누군가 불평의 일이 있는가

즉 정의를 위해 칼을 한번 옳게 써 보겠다는 큰 뜻을 갖는 검객을 대변해 하는 말이다.

十目所視十手所指(십목소시십수소지)

> • 열 십. 눈 목. 바 소. 보일 시. 손 수. 가리킬 지. 여러 사람이 보는 바이고 여러 사람이 손가락질하는 바. 여러 사람이 잘 아는 바.

十目은 열 눈이란 말이다. 그러나 열은 많다는 것을 나타내는 말로 많은 사람의 눈이란 뜻이다. 즉 무수한 사람들이 지켜보고 있는 것이 '十目所視(십목소시)'고, 여러 사람이 손가락질하고 있는 것이 '十手所指(십수소지)'다.

『大學(대학)』誠意章(성의장)에 말하기를 "악한 소인들이 남이 보지 않는 곳에서는 갖은 못된 짓을 하면서, 착한 사람 앞에서는 악한 것을 숨기고 착한 것을 내보이려 하고 있다. 그러나 사람들이 자기를 보는 것이 자기 마음속 들여다보듯 하고 있는데 무슨 소용이 있겠느냐."고 했다.

성의장에는 愼獨(신독)이라는 말이 두 번이나 거듭 나온다. 여러 사람이 있는 앞에서보다 혼자 있을 때를 더 조신하는 것이 愼獨(신독)이다. 이 신독이란 말 다음에 曾子(증자)의 말을 인용하고 있다. 즉 증자는 말하기를, "열 눈이 보는 바요, 열 손이 가리키는 바니 참으로 무서운 일이구나."라고 했다.

江希張(강희장)의 『四書白話(사서백화)』에는 十目(십목)을 열 눈이 아닌 十方(십방)의 모든 視線(시선)을 나타내는 말로 해석하고 있다.

十二律呂 (십이율려)

> • 열 십. 두 이. 법 율. 음률 려. 6률 6려.

피리소리로 표준을 잡는 音階(음계)를 말한다. 상고시대 황제 때 伶倫 (영윤)이라는 사람이 대나무를 쪼개 통을 만든 피리가 있는데, 이 피리 길 이의 장단으로 소리의 청탁 고하를 분별했다. 여기에서 음양을 나누어 양 의 6은 율이 되고 음의 6은 여가 된다. 이 피리의 길이는 후대에 척도의 기준이 되었으며, 그 피리 속에는 기장을 넣었고, 거기에 들어가는 기장의 무게가 무게의 기준이 되는 동시에 다시 부피의 기준이 되었다. 우리나라 에서는 경기도 광주에서 나는 기장을 사용하였으며 이를 기준으로 도량형 을 제작하였다. 율은 또한 법률, 고르게 나누어 준다는 뜻을 지니고 있으 니, 율려를 기준으로 하여 천하의 모든 단위를 표준화시켰다는 말이다. 그 러므로 율려는 세상을 경륜하는 법도라고도 할 수 있다.

참고)
六律(육률): 육률은 십이율 가운데 陽聲(양성)에 속하는 여섯 가지 소리로, 대나 무를 잘라 통을 만들었으니, 太簇(태족), 姑洗(고세), 黃鐘(황종), 夷 則(이칙), 無射(무역), 蕤賓(유빈)을 말한다.
六呂(육려): 육려는 陰聲(음성)에 속하는 여섯 가지 소리로, 大呂(대려), 夾鐘(협 종), 仲呂(중려), 林鐘(임종), 南呂(남려), 應從(응종)을 말한다.

ㅅ

樂殊貴賤(악수귀천)

> • 풍류 악, 다를 수, 귀할 귀, 천할 천. 음악도 귀천을 달리한다. 사람이 귀하고
>   천함에 따라 악으로 접대할 때 차별을 두어 한다는 말.

『樂記(악기)』樂情(악정) 편에 나오는 말이다.

　樂(악)이란 黃鐘(황종), 大呂(대려)의 율에 맞춰 현악기를 타며 노래하고 干揚(간양)을 들고 춤추는 것을 일컫는 것이 아니다. 이런 것들은 악의 말절이므로 동자가 춤춘다. 筵席(연석)을 펴며 樽俎(준조)를 진열하고 籩豆(변두)를 나열하고, 계단을 오르내림으로써 예를 하는 것은 예의 말절이므로 유사가 관장한다. 악사는 聲詩(성시)를 변별하므로 北面(북면)하여 현악기를 연주하고, 종축은 종묘의 예를 변별하므로 尸(시)의 뒤에 있고 상축은 喪禮(상례)를 변별하므로 주인의 뒤에 선다. 이런 까닭으로 덕을 이룬 자가 위에 있고 예를 이룬 자가 아래에 있으며, 행실을 이룬 자가 먼저 하고 일을 이룬 자가 뒤에 한다. 그러므로 선왕이 위아래를 있게 하고 앞뒤를 있게 했으니, 그런 뒤에 천하에 법제를 둘 수 있게 된 것이다.

雁書(안서)

• 기러기 안. 글 서. 기러기 발에 달린 글귀. 편지 혹은 어떤 소식. 雁足(안족).

『漢書(한서)』 蘇武傳(소무전)에 나오는 이야기이다.

蘇武(소무)는 漢武帝(한무제) 때 한나라 使臣(사신)으로 匈奴(흉노)의 포로를 호송하고 갔다가, 그 길로 흉노에게 붙들려 그들이 강요하는 항복에 응하지 않고, 온갖 고초를 겪으면서 끝내 한나라 사신으로서의 지조를 지키고 살아남았다. 그러는 동안 무제는 죽고, 昭帝(소제)가 즉위했다. 소제가 즉위한 몇 해 후에 한나라와 흉노는 다시 和親(화친)을 하게 되었다. 이때 흉노로 갔던 한나라 사신이 소무를 돌려줄 것을 요구했다. 흉노는 소무가 이미 죽은 지 오래되었다고 거짓말을 했다. 그 뒤 한나라 사신이 흉노로 갔을 때 常惠(상혜)라는 자가 꾀를 내어 사신으로 하여금 시킨 대로 말하게 했다.

"우리 천자께서 上林苑(상림원)에서 사냥을 하시다가 기러기를 쏘아 잡았습니다. 그런데 기러기 발에 비단에 쓴 편지가 매여 있었는데 내용인즉 소무 일행이 어느 늪 속에 있다는 것이었습니다."

흉노왕은 깜짝 놀라며 잘못을 사과하고 소무를 내놓았다. 이리하여 소무는 一九(십구)년 만에 고국으로 돌아올 수가 있었다. 그러나 四十(사십)살에 떠난 당시의 씩씩하던 모습은 볼 수 없고 머리털이 하얗게 센 늙은이가 되어 있었다 한다.

雁書(안서)는 기러기가 전해다 준 편지란 뜻에서 먼 거리에서 전해 온 반가운 편지를 가리켜 말하게 되었고, 뒤에는 반가운 편지, 내지는 단순히 편지 소식을 나타내게 되었다. 雁足(안족)으로 쓰기도 하는데 이럴 경우 가야금의 줄을 떠받치는 나무발이 되기도 한다.

雁鴨池骰子(안압지투자)

> • 기러기 안, 오리 압, 못 지, 주사위 투, 물건 자. 경주 안압지에서 출토된 14
>   면체 주사위.

이 주사위는 6개면은 정사각형이고 8개면은 육각형이다. 그리고 한 면
을 제외한 나머지 13면에는 한자로 네 글자씩 적혀 있었다. 나머지 한 면
은 다섯 글자였다.

이 글자의 해석대로라면 이 주사위는 벌칙용이다.

정사각형에 적힌 말
飮盡大笑(음진대소): 술 마시고 크게 웃기
三盞一去(삼잔일거): 술 석 잔을 단숨에 마시기 혹은 술 석 잔을 마시
                    고 한 걸음 가기
自唱自飮(자창자음): 혼자 노래 부르고 술 마시기
禁聲作舞(금성작무): 소리 내지 않고 춤추기
衆人打鼻(중인타비): 여러 사람으로부터 코를 맞기
有犯空過(유번공과): 여러 사람이 덤벼서 장난쳐도 참기

육각형에 적힌 벌칙
醜物莫放(추물막방): 더러워도 버리지 않기
兩盞則放(양잔즉방): 술 두 잔을 빨리 마시고 다른 이에게 돌리기
任意請歌(임의청가): 아무나 지목해 노래 청하기
曲臂則盡(곡비즉진): 팔을 구부리고 술을 다 마시기
弄面孔過(농면공과): 얼굴을 간지럽게 해도 참기
自唱怪來晚(자창괴래만): '괴래만'이라는 노래를 부르기
月鏡一曲(월경일곡): '월경'이라는 노래 부르기
空詠詩過(공영시과): 시 한 수 읊기

眼中之釘(안중지정)

> • 눈 안, 가운데 중, 갈 지, 못 정. '눈 속의 못'이란 말이다. 우리말의 '눈엣가시'라는 말과 똑같이 쓰이는 말이다. 眼中釘(안중정).

『五代史補(오대사보)』趙在禮(조재례)의 이야기에서 안중지정이라는 말이 나온다.

조재례는 唐(당)나라 말기에 백성에게서 긁어모은 돈으로 권력자들을 매수하여 後梁(후량), 後唐(후당), 後晉(후진) 3대에 걸쳐 각지의 절도사를 역임한, 간악하고 눈치 빠른 인간이었다. 그가 宋州(송주)에서 절도사로 있다가 여기에서 실컷 긁을 대로 긁어낸 다음 永興(영흥) 절도사로 옮겨가게 되었다. 이 소문을 듣고 기뻐한 것은 송주 백성들이었다. 그들은 "놈이 우리 송주를 떠난다니 마치 눈에 박힌 못을 뺀 것처럼 시원하구나." 하고 서로 위로를 했다. 그런데 백성들의 소문을 들은 조재례는 앙갚음을 할 생각으로 1년만 더 있도록 뇌물을 썼다. 조정 중신들은 조재례의 뇌물에 놀아났기 때문에 이를 승낙했다. 그는 주민들에게 집집마다 一年(일년) 안에 一千(일천) 錢(전)을 바치게 하고 이를 拔釘錢(발정전: 못을 뽑는 데 드는 돈)이라 불렀다.

暗中摸索 (암중모색)

> • 어두울 암. 가운데 중. 더듬을 모. 찾을 색. ① 어둠 속에서 더듬어 찾음. ②
> 어림으로 무엇을 알아내거나 찾아내려 함. 출전 수당가화.

중국 역사상 유일한 女帝(여제)였던 당나라 則天武后(측천무후: 690~
705) 때 許敬宗(허경종)이란 학자가 있었다.

그는 경망한데다가 방금 만났던 사람조차 기억하지 못할 정도로 건망증
이 심했다. 어느 날, 한 친구가 허경종의 건망증을 꼬집어 이렇게 말했다.

"자네는 이름 없는 사람이야 기억할 수 없겠지만 만약 何晏(하안)이나
劉楨(유정)·沈約(심약)·謝靈運(사령운) 같은 유명인을 만난 다면 '암중
모색'을 해서라도 알 수 있을 것이네."

참고)
심약: 남북조시대의 博學多識(박학다식)한 학자·시인. 자는 休文(휴문). 宋(
송)·齊(제)·梁(양)나라에서 벼슬함. 音韻學(음운학)의 四聲(사성) 연구
를 처음 시작한 학자로 유명함. 『宋書(송서)』, 『齊紀(제기)』, 『四聲韻譜
(사성운보)』 등 많은 서서를 남김.
사령운(385~433): 남북조시대 南宋(남송)의 시인. 별명 謝康樂(사강락). 여러
벼슬을 지냈으나 治積(치적)을 쌓지 못하자 그의 글재주를
아끼는 문제(文帝: 424~453)의 만류에도 불구하고 사임. 이
후 막대한 유산으로 연일 수백 명의 文人(문인)들과 더불어
산야에서 豪遊(호유)하다가 반역죄에 몰려 처형됨. 抒情(서
정)을 바탕으로 하는 중국 문화사상에 山水詩(산수시)의 길
을 열어 놓음에 따라 '산수시인'이라 불리기도 함. 『산수시』,
『山居賊(산거적)』 등의 시집을 남김.

暗行御史(암행어사)

> • 어두울 암, 갈 행, 다스릴 어, 역사 사. 조선시대에, 임금 특명을 받아 지방관
> 의 치적과 비위를 탐문하고 백성의 어려움을 살펴서 개선하는 일을 맡아 하
> 던 임시 벼슬.

조선 초기 적바림에 密遣(밀견)·潛行體察(잠행체찰)·暗行糾察(암행
규찰) 같은 기사가 보여 이것이 암행어사의 전신인 것으로 보이나, 이 용
어가 처음으로 나타난 것은 "4월 암행어사를 각 道(도)에 보내다."라고 기
록된 1509년(중종 4) 『중종실록』이다. 선조 때까지는 암행어사에 대한 비
판이 강하여 별로 파견하지 못하다가, 인조 때부터 점차 제도로 되었다.
국왕이 직접 臺諫(대간)·玉堂(옥당) 같은 젊은 朝臣(조신)을 임명하여 封
書(봉서)·事目(사목) 한 권·馬牌(마패) 한 개·鍮尺(유척) 두 개를 수여
하였는데, 숭례문을 나서야 뜯어보게 되었던 봉서에는 누구를 무슨 도 암
행어사로 삼는다는 신분 표시와 임무 내용이 적혀 있었다. 사목은 암행어
사 직무를 규정한 책이고, 마패는 驛馬(역마)와 驛卒(역졸)을 이용할 수
있는 증명이며, 유척은 檢屍(검시)를 할 때 쓰는 놋쇠 자[尺]이다. 이들이
행차할 때는 선문(先文: 지방에 출장할 때 관리의 도착날을 그 외방에 미
리 통지한 공문)을 사용하지 않고 미복으로 암행하여 수령의 행적과 백성
의 억울한 사정 따위 민정을 자세히 살펴, 필요한 경우에는 출도하여 그
신분을 밝혔다. 非違(비위)·貪汚(탐오) 따위 수령의 잘못이 밝혀지면 그
죄질에 따라 관인을 빼앗고 봉고파직하여 직무 집행을 정지시키고, 임시
로 刑獄(형옥)을 심리하여 백성들의 억울함을 풀어 주었다. 임무가 끝나면
書啓(서계)에 수령 행적에 대해서 상세히 기록하고 別單(별단)에 자신이
보고 들은 민정과 효자·열녀 같은 미담을 적어 국왕에게 바쳐 외방행정
개선을 촉구하였다. 1892년(고종 29) 李冕相(이면상)을 전라도 암행어사로
파견한 것을 끝으로 폐지되었다.

弱冠(약관)

- 약할 약, 모자 관. 옛날에 나이 스물이 되면 冠禮(관례)를 올려 갓을 쓰게 하고 成人(성인)으로 대접함. 남자 나이 20세가 된 때. 만 스물.

『禮記(예기)』曲禮篇(곡례편)에 나오는 말이다.

"사람이 나서 10년을 말하여 幼(유)라 한다. 이때부터 글을 배운다. 스물을 말하여 弱(약)이라 한다. 갓을 쓴다. 서른을 말하여 壯(장)이라 한다. 집을 갖는다. 마흔을 말하여 强(강)이라 한다. 벼슬을 한다. 쉰을 말하여 艾(애)라 한다. 官政(관정)을 맡는다. 예순을 말하여 耆(기)라 한다. 가리켜 시킨다. 일흔을 말하여 老(노)라 한다. 전한다(자식에게). 八, 九十 세를 말하여 耄(모)라 하고 일곱 살을 悼(도)라 하는데 도와 모는 죄가 있어도 형벌을 더하지 않는다. 백 살을 말하여 期(기)라 한다. 기른다."

약관이라는 말은 약과 관을 합쳐서 된 말인데 스무 살은 약한 편이지만 어른으로서 갓을 쓰는 나이라는 말이다.

約法三章(약법삼장)

• 약속할 약. 법 법. 석 삼. 글 장. 漢(한) 왕조의 창시자인 高祖(고조: 유방)가
  그의 승전 혁명군을 이끌고 長安(장안)으로 들어갔을 때 공포한 약식 법.

『史記(사기)』에 나오는 이야기이다.

劉邦(유방)이 秦(진)나라 군사를 쳐서 이기고 수도 咸陽(함양) 동쪽에
있는 覇上(패상)으로 진군해서 秦王(진왕) 子嬰(자영)의 항복을 받고 다시
함양에 入城(입성)했다가 樊噲(번쾌)와 張良(장량)의 권고로 패상으로 다
시 돌아온 후 진나라의 많은 호걸들과 부로들을 불러 모아 놓고 이렇게
말했다.

一. 사람을 죽인 사람은 죽는다.
二. 사람을 상케 한 사람과 도둑질한 사람은 죄를 받는다.
三. 나머지 진나라의 법은 모두 없애 버린다.

약속한 법이 겨우 세 가지란 뜻으로 원래는 秦(진)나라 서울 함양을 점
령한 沛公(패공) 劉邦(유방)이 진나라 부로들에게 약속한 것을 가리킨 것이
다. 지금은 법이 복잡하지 않고 간편해야 한다는 뜻으로 쓰이고 있다.

良禽擇木(양금택목)

• 좋을 양, 날짐승 금, 가릴 택, 나무 목. 현명한 새는 좋은 나무를 가려서 둥지를 친다는 뜻으로, 현명한 사람은 자기 재능을 키워 줄 훌륭한 사람을 가려서 섬김의 비유. 어진 새는 깃 들 나무를 골라서 택함.

『春秋左氏傳(춘추좌씨전)』에 나오는 이야기이다.

춘추시대 儒家(유가)의 鼻祖(비조)인 孔子(공자)가 治國(치국)의 도를 遊說(유세)하기 위해 衛(위)나라에 갔을 때의 일이다. 어느 날, 孔文子(공문자)가 大叔疾(대숙질)을 공격하기 위해 공자에게 상의하자 공자는 이렇게 대답했다.

"제사 지내는 일에 대해선 배운 일이 있습니다만, 전쟁에 대해선 전혀 아는 것이 없습니다."

그 자리를 물러나온 공자는 제자에게 서둘러 수레에 말을 매라고 일렀다. 제자가 그 까닭을 묻자 공자는 "한시라도 빨리 위나라를 떠나야겠다."며 이렇게 대답했다.

"현명한 새는 좋은 나무를 가려서 둥지를 친다[良禽擇木]고 했다. 마찬가지로 신하가 되려면 마땅히 훌륭한 군주를 가려서 섬겨야 하느니라."

이 말을 전해 들은 공문자는 황급히 객사로 달려와 공자의 귀국을 만류했다.

"나는 결코 딴 뜻이 있어서 물었던 것이 아니오. 다만 위나라의 대사에 대해 물어 보고 싶었을 뿐이니 언짢게 생각 말고 좀 더 머물도록 하시오."

공자는 기분이 풀리어 위나라에 머물려고 했으나 때마침 魯(노)나라에서 사람이 찾아와서 귀국을 간청했다. 그래서 고국을 떠난 지 오래인 공자는 老軀(노구)에 스미는 고향 생각에 사로잡혀 서둘러 노나라로 돌아갔다.

羊頭狗肉(양두구육)

> • 양 양, 머리 두, 개 구, 고기 육. 양의 머리를 내놓고 개고기를 판다. 겉으로
> 는 그럴듯하게 내세우나 속은 변변치 않음.

이 말은 여러 곳에서 발견되는데 『晏子春秋(안자춘추)』에 나오는 이야
기는 다음과 같다.

春秋時代(춘추시대) 齊靈公(제영공)은 어여쁜 여자에게 남자의 옷을 입
혀 놓고 즐기는 별난 취미를 가지고 있었는데 곧 민간에서도 따라 하여
제나라에는 男裝(남장) 미인의 수가 늘어났다.

이 말을 전해 들은 영공은 천한 것들이 임금의 흉내를 낸다고 해서 남
장을 금하라는 영을 내렸다. 그러나 좀체 그런 풍조가 사라지지 않자 晏
子(안자: 안영)에게 이유를 물었더니 "임금께서는 궁중에서는 여자에게 남
장을 하게 하시면서 밖으로 백성들만을 못 하도록 금하고 계십니다. 이것
은 쇠머리를 문에다 걸고 말고기를 안에서 파는 것과 같습니다. 임금께선
어째서 궁중에도 같은 금령을 실시하시지 않습니까. 그러시면 밖에서도
감히 남장하는 여자가 없게 될 것입니다."

영공이 궁중에서도 금하자 곧 민간에서 남장의 풍습이 사라졌다. 이 이
야기에는 쇠머리와 말고기로 대체되어 나온다.

梁上君子(양상군자)

• 들보 량, 위 상, 임금 금, 아들 자. 대들보 위의 군자. '도둑'을 듣기 좋게 이르는 말.

『後漢書(후한서)』 陳寔傳(진식전)에 나오는 이야기이다.

後漢(후한) 말기 陳寔(진식)은 성질이 온후하고 청렴하며 학식이 풍부하여 존경받는 인물이었다. 그가 太丘縣(태구현)의 장관으로 있을 때 어느 해 흉년이 들어 많은 백성들이 고통을 겪던 중 자기 집 천정 대들보 위에 도둑이 웅크리고 있는 것을 보고 아들과 손자들을 불러 모아 이렇게 훈계했다.

"대저 사람이란 자기 스스로 노력하지 않으면 안 된다. 착하지 못한 일을 하는 사람도 반드시 처음부터 악한 사람은 아니었다. 평소의 잘못된 버릇이 그만 성격으로 변해 나쁜 일을 하게 되는 것이다. 저 들보 위의 군자가 바로 그러하다."

도둑은 이 말에 깜짝 놀라 얼른 뛰어내려 와 이마를 조아리며 죽여 달라고 사죄를 했다.

진식은 조용히 타일렀다.

"내 그대의 얼굴을 보아 하니 나쁜 사람 같지가 않다. 깊이 반성하여 자기 마음을 이겨 내면 착한 사람이 될 것이다. 그러나 이것이 다 가난한 탓에서 온 것일 것이다."

그러면서 그 도둑에게 비단 두 필을 주고 죄를 용서해 돌려보냈다.

이 일이 널리 알려지게 되자 고을 안에 도둑질하는 사람이 한 사람도 없게 되었다는 것이다.

良藥苦於口利於病(양약고어구이어병)

- 좋을 양, 약 약, 쓸 고, 어조사 어, 입 구, 이로울 리, 병 병. 좋은 약은 입에 쓰나 병을 다스리는 데는 이롭다. 忠言(충언)은 귀에 거슬리나 자신에게 이롭다는 말.

『孔子家語(공자가어)』에서 孔子(공자)가 이런 말을 하고 있다.

"좋은 약은 입에 써도 병에 이롭고, 충성된 말은 귀에 거슬려도 행하는 데 이롭다. 湯(탕)임금과 武王(무왕)은 곧은 말을 하는 사람으로 일어나고, 桀(걸)과 紂(주)는 순종하는 사람들로 망했다. 임금으로 말리는 신하가 없고, 아비로 말리는 아들이 없고, 형으로 말리는 아우가 없고, 선비로 말리는 친구가 없으면 과오를 범하지 않는 사람이 없다."

탕은 바른말 잘하는 伊尹(이윤)으로 섰고, 무왕은 바른말 잘하는 呂尙(여상)으로 섰고, 걸과 주는 바른말 하는 사람을 곁에 두지 않아서 나라를 잃고 말았다.

『史記(사기)』 留侯世家(유후세가)에는 張良(장량)이 沛公(패공) 劉邦(유방)을 달랠 때에도 "충성된 말은 귀에 거슬려도 행하는 데 이롭고, 독한 약은 입에 써도 병에 이롭다 했습니다."라고 말했다.

楊布之狗(양포지구)

겉이 달라졌다고 해서 속까지 달라진 것으로 알고 있는 사람을 가리켜 '양포라는 사람의 집 개'라고 한다. 이 말은 韓非(한비)가 자기 학설을 주장하기 위해 만들어 낸 이야기 중에 나오는 말이다.

楊朱(양주)의 아우 楊布(양포)가 아침에 나갈 때 흰옷을 입고 나갔는데, 돌아올 때는 비가 오기 때문에 검정 옷으로 갈아입고 들어왔다. 집에 있는 개가 낯선 사람으로 알고 마구 짖어대자 양포가 화가 나서 개를 때리려 했다. 형 양주가 양포를 타일렀다.

"개를 탓하지 마라. 너도 마찬가지일 것이다. 만일 너의 개가 조금 전에 희게 하고 나갔다가 까맣게 해 가지고 들어오면 너는 이상하게 생각하지 않겠느냐?"

楊朱(양주)는 戰國時代(전국시대) 중엽의 사상가로 墨子(묵자)와 대조적인 사상을 주창하고 있었다. 孟子(맹자)는 사상가들을 두루 평하여 말하기를 "楊子(양자: 양주)는 나만을 위하니 아비가 없고, 묵자는 똑같이 사랑하니 임금이 없다. 아비가 없고 임금이 없으면 이는 곧 새, 짐승과 다를 것이 없다."고 했다.

漁父之利(어부지리)

• 고기 잡을 어. 사내 부. 갈 지. 이로울 리. 도요새와 무명조개 둘이 싸우는 사이에 엉뚱한 사람이 이익을 가로챔. 蚌鷸之勢(방휼지세).

『戰國策(전국책)』 燕策(연책) 二(이)에 있는 蘇秦(소진)의 아우 蘇代(소대)의 입에서 나오게 된다. 趙(조)나라가 燕(연)나라를 치려 하고 있었다. 연나라에 와 있던 소대는, 연나라 왕의 부탁을 받고 조나라 惠文王(혜문왕)을 찾아가 이렇게 달랬다.

"이번에 제가 이리로 올 때 易水(역수)를 건너오게 되었습니다. 때마침 민물조개가 물가로 나와 입을 벌리고 햇볕을 쪼이고 있는데 물새란 놈이 지나가다가 조개 살을 보고 쪼아 먹으려 하지 않았겠습니까. 조개란 놈이 깜짝 놀라 입을 오므리자 물새는 그만 주둥이를 꽉 물리고 말았습니다. 그렇게 되자 물새가 말했습니다. '오늘도 내일도 비만 오지 않으면 그때는 바짝 말라 죽은 조개를 보게 될 것이다.'

조개는 조개대로 또, '오늘도 열어 주지 않고 내일도 열어 주지 않으면 그때는 죽은 물새를 보게 될 것이다.'

하며 서로 버티고 있었습니다. 그러나 그때 마침 지나가던 어부가 이 광경을 보고 새와 조개를 함께 잡아넣고 말았습니다."

소대의 비유를 들은 혜문왕은 연나라를 칠 계획을 그만두었다.

두 사람이 맞붙어 싸우는 바람에 엉뚱한 제삼자가 덕을 보는 경우를 漁父之利(어부지리)라 하고 서로 맞붙어 버티며 양보하기 어려운 형편에 있는 것을 가리켜 蚌鷸之勢(방휼지세)라 한다.

掩耳盜鈴(엄이도령)

• 가릴 엄, 귀 이, 훔칠 도, 방울 령. 귀를 가리고 방울을 훔친다. 눈 가리고 아
  웅. 나쁜 짓을 하고 남의 비난을 받기 싫어하여도 아무 소용이 없다는 말. 掩
  耳盜鐘(엄이도종).

이 이야기는 『呂氏春秋(여씨춘추)』 不苟論(불구론)의 自知篇(자지편)에
나온다.

晉(진)나라 六卿(육경)의 한 사람인 范氏(범씨)는 다른 네 사람에 의해
中行氏(중행씨)와 함께 망하게 된다.

이 범씨가 망하게 되자, 혼란한 틈을 타서 범씨 집의 종을 훔친 사람이
있었다. 그러나 종이 지고 가기에는 너무 컸기 때문에 하는 수 없이 망치
로 이를 깨뜨렸다. 그러자 꽝! 하는 요란한 소리가 들렸다. 도둑은 혹시
다른 사람이 듣고 와서 자기가 훔친 것을 앗아갈까 하는 생각에 얼른 손
으로 자기 귀를 가렸다는 것이다.

이 이야기는 비유적인 이야기이다. 임금이 바른 말을 하는 신하를 소중
히 여겨야 한다는 뜻이 들어가 있다. 임금이 자신의 잘못을 자기가 듣지
않는다고 해서 남도 모르는 줄 아는 것은 귀를 가리고 종을 깨뜨리는 도
둑과 똑같이 어리석다는 것이다.

원래는 귀를 가리고 종을 훔친다는 '掩耳盜鐘(엄이도종)'이었는데 후에
종 대신에 방울이라는 글자를 쓰게 되었다.

餘桃之罪(여도지죄)

> • 남을 여, 복숭아 도, 갈 지, 허물 죄. '먹다 남은 복숭아를 준 죄'란 뜻으로, 애정과 증오의 변화가 심함의 비유.

『韓非子(한비자)』 說難篇(세난편)에 나오는 이야기이다.

전국시대, 衛(위)나라에 왕의 총애를 받는 彌子瑕(미자하)란 美童(미동)이 있었다. 어느 날 어머니가 병이 났다는 전갈을 받은 미자하는 허락 없이 임금의 수레를 타고 집으로 달려갔다. 당시 허락 없이 임금의 수레를 타는 사람은 刖刑(월형: 발뒤꿈치를 자르는 형벌)이라는 중벌을 받게 되어 있었다. 그런데 미자하의 이야기를 들은 왕은 오히려 효심을 칭찬하고 용서했다.

"실로 효자로다. 어미를 위해 월형도 두려워하지 않다니……."

또 한번은 미자하가 왕과 과수원을 거닐다가 복숭아를 따서 한입 먹어보니 아주 달고 맛이 있었다. 그래서 왕에게 바쳤다. 왕은 기뻐하며 말했다.

"제가 먹을 것도 잊고 '과인에게 먹이다[啗君]'니……."

흐르는 세월과 더불어 미자하의 자태는 점점 빛을 잃었고 왕의 총애도 엷어졌다. 그러던 어느 날, 미자하가 처벌을 받게 되자 왕은 지난일을 상기하고 이렇게 말했다.

"이놈은 언젠가 몰래 과인의 수레를 탔고, 게다가 '먹다 남은 복숭아[餘桃]'를 과인에게 먹인 일도 있다."

이처럼 한번 애정을 잃으면 이전에 칭찬을 받았던 일도 오히려 화가 되어 벌을 받게 되는 것이다.

女宿(여수)

> • 계집 녀, 별이름 수. 제사를 주관하는 별자리.

干寶(간보)가 엮은 『중국고대민담』에 나오는 이야기이다.

蜀郡(촉군)에 사는 張寬(장관)은 자가 叔文(숙문)이다. 한나라 무제 때 侍中(시중)이 되어 무제를 모시고 甘泉(감천)에 제사 지내러 간 적이 있었다. 그 행렬이 渭橋(위교)에 이르자, 한 여인이 渭水(위수)에서 목욕을 하고 있었다. 그런데 그녀의 유방이 7자나 되는 것이 아닌가? 무제는 그것을 무척 괴이하게 여겨, 사람을 시켜 연유를 알아보게 했다. 그러자 그 여인이 말했다.

"황제의 수레 뒤쪽으로 일곱 번째 수레를 타고 오는 사람에게 물어보시면 내가 온 곳을 알 것이오."

때마침 일곱 번째 수레에 장관이 타고 있다가 대답했다.

"그 여인은 제사를 주관하는 천상의 별자리이옵니다. 제대로 齋戒(재계)를 하지 않으면 28수 중의 하나인 이 女宿(여수)가 모습을 드러내곤 합니다."

옛날 중국인이나 우리나라 사람들은 28수가 제각기 인간세계의 일 중에서 주관하는 일이 있다고 여겼다. 그중 여수는 북방 7수 중 세 번째 별에 해당하는데 제사를 담당했다고 여겼다.

女子與小人難養(여자여소인난양)

• 여자 여. 아들 자. 더불 여. 작을 소. 사람 인. 어려울 난. 다룰 양. 여자와 소인은 가까이하면 버릇없이 굴고, 멀리하면 怨望(원망)하기 때문에 다루기가 어려움.

『論語(논어)』에 나오는 孔子(공자)의 말이다. 陽貨篇(양화편)에,

"오직 여자와 소인만은 기르기 어려운 것이 된다. 이를 가까이하면 공손하지 못하고, 이를 멀리하면 원망을 한다. 唯女子與小人 爲難養也 近之則不孫遠之則怒(유여자여소인 위난양야 근지즉불손원지즉노)"라고 말했다.

朱子(주자)의 註釋(주석)에서 소인이라는 말을 종과 하인을 가리킨다고 했다. 그러므로 소인은 소견이 좁은 사람이 아닐 수도 있다.

逆鱗(역린)

• 거스를 역. 비늘 린. 거슬러 난 비늘.

『韓非子(한비자)』 說難篇(세난편)에 나오는 말이다.

세난이란 남을 설득시키기가 어렵다는 뜻으로, 한비는 이 편에서 다음과 같이 말하고 있다.

"상대가 좋은 이름과 높은 지조를 동경하고 있는데, 이익이 크다는 것으로 그를 달래려 하면, 상대는 자기를 비루하고 지조가 없는 사람으로 대한다 하여 멀리할 것이 틀림없다. 반대로 상대가 큰 이익을 원하고 있는데 명예가 어떻고, 지조가 어떻고 하는 말로 이를 달래려 하면, 이쪽을 세상 물정에 어두운 사람이라 하여 상대를 해 주지 않을 것이 뻔하다. 상대가 속으로는 큰 이익을 바라고 있으면서 겉으로만 명예와 지조를 대단히 아는 척할 때, 그를 명예와 지조를 가지고 설득하려 하면 겉으로는 이쪽을 대우하는 척하며 속으로는 멀리하게 될 것이며, 그렇다고 이익을 가지고 이를 달래면 속으로 이쪽 말만 받아들이고 겉으로는 나를 버리고 말 것이다……."

한비는 남을 설득시키기 어려운 점을 말하고 맨 나중에 다음과 같이 말한다.

"용이란 짐승은 잘 친하기만 하면 올라탈 수도 있다. 그러나 그의 목 아래에 붙어 있는 직경 한 자쯤 되는 逆鱗(역린)을 사람이 건드리기만 하면 반드시 사람을 죽이고 만다. 임금도 또한 역린이 있다. 말하는 사람이 임금의 역린만 능히 건드리지 않을 수 있다면 목적을 달성할 수 있을 것이다."

이 이야기에서 임금의 노여움을 역린이라고 하게 되었다. 龍(용)의 턱밑에 있는 이 비늘을 건드리기만 하면 사람을 죽이기 때문에 임금의 노여움을 사는 것을 '역린에 부산 친다.'고 했다.

力拔山氣蓋世(역발산기개세)

> • 힘 역, 뽑을 발, 뫼 산, 기운 기, 덮을 개, 세상 세. 힘은 산을 뽑을 정도이고 기개는 세상을 덮을 정도로 기력이 雄大(웅대)함.

『史記(사기)』項羽紀(항우기)에 나오는 말이다.

楚(초)나라 項羽(항우)가 漢(한)나라 沛公(패공) 劉邦(유방)을 맞아 垓下(해하)에서 최후의 결전을 치르던 날 군대는 적고 먹을 것마저 떨어져 四面楚歌(사면초가)에 몰렸는데 자신의 여자 虞美人(우미인)과 술을 한잔 마시며 감개가 무량해서 시를 읊었다.

> 힘은 산을 뽑고 기상은 세상을 덮었다는데
> 때가 불리하니 騅(추)마저 가지 않누나.
> 추마저 가지 않으니 난들 어찌하리
> 虞(우)야, 우야 너를 어찌하리.

노래를 마치고 우미인과 눈물을 흘리다가 우미인에게,

"너는 얼굴이 아름다우니 잘만 하면 沛公(패공)의 사랑을 받아 살아날 수 있을 것이다."

그러나 우미인은 자살을 하고 만다. 위의 시를 '虞兮歌(우혜가)'라고 한다. 騅(추)는 항우의 말인 오추마이다.

易子而敎之(역자이교지)

• 바꿀 역. 자식 자. 어조사 이. 가르칠 교. 이 지. 자식은 자신이 직접 가르칠
수 없으니 서로 바꾸어 가르친다. 자기 자식을 부모가 가르치기 어려우므로
자식을 서로 바꾸어서 가르침.

　『孟子(맹자)』 離婁(이루) 上(상)에 보면 맹자와 제자 公孫丑(공손추)와
의 사이에 문답이 나온다. 공손추는 맹자에게 "군자가 자기 아들을 직접
가르치지 않는 것은 어떤 이유에서입니까?"라고 묻는다. 공자의 아들 鯉
(이)를 공자는 직접 가르치지 않았는데 그 일을 보고 물은 것이다.

　맹자는 "형편이 그렇게 될 수 없기 때문이다. 가르치는 사람은 반드시
바르게 하라고 가르친다. 바르게 하라고 가르쳐도 그대로 실행하지 않으
면 자연 노여움이 따르게 된다. 그렇게 되면 도리어 부자간의 情理(정리)
를 상하게 된다. 자식이 속으로 생각하기를, 아버지는 나보고 바른 일을
하라고 가르치지만 아버지도 역시 바르게는 못 하고 있다 한다. 이것은
부자가 다 같이 정리를 상하게 하는 것이 된다. 그러기에 옛날 사람들은
자식을 바꾸어 가르쳤다. 결국 부모가 직접 자기 자식을 가르치지 않는다.
부자 사이에는 잘못한다고 책하지 않는 법이다. 잘못한다고 책하게 되면
서로 정리가 멀어지게 된다. 정리가 멀어지면 그보다 더 불행한 일이 어
디 또 있겠는가?"라고 말했다.

緣木求魚(연목구어)

> • 오를 연, 나무 목, 구할 구, 물고기 어. 나무에 올라가서 물고기를 구하려 한
> 다. 불가능한 일을 무리하게 하려 함을 비유하는 말.

『孟子(맹자)』 梁惠王(양혜왕) 上(상)에 나오는 이야기이다.

맹자는 제선왕의 어진 마음씨를 추어올리며,
"왕께서 왕천하를 못 하는 것은 못 하는 것이 아니라 하지 않는 것입니
다."라고 말한다. 그러자 왕은,
"하지 않는 것과 못 하는 것은 무엇이 다릅니까?" 하고 묻는다.
"태산을 옆에 끼고 바다를 건너뛰는 것을 못 한다고 하면 그것은 정말
못 하는 것이 되지만, 어른을 위해 나뭇가지 하나 꺾는 것을 못 한다고
하면 이것은 못 하는 것이 아니라 하지 않는 것입니다."

孟子(맹자)가 齊宣王(제선왕)에게 王天下(왕천하: 천하를 거느리고 왕
노릇 하는 일)하는 방법을 설명하면서,
"그렇다면 왕의 소원이 무엇인지를 알 수 있습니다. 땅을 넓히고 강대
국인 진나라, 초나라를 조공을 바치게 만든 다음, 중국에 군림하여 사방
오랑캐들을 어루만지는 것입니다. 지금 하고 있는 것으로 그 같은 소원을
이루려 한다면, 그것은 나무에 올라가 고기를 잡으려 하는 것과 같습니
다."라고 말했다.
제선왕이 하는 일로는 統一天下(통일천하)를 아예 할 수 없다는 말이다.

燕雀安知鴻鵠之志(연작안지홍곡지지)

> • 제비 연, 참새 작, 어찌 안, 알 지, 기러기 홍, 고니 곡, 갈 지, 뜻 지. 제비나 참새가 어찌 기러기나 고니의 뜻을 알겠는가? 소인배들이 대인군자의 뜻을 알 수 없다는 말. 燕雀安知鴻鵠志(연작안지홍곡지).

『史記(사기)』 陳涉世家(진섭세가)에 陳勝(진승)은 陽城(양성) 사람으로 자를 섭이라 했는데 젊었을 때에는 사람들과 함께 남의 집에서 품팔이를 했다. 언젠가 일을 마치고 언덕으로 올라가 쉬며 주인을 돌아보며,

"우리 다 같이 이 뒷날 부귀하게 되거든, 오늘의 이 정리를 잊지 않기로 합시다." 그러자 주인이 웃으며 대답했다.

"품팔이하는 신세에 대체 부귀가 무슨 놈의 부귀인가?"

말한 본전도 못 찾게 된 진섭은 크게 한숨을 내쉬며 말했다.

"제비와 참새가 어찌 기러기의 마음을 알겠는가?"

멀리 하늘을 날아오를 포부를 가지고 있는 영웅호걸의 큰 뜻을 평범한 사람들이 어떻게 이해할 수 있겠느냐 하는 비유로 쓰인다. 진나라 제국을 멸망으로 몰고 가는 첫 봉화를 올린 것이 진승이고 진승이 탄식하며 한 말이 이 말이다.

'王侯將相寧有種乎(왕후장상영유종호)'라는 말을 남긴 것도 이 진승이다.

吮疽之仁(연저지인)

戰國時代(전국시대) 魏(위)나라의 將帥(장수) 吳起(오기)가 자기 部下(부하)의 몸에 난 腫氣(종기)를 입으로 빨아서 고쳤다는 故事(고사).

『史記(사기)』 孫子吳起列傳(손자오기열전)에 나오는 이야기이다.

오기는 孔子(공자)의 제자 曾子(증자)에게 배운 일이 있다. 그러나 그의 어머니가 죽었다는 소식을 듣고도 집에 돌아가지 않자 증자는 그를 쫓아 버렸다. 오기는 병법을 공부하고 魯(노)나라에서 벼슬을 하다가 그의 아내가 제나라 귀족의 딸이어서 출세의 길이 막히자 위나라 文侯(문후)에게로 가서 벼슬을 하게 되었다. 위나라 장군이 된 오기는 신분이 가장 낮은 졸병들과 생활을 하며 병졸 가운데 종기를 앓는 사람이 있자 오기는 입으로 종기의 고름을 빨아낸 다음 손수 약을 발라 주곤 했다. 그러자 이 소문을 들은 그 병졸의 어머니가 통곡을 했다. 사람들은 영광된 일인데 왜 우느냐 묻자,

"그런 게 아닙니다. 지나간 해에도 오 장군이 그 애 아버지의 종기를 빤 일이 있었는데, 그 애 아버지는 싸워 돌아오지 못하고 마침내 적에게 죽고 말았습니다. 오 장군이 이번에 또 그 자식을 빨았으니 나는 그 애가 언제 어디서 죽게 될지 알 수가 없습니다. 그래서 우는 것입니다."

결국 종기를 빨아 주면 병사들은 감격한 나머지 목숨을 아끼지 않고 싸우다 죽었다는 이야기다.

鹽車之憾(염거지감)

• 소금 염, 수레 거, 갈 지, 서운할 감. 소금 수레를 보고 느껴 운다. 천리마도 운이 나쁘면 여느 말과 같이 소금 수레나 끈다. 뛰어난 인재가 때를 못 만나 불우한 처지를 한탄함. 鹽車憾(염거감). 鹽車之憾(염차지감).

『戰國策(전국책)』 燕策(연책)에 나오는 이야기이다.

春秋時代(춘추시대) 秦穆公(진목공: B.C. 660~621) 때 언젠가 孫陽(손양)이 천리마가 다른 짐말과 함께 소금 수레를 끌고 고갯길을 올라오는 것을 마주치게 되었다. 말은 고갯길로 접어들자 발길을 멈추고 멍에를 멘 채 땅에 무릎을 꿇었다. 그리고는 손양을 쳐다보며 소리쳐 울었다. 손양은 수레에서 내려, "너에게 소금 수레를 끌리다니!" 하며 말의 목을 잡고 함께 울었다. 말은 고개를 숙여 한숨을 짓고 다시 고개를 들어 울었다. 그 우렁차고 슬픈 소리는 하늘에까지 울렸다.

하루 천 리를 달릴 수 있는 말도 이를 알아주는 사람이 없으면 짐수레를 끌며 늙고 만다는 뜻이다. 아무리 재능 있는 사람도 그것을 꿰뚫어 보는 사람이 없다면, 그 재능은 세상에 나타나지 않고 그대로 썩어 버릴 것이다.

寧爲鷄口勿爲牛後(영위계구물위우후)

• 편안할 영, 할 위, 닭 계, 입 구, 말 물, 소 우, 뒤 후. 닭은 작아도 그 입은 먹이를 먹지만 소는 커도 그 꽁무니는 똥을 누므로 강대한 사람의 뒤에 붙어서 심부름만 하느니보다는 작은 단체일지라도 그 頭目(두목)이 되라는 말.

『史記(사기)』蘇秦列傳(소진열전)에 나오는 이야기이다.

소진이 六國(육국)을 연합해서 秦(진)나라에 대항해야 한다는 合從策(합종책)을 들고, 燕(연)나라와 趙(조)나라 임금을 설득시킨 다음, 조나라 肅侯(숙후)의 후원을 얻어 한나라로 가게 되었다.

소진이 韓(한)나라 宣惠王(선혜왕)을 달래며 하는 말에 이 속담이 나온다.

"대왕께서 진나라를 섬기게 되면 진나라는 한나라에 땅을 요구하게 될 것입니다. 금년에 요구를 들어주면 명년에 또 요구를 하게 될 것입니다. 이렇게 주다 보면 나중에는 줄 땅이 없게 되고 주지 않게 되면 지금까지 준 것이 아무 소용이 없이 화를 입게 될 것이 아닙니까. 또 대왕의 땅은 끝이 있지만 진나라의 요구는 끝이 없습니다. 끝이 있는 땅을 가지고 끝이 없는 요구를 들어주지 못하면 이것이 이른바 '원한을 사서 화를 맺는다.'는 것으로 싸우기도 전에 땅부터 먼저 주게 되는 것입니다. 신이 듣건대 속담에 말하기를 '차라리 닭의 주둥이가 될망정 소 궁둥이는 되지 말라.'고 했습니다. 대왕의 현명하심으로 강한 한나라의 군사를 가지고 계시면서 소 궁둥이의 이름을 갖는다는 것은, 대왕을 위해 부끄러운 일이 아닐 수 없습니다."

이 말에 선혜왕은 발끈 성이 나서 눈을 부릅뜨고 팔을 뽑아서 칼을 어루만지며 하늘을 우러러보고 말했다.

"과인이 아무리 못났지만 진나라를 섬길 수 없다."고 했다.

이리하여 소진은 가는 곳마다 환영을 받으며 마침내 6국의 合從(합종)을 이룩하게 된다.

曳尾塗中 (예미도중)

- 끌 예, 꼬리 미, 진흙 도, 가운데 중. 진흙 속에 꼬리를 끌고 다닌다. 거북은 죽어서 점치는 데 쓰이어 귀하게 되는 것보다는 살아서 꼬리를 진흙 속에서 끌고 다니기를 더 좋아함. 벼슬아치가 되어 束縛(속박)받는 것보다는 匹夫(필부)로서 편아히 살기를 원함. 莊子(장자)가 宰相(재상) 자리를 거질할 때 한 말.

『莊子(장자)』 秋水篇(추수편)에 나오는 이야기이다.

莊子(장자)가 濮水(복수)가에서 낚시질을 하고 있었다. 그러자 楚(초)나라 왕이 두 대신을 보내,
"선생님께 나라의 정치를 맡기고 싶습니다."라는 뜻을 전하게 했다.
장자는 낚싯대를 잡은 채 돌아보지도 않고 말했다.

"들으니 초나라에는 神龜(신귀)라는 三千年(삼천년) 묵은 죽은 거북을 왕이 비단 상자에 넣어 廟堂(묘당) 안에 간직하고 있다더군요. 그 거북이 살았을 때, 죽어서 그같이 소중하게 여기는 뼈가 되기를 원했겠소. 그보다 살아서 꼬리를 진흙 속에 끌고 다니기를 바랐겠소."
"그야 물론 살아서 진흙 속에 꼬리를 끌고 다니기를 바라겠지요."
"그렇다면 그만 돌아가 주시오. 나는 진흙 속에 꼬리를 끌겠으니."

『莊子(장자)』 列禦寇(열어구) 편에도 이와 비슷한 이야기가 나온다.

어느 임금이 장자를 招聘(초빙)했다. 장자는 사신에게 이렇게 말했다.
"당신들은 제사에 쓰는 소를 보았겠지요. 비단옷을 입히고 풀과 콩을 먹이지만, 끌려 太廟(태묘: 죽은 사람의 영혼을 모시는 사당)에 들어가게 되었을 때 그 소가 외로운 송아지가 되기를 바란들 무슨 소용이 있겠소."
우리나라 속담에 '죽어 석 잔 술이 살아 한 잔 술만 못하다.' '말똥에 굴러도 이승이 좋다.'라는 말이 있다.

五斗米(오두미)

> • 다섯 오, 말 두, 쌀 미. 오두미는 쌀 다섯 말이라는 말이다. 그러므로 이것은 얼마 안 되는 봉급이라는 뜻을 지닌다.

[歸去來辭(귀거래사)]로 유명한 陶淵明(도연명)은 東晉(동진) 말년의 어지러운 세상에 태어나서 출세에는 별로 뜻이 없고 자연과 술과 글을 즐기며 평생을 보낸 위대한 시인이다.

『晋書(진서)』 隱逸傳(은일전)과 『宋書(송서)』에 陶淵明(도연명)과 관련된 사연이 나온다.

그는 처음 江州(강주)의 祭酒(제주)가 되었으나 관리로서의 번거로운 일들이 싫어서 곧 그만두고 고향으로 돌아오고 말았다.

그 뒤 손수 농사일을 하며 생활해 가는 동안 친구들에게 "고을 원이라도 되어 궁함을 좀 면해 볼까 하는데 어떨까."라고 말한 것이 계기가 되어 彭澤縣(팽택현, 평택현)의 원이 되었다. 고을 원이 된 후 도연명은 그 수확으로 자기 俸祿(봉록)을 삼는 고을 公田(공전)에다가 전부 찹쌀 농사를 짓도록 명령했다.

"나는 늘 술에 취해 있으면 그것으로 충분하다."는 것이었다. 그러나 식구들이 조르는 바람에 頃(경) 五十 畝(묘, 무)에는 찹쌀를 심게 하고 나머지 오십 묘에는 벼를 심게 했다.

어느 날 주지사가 순찰관을 팽택현으로 보냈다. 고을 아전들이 "예복을 입고 맞이하지 않으면 안 됩니다."라고 했다. 가뜩이나 벼슬에 뜻이 없던 연명은 길게 한숨을 쉬며 말했다.

"내 어찌 닷 말 쌀 때문에 허리를 꺾고 시골 어린아이를 대할 수 있겠는가." 하고 그날로 職印(직인)을 끌러 놓고 떠나가 버렸다.

五里霧中(오리무중)

> • 다섯 오, 거리 리, 안개 무, 가운데 중. 五里(오리)가 안개에 싸임. 어떤 일에
> 갈피를 못 잡고 알 길이 없음. 널리 낀 짙은 안개 속에서 길을 찾아 헤맨다는 말.

『後漢書(후한서)』張楷傳(장해선)에 나오는 이야기이다.

장해는 후한 중엽 사람으로 이름 있는 학자였다. 제자도 많고 귀인과
학자들 중에 친구도 많은 학자였다.

벼슬하는 것이 싫어서 산속에 숨어 살고 있었다. 장해가 산속에 숨어
살게 된 뒤에 새로 즉위한 順帝(순제)가 그의 덕행과 지조를 높이 평가하
여 河南(하남)태수로 부임하라는 勅書(칙서)를 보냈으나, 장해는 병을 핑
계로 끝내 벼슬에 오르지 않았다.

장해는 또 천성이 도술을 좋아해서 능히 五里(오리) 안개를 일으킬 수
도 있었다. 그런데 그때 裵優(배우)라는 자가 있어서, 그 역시 三里霧(삼
리무)를 일으킬 수가 있었다. 그러나 장해의 五里霧(오리무)에는 미치지
못하는 지라 장해의 제자가 되기를 청했다. 그러나 장해는 자취를 감추고
그를 만나 주지 않았다. 그 뒤 배우는 안개를 일으키며 나쁜 짓을 하고
돌아다니다가 관에 붙들려 취조를 받게 되었다. 이때 배우는 장해가 자기
를 만나 주지 않은 데 앙심을 품고 안개를 일으키는 재주를 장해에게 배
웠다고 진술했다. 이로 인해 장해도 감옥에 들어가게 되었는데, 곧 사실무
근으로 밝혀져 풀려나왔다. 여기에서 오리무중이라는 말이 나왔는데 지금
은 이 말이 뭐가 뭔지 알 수 없다는 뜻으로 많이 쓰인다. 마음이 뒤숭숭
해서 뭐가 뭔지 알 수 없다는 뜻으로도 쓰인다.

吾舌尙在(오설상재)

• 나 오, 혀 설, 오히려 상, 있을 재. 내 혀가 아직도 있는가!

『史記(사기)』에 나오는 이야기이다.

連衡論(연횡론)을 주장한 張儀(장의)가 도둑의 혐의를 입고 매를 맞아 반쯤 죽어서 돌아왔을 때 그의 아내를 보고 했던 말이다. 세 치 혀로써 蘇秦(소진)과 함께 천하를 주름잡고 돌아다니던 장의는 같은 鬼谷先生(귀곡선생)의 제자였다. 소진이 막 득세를 했을 당시, 그는 아직 뜻을 얻지 못하고 초나라 재상 昭陽(소양)의 집에서 門客(문객) 노릇을 하며 지내고 있었다. 그때 소양은 위나라와 싸워 크게 이긴 공로로 威王(위왕)으로부터 유명한 和氏璧(화씨벽)을 下賜(하사)받았는데 그는 그 구슬을 언제나 가지고 다녔다. 이 소양이 잔치에서 손님들에게 화씨벽을 구경시키려 할 때 연못에서 물고기가 튀어 올라 한눈을 판 순간 구슬이 사라졌다. 그래서 결국 가장 옷이 허름하고 평소에 남과 잘 어울리지 않은 장의가 도둑 누명을 쓰고 죽도록 매를 맞게 되었다.

옷이 피투성이가 되어 업혀 들어온 장의를 아랫목에 눕힌 아내는 눈물을 흘리며 이렇게 말했다.

"당신이 글을 읽고 遊說(유세)만 하지 않았던들 이런 욕을 당하겠소?"

그러자 장의는 아내를 보고 말했다.

"내 혀를 보오, 아직 그대로 있는가."

"혀가 있지요."

"그럼 됐소."

후에 장의는 소진의 合從策(합종책)을 부수고 連衡論(연횡론)으로 각국에서 환대받는 신분이 되었다.

지금도 말 잘하는 사람을 '소진장의'라고 하며, 각국의 정책을 아우르거나 각 무리들을 뜻대로 움직일 때 '合從連衡(합종연횡)'이라는 말을 쓴다.

烏孫公主(오손공주)

> • 까마귀 오, 손자 손, 귀인 공, 주인 주. 政略(정략) 결혼의 犧牲物(희생물)이
> 된 슬픈 운명의 여인.

오손은 前漢(전한) 때 西域(서역) 지방에 할거하던 터키系(계)의 유목
민족으로, 그 세력권은 天山(천산)산맥 북쪽의 호수 부근으로부터 伊犁河
(이리하: 일리 강) 유역의 분지를 포함하여 아랄 해로 흘러 들어가는 시르
강 상류의 나린 강 계곡에 있던 赤谷城(적곡성: 본거지)에까지 이르렀다.

그러나 당시 오손과는 비교할 수 없을 만큼 강성했던 흉노는 북방 몽골
땅을 근거지로 삼고 한나라를 끊임없이 침범했다. 그래서 한나라 7대 황
제인 武帝(무제)는 흉노를 무찌르기 위해 建元(건원) 26년(B.C. 115) 張騫
(장건)을 오손에 보내어 동맹을 맺었다. 그리고 10년 후 무제의 형인 江都
王(강도왕)의 딸 細君(세군)을 공주로 꾸며 오손왕에게 출가시킴으로써 동
맹은 더욱 굳어졌다.

이리하여 흉노는 한나라와 오손의 협공에 견디지 못하고 서역은 물론
한나라의 변경으로부터 북방 멀리 쫓겨 가고 말았다. 그러자 그때까지 흉
노의 지배하에 있던 서역 50여 이민족의 소국들은 한나라를 상국으로 섬
기게 되었다. 그리고 한나라는 이들 나라의 이반을 막기 위해 龜玆(구자:
쿠차)에 감독・사찰기관으로서의 西域都護府(서역도호부)를 두었다. 건국
이후 100여 년 이상 시달려 온 흉노의 침략으로부터 벗어난 것이다. 그러
나 먼 이국의 이민족에게 주어진 오손공주는 망향의 노래를 부르며 슬픔
의 나날을 보냈다고 한다.

五十步笑百步(오십보소백보)

> • 다섯 오. 열 십. 걸음 보. 웃을 소. 일백 백. 오십 보를 달아난 사람이 백 보
> 를 달아난 사람을 보고 웃었는데 실상 도망간 것은 마찬가지라는 말. 大同小
> 異(대동소이)와 비슷한 말. 五十步百步(오십보백보).

『孟子(맹자)』 梁惠王(양혜왕) 上(상)에 있는 양혜왕과 맹자의 대화에 나
오는 말이다. 양혜왕은 맹자에게 자기 자랑과 함께 이런 질문을 한다.

"과인은 나랏일에 정성을 다하고 있습니다. 河內(하내)가 흉년이 들면
그곳 백성들을 河東(하동)으로 옮기고, 하동의 곡식을 하내로 옮깁니다.
그리고 하동이 흉년이 들었을 때도 마찬가지로 백성들과 곡식을 서로 옮
기곤 합니다. 이웃 나라의 정치를 살펴볼 때 과인처럼 마음을 쓰는 사람
이 없습니다. 그런데도 이웃 나라 백성이 더 줄지도 않고, 과인의 백성이
더 많아지지도 않으니 어찌된 일입니까."

맹자는 이렇게 대답했다.

"왕께서 싸움을 좋아하시니까 싸움으로 비유를 하겠습니다. 북을 요란
스럽게 두들기며 칼날이 맞부딪게 되었을 때, 갑옷을 버리고 무기를 끌고
달아나는데 혹은 백 보를 가서 그리고 혹은 오십 보를 가서 그쳤습니다.
그런데 오십 보를 달아난 사람이 백 보 달아난 사람을 보고, 겁이 많은
사람이라 비웃는다면 왕께선 이를 어떻게 보십니까?"

"그야 옳지 못한 일이지요. 설사 백 보는 아닐망정 역시 달아난 건 달
아난 거니까요."

"왕께서 만일 오십 보로 백 보를 비웃는 것이 옳지 못한 줄 아신다면,
백성들이 다른 나라보다 많아지기를 바라지 마십시오."

결국 근본적인 문제 해결을 꾀하지 않고 지엽말단의 임시방편 같은 것
으로 효과를 바란다는 것은 오십 보가 백 보를 웃는 어리석은 짓이라는
것이다.

吳牛喘月 (오우천월)

晉(진)의 2대 황제인 惠帝(혜제) 때 尙書令(상서령)을 지낸 바가 있는 滿奮(만분)이 이보다 앞서 武帝(무제) 때 있었던 일이다. 무제는 전부터 발명되어 있던 유리를 창문에 이용하고 있었다. 오늘날과 달라 그 당시는 보석과 같은 귀한 것이었다. 만분이 편전에서 무제와 마주 앉게 되었을 때 무제가 앉은 뒤 창문이 유리로 되어 있는 것을, 그는 휑하니 뚫려 있는 것으로 착각을 하고 있었다. 유리 창문을 일찍이 본 일이 없는 그로서는 당연한 일이 아닐 수 없었다. 만분은 기질이 약해 바람을 무서워하고 바람을 조금이라도 쏘이면 감기에 걸리는 모양이었다. 무제는 그가 바람을 싫어하는 것을 잘 알고 있었기 때문에 바람이 통하지 않는 유리창이란 것을 설명하고 크게 웃었다. 그러자 만분은 황공한 듯이 말했다.

"오나라 소가 달을 보고 헐떡인다는 말은 바로 신을 두고 한 말 같습니다."

吳越同舟(오월동주)

• 오나라 오, 월나라 월, 같을 동, 배 주. 오와 월이 한 배를 타고 있음. 오나라
와 월나라와 같이 서로 사이가 대단히 나쁜 자가 같은 장소에 있음을 이름.
① 서로 반목하서도 같은 곤란과 이해관계에 대하여 협력함. ② 사이가 나쁜
사람이 한자리에 있음.

원수 사이라도 한 배에 타고 있는 한 목적지에 도착할 때까지는 서로
운명을 같이하고 협력하게 된다. '臥薪嘗膽(와신상담)'이라는 말에 나와
있듯 오나라와 월나라는 오랜 원수 사이였다.

『孫子(손자)』에서는 이렇게 말하고 있다.
"대저 오나라 사람과 월나라 사람은 서로 미워한다. 그러나 그들이 같
은 배를 타고 가다가 바람을 만나게 되면 서로 돕기를 좌우의 손이 함께
협력하듯 한다."

우리나라 속담에 '원수는 외나무다리에서 만난다.'는 말이 있다. 원수는
공교롭게도 피하기 어려운 곳에서 만나게 된다는 말이다. '원수는 順(순)
으로 풀라.'는 말이 있다. 원한 관계는 화평한 가운데 풀어야 후환이 없다
는 말이다. '밤 잔 원수 없다.'는 말도 있다. 남에게 원한을 품고 있다가도
때가 지나면 차차 덜해지고 잊힌다는 말이다.

吳下阿蒙(오하아몽)

• 나라이름 오, 아래 하, 언덕 아, 입을 몽. 오나라 시골에 있을 때의 그 여몽. 학식이나 재주가 전에 비해 몰라볼 정도로 長足(장족)의 발전을 이룬 것. 주로 손아랫사람의 학식이나 재주가 놀랍게 향상된 경우를 일컬음. 반대로 언제 만나도 늘 그 모양인 것을 가리키기도 한다. 刮目相對(괄목상대).

『三國志(삼국지)』 吳志(오지) 여몽전에 나오는 이야기이다.

삼국시대 吳(오)나라 孫權(손권)의 부하에 呂蒙(여몽)이라는 장수가 있었다. 그는 武勇(무용)은 뛰어났으나 학식은 별로 없었다. 그 여몽이 장군으로 승진이 되었을 때 손권은 그에게 武人(무인)도 학문이 필요하다는 것을 말했다. 그 뒤로 여몽은 열심히 학문에 힘썼다. 한동안 지난 뒤에 여몽이 魯肅(노숙)을 만났다. 노숙은 학식이 뛰어난 사람으로 여몽과 오랜 친구 사이였다. 서로 이야기하는 동안 노숙은 여몽의 학식에 놀라며 "나는 그대를 무략만이 있는 줄 알았더니, 이제 보니 학식이 어찌나 대단한지 옛날 오나라 시골에 있을 때의 그 여몽은 아니로군." 하고 말했다.

그러자 여몽은 또 이렇게 대답했다. "선비란 것은 헤어진 지 사흘만 되면 곧 다시 눈을 비비고 서로 대할 정도의 진보를 하는 법이거든."

'아몽'의 阿(아)는 중국 사람들이 흔히 이름 위에 붙여 부르는 애칭이다. 여몽이 한 말에서 유래된 고사성어는 '괄목상대'이다.

烏合之卒(오합지졸)

• 까마귀 오, 모을 합, 갈 지, 군사 졸. 까마귀를 모아 놓은 군대. ① 갑자기 모인 훈련 안 된 군사. ② 규율이나 통일성 없는 군중. 어중이떠중이.

『史記(사기)』 酈生陸賈列傳(역생육가열전)에는 酈食其(역이기)가 漢沛公(한패공) 劉邦(유방)이 秦(진)나라로 쳐들어가려 했을 때 한 말 가운데 이런 것이 있다.

"귀하께서 糾合(규합)한 무리들을 일으키고 흩어진 군사들을 거두어도 만 명이 차지 못하는데 그것으로 강한 진나라로 곧장 들어가려고 한다면, 이것이야말로 호랑이의 입을 더듬는 것입니다."

여기에는 '糾合之衆(규합지중)'으로 나오는데 다른 책에는 '烏合之衆(오합지중)'이나 '瓦合之衆(와합지중)'으로 나와 있다. 오합이든 규합이든 와합이든 마찬가지 뜻으로 통제 없는, 마구잡이로 긁어모은 그런 사람이나 군대를 말한 것이다.

『후한서』 耿弇傳(경엄전)에는 경엄이 군대를 이끌고 劉秀(유수: 후한 광무제)에게 달려가고 있을 때, 그의 부하 중에 유수의 밑으로 가지 말고 王郎(왕랑)의 밑으로 가자고 권하는 사람이 있었다. 그러자 경엄은 그들을 꾸짖는 가운데 이런 말을 했다. "우리 돌격대로써 왕랑의 烏合之衆(오합지중)을 짓밟기란 마른 나무 꺾는 거나 다를 것이 없다."

屋上架屋(옥상가옥)

• 집 옥. 위 상. 시렁 가. 집 옥. 지붕 위에 또 지붕을 씌운다. 일이 쓸데없이 중복됨. 屋下架屋(옥하가옥).

『世說新語(세설신어)』 文學篇(문학편)에 나오는 이야기이다.

東晉(동진) 庾仲初(유중초)가 首都(수도) 建康(건강: 남경)의 아름다움을 묘사한 [揚都賦(양도부)]를 지었을 때 그는 먼저 이 글을 친척인 세도재상 庾亮(유양)에게 보였다. 유양은 친척의 情誼(정의)를 생각해서 과장된 평을 해 주었다.

"그의 [양도부]는 左太沖(좌태충)이 지은 [三都賦(삼도부)]와 조금도 손색이 없다." 했다.

그러자 사람들은 앞 다투어 그 글을 베껴 가느라 장안의 종이 값이 오르는 형편이었다. 그러나 이와 같은 輕薄(경박)한 風潮(풍조)에 대해 太傅(태부)로 있는 謝安石(사안석: 이름은 石석)은 이렇게 나무라는 말을 했다.

"그건 안 될 소리다. 이것은 지붕 밑에 지붕을 걸쳤을 뿐이다."

결국 남의 것을 모방해서 만든, 서툰 문장이라는 뜻이다.

玉石俱焚(옥석구분)

> • 구슬 옥, 돌 석, 함께 구, 불탈 분. 옥과 돌이 함께 탄다는 뜻. 곧 나쁜 사람
> 이나 좋은 사람이나 같이 災厄(재액)을 당함을 이름.

『書經(서경)』 夏書(하서) 胤征篇(윤정편)에 나오는 말이다.

"불이 崑崙山(곤륜산)에 붙으면 옥과 돌이 다 함께 타고 만다. 天吏(천
리: 하늘이 명하신 관리)가 그 덕을 잃게 되면 그 해독은 사나운 불보다도
무섭다. 그 魁首(괴수)는 죽일지라도 마지못해 따라 한 사람은 죄 주지 않
는다. 오래 물든 더러운 습성을 버리고 다 함께 새로운 사람이 되라."

胤征(윤정)은 胤侯(윤후)가 夏王(하왕)의 명령으로 義和(희화)를 치러
갈 때 한 선언으로, 희화를 치게 된 이유를 설명한 다음, 위에 나온 말이
계속된다. 결국 죄 없는 백성들을 보호하기 위해 희화를 일찌감치 쳐 없
앤다는 것을 강조하고 위협에 못 이겨 끌려간 사람은 벌하지 않을 것이라
는 말이다.

여기에서 착한 사람과 악한 사람이 함께 화를 입는 것을 '옥석구분'이라
하게 되었다. 우리 속담에 '모진 놈 옆에 있다가 벼락 맞는다.'라는 말과
유사하다.

玉瑕(옥하)

• 구슬 옥, 티 하. 옥에 티. 옥에 흠집이 있다. 아주 훌륭한 것에 결점이 있음을 이르는 말.

『淮南子(회남자)』說林訓篇(설림훈편)에 다음과 같은 말이 나온다.

"쥐구멍을 고치다가 마을 문을 부수기도 하고 작은 여드름을 짜다가 큰 종기를 만드는 것은, 진주에 주근깨가 있고, 옥에 티가 있는 것을 그대로 두면 온전할 것을 그것을 없애려다가 깨어 버리는 것과 같다."

또 같은 편에,

"표범의 가죽옷이 얼룩무늬가 있는 것은 여우의 가죽옷이 순수한 것만 못하다. 흰 구슬에 험이 있으면 보물이 되기 어렵다. 이것은 完全無缺(완전무결)하기가 어려운 것을 말해 주는 것이다."라고 나와 있다.

조그마한 결점은 있는 법이니, 그것을 굳이 없애려고 하지 말라는 말이고, 이 세상에 완전무결이란 있을 수 없다는 말이다.

溫故知新(온고지신)

• 익힐 온, 예 고, 알 지, 새로울 신. 옛것을 익히고 그것으로 미루어 새로운 것을 앎.

『論語(논어)』 爲政篇(위정편)에 나오는 孔子(공자)의 말씀으로,

"옛것을 익혀 새것을 알면 남의 스승이 될 수 있다. 溫故而之新 可以爲師矣(온고이지신 가이위사의)"라고 실려 있다.

『中庸(중용)』 二十七章(이십칠장)에도 '溫故而知新(온고이지신)'이라는 말이 나오는데 여기의 溫(온)에 대해서는 여러 가지 해석이 행해지고 있다. 鄭玄(정현)은 燖溫(심온)을 溫(온)과 같다고 했는데 燖(심)은 고기를 뜨거운 물속에 넣어 따뜻하게 하는 것을 말한다. 즉 옛것을 배워 가슴속에 따뜻하게 품고 있는 것을 말한다. 朱子(주자)의 註(주)에는 尋繹(심역)하는 것이라고 했다. 찾아 연구한다는 말이다.

蝸角之爭(와각지쟁)

- 달팽이 와, 뿔 각, 갈 지, 다툴 쟁. 달팽이 뿔 위에서의 싸움. 하찮은 일로 승강이를 하는 형세. 촉각 위에 있는 두 나라가 전쟁을 한다는 뜻으로 사소한 일로 싸움. 蝸角之勢(와각지세). 蝸牛角上爭(와우각상쟁).

우주의 광대한 위치에서 지구상의 전쟁을 굽어보았을 때의 비유라고 말할 수 있다.

『莊子(장자)』 則陽篇(칙양편)에 나오는 이야기이다. 魏惠王(위혜왕)과 齊威王(제위왕)은 서로 침략을 않기로 맹약을 했었는데, 위왕이 먼저 배신을 하자 혜왕은 자객을 보내 위왕을 죽이려 하였다. 그러자 혜왕의 신하 公孫衍(공손연)은 정정당당하게 군사를 일으켜 제나라를 칠 것을 주장했다. 그러나 季子(계자)라는 신하는 무고한 백성들만 괴롭게 된다고 이를 말렸다. 혜왕이 어느 쪽 말을 들어야 할지 몰라 망설이고 있는데, 재상인 惠子(혜자)가 戴晋人(대진인)이란 사람을 시켜 혜왕을 만나게 했다. 대진인은 혜왕을 보고 말을 꺼냈다.

"왕께서도 달팽이란 섯을 알고 계십니까?"

"알고 있소."

"그 달팽이의 왼쪽 뿔에는 觸氏(촉씨)라는 사람이, 그리고 오른쪽 뿔에는 蠻氏(만씨)라는 사람이 나라를 세우고 있는데, 언젠가 서로 영토를 놓고 싸워 죽은 사람이 만 명에 달했어도 달아나는 적을 보름이나 추격한 끝에 돌아온 일이 있습니다."

이 이야기는 맹자에게 제시하는 寓話(우화)이다. 왕의 다툼은 달팽이 뿔 위의 싸움처럼 사소한 것이라는 말이다.

臥薪嘗膽(와신상담)

• 누울 와, 섶 신, 맛볼 상, 쓸개 담. 땔나무 위에 눕고 쓸개를 맛보다. 뜻을 이루기 위해 온갖 괴로움을 무릅씀. 각각 다른 두 사람의 이야기가 합쳐져서 생긴 말로, 와신은 오왕 부차가 아버지의 원수를 갚으려고 섶 위에서 자며 고생한 고사이고, 상담은 월나라 구천이 오나라 때문에 당한 치욕을 씻고자 쓸개를 핥으며 報復(보복)을 잊지 않았다는 고사.

『史記(사기)』越王句踐世家(월왕구천세가), 『吳越春秋(오월춘추)』 등에 나오는 이야기이다.

周敬王(주경왕) 二四年(이십사년)에 吳王(오왕) 闔閭(합려)는 군사를 이끌고 越(월)나라를 쳐들어갔다가 越王(월왕) 句踐(구천)에게 패해 발에 독묻은 화살을 맞고 陣中(진중)에서 죽게 된다.

합려는 죽을 때 太子(태자) 夫差(부차)를 불러 이렇게 말했다.

"너는 구천이 이 아비를 죽인 원수라는 것을 잊지 않겠지?"

"어찌 잊을 리 있겠습니까?"

이렇게 대답한 부차는 나라에 돌아오자 장작 위에 자리를 펴고 자며 방 앞에 사람들을 세워 두고 나고 들 때마다,

"부차야, 아비 죽인 원수를 잊었느냐." 하고 외치게 했다.

부차의 이 같은 소식을 들은 월왕 구천은, 선수를 쳐서 오나라를 먼저 쳐들어갔으나 패했다. 구천은 겨우 오천 명 남은 군사를 거느리고 會稽山(회계산)에서 농성을 하지만 결국 오나라에 항복을 한 후 포로가 되어 아내, 모사 范蠡(범려)와 함께 갖은 고역과 모욕을 겪은 끝에 영원히 오나라의 속국이 되기를 맹세하고 무사히 귀국하게 된다.

구천은 나라로 돌아오자 일부러 몸과 마음을 괴롭히며 자리 옆에는 항상 쓸개를 달아매어 두고, 앉았을 때나 누워 있을 때나 이 쓸개를 씹으며 쓴맛을 되씹었다.

또 음식을 먹을 때도 먼저 쓸개를 씹고 나서,

"너는 회계의 치욕을 잊었느냐." 하고 자신에게 타이르곤 했다.

월왕 구천이 오나라를 쳐서 이기고 오왕 부차로 하여금 자살하게 만든 것은 이로부터 20여 년이 지난 뒤의 일이다. '會稽之恥(회계지치)'라고도 한다.

完璧(완벽)

> • 완전할 완. 화씨벽 벽. 전국시대 조나라의 '화씨지벽'이라는 진귀한 구슬. 흠
> 이나 결점이 없음을 나타냄. 完璧歸趙(완벽귀조).

『史記(사기)』 藺相如列傳(인상여열전)에 나오는 이야기이다.

흠이 없는 구슬이란 뜻도 되고 구슬을 온전히 보존한다는 뜻도 된다.

이 완벽이란 말을 처음으로 쓰게 된 사람은 戰國時代(전국시대) 말기 趙(조)나라의 藺相如(인상여)란 사람이었다. 조나라 惠文王(혜문왕)은 당시 천하의 제일가는 보물로 알려져 있던 華氏璧(화씨벽)을 우연히 손에 넣게 되었다. 그러자 이 소문을 전해 들은 진나라 昭陽王(소양왕)이 성 열다섯과 화씨벽을 맞바꾸자고 사신을 보내 청해 왔다. 진나라의 속셈은 구슬을 먼저 받아 쥐고는 성은 주지 않을 작정이었다. 혜문왕은 어쩔 줄을 모르다가 인상여를 불러 대책을 의논한 후 인상여가 구슬을 가지고 사신으로 가게 되었다.

진나라 소양왕은 구슬을 보고 크게 기뻐하며 후궁과 시신들에게 구경시켰다. 인상여는

"그 구슬에는 티가 있습니다. 신이 그것을 보여 드리겠습니다."

하고 속여 구슬을 받아드는 순간 뒤로 물러나 기둥에 의지하고 서서 왕에게 말했다.

"조나라에서는 진나라를 의심하고 구슬을 주지 않으려 했습니다. 그런 것을 신이 굳이 진나라 같은 대국이 신의를 지키지 않을 리 없다고 말하여 가져오게 된 것입니다. 보내기에 앞서 우리 임금께선 닷새를 재계를 했는데 그것은 대국을 존경하는 뜻에서였습니다. 그런데 대왕께서는 신을 진나라 신하와 같이 대하며 모든 예절이 정중하지 못했을 뿐만 아니라 구슬을 받아 미인에게까지 보내 구경을 시키며 신을 희롱하였습니다. 신이 생각하기에 대왕께선 조나라에 성을 주실 생각이 없으신 것 같습니다. 그러므로 신은 다시 구슬을 가져가겠습니다. 대왕께서 구슬을 강요하신다면

신의 머리는 이 구슬과 함께 기둥에 부딪치고 말 것입니다."

구슬이 깨어질까 겁이 난 소양왕은 지도를 가리키며 땅을 주라고 말했다. 모두가 연극인 것을 안 인상여는 말했다.

"대왕께서도 우리 임금과 같이 닷새 동안을 목욕재계한 다음 의식을 갖추어 천하의 보물을 받도록 하십시오. 그렇지 않으면 신은 감히 구슬을 올리지 못하겠습니다."

소양왕은 인상여가 말하는 바를 정중하게 지키며 닷새를 기다리기로 했고, 이 사이에 인상여는 부하를 시켜 샛길로 구슬을 가지고 조나라로 돌아가게 해서 구슬은 다시 돌아왔다. 진왕은 속았지만 인상여를 죽이면 대국으로서 소문이 나쁘게 날까 염려되어 인상여를 후히 대접하고 돌려보냈다. 이 일로 인해 완벽이라는 말이 생겼다.

往者不可諫(왕자불가간)

• 갈 왕, 놈 자, 아닐 불, 가할 가, 간할 간. 지나간 일은 諫(간)하여 고칠 수 없다는 뜻으로, 지나간 일은 다시 돌이킬 수 없다는 말. 지나간 일은 하는 수 없지만 이제부터라도 하면 된다는 뜻.

『論語(논어)』 微子篇(미자편)에 나오는 말이다.

孔子(공자)가 수레를 타고 지나가는데, 거짓 미치광이 행세를 하며 세상을 숨어 사는 接輿(접여)라는 隱士(은사)가 이런 노래를 부르며 지나갔다.

봉이여, 봉이여, 어찌 덕이 쇠했는가
간 것은 간할 수 없지만 오는 것은 오히려 미칠 수 있다.
그만둘지어다, 그만둘지어다, 지금의 정치에 종사하는 사람은 위태롭다.

공자는 얼른 수레에서 내려 그와 함께 이야기를 나누려 했으나 그가 사람들 사이로 피하는 바람에 이야기를 못 하고 말았다.

접여는 공자를 봉황에다 비유했다. 때를 만나지 못해 고생하고 돌아다니는 공자를 안타까워하며 지나간 고생은 공연한 고생이었지만 앞으로나 그런 헛고생을 말고 가만히 있으라고 충고한다. 자칫하면 큰 위험이 따를 뿐이라고 공자에게 경고하고 있다.

外戚(외척)

• 바깥 외. 겨레 척. 외가.

친척이라 하면 친가 쪽과 외가 쪽을 합쳐 부르는 말이고 외척이라는 말은 외가 쪽만을 의미한다. 중국 역사를 살펴보면 외척과 환관내시들이 득세하던 때가 많음을 알 수 있다. 동양 사회에서는 여자가 시집을 가더라도 자기의 성을 그대로 유지하면서 친정과의 관계가 끈끈하기 때문에 벌어진 일이라고 볼 수 있다.

외척들의 跋扈(발호)는 특히 자기가 낳은 아들이 왕이 되었을 때 더욱 심했다. 한나라 고조 유방의 처 여후 일족의 폭정과 황실 유린은 너무도 유명하다. 전한을 멸망시킨 王莽(왕망)은 당시 황제인 평제의 장인이었다. 또 측천무후는 당나라 조정을 뒤엎고 나라이름을 周(주)라고 고친 후 무씨 천하를 만들기도 했다. 당현종 때에는 楊貴妃(양귀비)의 오빠인 양국충의 專橫(전횡)으로 결국 안록산의 난이 일어나 멸망의 계기가 되고 말았다.

遼東之豕(요동지시)

• 멀 요, 동녘 동, 갈 지, 돼지 시. 요동 땅의 돼지. 남이 보기에는 대단찮은 물
  건을 대단히 귀한 것으로 생각하는 어리석은 태도. 견문이 좁고 오만한 탓에
  하찮은 공을 득의양양하여 자랑함의 비유.

後漢(후한) 건국 직후, 漁陽太守(어양태수) 彭寵(팽총)이 논공 행상에
불만을 품고 반란을 꾀하자 大將軍(대장군) 朱浮(주부)는 그의 비리를 꾸
짖는 글을 보냈다.

"그대는 이런 이야기를 들어 본 적이 있는가? '옛날에 요동 사람이 그
의 돼지가 대가리가 흰[白頭] 새끼를 낳자 이를 진귀하게 여겨 왕에게 바
치려고 河東(하동)까지 가 보니 그곳 돼지는 모두 대가리가 희므로 부끄
러워 얼른 돌아갔다고 한다. 지금 조정에서 그대의 공을 논한다면 폐하[光
武帝]의 개국에 공이 큰 군신 가운데 저 요동의 돼지에 불과함을 알 것이다."

팽총은 처음에 후한을 세운 光武帝(광무제) 劉秀(유수)가 叛軍(반군)을
토벌하기 위해 河北(하북)에 布陣(포진)하고 있을 때에 3,000여 보병을 이
끌고 달려와 가세했다. 또 광무제가 옛 趙(조)나라의 도읍 邯鄲(한단)을
포위 공격했을 때에는 군량 보급의 重責(중책)을 맡아 차질 없이 완수하
는 등 여러 번 큰 공을 세워 佐命之臣(좌명지신)의 한 사람이 되었다.

그러나 팽총은 스스로 燕王(연왕)이라 일컫고 조정에 반기를 들었다가
2년 후 토벌당하고 말았다.

要領不得(요령부득)

• 구할 요, 옷깃 령, 아닐 부, 얻을 득. 말이나 글의 요령을 잡을 수가 없음. 말
이나 글이, 목적과 줄거리가 뚜렷하지 못해 무엇을 나타내려는 것인지 알 수
없을 때.

옛날에 要領不得(요령부득)이라는 말은 두 가지 다른 뜻으로 쓰이고 있
었다. 하나는 '요령'의 '요'가 '허리 요'와 같은 뜻으로 쓰이는 경우인데,
이때의 요령부득은 제명에 죽지 못하는 것을 말한다. 옛날에는 죄인을 사
형에 처할 때 무거운 죄는 허리를 베고 가벼운 죄는 목을 베게 되어 있었
다. 요는 허리를 말하고 령은 목을 뜻한다. 그러므로 요령부득은 허리와
목을 온전히 보존하지 못한다는 뜻이 된다.

그러나 요즘 '요령'이란 말은 옷의 허리띠와 깃을 말한다. 옷을 들 때는
반드시 허리띠 있는 곳과 깃이 있는 곳을 들어야만 옷을 얌전히 제대로
들 수 있다. 여기에서 허리띠와 깃이 요긴한 곳을 가리키는 말로 변하게
되었다.

『史記(사기)』 大宛傳(대원전)에 漢武帝(한무제)가 흉노를 치기 위해 張
騫(장건)을 大月氏國(대월지국)으로 보낸 이야기가 나온다. 장건은 포로가
되어 거기서 10여 년 抑留(억류) 생활을 하며 아내를 얻어 자식까지 낳게
되는데 흉노가 안심했을 때 도망쳐서 대원으로 갔다. 거기서 다시 대월지
국까지 갔다가 大夏(대하)까지 가게 되는데, 거기서 끝내 월지왕과 그 나
라의 방침이나 외교관계에 대해 아는 바가 없이 1년 남짓 허송하며 억류
되어 있다가 한나라로 돌아오게 되는데 다시 흉노에게 붙들려 1년여를 억
류되어 있다가 무려 13년 만에 한나라 長安(장안)으로 돌아오게 된다.

대하에서 아무것도 모르고 요령을 얻지 못한 채 생활한 것을 『史記(사
기)』에서는 '要領不得(요령부득), 不得要領(부득요령)'이라고 표현하고 있다.

燎原之火(요원지화)

• 불탈 요. 들판 원. 갈 지. 불 화. 요원의 불. 벌판의 불. 기세가 어마어마하여 도저히 막을 수 없음을 나타냄. 燎原(요원: 불타는 벌판)을 遼遠(요원: 멀리 끝없이 계속되는 넓은 벌판)으로 알고 있는 사람도 있다.

『書經(서경)』 盤庚(반경)에 나오는 말이다.

"소민들을 보면 모두 타이르는 말을 돌아보고 그 발언에 혹 실언이라도 있을까 저어하고 있다. 그런데 내가 그대들의 짧고 긴 목숨을 장악하고 있는데도 너희들은 어찌 내게 알리지도 않고, 서로 어울려 뜬소문을 퍼뜨리며, 민중들을 공포 속에 몰아넣고 있느냐. 불이 벌판에 타게 되면 가까이 향해 갈 수도 없는데 어떻게 그것을 꺼 없앨 수 있겠느냐. 곧 너희 무리가 스스로 불안을 만들어 낸 것으로 내게 허물이 있는 것은 아니다.

자임은 말한 적이 있다. '사람은 옛사람을 구하지만 그릇은 헌것을 버리고 새것을 구한다.'라고. 옛날 우리 선왕들은 그대들의 할아버지, 아버지들과 고락을 같이했는데, 내 이찌 불힙리한 벌을 그대들에게 사하겠는가? 선왕 이래 대대로 그대들의 공로를 헤아리고 있으며, 나는 결코 그대들의 좋은 점을 무시하지 않을 것이다. 그렇기 때문에 내가 선왕들에게 크게 제사 지낼 때, 그대들의 조상들도 제향을 받아 복을 내리든가 재앙을 내리든가 하는 것이니, 이는 내가 부당하게 은덕을 남용한 것이 아니다."

이 대목은 殷(은)나라 湯(탕)임금의 10세손인 반경이 황하의 수해를 피하기 위해, 수도를 옮기며 미리 관직에 있는 사람들을 타이르기 위해 쓴 글이다. 이 글에 분명히 요원의 불이란 벌판에 타오르는 불길이라는 뜻으로 쓰이고 있다.

堯之德化(요지덕화)

> • 요임금 요, 갈 지, 큰 덕, 될 화. 요임금의 덕화.

唐(당)은 堯(요)임금의 姓(성)이다. 요임금은 舜(순)임금과 더불어 태평 성세의 대명사요, 유교정치의 이상적인 군주로 추앙받고 있는 중국 고대의 제왕이다. 요임금은 羲仲(희중), 羲叔(희숙), 和仲(화중), 和叔(화숙) 등 네 사람에게 명하여 각기 東西南北(동서남북)의 일월성신을 관측하게 함과 더불어 절기와 달력을 만들어 농업을 장려시켰다.

또한 홍수를 다스리기 위해서 鯀(곤: 禹우의 아버지)이라는 신하를 발탁했으나 끝내 다스리지는 못하였다고 한다. 만년에 들어서는 자신의 아들 朱(주)의 어리석음을 고치기 위해 바둑을 만들어 가르쳐 보기도 했으나 끝내 무위로 돌아가자 효성이 지극하기로 소문난 순에게 자신의 두 딸 아황과 여영을 아내로 주면서까지 임금의 자리를 양위해 주었다.

요임금의 몸가짐은 매우 정중하고 어질며 우아하고 신중하여 사람들로 하여금 온유함을 느끼게 하였다. 희중에게는 동쪽으로 가게 하여 춘분 등 봄의 절기를 알리게 했고, 희숙에게는 남쪽으로 가게 하여 하지 등 여름의 절기를, 화중에게는 서쪽으로 가게 하여 추분 등 가을의 절기를, 화숙에게는 북쪽으로 가게 하여 동지 등 겨울의 절기를 주관하도록 하였다. 요임금의 이름은 放勳(방훈)이다.

欲速不達(욕속부달)

• 하고자 할 욕, 빠를 속, 아닐 부, 통달할 달. 마음이 급하면 일이 잘되지 않음.

　너무 서두르면 도리어 일이 진척되지 않는 것이 '欲速不達(욕속부달)'이고 너무 좋게 만들려다가 도리어 그대로 둔 것만 못한 결과를 가져오게 되는 것이 '欲巧反拙(욕교반졸)'이다.

　『論語(논어)』 子路篇(자로편)에 나오는 이야기이다.

　孔子(공자)의 제자 子夏(자하)가 莒父(거보)라는 고을의 장관이 되자, 공자를 찾아와 정치하는 방법을 물었다. 그러자 공자는 이렇게 말했다.

　"빨리 하려 하지 말고 작은 이익을 보지 마라. 빨리 하려 하면 일이 잘되지 않고, 작은 이익을 보면 큰 일이 이루어지지 않는다."

　공자는 자하가 눈앞에 보이는 빠른 효과와 작은 이익에 집착하는 성격을 가지고 있기 때문에 이 같은 말을 하게 된 것이다.

龍頭蛇尾(용두사미)

• 용 용, 머리 두, 뱀 사, 꼬리 미. 머리는 용이고 꼬리는 뱀이라는 말. 처음은 좋으나 끝이 좋지 않음.

『碧巖錄(벽암록)』에 나오는 말이다.

陳尊者(진존자)는 睦州(목주) 사람으로 그곳에 있는 龍興寺(용흥사)라는 절에 살고 있었다. 그러나 뒤에 절에서 나와 각지로 돌아다니며, 짚신을 삼아 가지고는 길 가는 나그네들이 주워 신도록 길바닥에 던져 주곤 했다고 한다. (우리나라에도 경허 스님의 제자 수월스님이 이러한 수행을 했다.)

그 진존자가 늙었을 때의 일이다. 어느 중을 만나 서로 말을 주고받는데, 갑자기 상대가 '에잇!' 하고 호령을 하는 것이었다. 그래서 "허허, 이거 야단맞았군." 하고 상대를 바라보자 그 중은 또 한 번 '에잇!' 하고 꾸중을 하는 것이었다. 그 중의 재치 빠른 태도와 말재간은 제법 도를 닦은 도승처럼 보이기도 했다. 그러나 진존자는 속으로,

"이 중이 얼른 보기에 그럴듯하기는 한데, 역시 참으로 도를 깨치지는 못한 것 같다. 모르긴 하지만 한갓 용의 머리에 뱀의 꼬리이기 쉬울 것 같다."고 생각한 후,

"그대는 '에잇!' '에잇!' 하고 위세는 좋은데 세 번 네 번 소리를 외친 뒤에는 무엇으로 어떻게 마무리를 지을 생각인가?"

하고 묻자, 중은 그만 자기 속셈이 드러난 것을 알고 뱀의 꼬리를 내보이고 말았다는 것이다.

愚公移山(우공이산)

• 어리석을 우, 귀인 공, 옮길 이, 뫼 산. 우공이라는 사람이 산을 옮기듯이 난
관을 두려워하지 않고 굳센 의지를 가지고 노력한다면 결국 성공할 수 있다
는 말.

『列子(열자)』湯問篇(탕문편)에 나오는 이야기이다.

太行山(태항산)은 사방 둘레가 7백 리나 되고, 높이가 만 길이나 되는
데, 원래는 冀州(기주) 남쪽, 河陽(하양) 북쪽에 있었다.

그런데 北山(북산)의 愚公(우공)이라는 사람이 나이는 벌써 아흔이 가
까운데, 이 두 산을 앞에 놓고 살고 있었기 때문에 산 북쪽이 길을 막고
있어 드나들 때마다 멀리 돌아서 다녀야만 했다. 영감은 그것이 몹시 불
편하게 생각되어 가족들과 상의하여 산을 옮기기로 했다.

"나는 너희들과 함께 힘을 다해 높은 산을 평평하게 만들고 豫州(예주)
남쪽으로 길을 내 한수 남쪽까지 갈 수 있게 할까 하는데 너희들 생각은
어떠냐?"

모두가 찬성을 했다. 그러나 우공의 아내만은 이렇게 반대를 했다.

"당신 힘으로는 작은 언덕도 허물 수가 없을 텐데, 그런 큰 산을 어떻
게 한단 말입니까. 그리고 허물어 낸 흙과 돌을 어디로 치운단 말입니까?"

"勃海(발해) 구석이나 隱土(은토) 북쪽에라도 버리면 되겠지요, 뭐."

모두 이렇게 우공을 두둔하고 나섰다. 그래서 우공은 아들, 손자들을 거
느리고 산을 허물기 시작했다. 짐을 지는 사람은 세 사람, 돌을 깨고 흙을
파서 그것을 삼태기와 거적에 담아 발해로 운반했다.

우공의 이웃에 사는 京城氏(경성씨) 집 과부에게 이제 겨우 칠팔 세 되
는 아들이 하나 있었는데 이 아이가 또 열심히 우공의 산 파는 일을 도왔
다. 그러나 일 년에 두 차례 겨우 흙과 돌을 버리고 돌아오는 정도였다.

그러자 河曲(하곡)에 있는 智叟(지수)라는 영감이 이 광경을 보고 웃으
며 이렇게 말렸다.

"이 사람아, 어쩌면 그렇게도 어리석은가. 다 죽어 가는 자네 힘으로는 풀 한 포기도 제대로 뜯지 못할 터인데 그 흙과 돌을 어떻게 할 작정인가?"

그러자 우공은 한숨을 내쉬며 말했다.

"자네의 그 좁은 소견에는 정말 놀라지 않을 수 없네. 자네는 저 과부의 어린아이 지혜만도 못하지 않은가. 내가 죽더라도 자식이 있지 않은가. 그 자식에 손자가 또 생기고 그 손자에 또 자식이 생기지 않겠는가. 이렇게 사람은 자자손손 대를 이어 한이 없지만 산은 불어나는 일이 없지 않은가. 그러니 언젠가는 평평해질 날이 있지 않겠나?"

지수는 말문이 막혀 잠자코 있었다.

두 손에 뱀을 들고 있다는 산신령이 이 말을 듣자 산을 허무는 인간의 노력이 끝없이 계속될까 겁이 났다. 그래서 옥황상제에게 이를 말려 주도록 호소했다. 그러나 옥황상제는 우공의 정성에 감동하여 힘이 세기로 유명한 夸娥氏(과아씨)의 아들을 시켜 두 산을 들어 옮겨, 하나는 朔東(삭동)에 두고 하나는 雍南(옹남)에 두게 했다. 이리하여 기주 남쪽에서 한수 남쪽에 이르기까지는 산이 없게 되었다.

쉬지 않고 꾸준히 노력해서 성공하게 된다는 이야기이다. 그리스로마 신화 중 피그말리온 이야기가 이와 유사한 면이 있다.

羽化登仙(우화등선)

• 깃 우, 될 화, 오를 등, 신선 선. 몸에 날개가 돋아 신선이 되어 하늘로 올라
감. 羽化(우화)는 번데기가 날개가 있는 벌레로 변하는 것을 말한다. 그래서
道家(도가)에서는 알몸뚱이뿐인 사람이 날개가 돋쳐 神仙(신선)이 되어 하늘
로 올라가는 것을 이름.

蘇東坡(소동파)의 [前赤壁賦(전적벽부)]에 이 말이 나온다.

宋(송)나라 神宗(신종) 元豊(원풍) 5년 七月(칠월)에 東坡(동파)는 양자
강의 명승지인 赤壁(적벽)에서 놀았다. 소동파는 불교나 도교에 심취하였
는데 이 작품에도 이러한 사상이 배어 있다. 한 구절을 보면,

"임술년 가을 칠월 십육일 蘇子(소자: 동파 자신)는 손과 함께 배를 띄
워 적벽 아래에서 놀게 되었다. 맑은 바람이 조용히 불어와서 물결마저
일지 않았다. 술을 들어 손을 권하며 明月(명월)의 시를 읊고 窈窕(요조)
의 글을 노래 불렀다. 조금 있으니 달이 동산 위에 떠올라 별 사이를 거
쳐 가고 있었다. 흰 이슬이 가에 내린 듯 물빛은 하늘에 닿아 있었다. 갈
대 같은 작은 배에 내맡겨 만 이랑 아득한 물 위를 거침없이 떠간다. 허
공에 떠 바람을 타고 그칠 바를 모르듯, 훌쩍 세상을 버리고 홀몸이 돼서
날개를 달고 신선이 되어 하늘로 오르는 것만 같다. ……. (중략)"

소자가 말했다. "손님도 저 물과 달을 아시지요. 이렇게 흐르고 있지만
언제나 그대로요. 저렇게 둥글었다, 일그러졌다 하지만 끝내 그대로가 아
닙니까. 변하는 측면에서 보면 하늘과 땅도 한순간을 그대로 있지 않고,
변하지 않는 측면에서 보면 만물이나 나나 다할 날이 없는 겁니다. 세상
에 부러울 것이 무엇입니까……." 손이 기뻐 웃으며 잔을 씻어 다시 술을
권했다. 안주와 과일이 이미 없어지자 술잔과 접시들이 마구 흐트러진 채
서로가 서로를 베고 배 안에서 잠이 들어 동쪽 하늘이 훤히 밝아 오는 것
도 모르고 있었다."

여기에는 우화등선뿐 아니라 '杯盤狼藉(배반낭자)'라는 성어도 나온다.

雲雨之樂(운우지락)

- 구름 운, 비 우, 갈 지, 즐거울 락. 남녀가 육체적으로 어울리는 즐거움. 중국
  초나라 혜왕이 고당에서 꿈에 무산 선녀를 만났다는 고사에서 유래된 말. 雲
  雨(운우). 남녀의 交情(교정). 입신출세할 기회.

『文選(문선)』에 실려 있는 宋玉(송옥)의 [高唐賦(고당부)] 序文(서문)에
나오는 말이다.

송옥은 전국 말기 楚(초)나라 대부로 屈原(굴원)의 제자다. 그는 『楚辭
(초사)』에 있는 九辯(구변)과 招魂(초혼)을 지은 작자로, 이 高唐賦(고당
부)의 서문은 초회왕이 雲夢(운몽)에 있는 高唐(고당)으로 갔을 때 꿈에
巫山(무산) 神女(신녀)와 만나 즐겼다는 옛이야기를 말한 것이다.

그 내용을 소개하면 다음과 같다.

옛날 초나라 襄王(양왕)이 송옥과 함께 운몽의 대에 놀며 고당의 누대
를 바라보고 있노라니 그 위로 구름 같은 것이 높이 떠오르더니 갑자기
모습을 바꾸어 순식간에 여러 가지 형태로 변했다. 양왕이 그것을 보고
송옥에게 물었다.

"내체 저것이 무슨 기운일까?"

"저것이 이른바 아침구름이라는 것입니다."

"아침구름이라니 무슨 뜻인가?"

"옛날 先王(선왕: 懷王회왕)께서 일찍이 고당에 오셔서 노신 적이 있습
니다. 곤해서 낮잠을 주무시고 계신데 꿈에 한 부인이 나타나더니 '첩은
무산의 신녀이옵니다. 고당에 놀러 왔다가 임금께서 고당에 놀러 오셨단
말을 듣고 왔습니다. 바라옵건대 베개와 자리를 받들어 올릴까 하옵니다.'
라고 청했습니다. 그래서 왕께선 그녀를 사랑하시게 되었는데 그녀가 떠
날 때 말하기를,

'첩은 무산 남쪽 높은 절벽 위에 살고 있습니다. 아침에는 아침구름이
되고 저녁에는 지나가는 비가 되어 아침마다 저녁마다 陽臺(양대) 아래에

서 임금님을 그리며 지나겠습니다.' 하는 것이었습니다. 다음 날 선왕께서 무산 남쪽을 바라보셨더니 과연 여자가 말한 그대로였습니다. 그래서 祠堂(사당)을 세우고 사당 이름을 朝雲(조운)이라 불렀습니다."

이 구름과 비 이미지는 만해 한용운의 시에도 나타난다. 말뜻이 바뀌어서 남녀 간의 密會(밀회)나 情交(정교), 남녀가 육체적으로 어울리는 즐거움을 이른다. '巫山雲雨(무산운우), 巫山之夢(무산지몽), 雲雨之情(운우지정), 朝雲暮雨(조운모우)' 등이 같은 말이다.

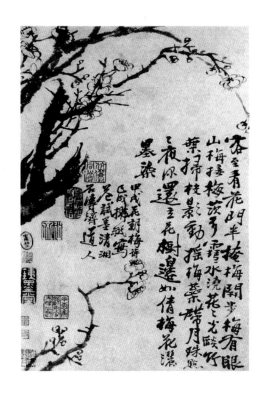

運籌于帷幄之中 (운주우유악지중)

• 돌 운, 헤아릴 주, 어조사 우, 휘장 유, 휘장 악, 갈 지, 가운데 중. 軍幕(군막) 속에서 전략을 세움. '運籌(운주)'는 算(산)가지를 놀린다는 뜻이고 '帷幄之中(유악지중)'은 장막 안이란 말.

『史記(사기)』 高祖本記(고조본기)에 나오는 말이다.

통일천하를 끝낸 고조(한나라 유방)가 신하들과 이야기를 하는 중,
"경들은 숨김없이 말하라. 내가 천하를 얻은 까닭과 項羽(항우)가 천하를 잃은 까닭이 무엇인가를."라고 물었다.
高起(고기)와 王陵(왕릉)이 이렇게 대답했다.
"폐하께서는 성을 치고 공략하게 되면 공을 세운 사람에게 그 땅을 주어 천하 사람들과 이익을 함께하셨습니다. 그러나 항우는 의심과 질투가 많아 싸움에 이겨도 성을 주지 않고 땅을 얻어도 나눠 주는 일이 없었습니다. 이것이 폐하께서 천하를 얻고 항우가 천하를 잃은 이유인 줄 아옵니다."
그러자 고조가 말했다.
"경은 하나만 알고 둘은 모른다. 대체로 산가지를 장막 안에서 움직여 천 리 밖에 승리를 얻게 하는 것은 내가 子房(자방: 장량)만 못하고, 나라를 편안히 하고, 백성을 어루만져 주며, 군대의 보급을 끊어지지 않게 하는 것은 내가 蕭何(소하)만 못하며, 백만의 군사를 거느리고 싸우면 반드시 이기고 치면 반드시 빼앗는 것은 내가 韓信(한신)만 못하다. 이 세 사람은 모두 뛰어난 인걸들이다. 나는 그들을 제대로 쓸 수가 있었다. 이것이 바로 내가 천하를 차지할 수 있었던 이유다. 항우는 范增(범증) 한 사람이 있을 뿐이었는데 그 하나도 제대로 쓰지 못했다. 이것이 나에게 패한 이유다."

遠交近攻(원교근공)

• 멀 원, 사귈 교, 가까울 근, 공격할 공. 먼 나라와 가까이하고 가까운 나라를 공격함. 전국시대 秦(진)나라 소왕 때 재상 장록(본명 범수)의 외교정책.

『史記(사기)』范雎蔡澤傳(범수채택전)에 나와 있는 이야기다.

　범수는 위나라 사람으로 字(자)를 叔(숙)이라 했다. 제후들을 遊說(유세)하고 싶었지만 집이 가난한 탓으로 여비가 없어 길을 떠나지 못하고 위나라 왕을 섬길 생각이었으나 그마저 통할 길이 없어 우선 중대부 須賈(수가)의 밑에서 일을 보고 있었다. 수가가 魏(위)나라 昭王(소왕)의 명령으로 齊(제)나라에 사신을 가게 되었는데 범수도 따라가 수가가 대처하지 못하는 것을 범수가 다 하자 제왕은 범수의 재주를 아껴 그와 뒷날을 약속했다. 수가는 귀국하자 범수에게 재상 자리를 빼앗길까 두려워 모함한다. 범수는 거의 죽도록 맞고 버려졌다가 진나라로 들어와 秦昭王(진소왕)을 만나 遠交近攻策(원교근공책)을 유세하여 재상이 된다. 범수가 원교근공을 말한 대목을 소개하면 이렇다.

　"왕께선 멀리 사귀고 가까이 치는 것보다 좋은 방법은 없습니다. 한 치를 얻어도 왕의 한 치 땅이 되고, 한 자를 얻어도 왕의 한 자 땅이 됩니다. 이제 이를 버리고 멀리 공략을 한다면 어찌 틀린 일이 아니겠습니까."

　진나라에서는 이름을 張祿(장록)이라고 바꾸었고 수가가 진에 사신으로 왔을 때에는 수가가 옛정을 생각해 비단옷을 벗어 준 일로 인해 차마 죽이지 못하고 살려 보낸다. '累卵之危(누란지위)'란 말도 범수 이야기에 나와 있다.

遠水不救近火(원수불구근화)

• 멀 원, 물 수, 아닐 불, 구할 구, 가까울 근, 불 화. 먼 데 있는 물은 가까이 난 불을 구해 낼 수 없다. 먼 곳에 있는 친척은 급할 때 소용이 없음의 비유.

『韓非子(한비자)』說林上(설림상)에 나오는 이야기이다.

魯(노)나라 穆公(목공)은 齊(제)나라의 침략을 막는 한 방법으로, 제나라의 득세를 싫어하고 있는 楚(초)나라와 韓(한), 魏(위), 趙(조) 세 나라에 公子(공자)를 보내 그들 나라를 섬기게 했다. 그러자 犁鉏(이서)라는 사람이 이렇게 간했다.

"멀리 있는 越(월)나라 사람을 불러다가 물에 빠진 아이를 구하려 한다면, 월나라 사람이 아무리 헤엄을 잘 친다 해도 아이는 살지 못할 것입니다. 불이 난 것을 바닷물로 끄려 한다면, 바닷물이 아무리 많아도 불을 끌수는 없을 것입니다. 먼 물은 가까운 불을 구하지 못합니다. 지금 三晉(삼진)과 초나라가 비록 강하다 해도 제나라가 그들 나라보다 가까이 있기 때문에 노나라의 위급함을 구해 줄 수는 없습니다."

怨入骨髓(원입골수)

> • 원망할 원, 들 입, 뼈 골, 골수 수. 원한이 뼈에 사무침.

『史記(사기)』秦本紀(진본기)에 나오는 이야기이다.

春秋時代(춘추시대) 五覇(오패)의 한 사람인 秦穆公(진목공)은 그가 도
와 覇天下(패천하)까지 하게 만들었던 晉文公(진문공)이 죽자 그 기회를
틈타 멀리 鄭(정)나라를 치게 된다. 이 소식에 晉襄公(진양공)은, 자기를
무시한 행동이라 하여 喪服(상복) 차림으로 군대를 보내 맹렬히 무찔러
적을 전멸하고 대장 孟明視(맹명시), 白乙丙(백을병), 西乞術(서걸술) 등
진나라 三帥(삼수)를 사로잡았는데 그 공로는 거의 先軫(선진)의 것이었
다. 그런데 진문공의 부인 文嬴(문영)은 진목공의 딸로, 진양공에 대해서
는 어머니뻘이 되는 賢哲(현철)한 여자로, 친정과 시집의 싸움에 끼이게
되자 그녀는 세 장군을 살려 보내고 싶어서 양공에게 이렇게 청했다.

"진나라 임금은 이 세 사람을 뼛속에 사무치도록 원망하고 있을 터이
니, 이 세 사람을 돌려보내 우리 이버지로 하여금 직접 이들을 기름 가마
에 넣어 한을 풀게 해 주시오."

양공은 문영을 우러러볼 뿐만 아니라 지난날의 情誼(정의)를 생각해 세
장수를 풀어 본국으로 돌아가게 했다. 선진은 이 일을 알고 노발대발하며
임금을 철이 없다고 꾸중했다. 아녀자의 말을 듣고 일을 망쳐 버린 것이
너무도 분했던 것이다. 진목공은 애초에 百里奚(백리해)나 蹇叔(건숙)의
반대를 무릅쓰고 한 일이었고 자신의 잘못을 알기에 세 장수를 환영하고
지위를 유지시켜 주며 힘을 길러 결국 覇者(패자)가 될 수 있었다.

月旦評(월단평)

• 달 월, 아침 단, 평가할 평, 사람에 대한 평가. 月旦(월단).

월단평은 人物評(인물평)이라는 뜻이다. 月朝評(월조평)이라고도 한다. 李朝(이조)시대에는 旦(단)이 태조 이성계가 임금이 된 뒤에 갖게 된 이름이었기 때문에 글자를 본래대로 읽지 않고 朝(조)와 같은 글자로 읽었기 때문이다. 月旦(월단)을 月朝(월조)라고 읽은 것도 역시 같은 이유에서였다. 이른바 觸諱(촉휘)라는 것으로 임금의 이름을 함부로 부르지 못하는 제도 때문이었다.

이 말은 『後漢書(후한서)』 許劭傳(허소전)에 나온다.

後漢(후한) 말기, 汝南(여남)에 觀相(관상)을 잘 보기로 이름이 높았던 許劭(허소)가 그의 從兄(종형) 되는 許靖(허정)과 함께 즐겨 고을 사람들의 인물을 평했는데 매달 초하루마다 인물에 대한 평을 달리하여 발표했기 때문에 여남에서는 월단평이라는 俗語(속어)가 생기게 되었다. 이 허소에게 三國志(삼국지) 속의 영웅 曹操(조조)가 찾아와 상평해 줄 것을 요구하자 허소는 조조를 보고 곧 거부했다. 조조는 평을 해 주지 않으면 죽이겠다고 위협을 했다. 조조를 좋지 못한 인간으로 보았기 때문에 거부하였지만 말을 하지 않을 수가 없었다.

"그대는 올바르고 태평스런 세상에선 간사한 도적이 될 것이요, 어지러운 세상에서는 영웅이 될 것이다."라고 했다.

『十八史略(십팔사략)』에서는 허소가,

"그대는 잘 다스려진 세상에서는 능력 있는 신하가 될 것이요, 어지러운 세상에서는 간사한 영웅이 될 것이다."라고 말한 것으로 되어 있다.

아무튼 조조가 기뻐한 것은 '난세의 영웅'이라는 말 때문이었고 이에 몹시 만족하고 돌아갔다 한다.

月下氷人(월하빙인)

• 달 월. 아래 하. 얼음 빙. 사람 인. 달빛 아래에 있는 노인. 얼음판 위의 사람. 남녀의 인연을 맺어 주는 사람. 결혼 중매쟁이. 月下老人(월하노인).

'月下人(월하인)'이란 인간세계의 부부 인연을 맺어 주는 저승의 노인을 말한다. 그래서 중매를 서는 사람을 지칭한다. 월하노인의 전설과 얼음 밑에 있는 사람의 전설이 합쳐진 月下氷人(월하빙인)이란 말도 같은 뜻으로 쓰이고 있다.

『太平廣記(태평광기)』에 나오는 定婚店(정혼점) 전설에 월하노인이 나온다.

"長安(장안) 근처 杜陵(두릉)에 韋固(위고)가 宋城(송성) 남쪽 마을에 묵고 있을 때 어떤 사람이 위고에게 혼담을 말해 와 龍興寺(용흥사) 문 앞에서 만나기로 했는데 웬 노인이 돌계단에서 베자루에 기대앉아 책을 읽다가 이 노인에게 처자 될 사람을 소개받게 된다. 그 처지는 아직 세 살밖에 되지 않았으니 앞으로 십오 년을 기다려야 하며 이 마을 북쪽에서 채소 장사를 하고 있는 陳(진)이란 노파의 딸이라고 일러 주었다. 위고가 궁금해하자 노인은 붉은 끈이 담겨 있는 자루를 메고 시장에 나가 늙은 여자 품에 안겨 있는 계집아이를 가리키며 配匹(배필)이라고 말했다. 위고는 거지 딸이라고 생각하고 나중에 죽이려 했으나 실패하고 아기의 눈썹에 상처만 냈다. 14년 후 위고가 相州(상주)의 관리로 있을 때 주장관의 신임을 얻어 그의 딸을 아내로 맞게 되었는데 눈썹에 있는 상처를 숨기고 있었다. 알고 보니 그녀는 수양딸이고 자신을 기른 것은 진노파라고 실토하여, 옛날의 그 아이가 자신의 처자인 것을 알았다."

'氷下人(빙하인)'은 『晉書(진서)』藝術傳(예술전)에 나오는 索紞(색담)이라는 점쟁이의 이야기이다.

令狐策(영호책)이라는 사람이 얼음 위에서 얼음 밑에 있는 사람과 이야기하는 꿈을 꾸었다. 색담을 찾아가 해몽을 했더니,

"얼음 위는 양이고 얼음 밑은 음이니 음양, 즉 남녀에 관한 일입니다. 아마 당신이 누구의 중매를 서서 얼음이 풀리는 시기에 결혼식을 올리게 될 것입니다." 과연 조금 뒤 영호책은 지방장관으로부터 아들 혼사를 위해 중매를 서 달라는 부탁을 받게 되었고 일이 잘 진행이 되어 解凍(해동)과 더불어 식을 올리게 되었다.

우리나라 속담에 '중매는 잘하면 술이 석 잔이요, 못하면 뺨이 세 대'라는 말이 있다. 혼인 중매는 잘해도 대접이 좋지 않고 잘못 되면 뺨을 맞는 것이니 애써 할 일이 아니라는 말이다.

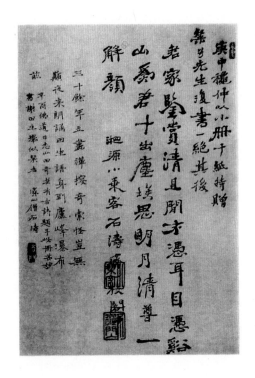

爲君難爲臣不已(위군난위신불이)

• 할 위, 임금 군, 어려울 난, 신하 신, 아닐 불, 따름 이. 남의 임금 노릇도 하기 어렵고 남의 신하 노릇도 하기 쉽지 않다.

『論語(논어)』 子路篇(자로편)에 나오는 말이다.

魯(노)나라 定公(정공)이 孔子(공자)에게 물었다.

"한마디 말로 나라를 일으킬 수 있는 말이 있습니까?"

"말이란 한마디로 그 같은 효과를 기대할 수는 없는 것입니다. 그러나 사람들이 말하기를, '임금 노릇 하기도 어렵고 신하 노릇 하기도 쉽지 않다.'고 했습니다. 참으로 임금 노릇 하기가 어렵다는 것을 안다면, 이 한마디로 나라를 일으킬 수 있지 않겠습니까?"

정공이 또 질문을 했다.

"말 한마디로 나라를 잃게 되는 수도 있습니까?"

"말이란 한마디로 그런 것을 기대할 수 없는 것입니다. 그러나 사람들이 말하기를 '내가 임금이 되어서 즐거울 것은 아무것도 없지만, 오직 하나 말을 거역할 사람이 없는 것이다.'라고 했습니다. 만일 임금의 말씀이 착해서 거역하는 사람이 없다면 이 또한 좋은 일이 아니겠습니까. 그러나 만일 임금의 하는 말이 착하지 못한데도 아무도 반대하는 사람이 없다면 이 한마디로 나라를 잃을 수 있지 않겠습니까?"

누구든 책임을 다한다는 것은 어려운 일이다. 그리고 한 사람에 의한 독재는 나라를 순식간에 망친다는 점을 공자는 쉽게 말해 준다.

危急存亡之秋(위급존망지추)

• 위태로울 위, 급할 급, 있을 존, 망할 망, 갈 지, 가을 추. 나라의 존망이 달려 있는 아주 중요한 때. 존망이 달려 있는 위태로운 때.

三國時代(삼국시대) 劉玄德(유현덕)이 죽고 劉禪(유선)이 임금일 때 諸葛亮(제갈량)은 內政(내정)과 더불어 서남방을 평정하여 후방의 염려를 없앤 다음 曹操(조조)의 魏(위)나라와 결전을 감행하게 된다. 出征(출정)에 앞서 庸劣(용렬)하기로 유명한 後主(후주) 유선에게 출정의 동기와 목적을 밝힌 表文(표문)이 바로 出師表(출사표)이다. 그러나 첫 번째 출정은 뜻을 이루지 못하고 돌아왔다. 그리하여 이듬해 다시 출정을 하게 되었는데, 이때 바친 것이 바로 [後出師表(후출사표)]이다. 그러나 이 출정에서 제갈량은 목적을 이루지 못하고 병으로 진중에서 죽게 된다.

"先帝(선제)께서 漢室(한실) 부흥의 사업을 시작하시고 아직 그 반도 이루지 못하신 채, 도중에 세상을 떠나시고, 지금 천하가 셋으로 나눠져 있는데 그중에서도 蜀漢(촉한)의 益州(익주) 백성이 가장 지쳐 있으니, 지금이야말로 살아남느냐 망하느냐 하는 위급한 때입니다. (이하 생략)"

危邦不入(위방불입)

• 위급할 위, 나라 방, 아닐 불, 들 입. 위급한 곳에는 가지 않는다. 위태로운 나라에는 들어가지 않는다는 말.

『論語(논어)』 泰伯篇(태백편)에 있는 孔子(공자)의 말씀이다.

이미 자기가 몸담고 있는 곳이 위태롭다고 도망쳐 나오란 말은 아니고 새로 들어갈 곳이 위태롭고 위험한 곳이라면 들어가지 말라는 말이다. 약간을 소개하면 다음과 같다.

"篤實(독실)하게 학문을 좋아하고, 죽음으로 옳은 도리를 지킨다. 위태한 나라는 들어가지 말고, 반란이 일어나 있는 나라에는 머물러 살지 않는다. 천하에 道(도)가 있으면 나타나고 도가 없으면 숨는다. 나라에 도가 있는데 가난하고 천한 것도 부끄러운 일이요, 나라에 도가 없는데 부자로 살거나 높은 자리에 있는 것도 부끄러운 일이다."

깨끗한 선비로 처신하는 법을 제시하고 있는데 선비의 길이 만만치 않음을 알 수 있다.

韋編三絶(위편삼절)

- 가죽 위. 묶을 편. 석 삼. 끊을 절. 공자가 주역을 많이 읽어서 가죽 끈이 세 번이나 끊어졌다는 것에서 유래한 고사. 열심히 공부한다는 뜻.
- '韋編(위편)'은 가죽으로 맨 책 끈을 말한다.

『史記(사기)』 孔子世家(공자세가)에 있는 말로 공자가 晩年(만년)에 周易(주역)을 좋아해서 어찌나 여러 번 읽고 또 읽었는지 그만 대쪽(대를 쪼개서 기록하여 엮은 책. 당시에는 대쪽에 기록했다.)을 엮은 가죽 끈이 세 번이나 끊어졌다고 한 데서 공자의 공부하는 태도를 알 수 있다.

세가에 "공자가 늦게 易(역)을 좋아하여 역을 읽어 가죽 끈이 세 번 끊어졌다."고 했다.

공자는 그 자신 자기를 평하기를 "나는 發憤(발분)하여 밥 먹는 것도 잊고 즐거움으로 근심마저 잊은 채, 세월이 흘러 몸이 늙어 가는 것조차 모른다."고 했다.

공자는 음악을 좋아했는데, 제나라로 가서 韶(소: 순임금의 음악)라는 음악을 들었을 때는 석 달 동안 고기 맛을 모를 정도로 열중한 끝에 "내가 음악을 이렇게까지 좋아하게 될 줄은 미처 몰랐다."고 했다. 공자가 심취를 잘 하는 성격을 지닌 것을 알 수 있다.

唯恐有聞(유공유문)

『論語(논어)』 公冶長(공야장)에 나오는 子路(자로)의 이야기이다.

자로는 한번 옳다고 생각되면 잠시도 지체하지 못하는 성격을 지니고 있었다. 그래서 공자는 그의 그런 점을 때로는 칭찬도 하고 때로는 염려했다. 공자는 언젠가 자로를 이렇게 평했다.

"도가 행해지지 않는지라 뗏목을 타고 바다에 뜰까 하는데, 아마 나를 따라나설 사람은 자로밖에 없을 것이다."

이 말을 전해 듣고 자로가 기뻐하자 공자는 또 그를 이렇게 말했다.

"由(유: 자로)는 용감한 것은 나보다도 앞서 있지만 그밖에 취할 만한 것이 없다."

또 자로는 남과 약속한 일을 뒤로 미루거나 이행하지 않거나 한 일이 없다고 한다. 그 자로의 특성 중 하나가 唯恐有聞(유공유문)이다.

"자로는 들은 것을 아직 다 행하지 못했을 때는 또 다른 것을 들을까 봐 두려워할 뿐이었다."

들은 것을 다 행하려 한 자로의 노력을 엿볼 수 있다.

有教無類(유교무류)

- 있을 유, 가르칠 교, 없을 무, 무리 류. 모든 사람을 가르쳐 이끌어 줄 뿐, 가르치는 상대에게 차별을 두는 일이 없음.
- 신분 지위에 상관없이 누구나 다 가르치겠다는 공자의 말. 유는 종류, 분류 등의 차별을 의미한다.

이 말은 『論語(논어)』 衛靈公篇(위령공편)에 나오는 공자의 말이다.

공자는 互鄕(호향)이라는 마을에 사는 아이가 찾아왔을 때, 제자들은 그 아이를 대문 밖에서 돌려보내려 했으나 공자는 그 아이를 들어오라 해서 반갑게 만나 주고 또 그가 묻는 말에 일일이 대답해 준 일이 있다. 互鄕(호향)은 평판이 나쁜 동네였음을 짐작할 수 있다. 제자들이 그 아이를 만나 준 데 대해 공자의 처사를 의심하였는데 이때 공자는 제자들을 이렇게 타일렀다.

"사람이 깨끗한 마음으로 찾아오면 그 깨끗한 마음을 받아들일 뿐 그가 과거에 어떤 일을 한 것까지 따질 것이야 있겠느냐. 그의 과거를 따지는 그런 심한 차별을 할 것까지는 없지 않으냐?"

有文事者必有武備(유문사자필유무비)

> • 있을 유, 글월 문, 일 사, 놈 자, 짝 필, 호반 무, 갖출 비. 학문에 造詣(조예)
> 가 있는 자는 반드시 武藝(무예)도 갖추어야 한다. 文武兼備(문무겸비)해야
> 한다는 말.

문사는 무사에 대해서 하는 말이다. 즉 전쟁이나 전투를 제외한 모든
일이 다 문사다. 평화적인 일을 하는 사람은 그 일의 원만한 성공을 위해
항상 만일의 사태에 대비한 전투 준비가 되어 있어야 한다는 것이다.

이 말은 『十八史略(십팔사략)』에 있는 孔子(공자)의 말로 魯(노)나라 定
公(정공)이 齊(제)나라 景公(경공)과 夾谷(협곡)에서 모임을 갖게 되었을
때, 만일에 대비해서 필요한 전투준비를 갖추고 가야만 된다는 것을 강조
한 말이다. 『동주열국지』에 따르면, 공자는 정공의 묻는 말에,

"신은 듣건대 문사가 있는 사람은 반드시 무비가 있어야 한다고 했습니
다. 문과 무의 일은 서로 떨어질 수 없습니다."라고 대답하고 좌우사마를
갖추어 만일에 대비할 것을 청했다.

그래서 申句須(신구수)를 右司馬(우사마)로 하고, 樂頎(악기)를 左司馬
(좌사마)로 하여 각각 兵車(병거) 五百(오백) 乘(승)을 거느리고 멀찍이 뒤
따르게 하였다. 그 결과 제나라의 음모에 대해 대응할 수 있었다.

流芳百世(유방백세)

> • 흐를 유, 향기 방, 일백 백, 대 세. 향기로운 냄새가 백 세대를 흘러간다. 꽃
> 다운 이름이 後世(후세)에 길이 전함.

『晉書(진서)』桓溫傳(환온전)에 나오는 말이다.

진나라와 북방 이민족들은 오래전부터 끊임없이 마찰을 빚어 왔다. 354
년 드디어 환온은 보병과 기병 4만 명을 이끌고 북벌을 단행하여 氐族(저
족)을 비롯한 羌族(강족)과 鮮卑族(선비족) 등 북방의 이민족들에게 치명
적인 타격을 가했고, 그 이후로 이들은 감히 중국을 넘보지 못했다. 363
년, 환온은 그 공으로 大司馬(대사마)에 임명되었다. 조정에서 가장 높은
지위를 차지한 그는 군사력을 장악하고 中原(중원)을 회복함으로써 명망
을 높여 스스로 황제가 되려는 야심을 품고 말았다. 그는 일찍이 이처럼
말했다.

"대장부가 이미 훌륭한 명성을 후세에 전할 수 없다면, 나쁜 이름을 길
이 남기는 일인들 가능하겠는가?"

373년, 예순 살의 나이로 병상에 누워 있으면서도 그는 야망을 버리지
못했는데, 재상 謝安(사안)의 만류로 뜻을 이루지는 못했다.

有朋自遠方來 (유붕자원방래)

> • 있을 유, 벗 붕, 부터 자, 멀 원, 지방 방, 올 래, 벗이 있어 먼 곳으로부터 오면 또한 즐겁지 아니하냐.

『論語(논어)』맨 첫 장 學而篇(학이편)에 나오는 孔子(공자)의 말이다.

공자는 이렇게 말하고 있다.

"배우고 때로 익히면 또한 기쁘지 아니하냐 學而時習之 不亦說乎(학이시습지 불역열호), 벗이 있어 먼 곳으로부터 오면 또한 즐겁지 아니하냐 有朋自遠方來 不亦樂乎(유붕자원방래 불역낙호), 사람이 알지 못해도 노엽게 생각지 않으면 또한 군자가 아니냐 人不知而不慍 不亦君子乎(인부지이불온 불역군자호)."

배우고 때로 익히며 공부를 하는 것이 즐거운 일이며 다른 사람이 자신을 알아주지 않아도 노엽게 생각하지 않으면 군자라고 할 수 있다.

有備無患 (유비무환)

> • 있을 유, 갖출 비, 없을 무, 근심 환. 미리 준비해 두면 근심될 것이 없음.

이 말은 『書經(서경)』 說命(열명)에 나오는 말이다.

說命(열명)은 殷(은)나라 高宗(고종)이 傅說(부열)이란 어진 재상을 얻게 되는 경위와 그로 하여금 어진 정사에 대한 의견을 말하게 하고, 이를 실천하게 하는 내용을 기록한 글인데 이 말이 들어 있는 첫 부분을 소개하면 다음과 같다.

"생각이 옳으면 이를 행동으로 옮기되, 그 옮기는 것을 시기에 맞게 하십시오. 스스로 그것이 옳다는 생각을 가지고 있으면 그 옳은 것을 잃게 되고, 스스로 그 능한 것을 자랑하게 되면 그 공을 잃게 됩니다. 오직 모든 일은 다 그 갖춘 것이 있는 법이니 갖춘 것이 있어야만 근심이 없게 될 것입니다."

모든 일에는 그것이 갖추고 있어야만 되는 여러 가지 조건이 있으므로 그 조건이 다 구비되어 있어야만 다른 염려가 없다는 것이다.

有粟不食無益於饑(유속불식무익어기)

• 있는 유, 조 속, 아닐 불, 먹을 식, 없을 무, 더할 익, 어조사 어, 굶주릴 기.
아무리 양식이 많아도 굶는 사람을 먹이지 않으면 소용이 없다는 것.

『鹽鐵論(염철론)』에 나오는 이야기이다.

粟(속)은 조를 말하지만 곡식이란 뜻으로 쓰인다. 黃河(황하)를 중심으로 한 옛날 중국에서는 조가 主穀(주곡)이었기 때문이다.

"바다에서 소금이 나지만 사람이 소금을 만드는 노력을 하지 않는 한 그것은 소금이 되지 않는다. 산에서 쇠가 나지만 광석을 캐내서 선광을 하고 제련을 하지 않는 한 쇠가 되지 않는다. 가지고 있는 풍부한 자원을 활용할 수 있는 지혜와 노력이 더해지지 않는 한, 그것은 창고에 있는 조가 그대로 밥이 되어 입으로 들어오기를 바라는 것과 조금도 다를 것이 없다."

곡식을 아무리 창고에 가득 쌓아 두었더라도 이것을 찧어 밥을 해 먹지 않으면 배고픈 것을 면하는 데 아무런 도움도 주지 못한다는 말이다. '구슬이 서 말이라도 꿰어야 보배'라는 말이다.

維新(유신)

- 발어사 유, 새로울 신. 새롭게 한다. 혁명이 아니라 자체 내에서 점진적인 개혁을 말할 때 쓰기도 함.
- 維(유)는 發語辭(발어사)라고 해서 별 뜻이 없다. 維新(유신)은 결국 새롭다는 뜻이다.

이 말은 『詩經(시경)』 大雅(대아) 文王篇(문왕편)에 나온다.

문왕편은 문왕의 덕을 추모하고 찬양한 詩(시)로서 이 말이 들어 있는 첫 장을 소개하면 다음과 같다.

> 문왕이 위에 계시니
> 아아, 하늘에 빛나시로다.
> 주나라가 비록 옛 나라이나
> 그 명이 새롭도다.
> 주나라가 빛나지 않으리오.
> 상제의 명이 때가 아니리오.
> 문왕이 오르내리시며 상제의 좌우에 계시도다.

周(주)나라가 비록 오랜 나라이나 그 命(명)이 새롭다고 한, 革新(혁신)의 뜻이 보다 강하게 들어 있다.

『書經(서경)』 夏書(하서) 胤征篇(윤정편)에서는 咸與維新(함여유신: 다함께 새롭게 하자.)이라고 썼다. '維新時代(유신시대)'라는 말은 여기에서 나온 말이다.

有若無實若虛(유약무실약허)

• 있을 유, 같을 약, 없을 무, 열매 실, 빌 허. 있어도 없는 것 같고 차 있어도 텅 빈 것 같다.

『論語(논어)』泰伯篇(태백편)에 있는 말로, 曾子(증자)가 죽은 顔子(안자: 顔回안회)의 옛 모습을 회상하며 한 말 가운데 나오는 말이다.

"능한 것으로 능하지 못한 것에 묻고, 많은 것으로 적은 것에 묻고, 있어도 없는 것 같고, 차도 빈 것 같으며, 상대가 나를 침범해 와도 그것을 탓하지 않는 것을 옛날 내 친구가 이렇게 했었다."

여기에는 옛날 내 친구라고만 나와 있지만 이것은 공자보다 먼저 죽은 안자를 가리켜 말한 것으로 보인다. 안자는 공자의 제자 중에서 가장 道(도)에 가까운 인물로 평가되며, 위의 말이 도에 가까운 경지를 말한 것으로 해석되기 때문이다.

有言者不必有德(유언자불필유덕)

• 있을 유. 말씀 언. 놈 자. 아닐 불. 반드시 필. 덕 덕. 훌륭한 말을 하는 사람이 반드시 덕이 있는 사람이라고 할 수 없다. 말을 잘하는 사람이 반드시 그만한 마음의 수양이 되어 있는 것은 아니다. 덕은 없어도 말은 번드르르하게 하는 사람이 있음을 비유함.

『論語(논어)』憲問篇(헌문편)에 나오는 공자의 말씀이다.

"덕이 있는 사람은 반드시 말이 있지만, 말이 있는 사람이 반드시 덕이 있는 것은 아니다.

어진 사람은 반드시 용기가 있지만, 용기 있는 사람이 반드시 어진 것은 아니다."

有勇而無義爲亂(유용이무의위란)

• 있을 유, 날랠 용, 말 이을 이, 없을 무, 옳을 의, 만들 위, 어지러울 란. 용기만 있고 의가 없으면 세상을 어지럽게 된다는 말.

『論語(논어)』 陽貨篇(양화편)에 나오는 공자의 말씀이다.

공자의 제자 중에 자로는 가장 勇力(용력)이 뛰어난 사람이었다. 공자가 이렇게 말한 적이 있다.

"由(유: 자로의 이름)가 내 문에 들어온 뒤로 사람들이 우리를 업신여기는 일이 없어졌다."

그러나 자로의 용기가 걱정되어 늘 걱정을 했다. 그래서 공자는 자로가 용기에 대한 말만 하면 항상 그 기회를 이용해 일깨워 주곤 했다. 자로가 물었다.

"군자도 용기를 숭상합니까?"

공자는 또 용기냐 싶어 이렇게 대답했다.

"군자는 義(의)를 위로 하고 있다. 군자가 용기만 있고 의가 없으면 반란을 일으키게 되고, 소인이 용기만 있고 의가 없으면 도둑질을 하게 된다."

후에 자로는 위나라에 내란이 일어났을 때 자진해서 뛰어 들어가, 이를 바로잡으려다가 죽고 말았다. 공자는 내란이 일어났을 때 이미 자로가 죽을 것을 예언했었다.

有陰德者必有陽報(유음덕자필유양보)

• 있을 유, 응달 음, 덕 덕, 놈 자, 반드시 필, 볕 양, 갚을 보. 숨은덕이 있는 사람은 반드시 밝은 갚음이 있음.

陰德(음덕)은 남이 알지 못하는 착한 일을 말하고 陽報(양보)는 세상이 다 알게 복을 받는 것을 말한다.

이 말은 『淮南子(회남자)』 人間訓篇(인간훈편)에 나오는 말이다.

"聖王(성왕)이 덕을 펴고 은혜를 베푸는 것은 그 갚음을 백성에게 구해서가 아니다. (중략) 군자는 그 도를 다하면 福(복)과 祿(녹)이 돌아오게 된다. 대저 숨은덕이 있는 사람은 반드시 밝은 갚음이 있고, 숨은 행실이 있는 사람은 반드시 밝은 이름이 있게 된다."

德(덕)에는 세 가지가 있는데 그 첫째는 남이 알지 못하는 이른바 陰德(음덕)이란 것이고, 그 둘째는 마음으로 남을 도우려 하고 동정하는 이른바 心德(심덕)이란 것, 그리고 마지막에 권력과 재물로써 남에게 좋은 일을 하는 이른바 功德(공덕)이란 것이다.

遺佚而不怨(유일이불원)

• 버릴 유, 빠뜨릴 일, 말 이을 이, 아닐 불, 원망할 원. 세상이 나를 버려도 세태를 원망하지 않는다. 大凡(대범)하게 처신함. 遺佚不怨(유일불원).

遺(유)는 버린다는 뜻이고 佚(일)은 잘못해서 빠뜨린다는 뜻이다.

이 말은 『孟子(맹자)』 公孫丑(공손추) 上(상)에 나오는 柳下惠(유하혜)에 대한 인물평이다.

"유하혜는, 더러운 임금을 섬기는 것도 부끄럽게 생각지 않고, 작은 벼슬도 낮다고 생각지 않았다. 세상에 나아가게 되면 재주를 숨기지 않고 반드시 최선을 다해 일했고, 버려두어도 원망하지 않고, 곤궁하게 살아도 걱정하지 않았다. 그러므로 말하기를 '너는 너요 나는 나다. 네가 비록 내 옆에서 팔을 걷어 올리고 몸을 드러낸다 해도 나를 더럽힐 수는 없다.'고 했다."

맹자는 또 伯夷(백이)와 유하혜에 대해 評(평)하기를,

"백이는 너무 偏狹(편협)하고 유하혜는 너무 疏脫(소탈)하다. 편협과 소탈함은 다 군자가 걸어갈 中庸(중용)의 길은 아니다."

그러나 맹자는 다른 곳에서는 유하혜를 '聖之和者(성지화자)'라고 평했다. 마음이 너그러운 聖人(성인)이라는 뜻이다.

有諸己而後求諸人(유저기이후구저인)

> • 있을 유, 어조사 저, 몸 기, 말 이을 이, 뒤 후, 구할 구, 남 인. 내게 있은 뒤
> 에 남에게 요구하라는 말. 내가 할 수 있은 다음에 남에게도 그 같은 일을 하
> 도록 요구함. 有諸己而後求諸人(유제기이후구제인).

이 말은 『大學(대학)』 治國章(치국장)에 나오는 말이다.

"요순 같은 어진 임금이 천하를 거느리고 어진 일을 하자, 온 백성이
다 따라 어진 일을 했다. 결과 주 같은 못된 임금이 천하를 거느리고 모
진 일을 하자, 온 백성이 다 따라서 못된 일을 했다. 그러므로 그가 명령
하는 것이 그가 좋아하는 것과 어긋나면 백성은 따르지 않는다. 이런 까
닭에 군자는 내게 있은 뒤에 남에게 요구하고 내게 없은 뒤에 남을 그르
다 한다."

率先垂範(솔선수범)해야 대중들은 지도자를 따르게 된다는 말이다. 修
身齊家(수신제가)해야 平天下(평천하)한다는 말이다.

唯酒無量不及亂(유주무량불급난)

• 오직 유, 술 주, 없을 무, 헤아릴 량, 아닐 불, 미칠 급, 어지러울 난. 술은 일
  정한 분량을 정해 두지 않고, 기분이 좋은 정도에서 그친다는 말이다.

孔子(공자)의 일상생활을 기록한 『論語(논어)』 鄕黨篇(향당편)에 나오
는 말이다.

"밥은 精(정)한 것을 싫어하지 않았고 膾(회)는 가는 것을 싫어하지 않
았다. 밥이 쉬거나 맛이 변한 것과 생선이 신선하지 않은 것과 고기가 상
한 것을 먹지 않았다. 빛이 좋지 않아도 먹지 않고 냄새가 좋지 않아도
먹지 않고 제대로 삶아지지 않은 것도 먹지 않고, 철 아닌 것도 먹지 않
았다. 칼로 벤 것이 반듯하지 못한 것도 먹지 않고, 간이 제대로 되지 않
은 것도 먹지 않았다. 고기가 많은 경우라도 밥 기운을 이기도록은 먹지
않았고, 술은 일정한 양이 없이 정신이 어지러워지지 않는 정도로 그쳤다.
사 온 술과 사 온 마른 고기를 먹지 않고, 생강 먹는 것을 쉬지 않았으며,
많이 먹지 않았다. 밥 먹을 때 말하지 않고, 누워 잘 때 말히지 않았다."

有治人無治法(유치인무치법)

- 있을 유, 다스릴 치, 사람 인, 없을 무, 법 법. 다스리는 사람이 있을 뿐, 다스리는 법은 없다. 나라를 잘 다스리는 사람은 있어도 나라를 잘 다스리는 법령은 없다. 오직 사람의 힘에 의해 나라가 잘 다스려진다는 말.

이 말은 『荀子(순자)』 君道篇(군도편)에 있다.

법에 의해 사람이 움직이는 것이 아니라 사람에 의해 법이 통용되는 것이다.

『中庸(중용)』 二十章(이십장)에도 나온다.

哀公(애공)이 孔子(공자)에게 정치에 대해 물었다. 공자는 이렇게 대답했다.
"文王(문왕)과 武王(무왕)의 어진 政治(정치)가 책에 다 그대로 실려 있습니다. 그 사람이 있으면 그 정치가 행해지지만, 그 사람이 없으면 그 정치는 없어지게 됩니다. 그러므로 정치를 하는 것은 사람에 있고, 사람을 택하는 것은 임금에게 있습니다."

秦始皇(진시황)은 李斯(이사)의 법률만능주의에 의해 지나치게 많은 법이 생겨나 진시황이 죽는 그날로 천하가 뒤흔들리고 말았지만, 漢(한) 沛公(패공: 유방)은 約法三章(약법삼장)의 정신으로 위대한 문화를 대변하는 대제국을 건설하여 수백 년 王業(왕업)을 이어 갔다.

隆準龍眼(융절용안)

- 높을 융, 콧마루 절, 용 용, 눈 안. 우뚝한 코와 용의 눈. 중국 한나라 고조 유방의 얼굴 특징. 隆準龍眼(융준용안).

隆準(융절)은 콧대가 우뚝 솟은 것을 말하고 龍顔(용안)은 얼굴 생김새가 용처럼 생겼다는 뜻으로 풀이하고 있다. 漢高祖(한고조)의 胎生傳說(태생전설)이 실려 있는 『史記(사기)』 高祖本紀(고조본기)의 첫머리를 소개하면 다음과 같다.

고조는 沛豐邑(패풍읍) 中陽里(중양리) 사람으로 姓(성)은 劉氏(유씨)고 字(자)는 季(계)다. 아버지는 太公(태공)이라 불렀고, 어머니는 劉媼(유온)이라 했다. 유온이 언젠가 큰 못가 언덕에서 자고 있는데, 꿈에 귀신과 만나게 되었다. 그때 천둥 번개가 요란하고 천지가 캄캄했다. 태공이 가서 자세히 보니 그 위에 蛟龍(교룡)이 나타나 있었다. 그런 다음 태기가 있어 드디어 고조를 낳았다. 고조는 사람 된 것이 隆準(융절)에 龍顔(용안)이었고, 수염이 아름다우며 왼쪽 다리에 七十二(칠십이) 개의 검은 점이 있었다.
'龍顔(용안)'을 용처럼 이마가 높다고 해석하기도 한다. 顔(안)이 얼굴이 아니라 이마라는 말이다. 지금은 이 말이 남자답게 잘 생겼다는 뜻으로 쓰인다. 고전소설에 나오는 남자 주인공의 인물 특색이기도 하다. 진시황은 '蜂目長準(봉목장절)'이었다고 한다. 대개 코가 높았다는 것이다.

참고)
蜂目長準(봉목장절): 벌 봉, 눈 목, 긴 장, 콧마루 절. 벌과 같은 눈매에 높고 긴 코. 秦始皇(진시황)은 대개 코가 높았다는 것.

殷鑑不遠(은감불원)

• 은나라 은. 거울 감. 아닐 불. 멀 원. 商(상)나라가 거울로 삼아야 하는 일은 멀리 있지 않다. 殷(은)나라 紂王(주왕)이 거울로 삼아 경계하여야 할 일은 前代(전대)의 夏(하)나라 桀王(걸왕)이 어질지 못한 정치를 하여 망한 일이라는 뜻으로, 자기가 거울로 삼아 경계하여야 할 先例(선례)는 바로 가까이에 있다는 말. 은나라는 상나라라고 부름. 商鑑不遠(상감불원).

약 600년을 내려온 商(상)나라는 28대 왕인 紂(주) 대에 망하는데 紂(주)가 姐己(달기)라는 여자에게 기울어 酒池肉林(주지육림)과 炮烙之刑(포락지형)으로 타락했을 때 西伯(서백) 周王(주왕) 昌(창: 후에 周文王주문왕이 됨)이 紂(주)를 諫(간)한 말이다. 이 말은 『詩經(시경)』 大雅(대아) 湯問篇(탕문편) 제8장에 나와 있다.

　　文王(문왕)이 말하길 슬프다
　　슬프다 너 殷商(은상)아,
　　사람이 또한 말이 있다.
　　넘어지는 일이 일어나면
　　가지와 잎은 해가 없어도
　　뿌리는 실상 먼저 끊어진다고
　　은나라 거울이 멀지 않다.
　　夏后(하후)시대에 있다.

그러나 실상 이 시는, 周(주)나라 10대 왕인 厲王(여왕)의 포학함을 한탄한 召穆公(소목공)이 여왕을 간할 목적으로 자기가 하고 싶은 말을 문왕이 주에게 한 말로 꾸며서 지은 것이라 한다. 여하튼 商(상)의 紂(주)를 문왕의 아들 武王(무왕)이 쳐서 멸망시키고 周(주)라는 새 왕조를 세우게 된다.

隱居放言(은거방언)

• 숨을 은, 살 거, 놓을 방, 말씀 언. 隱居(은거)는 세상에 나가 활동을 하지 않고 조용히 집에서 사는 것을 말하고, 放言(방언)은 말을 함부로 한다는 뜻.

이 말은 『論語(논어)』 微子篇(미자편)에 나와 있다.

逸民(일민: 출세하지 못한 사람)에 伯夷(백이), 叔齊(숙제), 虞中(우중), 夷逸(이일), 朱張(주장), 柳下惠(유하혜), 少連(소련) 등이 있었다. 孔子(공자)는 말씀하셨다.

"그 뜻을 굽히지 않고 그 몸을 욕되게 하지 않는 것은 백이와 숙제다."

또 유하혜와 소련에 대해서는 이렇게 말씀하셨다.

"뜻을 굽히고 몸을 욕되게 했으나 하는 말이 도리에 맞고 하는 행동이 이치에 맞았다."

또 우중과 이일을 놓고 이렇게 말씀하셨다.

"숨어 살며 말을 함부로 했으나 몸을 깨끗이 지녔고 버린 것이 권도에 맞았다."

공자는 끝으로 말하기를,

"나는 이들과는 다르다. 나는 꼭 옳다는 것도 없고, 옳지 않다는 것도 없다. 無可無不可(무가무불가)."

우중은 周文王(주문왕)의 仲父(중부)로 아우인 王季(왕계)에게 太子(태자)의 자리를 물려주기 위해, 맏형인 泰伯(태백)과 함께 병들어 누운 아버지 대왕의 약을 구하러 간다면서 멀리 남쪽 바닷가로 피해 버린 사람이었다. 즉 仲雍(중옹)을 말한다. 그것은 태백의 뜻을 따라 왕계에게 태자의 자리를 물려줌으로써 문왕으로 하여금 임금이 되게 하려는, 나라와 천하를 위한 자기희생이었다.

隱逸林中無榮辱(은일림중무영욕)

> • 숨길 은, 숨을 일, 수풀 림, 가운데 중, 없을 무, 영화 영, 욕될 욕. 숨어 사는 숲 속에는 영광과 치욕이 없음.

이 말은 『菜根譚(채근담)』後集(후집)에 있는 말이다.

"숨어 사는 숲 속에는 영욕이 없고 道義(도의)의 길 위에는 염량이 없다."

염량은 더워졌다 식었다 하는 인간의 변덕성을 말한다. 보통 '炎凉世態(염량세태)'라고 표현한다. 더우면 그늘을 찾고 추우면 불을 찾는 인간의 심성, 자기에게 유리한 편에 가서 붙었다 떨어졌다 하는 기회주의를 뜻한다. '世態炎凉(세태염량)'이라고도 한다.

泣斬馬謖(읍참마속)

• 울 읍, 벨 참, 말 마, 일어날 속. 울면서 마속을 벤다는 뜻으로, 공정함을 지키기 위해 사사로운 정을 버린다는 말.

『三國志(삼국지)』蜀志(촉지) 馬謖傳(마속전)에 나오는 말이다.

제갈량이 제1차 北伐(북벌)을 했을 때 魏(위)나라 明帝(명제)는 남방 吳(오)나라와의 국경선에 진 치고 있던 張郃(장합)을 불러 올려 급히 祁山(기산)으로 향하게 했다. 장합은 渭水(위수) 북쪽에 있는 요충지인 街亭(가정)에서 촉나라 선봉과 충돌, 이를 단 한 번에 격파하고 말았다. 이 가정의 지휘 책임자가 바로 마속이었다. 그는 제갈량의 지시를 어기고 자기의 얕은 생각으로 임의로 행동했기 때문에 패한 것이다. 제갈량의 작전은 이 가정이 무너짐으로써 완전 실패로 돌아가고 부득이 전면철수를 해야만 했다.

"한중으로 돌아온 제갈량은 마속을 옥에 가두고 군법에 의해 그를 사형에 처했다. 제갈량은 그를 위해 눈물을 흘렸다. 마속의 나이 그때 서른아홉이었다."

이 말은 공정함을 지키기 위해 사사로운 정을 버린다는 말이다. 대중을 이끌어 나가고 법을 집행하는 사람은 사사로운 인정을 떠나 공정하게 법을 운용해야 된다는 말이다.

疑心生暗鬼(의심생암귀)

- 의심할 의. 마음 심. 날 생. 어두울 암. 귀신 귀. 의심이 암귀를 낳는다. 마음에 의심하는 바가 있으면 種種(종종)의 무서운 妄想(망상)이 생김.
- '暗鬼(암귀)'는 어둠을 지배하는 귀신이다. 여기서는 사람의 마음을 어둡게 만드는 魔鬼(마귀)란 뜻이다. 즉 의심을 하면 마음도 따라 어두워진다는 것이다.

『列子(열자)』說符篇(설부편)에 이러한 이야기가 있다.

어느 사람이 도끼를 잃어버렸다. 혹시 이웃집 아들이 훔쳐 간 것이 아닌가 하고 그를 유심히 살펴보았다. 그의 걸음걸이를 보아도 도끼를 훔칠 그런 인간으로 보였고, 그의 얼굴색을 보아도 어딘가 그런 것만 같고, 그가 말하는 것을 보아도 역시 수상한 데가 있었다. 그의 동작이며 태도며 어느 것 하나 도둑놈처럼 안 보이는 것이 없었다.

그러다가 며칠 후 우연히 골짜기를 파다가 잃어버렸던 도끼를 발견하게 되었다. 거기다 빠뜨리고 온 것이다. 그 뒤 다시 그 이웃 집 아들을 보자 그의 모든 동작과 태도가 어느 모로나 도끼를 훔칠 그런 사람으로는 보이지 않았다는 것이다.

薏苡之謗(의이지방)

> • 율무 의. 질경이 이. 갈 지. 헐뜯을 방. 얼토당토않은 욕. 전혀 가당치 않은 욕. 터무니없는 혐의를 받음의 비유. 받지 않은 뇌물을 받았다고 비난받음의 비유. 薏苡之讒(의이지참).

    後漢(후한)을 세운 光武帝(광무제)의 공신인 복파장군 馬援(마원)이 交趾(교지: 북부 베트남)를 정벌했을 때 그곳의 율무, 즉 의이를 먹어 보니 맛도 약효도 좋았다. 그래서 귀국할 때 씨앗용으로 한 마차 싣고 왔다. 그러나 마원이 죽자 '그가 가져온 것은 율무가 아니라 약탈한 금은보화'라고 헐뜯는 사람이 있었다. 이에 진노한 광무제는 당장 그 비방자를 잡아 극형에 처했다고 한다.

易其言無責(이기언무책)

> • 쉬울 이, 그 기, 말씀 언, 없을 무, 꾸짖을 책. 말을 쉽게 하는 사람은 책임감
> 이 없다는 뜻. 또 쉬운 대답은 믿지 말라는 뜻으로도 쓰임.

『孟子(맹자)』離婁(이루) 上(상)에 있는 맹자의 말이다.

"사람이 그 말을 쉽게 하는 것은 責(책)이 없기 때문이다."
여기에서 말한 책은 罪責(죄책)이니 責罰(책벌)이니 하는 뜻이라고 풀
이한다. 쉽게 말하면, 말을 함부로 하는 것은 뜨거운 꼴을 당해 보지 못한
때문이라는 말이다.

二桃殺三士(이도살삼사)

> • 두 이. 복숭아 도. 죽일 살. 석 삼. 선비 사. 복숭아 두 개로 세 협객을 죽이다.

『晏子春秋(안자춘추)』에 나오는 이야기를 옮기면 다음과 같다.

중국 齊(제)나라 景公(경공)이 田開彊(전개강), 古冶子(고야자), 公孫捷 (공손첩) 등 용맹스런 세 선비를 두었지만 이들은 나라에 공이 있어 높은 지위에 오르고 교만하기 짝이 없자 晏子(안자: 안영)가 꾀를 써서 그들을 제거하려고 말하되,

"외국에서 복숭아 세 개[萬壽金桃(민수금도)]를 보내온 고로 짐이 하나 를 먹으니 맛이 아주 좋아 경들에게 주려 하오. 그런데 두 개뿐이니 공이 큰 사람이 드시오."

전개강은 사냥 때에 호랑이와 이리로부터 대왕을 구해 준 것을 큰 공으 로 믿고 복숭아 하나를 먹었다. 고야자는 동해에서 蛟龍(교룡)으로부터 대 왕의 목숨을 구해 준 것을 큰 공으로 믿고 나머지 복숭아를 먹었다. 공손 첩은 초군 백만 명을 물리치고 대왕을 구한 것을 큰 공으로 믿었으나 복 숭아를 얻지 못함을 부끄러이 여겨 스스로 목을 찔러 죽었다. 복숭아를 먹은 두 사람도 부끄러이 여겨 따라 죽었다. 모두 晏嬰(안영)의 計巧(계 교)였다.

그런데 이 사건이 더욱 유명하게 된 것은 諸葛亮(제갈량)이 이들 세 사 람의 무덤이 있는 蕩陰里(탕음리)를 지나다가 읊었다는 [梁甫吟(양보음)] 때문이라고 볼 수 있다.

걸어서 제나라 동문을 나가
멀리 탕음리를 바라보니
마을 가운데 세 무덤이 있는데
나란히 겹쳐 서로 꼭 같다.
이것이 누구 집 무덤이냐고 물었더니
전강과 고야자라고 한다.

힘은 능히 남산을 밀어내고
문은 능히 지기를 끊는다.
하루아침에 음모를 만나
두 복숭아로 세 장사를 죽였다.
누가 능히 이 짓을 했는가
相國(상국)인 제나라 안자였다.

二桃殺三士(이도살삼사)는 奇計(기계)로써 사람을 自殺(자살)케 하는
일을 나타낸다.

移木之信(이목지신)

• 옮길 이, 나무 목, 갈 지, 믿을 신. 나무를 옮기게 하는 믿음.

『史記(사기)』 商君傳(상군전)에 나오는 이야기이다.

秦(진)나라 孝公(효공) 때 商鞅(상앙: B.C. ?~338)이란 명재상이 있었다. 그는 衛(위)나라의 公族(공족) 출신으로 법률에 밝았는데 특히 법치주의를 바탕으로한 富國强兵策(부국강병책)을 펴 천하 통일의 기틀을 마련한 정치가로 유명했다.

한번은 상앙이 법률을 제정해 놓고도 즉시 공표하지 않았다. 백성들이 믿어 줄지 그것이 의문이었기 때문이다. 그래서 상앙은 한 가지 계책을 내어 남문에 길이 三丈(3장)에 이르는 나무를 세워 놓고 이렇게 써 붙였다.

"이 나무를 북문으로 옮겨 놓는 사람에게는 十金(십금)을 주리라."

그러나 아무도 옮기려 하는 사람이 없었다. 그래서 五十金(오십 금)을 주겠다고 써 붙였더니 이번에는 옮기는 사람이 있었다. 상앙은 약속대로 오십 금을 주었다. 그리고 법령을 공표하자 백성들은 조정을 믿고 법을 잘 지켰다.

참고)

상앙(B.C. ?~338): 戰國時代(전국시대), 秦(진)나라의 명재상. 諸子白家(제자백가)의 한 사람. 별명은 公孫鞅(공손앙). 商君(상군). 衛(위)나라의 公族(공족) 출신. 일찍이 刑名學(형명학)을 공부하고 진나라 孝公(효공)을 섬김. 法治主義(법치주의)에 입각한 富國强兵策(부국강병책)을 단행하여 진나라의 國勢(국세)를 신장시킴. 효공이 죽자 그간 반감이 쌓인 귀족들의 讒訴(참소)로 사형당함.

履霜堅氷至(이상견빙지)

> • 밟을 이, 서리 상, 굳을 견, 얼음 빙, 이를 지. 서리를 밟게 되면 머지않아 단
> 단한 얼음을 보게 된다는 말이다. 서리를 밟을 때가 되면 얼음이 얼 때도 곧
> 닥칠 것이라는 뜻. 禍害(화해)가 점점 깊어 감을 비유한 말. 어떤 일의 徵候
> (징후)가 보이면 머지않아 큰 일이 일어날 것이라는 譬喩(비유).

이 말은 『易經(역경)』 坤卦(곤괘) 初爻(초효)에 있는 爻辭(효사)이다.

坤(곤)은 땅을 뜻하고 陰(음)을 뜻한다. 음은 찬 것, 어두운 것을 뜻한
다. 곤의 반대는 乾(건)이다. 건은 하늘이요, 陽(양)이다. 양은 더운 것, 밝
은 것이다. 계절로는 가을과 겨울이 곤에 속하고, 봄과 여름이 건에 속한다.
그러므로 가을이 되어 서리를 밟게 되면, 차츰 날씨가 추워져 끝내는
천지만물이 다 얼어붙는 깊은 겨울이 오게 되는 것이다. 단풍잎 하나가
땅에 떨어지는 것을 보고 가을을 느껴 알 듯, 인간은 첫서리를 밟는 순간
추운 겨울에 대비할 만반준비를 갖추기 시작해야 한다는 뜻이다.

참고)
履霜之戒(이상지계): 밟을 이, 서리 상, 갈 지, 경계할 계. 서리가 내리는 것은
　　　　　　　　　　 얼음이 얼 徵兆(징조)이므로 징조를 보고 미리 禍亂(화란)
　　　　　　　　　　 을 防止(방지)하여야 한다는 경계.

以心傳心(이심전심)

> • 써 이, 마음 심, 전할 전. 마음과 마음으로 서로 뜻이 통함. 문자나 언어 없이 남을 깨닫게 한다는 말.

원래 이 말은 불교의 法統(법통) 계승에 쓰여 온 말이다.

『傳燈錄(전등록)』은 宋(송)나라 沙門(사문) 道彦(도언)이 釋迦世尊(석가세존) 이래로 내려온 祖師(조사)들의 法脈(법맥)의 계통을 세우고 많은 法語(법어)들을 기록한 책으로,

"부처님이 가신 뒤 법을 가섭에게 붙였는데, 마음으로써 마음에 전했다."고 나와 있다. 즉 석가세존께서 迦葉尊者(가섭존자)에게 불교의 진리를 전했는데 그것은 이심전심으로 행해졌다는 것이다.

이심전심을 한 장소는 靈山(영산) 집회였는데, 이 집회에 대해 같은 송나라 사문 普濟(보제)가 지은 『五燈會元(오등회원)』에는 다음과 같이 기록되어 있다.

"어느 날 세존께서 영산에 제자들을 모아 놓고 설교를 했다. 그때 세존은 연꽃을 손에 들고 꽃을 비틀어 보였다. 제자들은 그 뜻을 알 수 없어 잠자코 있었는데, 가섭존자만이 그 뜻을 깨닫고 활짝 미소를 지어 보였다. 그러자 세존은 이렇게 말했다.

'나는 正法眼藏(정법안장: 사람이 원래부터 지니고 있는 마음의 묘덕), 涅槃妙心(열반묘심: 번뇌와 미망을 벗어나 진리를 증득한 마음), 實相無相(실상무상: 생멸계를 떠난 만유의 진상, 불변의 진리), 微妙法門(미묘법문: 진리를 아는 마음)을 글로 기록하지 않고 가르침 밖에 따로 전하는 것이 있다. 그것을 가섭존자에게 전한다.'"

글로 기록하지 않고, 가르침 밖에 따로 전하는 이것[教外別傳(교외별전)]이 바로 이심전심인 것이다.

以佚待勞(이일대로)

『孫子(손자)』第七篇(제칠편) 君爭(군쟁)에 나와 있는 말이다.

아침은 기운이 왕성하고 낮에 기운이 누그러지고, 저물면 완전히 기운이 떨어지고 만다. 그러므로 싸움을 잘하는 사람은, 상대방의 기운이 왕성한 때를 피하고, 누그러지거나 떨어졌을 때에 공격한다. 이것은 적의 사기를 이용하는 방법이다. 질서 있는 군대로써 적의 혼란한 시기를 기다리고 냉정한 태도로써 적이 경솔하게 나올 때를 기다린다. 이것은 적의 심리를 이용하는 방법이다. 우리 군대를 싸움터 가까이 대기시켜 두고 적이 멀리서 쳐들어오기를 기다리며, 이쪽은 충분한 군량을 확보해 두고 적이 식량 부족으로 배고프기를 기다린다. 이것은 힘을 이용하는 방법이다. 그러므로 깃발이 질서정연한 적을 맞아 싸우는 일을 피하고 기세가 당당하게 진을 치고 있는 적을 공격하는 일은 피한다. 이것은 적의 상황 변화를 기다려 승리를 얻도록 하는 방법이다.

人非木石 (인비목석)

> • 사람 인, 아닐 비, 나무 목, 돌 석. 사람은 木石(목석)이 아니다. 곧 인간은
> 인정, 감정이 있다는 말.

『史記(사기)』의 저자 司馬遷(사마천)의 편지에 身非木石(신비목석)이라
는 말이 나온다. 사마천은 漢武帝(한무제)의 노여움을 입고 항변할 여지도
없이 宮刑(궁형)을 받으려 下獄(하옥)되었을 때 任少卿(임소경)에게 편지
를 보내는 가운데 이렇게 말한다.

"집이 가난해서 돈으로 죄를 대신할 수도 없고, 사귄 친구들도 구해 주
려 하는 사람이 없으며 좌우에 있는 친근한 사람들도 말 한마디 해 주는
사람이 없다. 몸이 목석이 아니거늘 홀로 獄吏(옥리)들과 짝을 지어 깊이
감옥 속에 갇히게 되었다."

인간으로서 견디기 어려운 고통을 말한 것이다. 한편 六朝時代(육조시
대) 시인 鮑照(포조)는 [義行路難(의행로난)]이라는 시에서 '心非木石(심
비목석)'라는 말을 썼나.

人生朝露(인생조로)

• 사람 인, 살 생, 아침 조, 이슬 로. 인생은 아침 이슬과 같이 덧없다는 말.

前漢(전한) 武帝(무제) 때(B.C. 100) 中郎將(중랑장) 蘇武(소무)는 포로 교환 차 사절단을 이끌고 흉노의 땅에 들어갔다가 그들의 내분에 말려 잡히고 말았다. 흉노의 우두머리인 單于(선우)는 한사코 항복을 거부하는 소무를 '숫양이 새끼를 낳으면 귀국을 허락하겠다.'며 北海(북해: 바이칼 호) 변으로 추방했다. 소무가 들쥐와 풀뿌리로 연명하던 어느 날, 고국의 친구인 李陵(이릉) 장군이 찾아왔다.

이릉은 소무가 고국을 떠난 그 이듬해 5,000여 명의 보병으로 5만이 넘는 흉노의 기병과 혈전을 벌이다가 衆寡不敵(중과부적)으로 참패한 뒤 부상, 昏絶(혼절) 중에 포로가 되고 말았다. 그 후 이릉은 선우의 빈객으로 후대를 받았으나 降將(항장)이 된 것이 부끄러워 감히 소무를 찾지 못하다가 이번엔 선우의 특청으로 먼 길을 달려온 것이다. 이릉은 주연을 베풀어 소무를 위로하고 이렇게 말했다.

"선우는 자네가 내 친구라는 것을 알고, 꼭 데려오라며 나를 보냈네. 그러니 자네도 이제 고생 그만하고 나와 함께 가도록 하세. '인생은 아침 이슬과 같다[人生如朝露]'고 하지 않는가."

이릉은 끝내 소무의 절조를 꺾지 못하고 혼자 돌아갔다. 그러나 소무는 그 후(B.C. 81) 昭帝(소제: 무제의 아들)가 파견한 특사의 機智(기지)로 풀려나 19년 만에 다시 고국 땅을 밟았다.

人而殺之曰兵也(인이살지왈병야)

> • 사람 인, 말 이을 이, 죽일 살, 갈 지, 가로 왈, 무기 병, 어조사 야. 사람을
> 죽이고는 흉기가 죽였다고 말하는 것.

孟子(맹자)가 한 말이다.

"임금이 백성들을 위해 마음을 쓴다고 말은 하고 있지만, 그것은 한낱
형식적인 것에 불과하다. 지금 궁중과 대갓집에서는 개와 돼지들이 사람
이 먹는 양식을 먹고 있는데도 이를 제한하는 일이 없고, 반면 길거리에
굶주린 사람이 쓰러져 죽어 있는데도 식량을 풀어 그들을 구제할 대책을
쓰지 않고 있다. 그러면서 그 죽은 사람들을 보고, '내가 정치를 잘못한
때문이 아니고 해가 흉년이 들어서 그렇다.'고 한다. 이것은 마치 사람을
칼로 찔러 죽게 하고는 '그건 내가 죽인 것이 아니고 칼이 잘못 들어갔기
때문이다.'고 하는 것과 같다. 개나 돼지가 먹는 창고의 양식을 왜 사람에
게 나눠 주지 못한단 말인가?"

人因成事(인인성사)

> • 남 인, 인할 인, 이룰 성, 일 사. 남의 힘으로 일을 이룸. 독립적인 기상이 없이 남의 힘을 빌려 일하는 것.

　『史記(사기)』 平原君傳(평원군전)에 나오는 말이다.
　'원님 덕에 나팔 분다.' 식의 가벼운 뜻으로 쓰였다.
　秦(진)나라가 趙(조)나라 성 邯鄲(한단)을 포위하자 조나라는 平原君(평원군)을 楚(초)나라로 보내 구원병을 청하는데 평원군이 인재 스물을 데리고 가려 했다. 열아홉까지는 정했으나 하나가 채워지지 않아 고민하는데 여기에 자청한 사람이 毛遂(모수)이다. 평원군이 초왕을 만나 회담을 했지만 성과가 없자 모수가 칼을 잡고 나아가 초왕에게 당당하게 논리를 펼치자 초왕은 모수의 기세에 겁을 먹고 모수의 제안대로 出兵(출병)을 결정하게 된다. 담판을 마치자 모수는 맹약을 하며 초왕에게 피를 권하여 마시게 하고는 왼손에 피 쟁반을 들고 오른손으로 열아홉 명을 손짓해 말했다.
　"당신들은 함께 이 피를 대청 아래에서 받으시오. 당신들은 녹록한 사람들로 이른바 남으로 인해 일을 이룩하는 사람들입니다."
　'因人成事(인인성사)'는 녹록한 사람들이 잘난 사람의 덕을 보는 것을 뜻하고 있다.

仁者無敵(인자무적)

- 어질 인, 놈 자, 없을 무, 적 적. 어진 자에게는 적이 없음. 어진 사람에게는 누구나 따르므로 적이 없다는 뜻.

『孟子(맹자)』梁惠王上篇(양혜왕상편)에 나오는 이야기이다.

양혜왕이 제나라, 진나라, 초나라에게 침략당한 것을 분해하며, 원수를 갚고 싶은데 어떻게 하면 좋겠느냐고 물었다. 이에 맹자는 다음과 같은 대답을 했다. "인자는 적이 없다고 했으니 왕께선 조금도 의아해하지 마십시오."

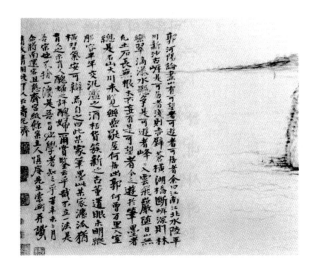

人之將死其言也善(인지장사기언야선)

> • 사람 인. 갈 지. 장차 장. 죽을 사. 그 기. 말씀 언. 어조사 야. 착할 선. 사람
> 이 장차 죽으려 할 때에는 그 하는 말이 착해짐을 이름.

『論語(논어)』泰伯篇(태백편)에 있는 曾子(증자)의 말이다.

증자가 오랜 병으로 누워 있을 때 魯(노)나라 勢道(세도) 대신 孟敬子
(맹경자)가 문병을 왔다. 그러자 증자는 그에게 이런 말을 했다.
"새가 장차 죽으려면 그 울음소리가 슬프고, 사람이 장차 죽으려면 그
말이 착한 법이다."

그런 다음 군자가 귀중하게 여겨야 할 세 가지 일을 들어 말한 다음,
그 밖의 사무적인 일은 각각 맡은 사람이 있으므로 그런 것에 너무 관심
을 갖지 말고, 윗사람으로서의 체통을 지키라고 권한다. 위의 말은 예부터
전해 내려오는 말로, 죽음에 임하여 하는 내 말이니 착한 말로 알고 깊이
명심해서 실천하라고 한 말이다.

一擧兩得(일거양득)

• 한 일, 들 거, 두 량, 얻을 득. 한 가지 일을 하여 두 가지의 이득을 봄.

『春秋後語(춘추후어)』에 나오는 말이다.

秦(진)나라 惠文王(혜문왕) 때(B.C. 317)의 일이다. 중신 司馬錯(사마조)는 어전에서 '중원으로의 진출이야말로 朝名市利(조명시리)에 부합하는 霸業(패업)'이라며 중원으로의 출병을 주장하는 재상 張儀(장의)와는 달리 혜문왕에게 이렇게 진언했다.

"신이 듣기로는 부국을 원하는 군주는 먼저 국토를 넓히는 데 힘써야 하고, 强兵(강병)을 원하는 군주는 먼저 백성의 富(부)에 힘써야 하며, 霸者(패자)가 되기 원하는 군주는 먼저 덕을 쌓는 데 힘써야 한다고 하옵니다. 이 세 가지 요건이 갖춰지면 패업은 자연히 이루어지는 법이옵니다. 그래서 이 두 가지 문제를 한꺼번에 해결하려면 먼저 막강한 진나라의 군사로 蜀(촉) 땅의 오랑캐를 정벌하는 길밖에 달리 좋은 방법이 없는 줄로 아옵니다. 그러면 국토는 넓어지고 백성들의 재물은 쌓일 것이옵니다. 이야말로 '일거양득'이 아니고 무엇이오니까?

그러나 지금 천하를 호령하기 위해 천하의 宗室(종실)인 周(주)나라와 동맹을 맺고 있는 韓(한)나라를 침범하면, 한나라는 齊(제)나라와 趙(조)나라를 통해서 楚(초)나라와 魏(위)나라에 구원을 청할 것이 분명하오며, 더욱이 주나라의 九鼎(구정)은 초나라로 옮겨질 것이옵니다. 그때는 진나라가 공연히 천자를 위협한다는 惡名(악명)만 얻을 뿐이옵니다."

혜문왕은 사마조의 진언에 따라 촉 땅의 오랑캐를 정벌하고 국토를 넓혔다.

참고)
구정: 禹王(우왕) 때에 당시 전 중국 대륙인 아홉 고을[九州]에서 바친 금(金, 일설에는 구리)으로 만든 솥. 夏(하)·殷(은) 이래 天子(천자)에게 전해 오는 상징적 보물이었으나 周王朝(주왕조) 때에 없어졌다고 함.

一犬吠形百犬吠聲(일견폐형백견폐성)

- 한 일, 개 견, 짖을 폐, 모양 형, 일백 백, 소리 성. 개 한 마리가 헛그림자를 보고 짖어대면, 온 마을 개가 그 소리에 따라 짖는다.

後漢(후한)의 王符(왕부)가 지은 『潛夫論(잠부론)』의 賢難篇(현난편)에 이 말이 나온다. 潛夫(잠부)란 숨어사는 사람이라는 말이다.

왕부는 출세 지상의 풍조에 환멸을 느끼고 벼슬을 단념하고 고향에서 숨어 살며 『潛夫論(잠부론)』을 지었다. 그 가운데,

"천하가 잘 다스려지지 않는 까닭은, 賢難(현난)에 있다. 현난이란 어진 사람이 되기가 어려운 것이 아니라 어진 사람을 얻기가 어려운 것을 말하는 것이다."라는 말이 나온다. 그리고

"속담에 말하기를 한 개가 그림자를 보고 짖으면 모든 개는 소리만 듣고 짖는다고 했다. 세상의 이 같은 병은 참으로 오래된 것이다."라고 나와 있다.

一經之訓(일경지훈)

• 한 일, 경서 경, 갈 지, 가르칠 훈. 경서 한 권이 더 낫다는 교훈. 중국 漢(한) 나라의 韋賢(위현)이 아들들을 공부시켜 그로 말미암아 아들들이 모두 높은 벼슬자리에 올랐으므로, 당시의 사람들이, 자식을 위해서는 황금을 남기는 것 보다 '一經(일경)'을 가르치는 것이 좋다고 한 옛 일에서 온 말.

명나라 때 홍자성이 쓴 『채근담』을 보면,

"祖上(조상)의 덕을 묻는다면 내 몸이 누리는 것이 바로 그것이니 마땅히 그 쌓기 어려움을 생각할 것이요, 자손의 복을 묻는다면 내 몸이 끼칠 것이 그것이니 그 기울어 엎어지기 쉬움을 생각해야 할 것이다."라고 나와 있다.

내가 지금 누리는 모든 것은 조상의 덕택이니 조상들의 노고에 감사하는 마음을 가지고, 또 내가 지금 잘해야 자손이 복 있는 삶을 누릴 것이니 항상 겸허하고 차분한 마음으로 살아야 한다는 뜻이다.

옛말에 '자손에게 千金(천금)을 남기는 것보다 經書(경서) 한 권 남겨주는 것이 훨씬 유익하다'고 했다. 천금이란 임자가 누구인지 알 수 없게 사라지게 마련이고, 낳은 돈이란 갑자기 災殃(재앙)으로 突變(돌변)하는 경우가 많다. 경서를 읽고 바른 가치관을 가지고 지혜롭게 살게 하는 것이 후손을 진정으로 위하는 길이 될 것이다. 아무리 많은 유산을 물려 주어도 자손이 배운 것이 없고 어리석으면 재산을 지킬 수가 없는 것이다. 우리나라 속담에 '부자 삼대 못 간다'라는 말이 있다.

一簞食一瓢飮(일단사일표음)

> • 한 일. 대광주리 단. 밥 사. 표주박 표. 마실 음. 대나무로 만든 밥그릇 하나
> 에 담은 밥과 표주박 하나에 담은 음료. 빈한한 사람의 간소하고 적은 음식.

이 말은 『論語(논어)』 雍也篇(옹야편)에 있다. 孔子(공자)가 顔子(안자)를 칭찬한 말 가운데 있는 말이다.

"어질도다 回(회: 顔淵)여, 한 도시락밥과 한 바가지 물로 더러운 골목에 사는 것을 사람들은 그 고생을 견디지 못해 하는데, 회는 그 즐거움을 고치지 않으니 어질도다, 회여."

공자는 述而篇(술이편)에서 자신의 심경을 고백하는 가운데 "거친 밥 먹고, 물 마시고 팔을 베고 자도, 즐거움이 또한 그 속에 있다. 옳지 못한 부귀나 명성 같은 것은 내게 있어서 뜬구름과 같다."고 말했다.

魯哀公(노애공)이 공자에게 어느 제자가 제일 학문을 좋아하느냐고 묻자,

"안회란 사람이 학문을 좋아해서 노여움을 옮기지 않고 같은 잘못을 두 번 되풀이하는 일이 없더니 지금은 죽고 없는지라 아직 학문을 좋아하는 사람이 있는 것을 듣지 못했습니다." 하고 대답했다.

一夫當關萬夫莫開(일부당관만부막개)

• 한 일, 지아비 부, 당할 당, 빗장 관, 일만 만, 없을 막, 열 개. 한 명의 軍士(군사)가 關門(관문)을 지키고 있으면 萬(만) 명의 군사가 이를 열지 못함.

李白(이백)의 樂府(악부) [蜀道難(촉도난)]에 이 구절이 나온다. 악부라는 말은 詩體(시체)의 일종으로, 원래는 漢代(한대)에 있던 음악을 보존하고 연주한 관청 이름이었던 것이 뒤에는 거기서 취급된 음악을 말하게 되었으며, 다시 음악과는 상관없이 歌辭(가사)를 말하게 되었고 나중에는 詩體(시체)로 독립하게 된다. [촉도난]이라는 악부는 옛날부터 있었는데 이백이 새롭게 장편시로 써서 유명해졌다. 맨 처음,

> 아아, 아아, 위태롭고 높도다.
> 촉나라 길의 어려움은 푸른 하늘에 오르기보다도 어렵도다.

라고 서두를 꺼낸 다음 촉나라의 개국 유래를 말하고, 이어 산천의 험한 것을 이모저모 묘사하고 있다. 그리고 끝에 가서,

> 슬프다. 그대 먼 길의 사람이 어찌해 왔는가?
> 검각은 높고도 험하다.
> 한 사람이 관을 지키면 만 사람이 열지 못한다.
> …… 촉나라 길의 어려움이 푸른 하늘에 오르기보다도 어렵다.
> 몸을 발돋움하여 서쪽을 바라보며 길게 한숨짓는다.

하고 끝을 맺는다.

一視同仁(일시동인)

• 한 일, 보일 시, 같을 동, 어질 인. 모든 사람을 평등하게 보아 똑같이 사랑한다. 彼我(피아)의 차별이 없이 똑같이 사랑함.

이 말은 唐(당)나라의 유명한 문장가 韓愈(한유)가 지은 [原人(원인)]이라는 글 가운데 있다.

"즉 성인은 모든 사람을 똑같이 보고 똑같이 사랑하기 때문에 가까운 사람에게도 알뜰히 하고 먼 데 있는 사람들도 다 같이 그 재주에 따라 이를 등용시킨다."

『禮記(예기)』 禮運篇(예운편)에서 공자는,

"큰 도가 행해지면 사람은 자기 부모만을 부모로 생각하지 않고, 자기 자식만을 자식으로 생각하지 않는다."라고 하고 이것이 곧 大同(대동)이라고 했는데, 일시동인은 대동의 사상과 통하는 데가 있다.

'一視同人(일시동인)'으로 풀이하는 사람도 있다.

똑같은 사람으로 본다는 뜻이다. 이 말은 한때 정복자들이 피점령 지역 민족들을 차별하지 않는다는 표어로 들고 나와 유세를 편 적도 있다.

一陽來復(일양래복)

- 한 일, 볕 양, 올 래, 돌아올 복. ① 음력 시월은 陰(음)이 가장 왕성한 때여서 陽(양)이 하나도 없다가 동짓달이 되어 비로소 一陽(일양)이 처음 생김. 轉(전)하여 冬至(동지). 동짓달. ② 겨울이 가고 봄이 옴. 新年(신년). 새해. ③ 흉한 것이 가고 길한 것이 돌아옴. ④ 사물이 好運(호운)으로 향함. 一陽來復(일양내복).

陽氣(양기)가 陰氣(음기) 속에서 다시 움트기 시작하는 것을 말한다.

陽(양)은 밝고 따뜻하고 뻗어 나가는 힘을 말한다. 길었던 해가 점점 짧아져서 추운 겨울로 접어들있다가 동지를 極寒(극한)으로 하여 다시 길어지기 시작하는 것이다. 그래서 음력 시월은 陰(음)이 가장 왕성한 때여서 陽(양)이 하나도 없다가 동짓달이 되어 이 동짓달을 復月(복월)이라고 한다. 『易經(역경)』 復卦(복괘) 卦辭(괘사)에,

"그 길을 되풀이하여 이레로 다시 온다."

고 한 말이 있다. 암흑 속에서 새로운 광명을 찾게 되고 새로운 희망이 생기는 때를 가리키며 옛날에는 이때를 새해의 시작으로 보기도 했다. 花潭(화담) 서경덕 선생은 이 '復(복)'에서 자신의 호를 따와 '復齋(복재)'라고 했다.

一衣帶水(일의대수)

• 한 일, 옷 의, 띠 대, 물 수. 한 줄기의 띠와 같은 좁은 시냇물. 허리띠처럼 좁다랗게 가로지르는 개울물. 매우 좁고 작을 때 쓰는 말. 隋(수)나라 文帝(문제) 楊堅(양견)이 양자강을 一衣帶水(일의대수)에 비유함.

이 말은 띠처럼 가로지른 강물을 말한다. 강물이 흐르는 것을 멀리서 바라보면 마치 허리에 두른 띠처럼 들판을 가로지르고 있다.

晋(진)이 동으로 옮겨 가 東晋(동진)으로 불리게 된 뒤로, 남북으로 나누어져 있던 중국을 오랜만에 다시 통일한 것이 수나라 문제 양견이었다. 그는 北周(북주)의 武將(무장) 출신으로 즉위하자 곧 後梁(후량)을 병합하는 한편 진나라를 공략할 것을 선언했다.

"나는 지금까지 진나라와 평화를 유지하려 했었다. 그런데 지금 진나라 임금은 횡포와 방탕을 일삼고 백성들은 도탄에 빠져 있다. 내가 백성의 부모로서 어찌 좁은 한 가닥 강물로 인해 이를 구하지 않을 수 있겠는가."

이리하여 문제는 오십만 대군으로 일제히 양자강을 건너 진나라로 쳐들어가게 했다. 진나라 後主(후주)는 궁중의 우물 속에 숨어 있다가 군사들에게 붙들리고 진나라는 이렇게 해서 33년 만에 망하고 말았다.

589년 隋(수)나라는 드디어 중국 전체를 통일한 대제국이 된다.

一以貫之(일이관지)

• 한 일, 써 이, 꿸 관, 갈 지. 하나로써 꿰뚫다. 일관성이 있음. 一貫(일관).

이 말은 孔子(공자)가 한 말인데, 『論語(논어)』 里仁篇(이인편)에서 공자는 이렇게 말했다.

參(삼)아, 내 도는 하나로서 꿰었다.

삼은 曾子(증자)의 이름이다. 그러자 증자는, "네에." 하고 대답했다. 공자가 나가자 증자의 제자들이 증자에게 물었다. "무슨 말씀이십니까?"

"선생님의 道(도)는 忠(충)과 恕(서)뿐이다."

충은 至誠(지성)이라는 뜻이다. 『中庸(중용)』에 보면 지성은 하늘과 통해 있다고 했다. 恕(서)는 지성 그대로를 실천에 옮기는 것을 말한다. 즉 진리에 따라 그대로 행하는 것이 '一以貫之(일이관지)'인 것이다.

『論語(논어)』 衛靈公篇(위령공편)에는 또 이렇게 기록되어 있다. 공자가 말했다. "賜(사)야, 너는 내가 많이 배워서 알고 있는 사람으로 아느냐."

子貢(자공)이 대답해 말했다.

"그렇습니다. 아닙니까?" 공자가 말했다. "아니다. 나는 하나로써 꿰었다."

일관이란 처음부터 끝까지 변함이 없다는 뜻으로 쓰이고 있는 것이다.

一日三秋(일일삼추)

• 한 일, 날 일, 석 삼, 가을 추. ① 하루가 삼 년 같다. 매우 지루하거나 애를 태우며 기다림. ② 하루만 만나지 않아도 아홉 달이나 만나지 않은 것같이 생각된다. 사람을 사모하는 마음이 대단히 간절함. 一日千秋(일일천추).

『詩經(시경)』 王風(왕풍) 采葛(채갈)이라는 시에 있는 말이다.

남편이 나랏일로 멀리 타국에 가고 돌아오지 않는지라, 그 부인이 행여나 하는 생각에 바구니를 들고 나가 나물을 뜯고 칡뿌리를 캐며 남편이 돌아오는 길목을 지켜보는 심정을 노래한 시다.

　　하루를 보지 못하는 것이 석 달만 같다.
　　하루를 보지 못하는 것이 세 가을만 같다.
　　하루를 보지 못하는 것이 세 해만 같다.

　'一日三秋(일일삼추), 一日如三秋(일일여삼추), 一刻如三秋(일각여삼추), 一日千秋(일일천추)' 등이 갈라져서 나왔다.

一字千金 (일자천금)

> • 한 일, 글자 자, 일천 천, 쇠 금. 한 자의 값이 千金(천금)에 해당한다.

중국 秦(진)나라, 진시황의 親父(친부)인 呂不韋(여불위)가 『呂氏春秋 (여씨춘추)』를 만들며 이 책에 한 글자라도 더하거나 뺄 수 있는 사람이 있다면 천금을 준다고 한 데서 유래한 말.

呂不韋(여불위)는 秦始皇(진시황)의 즉위와 더불어 相國(상국)의 자리에 앉으며 文信侯(문신후)라는 칭호로 洛陽(낙양)의 십만 호를 식읍으로 받았다. 그는 권력과 돈을 배경으로 천하의 뭇 인재들을 모아서 食客(식객)이 三千(삼천)이나 되었다. 그 식객들에게 그들이 알고 듣고 보고 한 것을 기록하게 하고, 이를 한데 모아 정리한 결과 八覽(팔람), 六論(육론), 十二紀 (십이기) 등 이십만 字(자)가 넘는 방대한 책이 되어 자기 성을 따서 『呂氏春秋(여씨춘추)』라고 이름을 붙였다.

그는 이것을 秦(진)나라 수도 咸陽城(함양성) 市門(시문) 앞에 진열해 두고 나시 천금을 그 위에 걸어 놓은 다음 각국의 학자와 지식인들을 끌어들이기 위한 한 방법으로 이렇게 써서 붙였다.

"능히 한 글자라도 이것을 보태고 빼고 하는 사람이 있으면 이 千金(천금)을 준다."

一將功成萬骨枯(일장공성만골고)

> • 한 일, 장수 장, 공 공, 이룰 성, 일만 만, 뼈 골, 마를 고. 한 장수가 공을 세우면 만 명의 군사가 뼈를 들판에 버리게 된다는 말.

『三體詩(삼체시)』 안에 수록되어 있는 曹松(조송)의 七言絶句(칠언절구) [己亥歲(기해세)]의 마지막 글귀이다.

> 못의 나라 강과 산이 싸움의 판도에 들었으니
> 산 백성이 어찌 나무를 하고 풀 뜯는 것을 즐길 생각을 하리오.
> 그대에게 부탁하오니 후를 봉하는 일을 말하지 말라.
> 한 장수가 공이 이뤄지면 만 명의 뼈가 마른다.

이 시는 黃巢(황소)의 난이 한창이던 唐僖宗(당희종) 乾符(건부) 6년에 해당한 己亥年(기해년)에 지은 것으로 추측된다.

전쟁터를 지나가다가 읊은 古詩(고시)에,

> 바라건대 그대는 영웅의 일을 묻지 말라.
> 한 장수가 공이 이뤄지면 만 명이 죽는다.

고 한 글귀가 있다.

一敗塗地(일패도지)

• 한 일. 패할 패. 진흙 도. 땅 지. 싸움에 한 번 패하여 肝(간)과 腦(뇌)가 땅
바닥에 으깨어진다. 여지없이 패하여 다시 일어날 수 없게 됨. 再起不能(재
기불능)이 됨. 塗地: 흙투성이가 됨.

『史記(사기)』 高祖本紀(고조본기)에, 秦始皇(진시황) 말년 劉邦(유방)은
진시황에게 해를 입을까 봐 산중으로 숨었는데 陳勝(진승)이 반란을 일으
키자 각 고을에서 수령을 죽이고 진승에게 호응했다. 沛(패) 고을의 수령
도 산중의 유방을 불러들여 힘을 과시하려 했다. 수백 명이 떼를 지어 오
자 현령은 겁을 먹고 성문을 닫아 버리자 유방은 縣令(현령)을 죽였다.

유방을 맞이한 父老(부로)들이 그를 현령에 추대하려 하자 유방은 사양
하며,

"한번 패해 넘어지면 땅에 깔리고 만다. 천하가 한창 시끄러워 제후들
이 사방에서 함께 일어나고 있는데 지금 장수를 한번 잘못 두게 되면 一
敗塗地(일패도지)하고 만다."

하고 말했다. 그러나 결국 유방은 패현의 현령이 되고 沛公(패공)이 되
었다가 漢王(한왕)이 되고 다시 漢高祖(한고조)가 된다.

一暴十寒(일포십한)

• 한 일, 햇볕 쬘 포, 열 십, 찰 한. ① 아무리 잘 자라는 초목이라도 하루 볕을 쬐고 열흘 동안 추운 곳에 놓아두면 자라지 못한다. ② 하루 데워서 열흘 걸려 식혀 버린다는 뜻. '노력함이 적고 게으름이 많음'을 경계한 말. 一暴十寒萬物不長(일폭십한만물부장).

『孟子(맹자)』告子上(고자상)에 있는 맹자의 말이다.

맹자는 齊宣王(제선왕)이 그의 타고난 어진 성품과 총명을 제대로 발휘하지 못하고 잠시 희망이 엿보이다가는 다시 제자리걸음을 치는 것이 안타까워 말한다.

"왕의 지혜롭지 못한 것을 이상하게 생각할 것이 없다. 아무리 세상에 쉽게 자라는 물건이 있다 하더라도 하루 따뜻하고 열흘 동안 추우면 능히 자랄 물건이 없다. 내가 왕을 만나는 일이 드문데다가, 내가 물러나면 차게 하는 사람들이 모여들게 되니, 비록 싹이 있은들 내가 어떻게 자라게 할 수 있겠는가?"

'一日暴之十日寒之(일일폭지십일한지)'가 略(약)해져서 '一暴十寒(일폭십한)'이 되었다.

臨淵羨魚不如退而結網

(임연선어불여퇴이결망)

• 임할 임, 못 연, 부러워할 선, 물고기 어, 아닐 불, 같을 여, 물러날 퇴, 말 이
  을 이, 맺을 결, 그물 망. 연못가에서 물고기를 보고 부러워하느니 물러가 그
  물을 맺는 깃만 못하다. 앉아서 헛되이 행복을 바라기보다는 물러서서 행복
  을 얻을 수 있는 방법을 강구하는 것이 나음.

이 말은 『淮南子(회남자)』 說林訓(설림훈)에 나오는 말이다. 같은 내용
의 말이 『漢書(한서)』 董仲舒傳(동중서전)에도 있다.

"못에 가서 고기를 부러워하는 것이, 물러나 그물을 만드는 것만 같지
못하다."

『文子(문자)』 上德篇(상덕편)에는,

"강에 가서 고기를 욕심내는 것이 돌아와 그물을 짜는 것만 같지 못하
다."고 했다.

臨財毋苟得(임재무구득)

> • 임할 임, 재물 재, 말 무, 구차할 구, 얻을 득. 재물을 대하매 苟且(구차)스럽게 얻지 말라는 뜻. 곧 옳으면 취하고 옳지 못하면 취하지 말 것이며, 결코 私慾(사욕)에 끌려서 얻고자 해서는 아니 된다는 말.

이 말은 『禮記(예기)』 曲禮篇(곡례편)에 있는 말이다.

'臨財毋苟得(임재무구득)'은 재물을 앞에 놓고 그것을 얻을 수도 있고 얻지 못할 수도 있을 경우, 굳이 그것을 얻겠다고 조바심을 하거나 남과 경쟁을 하거나 하지 말라는 말이다. 재물을 탐내지 않는다는 말이다. '臨難毋苟免(임난무구면)'은 어떤 뜻하지 않은 어려움을 당했을 때, 당황하거나 어떤 비겁한 방법으로 벗어나려 하지 말라는 뜻이다.

이 말은 『論語(논어)』 憲問篇(헌문편)에 나오는 '見利思義(견리사의) 見危授命(견위수명)'과 비슷한 뜻이다.

任賢勿貳(임현물이)

• 맡길 임, 어질 현, 말 물, 두 마음 이. 適任者(적임자)에게 일을 맡겼으면 무슨 소리를 듣든 끝까지 맡겨야 한다는 말.

『書經(서경)』 大虞謨(대우모)에 있는 益(익)의 말이다.

익은 禹(우)임금이 자기의 뒤를 이어 天子(천자)가 되기를 기대했을 정도로 위대한 인물이었다.

그 익이 말하기를, "어진 이에게 맡긴 다음 두 생각을 말고, 간사한 사람을 버리기를 주저하지 말며, 의심스런 꾀는 이루지 말라."고 했다.

春秋時代(춘추시대) 五覇(오패)로 첫손을 꼽는 齊桓公(제환공)과 管仲(관중)의 대화에도 이 말이 나온다.

환공이 관중을 보고 물었다.

"과인은 불행하게도 사냥을 좋아하고 또 여자를 좋아하는데 覇(패)에 해가 되지 않을지?"

"해가 될 것이 없습니다."

"그러면 무엇이 패에 해로운 것인가?"

"어진 사람을 쓰지 않는 것이 패를 해치게 됩니다. 즉 어진 줄을 알고도 쓰지 않으면 패를 해치고 쓰면서도 완전히 맡기지 않으면 패를 해치고, 맡겨 놓고 다시 소인으로 간섭하게 하면 패를 해칩니다."

환공은 관중을 신임하여 覇者(패자)가 된다.

粒粒皆辛苦(입립개신고)

• 낱알 입, 모두 개, 매울 신, 쓸 고. 낱알이 모두 농부의 땀의 結晶(결정)임.
穀食(곡식)의 소중함을 이른 말. 또, 苦心(고심)하여 일의 성취에 노력함을
이름. 粒粒辛苦(입립신고).

『古文眞寶(고문진보)』 前集(전집)에 있는 李紳(이신)의 五言古風(오언
고풍) [憫農(민농)]에 있는 글귀다.

> 벼를 호미질 하여 해가 낮이 되니
> 땀이 벼 밑의 흙으로 방울져 떨어진다.
> 뉘가 알리오 상 위의 밥이
> 알알이 다 피땀인 것을.

> 鋤禾日當午 서화일당오
> 汗滴禾下土 한적화하토
> 誰知盤中飱 수지반중손
> 粒粒皆辛苦 입립개신고

농부가 지어 만든 쌀알 하나하나가 모두 피와 땀으로 이룩된 것이라는
말이다. 憫農(민농)이라는 말은 농부를 딱하게 생각한다는 뜻도 되고 농사
일이 힘든 것을 민망하게 여긴다는 뜻도 된다. 옛날에는 농부를 여름지이
라고 불렀다. 열매, 과실을 수확하는 자이다.

入鄉循俗(입향순속)

『淮南子(회남자)』 齊俗篇(제속편)에 "그 나라에 들어가는 사람이 그 고
장의 풍속을 따른다."라는 말이 있고 『莊子(장자)』 外篇(외편) 山木(산목)
에도 나와 있다. "그 풍속에 들어가서는 그 풍속에 따른다."고 했다.

서양 격언에는 "로마에 가면 로마의 법을 따르라."라는 말이 있다.

自家藥籠中物(자가약롱중물)

> • 스스로 자, 집 가, 약 약, 대그릇 롱, 가운데 중, 만물 물. 약통에 든 약이라
> 는 뜻. 꼭 필요한 인물. 藥籠中物(약롱중물).

　唐高宗(당고종)의 皇后(황후) 則天武后(측천무후)는 고종이 죽자 자신이 직접 天子(천자) 노릇을 하고 나라이름도 周(주)로 바꾸고 武氏(무씨)의 세상을 만들었으며 위대함과 악명을 동시에 떠올리게 하는 女傑(여걸)이다. 그녀는 수많은 남자 첩과 승려를 데리고 상상할 수 없는 음란한 행동을 자행했지만 인재를 쓸 줄 알았다. 聖歷(성력) 원년 이씨의 세상을 무씨의 세상을 만들려고 하던, 무후의 친정 조카인 武承嗣(무승사), 武三思(무삼사)가 자신들이 태자가 되려고 무후를 충동질하자 狄仁傑(적인걸)이 목숨을 걸고 諫言(간언)하여 무후는 귀양 가 있는 廬陵王(노릉왕) 李哲(이철)을 불러들여 태자로 세웠다.

　무후는 적인걸의 直諫(직간)을 잘 받아들였고 적인걸은 많은 인재를 조정에 천거했다. 자기가 마음에 드는 사람을 요직에 많이 심어 둔 것이다. 적인걸이 아끼는 사람 가운데 元行沖(원행충)이 있었는데, 바른말 잘하고 박식한 원행충이 적인걸을 보고 이렇게 말했다.

　"대감 댁에는 珍味(진미)가 너무 많으니, 나를 약상자 한구석에 끼어 두시지 않겠습니까?"

　그러자 인걸은 껄껄 웃으며 대답했다. "내 약상자 속 약이야 어찌 하루인들 없을 수 있겠소."

　언제든지 바른말을 해 달라는 대답이었다.

　적인걸은 당나라 중흥대신이 되었고, 무후는 惡行(악행)이 많아서 그런지 죽은 후에 비석에 글자가 없는, 이른바 無字碑(무자비)를 세우게 되었다.

自求多福(자구다복)

• 스스로 자, 구할 구, 많을 다, 복 복. 스스로 많은 복을 구함.

『詩經(시경)』 大雅(대아) 文王篇(문왕편)에 나오는 말이다.

"많은 복은 하늘이 주어서가 아니라 자기가 구해서 얻어지는 것으로, 하늘은 스스로 돕는 자를 돕는다는 말이다."

이 말은 『孟子(맹자)』 公孫丑(공손추) 上(상)에 인용되어 있다.

"어질면 영화가 오고 어질지 못하면 욕이 온다. 지금 욕된 것을 싫어하면서 어질지 못한 생활을 하는 것은 마치 축축한 것을 싫어하면서 낮은 땅에 살고 있는 것과 같다.

욕된 것을 싫어하면 덕을 소중히 알고 선비를 높이 받드는 길밖에 없다. 어진 사람이 높은 지위에 있고 능력 있는 사람이 일을 담당하여 남는 여가를 헛되이 하지 말고 열심히 정치와 법령을 바르게 하는 데 힘을 기울이면 아무리 큰 나라라 할지라도 이쪽을 업신여기지 못한다.

지금 나라가 평화로우면 마음껏 즐기며 게으름을 피우고 거만을 부린다. 이것은 스스로 화를 부르는 것이다. 화와 복은 스스로 구하지 않는 것이 없다. 『詩』에 말하기를 '길이 命[명: 天命(천명)]에 맞게 하기를 생각하는 것이 스스로 많은 복을 구하는 것이다.'라고 했다."

子不語(자불어)

> • 공자 자, 아닐 불, 말씀 어. 孔子(공자)는 말하지 않았다. 小說(소설)을 이르는 말.

    공자는 지극히 건전한 합리주의적 인생을 살다 간 성인으로, 결코 怪力亂神(괴력난신)이라는 말을 입에 담기를 좋아하지 않았다고 함. 怪(괴)는 怪異(괴이), 怪奇(괴기), 妖怪(요괴), 力(력)은 믿을 수 없는 힘이나 폭력, 亂(난)은 신하가 임금을, 아들이 아버지를 해치는 질서의 파괴와 紊亂(문란)과 背德(배덕), 神(신)은 괴이한 神(신)이나 神秘(신비)나 鬼神(귀신) 등을 말하는데 이 네 가지는 소설의 제재로 삼는 것들로 이것을 공자가 말하지 않았으므로 소설이라는 뜻으로 쓰이게 된 말이다.

    또한 공자는 性(성: 인간 천부의 본질이나 성질)과 天道(천도: 자연이나 인간 생명의 운행에 명령하고 지배하는 것으로 생각해 오던 초인간적인 절대력), 神(신), 天帝(천제) 등도 말하지 않았다고 하는데 이것도 소설의 제재이다. 이 네 가지를 怪力(괴력)과 亂神(난신) 두 가지로 보는 설도 있다.

子帥以正孰敢不正(자솔이정숙감부정)

> • 스스로 자, 거느릴 솔, 써 이, 바를 정, 누구 숙, 감히 감, 아닐 부. 자신이 거느리기를 바른 것으로 하면 누가 감히 바르지 않겠느냐는 뜻.

이 말은 『論語(논어)』 顔淵篇(안연편)에 있는 孔子(공자)의 말이다.

魯(노)나라 實權者(실권자)인 季康子(계강자)가 공자에게 정치를 물었다. 공자가 이렇게 대답했다.

"정치(政)라는 것은 바른(正) 것이다. 그대가 거느리기를 바른 것으로 하면 누가 감히 바르지 않겠는가."

子(자)는 그대라는 뜻이거나 자기 자신이라는 뜻이다. 帥(솔)은 거느린다는 의미의 솔(率)과 같다. '政者正也(정자정야)'라는 유명한 말이 여기에서 나왔다.

ㅈ

自勝家强(자승가강)

• 스스로 자. 이길 승. 집 가. 굳셀 강. 스스로를 이기는 사람이 진정으로 강한
사람이다.

『老子(노자)』 제33장에 나오는 말이다.

"남을 아는 것은 지혜로운 일이다. 그러나 자신을 아는 사람이 참으로
밝은 사람이다. 남을 이기는 것은 힘이 있다는 일이다. 그러나 자기를 이
기는 것이 가장 강하다."고 했다.

孔子(공자)도 "나를 이겨 자연으로 돌아가는 것이 仁(인)이다."라고 했
고, 왕양명은 "산속의 도적을 깨뜨리기는 쉬워도 마음속의 도적을 깨뜨리
기는 어렵다."고 했다.

ㅈ

自暴自棄(자포자기)

• 스스로 자, 해칠 포, 버릴 기. 자기의 몸을 스스로 해치고 버림.

『孟子(맹자)』離婁(이루) 上(상)에 나오는 맹자의 말이다.

"自暴(자포)하는 사람은 함께 말을 할 수가 없고, 自棄(자기)하는 사람은 함께 일을 할 수가 없다. 말을 예의에 벗어나게 하는 사람을 '자포한다' 말하고 자기 자신이 능히 어진 일을 할 수 없고, 옳은 길로 갈 수 없다고 하는 것을 '자기'라고 말한다. 어짊(仁)은 사람의 편안한 집이요, 옳음은 사람의 바른 길이다. 편안한 집을 비워 두고 살지 않으며 바른 길을 버리고 그곳으로 가지 않으니 슬픈 일이다."

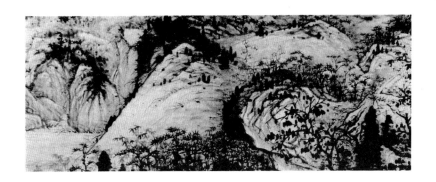

作心三日 (작심삼일)

> • 지을 작. 마음 심. 석 삼. 날 일. 지어 먹은 마음이 사흘을 가지 못한다. 결심
> 이 굳지 못함을 이르는 말. 일시적인 느낌으로 먹은 마음이 오래가지 못한다
> 는 뜻.

두 가지 뜻으로 쓰인다.

사흘을 두고 생각하고 생각한 끝에 비로소 결정을 보았다는 신중성을
의미하기도 하고, 마음을 단단히 먹기는 했지만 사흘만 지나면 그 결심이
흐지부지되고 만다는 뜻으로 쓰인다.

作心(작심)이라는 말이 『孟子(맹자)』 騰文公(등문공) 下(하)의 이른바
好辯章(호변장)에 나오는 말이다.

"……그 마음에 일어나서 그 일을 해치고, 그 일에 일어나서 그 정치를
해친다……."

작심이란 마음을 일으킨다는 말이다. 억지로 하기 싫은 것을 의식적으
로 일깨운다는 뜻이 된다.

潛龍不用(잠용불용)

> • 자맥질할 잠. 용 용. 아닐 불. 쓸 용. 잠용은 자기의 능력을 다 쓰지 말라. 물에 잠긴 용 같은 사람은 자신의 용 같은 재주를 모두 발휘하지 말라. 재주를 다 발휘하다 사냥꾼의 화살을 맞는다는 말.

『易經(역경)』乾卦(건괘) 初爻(초효)의 爻辭(효사)에 있는 말이다.

潛龍(잠룡)은 땅속 깊이 숨어 있는 용이라는 말이다. 勿用(물용)은 쓰지 말라는 말이다. 乾(건)은 하늘을 말하고 純陽(순양)을 뜻한다. 陽(양)은 맑고 따뜻하고 뻗어 오르는 기운을 말한다. 그래서 하늘에 날아오르는 용으로써 이를 상징한다.

아무리 천하를 통일할 역량과 포부를 간직한 영웅이라도 아직은 時機(시기)가 아니므로 가만히 숨어 있고 나오지 말라는 뜻으로 풀이되므로 이 효사는 결국 아직은 때가 아니므로 조용히 기다려야 한다는 말이다. '亢龍有悔(항룡유회)'라는 말을 참조할 만하다.

壯士一去不復還(장사일거불부환)

> • 씩씩할 장, 선비 사, 한 일, 갈 거, 아닐 불, 다시 부, 돌아올 환. 장사는 한번
> 가면 다시 오지 못하리. 중국 燕(연)나라 刺客(자객) 荊軻(형가)가 易水(역수)
> 에서 고점리와 太子(태자)인 丹(단)과 헤어질 때 읊은 시구.

『史記(사기)』 刺客列傳(자객열전)에 나오는 荊軻(형가)가 부른 노래의
한 구절이다.

형가는 秦始皇(진시황)을 암살하려 했던 자객이다. 의심 많고 새가슴으
로 알려진 진시황이 형가와 대화하는 가운데 조금도 수상한 점을 느끼지
못하고 가까이했다는 데에, 형가의 태도가 얼마나 신중하고 침착한지 짐
작할 수 있다.

진시황에 대한 복수심으로 불타는 燕(연)나라 太子(태자) 丹(단)의 부탁
으로 형가는 喪服(상복) 차림을 한 태자와 사람들의 배웅을 받으며 마침
내 易水(역수)까지 왔다. 여기서 길제사를 지내고 다시 떠나게 되었다. 형
가의 친한 친구인 高漸離(고점리)가 筑(축)이라는 악기를 타고 형가는 그
곡에 맞추어 노래를 불렀다.

> 바람은 소소한데 역수마저 차구나
> 장사는 한번 가면 다시 오지 못하리.

형가는 자신이 다시 돌아오지 못할 것을 알고 있었다. 진시황에게 연나
라 지도를 바치며 지도 속에 넣었던 匕首(비수)를 꺼내고 진시황의 소매
를 잡으며 칼로 찔렀으나 칼은 빗나가고 서로 쫓고 쫓기는 상황이 벌어지
다가 환관이 藥囊(약낭)을 던져 형가를 妨害(방해)할 때 진시황은 장검을
어깨 뒤로 놓고 뽑아 형가를 잡게 된다. 형가는 죽을 때도 껄껄 웃으며
죽었다 한다.

ㅈ

長袖善舞多錢善賈 (장수선무다전선고)

> • 길 장. 소매 수. 능할 선. 춤출 무. 많을 다. 돈 전. 잘할 선. 장사 고. 소매가
>   길면 춤을 잘 준다는 뜻으로, 財物(재물)이 많은 자는 일을 하기가 쉬움을 이
>   름. 長袖善舞(장수선무).

　이 말은 중국의 속담으로, 『韓非子(한비자)』 五蠹篇(오두편)에 나오는
말이다.

　'長袖善舞(장수선무)'는 소매가 길면 춤을 추기가 좋다는 말이고, '多錢
善賈(다전선고)'는 돈이 많으면 장사를 잘할 수 있다는 뜻이다.

　한비자는 이 말을 다시 풀어,

　"이 말은 자본이 많으면 일을 하기가 쉽다는 뜻이다. 그러므로 정치가
잘 되어 있는 나라와 유력한 사람은 계획을 꾸미기가 쉽고 약한 사람과
어지러운 나라는 계획을 꾸미기가 어렵다. 그러므로 秦(진)나라 같은 부강
한 나라에서 일하는 신하들은 열 번 계획을 변경해도 그로 인해 실패를
가져오는 일은 드물다. 반대로 연나라 같은 약소국에서 일하는 신하들은
한 번만 변경해도 성공을 거두기가 힘들다. 진나라에 쓰이는 신하기 반드
시 지혜가 있는 사람이어서 그런 것도 아니고, 燕(연)나라에 쓰이는 사람
이 반드시 어리석은 사람이라서 그런 것은 아니다. 결국 나라가 잘 다스
려져 있느냐, 어지러워 있느냐 하는 밑바탕이 다르기 때문인 것이다."라고
했다.

　한비자가 하고 싶은 말은 돈이 많아야 장사를 잘할 수 있듯이 큰 계획
을 임의로 꾸미게 되려면 먼저 정치적인 질서와 경제적인 번영이 있어야
한다는 것이었다.

長鋏歸來乎(장협귀래호)

> • 길 장, 칼 협, 돌아올 귀, 올 래, 어조사 호. 긴 칼이여, 돌아갈거나. 食客(식
>   객) 등이 榮達(영달)을 구하는 뜻으로 쓰임. 욕심에는 한이 없음을 이름. 車
>   魚之歎(거어지탄).

이 말은 『戰國策(전국책)』 齊策(제책)에 있는 孟嘗君(맹상군)의 食客
(식객) 馮驩(풍환)의 이야기에 나오는 말이다.

제나라 사람인 풍환은 올데갈데없는 가난한 신세가 되어 사람을 중간에
넣어 맹상군의 食客(식객)이 되려 했다.

맹상군은 중간에 말하는 사람에게 물었다.

"그 사람은 무엇을 좋아합니까?"

"좋아하는 것이 없습니다."

"그럼 뭘 잘합니까?"

"잘하는 것이 없습니다."

맹상군은 웃고 나서 허락을 했다. 맹상군은 풍환을 하등 식객으로 대우
했다. 며칠 후 풍환은 차고 있는 칼을 두들기며 노래를 불렀다.

"긴 칼이여, 돌아갈거나. 먹는데 고기가 없구나. 長鋏歸來乎食無魚(장
협귀래호식무어)."

맹상군이 알아듣고 고기 대접을 해 주었다. 얼마 지나지 않아 그는 또
노래를 불렀다.

"긴 칼이여, 돌아갈거나. 밖에 나가는 데 수레가 없구나. 長鋏歸來乎出
無車(장협귀래호출무거)"라 노래하므로 맹상군은 수레를 내어 주었다. 그
런데 또 얼마를 지난 뒤 노래를 불렀다.

"긴 칼이여, 돌아갈거나. 살 집이 없구나. 長鋏歸來乎無以爲家(장협귀
래호무이위가)"

맹상군은 이를 듣고서 풍환의 老母(노모)에게 먹을 것과 필요한 것을
주었다.

그 뒤 풍환은 맹상군을 잘 섬겼다고 한다.

在德不在險(재덕부재험)

• 있을 재, 덕 덕, 아닐 부, 험할 험. 나라를 다스리는 데는 덕을 베풀어 어진 정사를 하여야 하며 산천이 험한 것을 믿어서는 안 된다는 말.

『史記(사기)』 孫子吳起列傳(손자오기열전)에 있는 吳起(오기)의 말이다.

오기가 魏文侯(위문후)를 섬겨 西河(서하)태수로 있다가 문후가 죽자 武侯(무후)를 섬기게 되었는데 어느 날 무후는 서하에 배를 띄우고 좌우 산천을 구경하며 내려갔다.

무후는 오기를 돌아보며,

"참 아름답구려. 산과 물이 이토록 천험의 요새를 이루고 있으니 이야 말로 위나라의 보배가 아니겠소?" 하고 못내 자랑스러워했다.

그러자 오기는, "임금의 덕에 있지 산천의 험한 것에 있는 것이 아닙니다. 재덕부재험(在德不在險)"

이라고 말하며 망한 나라들은 지리가 험하지 않아서가 아니라 임금이 정치를 바르게 하지 않았기 때문이라고 설명한 후 다시,

"이로 미루어 볼 때 덕에 있고, 험한 것에 있는 것이 아닙니다. 만일 임금 께서 덕을 닦지 않으시면 배 안에 있는 사람이 다 적국이 될 수 있습니다."

무후가 자기 나라의 장점을 믿고 좋아하자 그것의 문제점을 잘 지적해 주고 있다.

前車覆後車戒(전거복후거계)

> • 앞 전, 수레 거, 엎을 복, 뒤 후, 수레 거, 경계할 계. 앞에 가던 수레가 뒤집히면, 뒤에 가는 수레의 경계가 된다.

이 말은 『漢書(한서)』 賈誼傳(가의전)에 있는 가의의 上疏文(상소문) 중에 나온다.

"속담에 말하기를 '관리 노릇 하기가 익숙지 못하거든 이미 이루어진 일을 보라.' 했고, 또 말하기를 '앞에 가던 차가 넘어진 것을 보면 뒤의 차는 조심을 하게 된다.'고 했습니다. (중략) 진나라 세상이 갑자기 끊어진 것은 그 바퀴 자국을 볼 수 있습니다. 그런데도 이를 피하지 않으면 뒤 수레가 또 넘어지게 될 것입니다. (이하 생략)"

'前覆後戒(전복후계)'라고도 하며 '前車覆轍(전거복철)'이라고도 한다.

前門拒虎後門進狼(전문거호후문진랑)

> • 앞 전, 문 문, 막을 거, 범 호, 뒤 후, 나아갈 진, 이리 랑. 앞문에서 호랑이를 막았는데 뒷문으로 이리가 들어온다. 간신히 禍(화)를 피하였는데 또 다른 화가 들이닥침.

앞뒤로 위험이 가로놓여 있는 것을 비유해서 쓰기도 하고 또 앞문의 호랑이를 쫓아내기 위해 뒷문으로 늑대를 끌어들인 결과가 된 것을 비유해서 말하기도 한다.

後漢(후한)은 外戚(외척)과 고자대감[宦官(환관)]들 때문에 망했다고 한다. 후한 和帝(화제)가 열 살로 즉위하자 竇太后(두태후)가 垂簾聽政(수렴청정)을 하게 되었다. 태후의 오빠인 竇憲(두헌)이 머리를 쳐들게 된다. 두헌은 大將軍(대장군)에 임명되고 그들 父子(부자)가 요직을 다 차지하게 된다. 화제는 환관 鄭衆(정중)을 끼고 두헌을 제거하게 되나 곧 정중 및 환관들이 國政(국정)을 壟斷(농단)하게 된다.

결국 속담에 나온 말처럼 앞문에서 호랑이를 막으며 뒷문으로 늑대를 끌어들인다는 결과가 나타났다.

이 말에는 '一難去一難來(일난거일난래)'라는 뜻도 있다.

戰戰兢兢(전전긍긍)

• 떨릴 긍. 매우 두려워하여 겁을 냄.

『詩經(시경)』 小雅(소아) 小旻(소민)에 나오는 글귀다.

> 감히 범을 맨손으로 잡지 않고
> 감히 하수를 배 없이 건너지 않으나
> 사람은 그 하나만 알고
> 그 밖의 것은 알지 못한다.
> 두려워서 조심조심하며
> 깊은 못에 다다른 듯하고
> 엷은 얼음을 밟듯 한다.

이 시는 포학한 정치를 한탄해서 지은 시이다. 범을 맨주먹으로 잡거나 황하를 배 없이 헤엄쳐 건너는 일을 하지 않지만, 눈앞의 이해에만 눈이 어두워 그것이 다음 날 큰 患難(환난)이 되는 것을 알지 못한다. 사람들은 그 무서운 정치 속에서 마치 깊은 못가에 서 있는 듯, 엷은 얼음을 걸어가는 듯 불안에 떨며 움츠리고 있다는 뜻이다. '如履薄氷(여리박빙)'이라는 말도 여기에 나타난다.

ㅈ

輾轉反側(전전반측)

• 돌아누울 전, 구를 전, 돌이킬 반, 옆 측. 想念(상념)에 싸여 누워서 몸을 뒤척이며 잠을 못 이룸. 輾: 반 바퀴 도는 것. 轉: 한 바퀴 도는 것. 輾轉不寐(전전불매).

輾(전)은 반쯤 돌아 몸을 모로 세우는 것을 말하고 轉(전)은 뒹군다는 뜻이다. 反(반)은 뒤집는다는 뜻이고 側(측)은 옆으로 세운다는 뜻이다.

『詩經(시경)』맨 첫 편인 關雎(관저)에 나오는 말이다.

원래 이 말은 착하고 아름다운 여인을 그리워하며 잠을 이루지 못하는 것을 묘사한 것이었다.

요조한 숙녀를
자나 깨나 구한다.

구해도 얻지 못한지라
자나 깨나 생각한다.

생각하고 또 생각하며
옆으로 누웠다 엎었다 뒤쳤다 한다.

관저의 시를 評(평)하여 孔子(공자)는, "관저는 즐거우면서도 음탕하지가 않고 슬퍼해도 마음을 상하지 않는다."고 했다.

여기에는 '樂而不淫(낙이불음), 哀而不傷(애이불상), 窈窕淑女(요조숙녀)'이라는 말도 나타나 있다.

轉禍爲福(전화위복)

> • 구를 전, 재앙 화, 위할 위, 복 복. 언짢은 일이 계기가 되어 오히려 좋은 일
>   이 생김.

『史記(사기)』 관안열전에 나오는 말이다.

戰國時代(전국시대) 合從策(합종책)으로 6국, 곧 韓(한)·魏(위)·趙(조)·燕(연)·齊(제)·楚(초)의 재상을 겸임했던 종횡가(縱橫家: 모사) 蘇秦(소진)은 이런 말을 한 적이 있다.

"옛날에 일을 잘 처리했던 사람은 화를 바꾸어 복이 되게 했고[轉禍爲福], 실패한 것을 바꾸어 功(공)이 되게 했다[因敗爲功]."

어떤 불행한 일이라도 끊임없는 노력과 강인한 의지로 힘쓰면 불행을 행복으로 바꾸어 놓을 수 있다는 말이다.

참고)

소진: 전국시대 말엽의 종횡가. 周(주)나라의 도읍 낙양[洛陽: 山西省(산서성) 내] 사람. 낙양 근처의 鬼谷(귀곡)에 은거하던 수수께끼의 종횡가 귀곡선생[鬼谷先生: 제반 지식에 통달한 인물로서 종횡설을 논한 『鬼谷子(귀곡자)』 3권을 지었다고 함]에게 배웠음. 따라서 소진이 죽은 뒤 連橫策(연횡책)을 펴서 합종책을 깨뜨린 장의(張儀: B.C. ?~309)와는 同文(동문). 齊(제)나라에서 살해됨(B.C. ?~317).

切問而近思(절문이근사)

위의 말은 구체적인 질문과 일상생활과 관계되는 사색을 의미한다. 이것은 『論語(논어)』 子張篇(자장편)에 있는 子夏(자하)의 말이다.

"널리 배우고 뜻을 篤實(독실)히 하며, 알뜰히 묻고 가깝게 생각하면 어진 것이 그 가운데 있다."

자하는 또 이런 말을 했다.

"달마다 그 없는 바를 알고, 달마다 그 능한 바를 잊지 않으면 학문을 좋아한다고 말할 수 있다."

자하는 현실적인 교육가였다. 孔子(공자)의 제자인 子由(자유)가 자하를 평해 이렇게 말했다.

"자하의 제자들은, 물을 뿌리고 청소를 하며, 말에 대답하고 몸을 움직이는 하나하나는 잘한다고 볼 수 있다. 그러나 그런 것들은 형식적인 말단의 일에 지나지 않는다. 보다 근본적인 사상과 도덕에 관한 것은 볼 만한 것이 없으니 장차 어떻게 할 것인가?"

퍽이나 현실적이고 일상생활 면에 교육의 중점을 두고 있으므로 朱子(주자)는 자하의 말을 따서 『近思錄(근사록)』이란 책을 썼다.

竊符救趙(절부구조)

> • 훔칠 절, 부신 부, 건질 구, 조나라 조. 兵符(병부)를 훔쳐 趙(조)나라를 구했다는 말.

戰國時代(전국시대) 信陵君(신릉군)이 조나라의 위급함을 구하기 위해, 임금의 병부를 훔쳐내어 魏(위)나라 군사를 이끌고 진나라 군사를 물리친 사건을 말한다.

신릉군 魏無忌(위무기)는 魏昭王(위소왕)의 작은아들이었고 안희왕의 배다른 동생이었다. 소왕이 죽고 안희왕이 즉위하자 그를 신릉군에 봉했다. 신릉군은 덕이 있고 지혜가 있고 또 知人之鑑(지인지감)이 있었다. 그는 夷門(이문)을 지키는 侯嬴(후영)이라는 늙은 문지기를 스승처럼 위했고, 白丁(백정)인 朱亥(주해)를 귀한 손님처럼 받아들였다.

안희왕 20년 조나라를 크게 물리친 진나라가 수도 邯鄲(한단)을 포위하자 조나라는 안희왕에게 구원군을 청했다. 안희왕이 장수 晉鄙(진비)를 통해 구원병 십만을 보내자 진나라가 위나라를 위협했다. 안희왕은 겁이 나서 진비가 국경선을 넘지 못하도록 명령을 내렸다. 이러한 위급한 상황에서 신릉군은 후영이 일러 주는 대로 안희왕의 寵姬(총희) 如姬(여희)를 통해 虎符(호부)를 훔쳐 내어 진비에게 대조시켜 군대를 움직이게 하였다. 그러나 진비는 진의를 의심하여 지휘권을 넘겨주지 않아 주해를 시켜 진비를 쳐 죽이고 8만의 군대를 이끌어 결국 큰 승리를 거두었다.

이 말은 보다 큰 목적을 위해서는 사소한 의리 같은 것은 버려도 된다는 뜻으로 쓰이게 되었다.

絶聖棄知(절성기지)

• 끊을 절, 성인 성, 버릴 기, 알 지. 학문을 중도에서 그쳐 버리면 걱정이 없어짐. 老子(노자)가 유교의 학문을 두고 평한 말.

『老子(노자)』 第十九章(십구장)에 나오는 말이다.

"聖(성)을 끊고 智(지)를 버리면 백성의 이익이 백배가 되고, 仁(인)을 끊고 義(의)를 버리면 백성이 효도하고 사랑하는 것에로 돌아오며, 巧(교)를 끊고 利(이)를 버리면 도적이 있는 일이 없다. 이 세 가지는 그리 넉넉지 못한 것이 된다. 그러므로 붙인 바를 잇게 한다. 素(소)를 나타내고, 朴(박)을 안아, 私(사)를 적게 하고 欲(욕)을 적게 하는 것이다."

풀이하면 다음과 같다.

「성스러우니 지혜로우니 하는 것들을 완전히 없애 버리면, 백성들은 명예니 공로니 하는 것을 다투는 일이 없기 때문에 백배나 더 이를 얻게 된다. 어질다든가 의롭다든가 하는 것을 다 없애 버리면 백성들은 양심을 속이는 일이 없기 때문에 참다운 효도와 사랑을 할 수 있게 된다. 또 자연을 해치는 교묘한 것이라든가, 보다 편리한 물건을 만드는 일이 없으면 백성들을 배를 채우고 추위를 막는 것 외에 욕심을 부릴 것이 없게 되므로 자연 도둑이 없게 되는 것이다. 素朴(소박)한 그대로를 두어 사사로운 욕심이 나지 않게 하는 것이다.」

絶聖棄智(절성기지)는 곧 '小私寡欲(소사과욕)'이고 소사과욕은 곧 '無爲自然(무위자연)'이다.

切磋琢磨 (절차탁마)

> • 끊을 절, 갈 차, 쫄 탁, 갈 마. 끊고 닦고 쪼고 갈다. 톱으로 자르고 줄로 슬고, 끌로 쪼며 숫돌에 간다. 학문·도덕·기예 등을 열심히 닦음.

뼈나 상아나 옥돌로 물건을 만들 때, 순서를 밟아 다듬고 또 다듬어 완전무결한 물건으로 만들어 내는 것을 말한다. 학문을 닦고 수양을 쌓는 데도 똑같은 과정을 거쳐야 한다.

『詩經(시경)』衛風(위풍) 淇澳篇(기욱편)에 있는 말이다.

이 시는 학문과 덕을 쌓은 君子(군자)를 찬양해서 부른 것인데 대학에 나온 내용을 옮기면 다음과 같다.

"시에 이르기를 '찬란한 군자여, 칼로 자르듯 하고 줄로 슨 듯하며, 끌로 쫀 듯하고 숫돌로 간 듯하도다. …….'라고 했다. 자르듯 하고 슨 듯하다는 것은 학문을 말한 것이고, 쫀 듯하고 간 듯하다는 것은 스스로 닦는 것이다."

이 말은 『論語(논어)』學而篇(학이편)에도 나온다. 子貢(자공)이 공자에게 물었다.

"가난해도 아첨하는 일이 없고, 부해도 교만하는 일이 없으면 어떻습니까?"

"옳은 일이긴 하나 가난해도 도를 즐기고 부해도 예를 좋아하는 것만 같지 못하다."

"詩(시)에 이르기를 '如切如磋, 如琢如磨(여절여차, 여탁여마)'라고 했는데 바로 이런 것을 두고 한 말이군요."

그러자 공자는 자못 흐뭇한 표정으로,

"너야말로 참으로 함께 시를 말할 수 있다. 이미 들은 것으로 장차 있을 것까지를 아니 말이다." 하고 칭찬했다.

이 해석대로 하면 '절차'는 學文(학문)을 뜻하고 '탁마'는 修養(수양)을 말하는 것이 된다.

正鵠(정곡)

• 바를 정. 과녁 곡. 과녁의 한가운데 표적을 정확하게 맞히다. 핵심을 정확하게 꿰뚫음. 옛날 과녁 가운데에 표적으로 고니를 그려 붙였음.

원래는 弓術(궁술)의 전문용어로, 『周禮(주례)』 天官(천관) 司裘(사구)의 注(주)에 따르면, "과녁에 있어서, 사방 열 자 되는 것을 侯(후)라 하고, 넉 자 되는 것을 鵠(곡)이라 하고, 두 자 되는 것을 正(정)이라 하고, 네 치 되는 것을 質(질)"이라고 했다.

또 『中庸(중용)』 十四(십사)장에 나오는 孔子(공자)의 말씀에,
"활 쏘는 것은 군자의 태도와 같은 점이 있다. 正鵠(정곡)을 잃으면 자기 자신에게 돌이켜 구한다."고 한 말이 있는데 註解(주해)에 말하기를,
"베에다 그린 것이 正(정)이고, 가죽에다 그린 것이 鵠(곡)이다. 다 후의 중심으로 활 쏘는 과녁이다."라고 했다.

『禮記(예기)』 射義篇(사의편)에 나오는 공자의 말 중에서
"……쏘아서 정곡을 잃지 않는 것은 그 오직 어진 사람일 것이다. ……"라는 말이 있다.

精神一到(정신일도)

> • 정밀할 정, 귀신 신, 한 일, 이를 도. 精神一到何事不成(정신일도하사불성).
> • 한 가지 일에 온 정신을 다 쏟으면 세상에 안 되는 일이 없다는 말이다.

이 말은 朱子(주자)가 한 적이 있다. 즉 그는 말하기를,
"陽氣(양기)가 발하는 곳에는 쇠와 돌도 또한 뚫어진다. 정신이 한번 이르면 무슨 일이 이뤄지지 않겠는가?"

예수도 말씀하시기를,
"겨자씨만 한 정성만 있으면 산도 옮길 수 있다."고 했다.

維摩居士(유마거사)는 하늘나라를 좁은 방 안으로 보고 삽시간에 끌어내린 일까지 있다고 한다. 이 이야기는 『維摩經(유마경)』에 나온다.

ㅈ

井底之蛙(정저지와)

> • 우물 정. 밑 저. 갈 지. 개구리 와. 우물 안 개구리.

『莊子(장자)』 秋水篇(추수편)에 나오는 말이다.

黃河(황하)의 신 河伯(하백)이 물을 따라 처음으로 바다까지 와 보았다. 끝없이 뻗어 있는 동쪽 바다를 바라보며 北海(북해)의 신인 若(약)에게 말했다.

"나는 지금까지 이 세상에서는 황하가 가장 넓은 줄로 알고 있었는데, 지금 이 바다를 보고서야 넓은 것 위에 보다 넓은 것이 있다는 것을 깨달았소. 내가 여기를 와 보지 않았던들 영영 識者(식자)들의 웃음거리가 될 뻔했소."

그러자 북해의 신이 말했다.

"우물 안 개구리에게 바다에 대해 말할 수 없는 것은 그들이 사는 곳에만 사로잡혀 있기 때문이다. 여름 벌레에게는 철만을 굳게 믿기 때문이다. 식견이 없는 선비에게 도를 말할 수 없는 것은, 그들이 배운 상식에만 묶여 있기 때문이다. 그런데 그대는 나와 큰 바다를 구경하고 자기의 부족함을 알았으니 함께 진리를 말할 수 있을 것 같다."

『莊子(장자)』에는 '井蛙(정와)'라고만 나와 있다. '井庭蛙(정정와), 井中蛙(정중와), 井底蛙(정저와), 井底之蛙(정저지와)' 등으로 쓰이기도 한다.

庭訓(정훈)

『論語(논어)』季氏篇(계씨편)에 나오는 이야기이다.

孔子(공자)의 제자 陳亢(진항)이 어느 날, 공자의 아들 伯魚(백어)에게 "선생님의 아들인 만큼 특별히 배우는 게 있느냐?"고 물었다. 그러자 백어는 "특별히 배우는 것은 없으나 요전에 아버님이 뜰에서 '詩經(시경)과 禮記(예기)를 배우지 않으면 남과 대화를 나눌 수 없다.'고 하셔서 요즈음 그 詩經(시경)을 읽고 있다."고 대답했다는 옛일에서 온 말이다.

糟糠之妻(조강지처)

• 술지게미 조, 쌀겨 강, 갈 지, 아내 처. 술지게미와 쌀겨를 먹으며 고생을 함
께한 아내. 몹시 가난하고 천할 때 고생을 함께 겪어 온 아내.

『後漢書(후한서)』 宋弘傳(송홍전)에 나오는 이야기이다.

後漢(후한) 光武皇帝(광무황제)의 누님인 湖陽公主(호양공주)가 과부가
되었다. 광무제는 공주를 마땅한 사람에게 다시 시집을 보낼 생각으로 그
녀의 의향을 물어보았다. 그랬더니 그녀는,

"宋弘(송홍) 같은 사람이라면 남편으로 우러러보고 살 수 있겠지만, 그
밖에는 별로……."

하고 송홍이 아니면 시집가지 않을 뜻을 밝혔다.

황제는 공주를 병풍 뒤에 숨겨 두고 송홍을 불러 대화했다. 송홍을 떠
보기로 하고,

"속담에 말하기를 '지위가 높아지면 친구를 바꾸고, 집이 부해지면 아
내를 바꾼다.' 하는데 그럴 수 있는 일인지?"

그러자 송홍은 서슴지 않고 대답했다.

"신은 가난하고 천했을 때의 친구는 잊어서는 안 되고, 지게미와 쌀겨
를 먹으며 고생한 아내는 집에서 내보내지 않는다고 들었습니다."

이 말을 듣자 광무는 조용히 공주 있는 쪽을 돌아보며,

"일이 틀린 것 같습니다." 하고 말했다는 것이다.

참고)
糟糠之妻不下堂(조강지처불하당): 술지게미 조, 겨 강, 갈 지, 아내 처,
　　　　　　　아닐 불, 아래 하, 집 당. 조강지처는 前日(전일)에 苦
　　　　　　　生(고생)하던 일을 생각하여 뒷날에 富貴(부귀)하게 된
　　　　　　　후에도 버려서는 안 된다는 말.

朝令暮改(조령모개)

> • 아침 조. 명령 령. 저물 모. 고칠 개. 아침에 명령이 내려오면 저녁에는 또 다른 명령이 고쳐 내려온다. 法令(법령)을 자꾸 고쳐 갈피를 잡기 어려움.

『史記(사기)』 平準書(평준서)에 보면 漢文帝(한문제) 때 匈奴(흉노)의 약탈에 대응하여 鼂錯(조조)가 獻策(헌책)을 올렸는데 이 글에 조령모개라는 말이 나온다.

"(중략)

이렇게 살기 힘든 형편에 다시 홍수와 가뭄의 災難(재난)이 밀어닥치고, 뜻하지 않은 조세와 負役(부역)에 응하지 않으면 안 된다. 조세와 부역은 일정한 시기도 없이 아침에 명령이 내려오면 저녁에는 또 다른 명령이 고쳐 내려온다. 전답 잡힐 것이 있는 사람은 반값에 팔아 없애고, 그것도 없는 사람은 돈을 빌려 원금과 같은 이자를 물게 된다. 이리하여 논밭과 집을 팔고 자식과 손자를 팔아 빚을 갚는 사람이 생겨나게 된다는 것이다."

조조의 부국강병책으로 중앙집권을 꾀한 나머지 제후들 중에 조금만 잘못이 있으면 트집을 잡아 땅을 깎아 직속 郡(군)으로 만들었기 때문에 그것이 화근이 되어 吳楚七國(오초칠국)의 반란을 불러일으키고, 조조는 그 죄로 인해 죽게 된다.

ㅈ

趙孟之所貴趙孟能賤之
(조맹지소귀조맹능천지)

> • 나라이름 조, 맏 맹, 갈 지, 바 소, 귀할 귀, 능할 능, 천할 천. 남의 힘에 의해서 어떤 목적을 달성한 사람은 또 그의 힘에 의해 그것을 잃게도 되므로 그것은 그리 바람직한 것이 못 된다는 뜻.

趙孟(조맹)은 晋(진)나라 六卿(육경) 중 가장 높은 권력을 쥐고 흔들던 사람이다. 그 조맹의 힘에 의해서 출세를 한 사람은 또 그 조맹에 의해 몰락할 수도 있는 것이다.

이 말은 『孟子(맹자)』 告子(고자) 上(상)에 나온 孟子(맹자)의 말이다.

"귀하고 싶은 것은 사람의 똑같은 마음이다. 사람은 누구나 귀한 것을 자기 자신에게 지니고 있다. 그것을 사람들은 얻어 내려고 애쓰지 않을 뿐이다. 자기에게 있는 것이 아닌, 남이 귀하게 만들어 주는 것은 良貴(양귀)가 아니다. 조맹이 귀하게 한 것은 조맹이 또 천하게 만들 수 있는 것이다."

맹자의 말 중 이러한 것도 있다.

"하늘이 준 벼슬이 있고, 사람이 주는 벼슬이 있다. 仁義(인의)와 忠信(충신)과 善(선)을 좋아하여 게을리 하지 않는 것은 하늘이 준 벼슬이다. 公卿(공경)과 大夫(대부)는 사람이 주는 벼슬이다. (이하 생략)"

朝名市利(조명시리)

> • 조정 조, 이름 명, 저자 시, 이로울 리. 명성은 조정에서 다투고 이익은 市場
> (시장: 저자거리)에서 다투라는 뜻으로, 무슨 일이든 적당한 장소에서 행하라
> 는 말.

秦(진)나라 惠文王(혜문왕) 때(B.C. 317)의 일이다. 중신 司馬錯(사마조)는 어전에서 '蜀(촉)의 오랑캐를 정벌하면 국토도 넓어지고 백성들의 재물도 쌓일 것이므로, 이야말로 一擧兩得(일거양득)'이라며 촉으로의 출병을 주장했다.

그러나 縱橫家(종횡가) 출신의 재상 張儀(장의)는 그와는 달리 혜문왕에게 이렇게 진언했다.

"진나라는 우선 魏(위)·楚(초) 두 나라와 우호 관계를 맺고, 韓(한)나라의 三川(삼천) 지방으로 출병한 후 천하의 종실인 周(주)나라의 외곽을 위협하면, 주나라는 스스로 九鼎[구정: 天子(천자)를 상징하는 솥]을 지키기 어렵다는 것을 알고 반드시 그 보물을 내놓을 것이옵니다. 그때 천자를 끼고 천하에 호령하면 누가 감히 복종하지 않겠나이까? 이것이 霸業(패업)이라는 것이옵니다. 그까짓 변경의 촉을 정벌해 봤자 군사와 백성을 疲弊(피폐)케 할 뿐 무슨 名利(명리)가 있겠나이까?

臣(신)이 듣기로는 '명성은 조정에서 다투고 이익은 저자에서 다툰다[朝名市利].'고 하옵니다. 지금 삼천 지방은 천하의 저자이옵고 주나라 皇室(황실)은 천하의 조정이옵니다. 그런데도 전하께서는 이것을 다투려 하지 않고 하찮은 오랑캐인 촉을 다투려 하시옵니다. 혹, 패업을 멀리하시려는 것은 아니옵니까?"

그러나 혜문왕은 사마조의 진언에 따라 촉의 오랑캐를 征伐(정벌)하고 국토를 넓히는 데 주력했다.

朝聞道夕死可矣(조문도석사가의)

> • 아침 조, 들을 문, 도리 도, 저녁 석, 죽을 사, 가할 가, 어조사 의. 아침에 도
> 를 들으면 저녁에 죽어도 좋다.

『論語(논어)』 里仁篇(이인편)에 있는 공자의 말이다.

이 말은 진리를 탐구하는 공자의 애절한 念願(염원)을 나타낸 말로 풀
이할 수가 있다.

道(도)에 대한 해석이 묘하다. 魏(위)나라 何晏(하안)과 王肅(왕숙)은
"공지가 머지않아 죽을 나이에 이르러, 세상에 도가 행해지고 있다는 소
리를 듣지 못한 것을 한탄해서 한 말이다."라고 했다.

그렇지만 이 해석은 아마도 도덕이 땅에 떨어진 당시를 개탄하는 자신
들의 심정을 여기에 반영시킨 해석으로 보인다.

'可矣(가의)'를 '좋다'고 해석할 것이 아니라 '괜찮다'고 읽어야 옳다고
주장하기도 한다.

위의 말을 불교적으로 해석하면, 참다운 도를 깨닫는 순간 사람은 영혼
의 불멸을 알게 되고 영혼의 불멸을 깨달은 사람은 죽음이 아무런 의미를
갖지 못한다는 것이다.

ㅈ

朝三暮四 (조삼모사)

> • 아침 조. 석 삼. 저물 모. 넉 사. 아침에 세 개. 저녁에 네 개라는 뜻. 곧 ①
> 당장 눈앞의 차별만을 알고 그 결과가 같음을 모름의 비유. ② 간사한 잔꾀
> 로 남을 속여 희롱함을 이르는 말.

『莊子(장자)』 齊物論(제물론)에 나오는 이야기이다.

宋(송)나라에 狙公(저공)이라는 사람이 있었다. 狙(저)란 원숭이를 뜻한
다. 저공은 많은 원숭이를 기르고 있었는데 그는 가족의 양식까지 퍼다가
먹일 정도로 원숭이를 좋아했다. 그래서 원숭이들은 저공을 따랐고 마음
까지 알았다고 한다.

그런데 워낙 많은 원숭이를 기르다 보니 먹이를 대는 일이 날로 어려워
졌다. 그래서 저공은 원숭이에게 나누어 줄 먹이를 줄이기로 했다. 그러나
먹이를 줄이면 원숭이들이 자기를 싫어할 것 같아 그는 우선 원숭이들에
게 이렇게 말했다.

"너희들에게 나누어 주는 도토리를 앞으로는 '아침에 세 개, 저녁에 네
개[朝三暮四]'씩 줄 생각인데 어떠냐?"

그러자 원숭이들은 하나같이 화를 냈다. '아침에 도토리 세 개로는 배
가 고프다.'는 불만임을 안 저공은 '됐다.' 싶어 이번에는 이렇게 말했다.

"그럼, 아침에 네 개, 저녁에 세 개[朝四暮三]씩 주마."

그러자 원숭이들은 모두 기뻐했다고 한다.

鳥獸不可與同羣(조수불가여동군)

> • 새 조, 짐승 수, 아닐 불, 가할 가, 더불 여, 한가지 동, 무리 군. 사람은 새나 짐승과 함께 살 수 없음. 서로 생각이 다른 사람과는 어떤 일을 圖謀(도모)할 수 없다는 말.

『論語(논어)』 微子篇(미자편)에 있는 공자의 말이다.

공자가 초나라에서 채나라로 돌아올 때의 일이다. 長沮(장저)와 桀溺(걸익) 두 隱士(은사)가 함께 밭갈이하고 있는 곳을 지나게 된 공자는 子路(자로)를 시켜 그들에게 나루터로 가는 길을 물어 오라 시켰다. 장저에게 먼저 물었더니,

"그 사람이면 나루터를 알고 있을 것이 틀림없다." 하고 더는 상대를 해 주지 않았다. 그래서 걸익에게 물었더니,

"걷잡을 수 없이 흘러가는 것이 세상인데 누가 이를 바꿔 놓을 수 있겠는가. 그리고 자네도 사람을 피해 천하를 두루 돌고 있는 공구(공자)를 따라다니는 것보다는, 세상을 피해 조용히 살고 있는 우리를 따르는 것이 좋지 않겠는가."

하고는 뿌린 씨앗을 덮기에 바빴다.

자로가 돌아와 보고하자 공자는 서글픈 표정을 지으며,

"새와 짐승은 함께 무리를 같이할 수 없다. 내가 이 사람의 무리와 함께하지 않고 누구와 함께하겠는가. 천하에 도가 있다면 내가 바로잡을 필요도 없지 않겠는가."

위 이야기에서 세상을 건지려는 공자의 안타까운 심정을 엿볼 수 있다.

釣而不網弋不射宿(조이불망익불사숙)

• 낚시 조, 말 이을 이, 아닐 불, 벼리 망, 주살 익, 쏠 사, 잘 숙. 낚시질은 하되 그물질은 안 하고, 주살을 쏘되 잠든 새는 잡지 않는다.

인이란 '사람다운 심성'을 가리키고, '사람다운 심성'이란 남을 측은히 여기고 그의 인격을 존중하여 자신의 욕망과 충동을 자연스럽게 抑制(억제)하는 착한 마음씨이다. 이 인은 유교에서 말하는 인간의 이상적 본질과 속성으로, 인간에게 가장 중요한 덕목이며 근본적인 가치이다. 그리고 이 유교의 인은 사람에게만 적용되는 것이 아니고 자연의 모든 생명체에 적용된다. 仁(인)이라는 심성을 가장 잘 나타내는 예이다. 이 예는 공자의 체험에서 나온 말이다.

『論語(논어)』述而篇(술이편)에 보면,
"공자는 낚시질은 해도 그물은 치지 않았다. 주살질을 해도 자는 새를 쏘지는 않았다."라는 말이 나온다.
공자는 젊어서 가난하게 지냈기 때문에 제사에 쓸 고기와 손님을 대접하기 위해 때로는 고기를 잡는 일이 있었지만 낚시로 필요한 양만 잡을 뿐, 많은 고기를 잡기 위해 그물을 치는 일은 없었다는 것이다. 그것이 '子釣而不綱(자조이불강) 弋不射宿(익불석숙)'이다.
'綱(강)'은 굵은 줄에 그물을 달아 냇물을 가로질러 고기를 잡는 것이라고 註釋(주석)을 하기도 하고 혹은 주낙을 말한다고도 한다. 釣而不綱(조이불강)을 釣而不網(조이불망)이라고도 한다. 조이불망이라는 표현이 오히려 더 알기 쉽다. 弋(익)은 주살로, 화살에 명주실을 매어 쏘는 것을 말하고 射(쏠 사, 쏠 석)는 쏜다는 뜻이다.

참고)
釣而不綱(조이불강): 낚시 조, 말 이을 이, 아닐 불, 벼리 강. 釣而不綱(조이불망). 釣而不網弋不射宿(조이불망익불사숙).

助長(조장)

> • 도울 조, 길 장. 도와 자라나게 한다. 옳지 못하거나 좋지 못한 결과를 초래
> 하게 옆에서 부추기거나 눈감아 주는 일. 쓸데없는 짓을 해서 게도 구럭도
> 다 잃음.

『孟子(맹자)』 公孫丑上(공손추상)에 있는 浩然章(호연장)에 나오는 말
이다.

공손추가 맹자에게 물었다.
"신생님은 어떤 점이 남보다 뛰어납니까?"
"나는 남이 말하는 것의 옳고 그른 것을 잘 알고 나의 浩然之氣(호연
지기)를 잘 기르고 있다."
"무엇을 호연지기라고 합니까?"
"말하기 어렵다. 반드시 여기에 종사를 해도 어떤 결과를 미리 기대해
서는 안 되며, 마음에 항상 잊지 말아야 하고 또 어서 자라나게 하기 위
해 억지로 돕는 일도 하지 말아야 한다. 마치 송나라 사람처럼 말이다. 송
나라에 어떤 사람이, 자기 집 곡식이 무럭무럭 자라나지 않는 것이 안타
까워, 대궁을 하나하나 뽑아 올려 길게 만들고 멍청히 집으로 돌아와 자
기 집 식구들을 보고 이렇게 말했다.
'오늘은 정말 피로하다. 곡식이 자라나는 것을 내가 도와주었거든.'
이리하여 곡식은 벌써 다 말라 죽었다는 것이다."

存心養性(존심양성)

> • 있을 존, 마음 심, 기를 양, 성품 성. 그 마음, 즉 良心(양심)을 잃지 말고 그 대로 간직하여, 그 성품, 즉 하늘이 주신 본성을 키워 나감.

『孟子(맹자)』 盡心上(진심상) 맨 첫 장에 맹자는 이렇게 말하고 있다.

"그 마음을 다하는 사람은 그 성품을 알게 되고, 그 성품을 알면 곧 하늘을 안다."

"그 마음을 간직하고 그 성품을 기르는 것은 그것이 하늘을 섬기는 것이 된다. 일찍 죽고 오래 사는 것에 상관없이 몸을 닦아 기다리는 것은, 그것이 곧 명을 세우는 것이다."

『中庸(중용)』에는 "하늘이 주신 것이 성품이다."라고 했는데, 孟子(맹자)는 "마음을 간직하고 성품을 기르는 것이 곧 하늘을 섬기는 것이다."라고 했다.

사람이 양심의 명령대로만 하게 되면 곧 천성을 알게 되고, 천성을 안다는 것은 곧 하늘을 아는 것이다. 그러므로 양심을 잃지 말고 간직하여 하늘이 주신 타고난 성품을 올바로 키워 나가는 것이 맹자가 말하는 하늘을 섬기는 길이다. 存心養性(존심양성)을 '事天立命(사천입명)'이라고도 한다.

ㅈ

左顧右眄(좌고우면)

- 왼 좌, 돌아볼 고, 오른 우, 돌아볼 면. 왼쪽을 바라보고 오른쪽을 돌아다보다. 이리저리 돌아봄. 이쪽저쪽을 둘러보고 이리저리 생각하면서 앞뒤를 재고 망설여 일을 결정짓지 못함.

『孟子(맹자)』梁惠王篇(양혜왕편)에 나오는 이야기이다.

맹자가 齊宣王(제선왕)을 찾아가 일러 말했다.

"왕의 신하가, 그의 처자를 친구에게 맡기고 楚(초)나라로 놀러 갔다 돌아와 보니 그 친구가 처자를 굶주리고 추위에 떨게 만들었습니다. 왕께서는 그 사람을 어떻게 하시겠습니까?"

"믿고 맡긴 妻子(처자)를 굶주리게 한 그런 친구라면 당장 絶交(절교)를 해야 합니다."

"士師[사사: 法務長官(법무장관)]가 그 부하를 제대로 거느리지 못하면 어떻게 하시겠습니까?"

"당장 그만두게 하겠습니다."

"그렇다면 四境(사경: 나라) 안이 제대로 다스려지지 않을 때는 어떻게 하시겠습니까?"

왕은 좌우를 돌아보며 다른 것을 말했다.

본디 '顧左右而言他(고좌우이언타)'이다. 맹자는 역성혁명도 용인하는 태도를 취했다.

左袒(좌단)

• 왼 좌, 소매 단. 왼쪽 소매를 벗어 어깨를 드러내는 것을 말함.

『史記(사기)』 呂后本紀(여후본기)에 나오는 이야기이다.

漢高祖(한고조: 유방)의 아들 惠帝(혜제)가 즉위한 지 七(칠) 년 만에 죽자, 그의 어머니 呂后(여후)는 소리를 내어 울기는 했으나 눈물 한 방울 흘리지 않았다. 그 후 여후에 의해 劉氏(유씨) 王(왕)들은 차례로 쫓겨나고 혹은 피살되거나 자살을 강요당했다. 그러나 여후는 집권 八(팔) 년 만에 병으로 누워 곧 죽을 것을 짐작하자 친정 사람인 趙王(조왕) 呂祿(여록)과 呂王(여왕) 呂産(여산)을 上將軍(상장군)에 임명하여 자신이 죽은 다음 경계를 게을리 하지 말 것을 유언하였다.

여후가 죽자 陳平(진평)은 周勃(주발)을 충동하여 여씨 잔당을 제거하기 시작하였다. 이때 진평은 여록과 친하게 지내는 酈寄(여기)를 통해 여록이 상장군의 직위를 반납하게 하고 北軍(북군)의 군권을 주발에게 넘기게 하였다. 주발은 진평 사람이었고 즉시 장병들에게 영을 내렸다.

"여씨를 위하는 사람은 오른쪽 소매를 벗고, 유씨를 위하는 사람은 왼쪽 소매를 벗어라."

장병들이 유씨 편을 들자 여세를 몰아 여씨들을 모조리 죽였다.

'左袒(좌단)'이나 '右袒(우단)'이나 '左右袒(좌우단)'이라는 말은 거의 같은 말로, 어느 한쪽에 편든다는 뜻이다.

ㅈ

周急不繼富 (주급불계부)

> • 두루 주, 급할 급, 아닐 불, 이을 계, 가멸 부. 가난하고 위급한 사람은 도와
> 주지만 부자는 보태 주지 않는다. 군자는 급한 사람을 돕고, 부한 사람을 보
> 태 주지 않는다.

'周急(주급)'은 남의 급한 것을 보살펴 도와주는 것이고 '不繼富(불계
부)'는 잘 사는 사람에게 더 보태 주지 않는 것을 말한다.

이 말은 『論語(논어)』 雍也篇(옹야편)에 나오는 孔子(공자)의 말이다.

공자의 제자 公西赤(공서적)이 공자의 심부름으로 齊(제)나라로 가게
되었다. 이때 재정을 맡고 있던 冉子(염자)가 공자에게 청하길, 그의 어머
니가 계시니 식량을 보내 주자고 했다. 그러자 공자는, "한 釜(부)만 주어
라." 하고 말했다. 부는 여섯 말 넉 되에 해당하는 말의 한 단위이다.

염자는 그건 너무 적으니 더 주자고 했다. 그러자 공자는 또 "한 庾(유)
를 더 주어라."고 말했다. 한유는 열여섯 말이다.

염자는 다시 청할 수가 없어 자기 생각에 따라 다시 秉(병)을 그의 집
에 보내 주었다. 한 병은 열여섯 섬[斛(곡)]이다. 선생님을 위해 천 리 길
을 다녀오는 사람에게 그만한 성의는 보여 주는 것이 자기의 도리일 것
같아서였으리라.

그러자 공자는 이렇게 염자를 꾸짖었다.

"赤(적)이 제나라로 갈 때 살찐 말을 타고 가벼운 가죽옷을 입고 가지
않았더냐. 나는 들으니 '군자는 급한 사람을 돕고, 부한 사람을 보태 주지
않는다.'고 했다."

酒乃百藥之長(주내백약지장)

> • 술 주, 이에 내, 일백 백, 약 약, 갈 지, 으뜸 장. 술은 백가지 약 중에서 으뜸가는 것.

前漢(전한)과 後漢(후한) 사이에 십오 년 동안의 명맥을 지니고 있던 新(신)나라의 황제가 王莽(왕망)이다. 이 왕망이 소금과 술과 쇠를 정부의 전매품으로 정하고 이 사실을 천하에 공포한 詔書(조서) 가운데,

"대저 소금은 먹는 반찬 가운데 장수이요, 술은 백 가지 약 중에 어른으로 좋은 모임을 좋게 하며 쇠는 밭갈이하는 농사의 근본이다."라는 말이 있다.

『漢書(한서)』食貨志(식화지)에도 이 말이 나온다.
"술은 하늘의 아름다운 녹이다."

요즘 이러한 말도 있다.
"술에 취하면 하루가 가고, 도에 취하면 백 년이 간다."

ㅈ

酒池肉林(주지육림)

- 술 주, 못 지, 고기 육, 수풀 림. 술은 연못과 같고, 고기는 숲과 같이 많이
 있다. 질탕하게 마시고 노는 것. 굉장하게 잘 차린 잔치의 형용. 은나라 주왕
 과 관련된 고사.

『史記(사기)』 殷本紀(은본기)에 나오는 이야기이다.

暴君(폭군)의 대명사로 알려진 桀紂(걸주)의 淫亂無道(음란무도)한 생활
을 표현하는 말이 주지육림이다.

桀(걸)은 夏(하)나라의 마지막 임금이었고, 紂(주)는 殷(은)나라의 마지
막 임금이었다. 『史記(사기)』에는 紂(주)에 대해 말하면서,

"특히 妲己(달기)라는 여자를 사랑해서 그녀의 말이라면 들어주지 않는
것이 없었다. (중략) 그는 沙丘(사구)에다 큰 유원지와 별궁을 지어 두고,
많은 들짐승과 새들을 거기에 놓아길렀다. (중략)

술로 못을 만들고 고기를 달아 숲을 만든 다음 남녀가 벌거벗고 그 사
이를 서로 쫓고 쫓기고 하며 밤낮 없이 계속 술을 퍼 마시고 즐겼다."라
고 했다.

『一八史略(십팔사략)』에는 桀(걸)에 대해서도 같은 내용을 말하고 있다.

"고기는 산처럼 쌓이고, 포는 숲처럼 걸려 있었으며, 술로 만든 못에는
배를 띄울 수가 있었고 술지게미가 쌓여서 된 둑은 십 리까지 뻗어 있었
다. 한번 북을 울리면 소가 물 마시듯 마시는 사람이 삼천 명이나 되었다.
그것을 보고 末喜(말희)는 좋아했다."는 것이다.

ㅈ

竹馬故友(죽마고우)

• 대나무 죽, 말 마, 예 고, 벗 우. 죽마를 타던 벗. 어렸을 때부터의 친한 벗.

이 말을 어릴 때 친구라는 뜻으로 쓴 사람 중에 晉武帝(진무제) 司馬炎 (사마염)이 있다. 진무제의 아버지 司馬昭(사마소)에게 반기를 들었다 피살된 諸葛誕(제갈탄)의 아들 諸葛靓(제갈정)이 吳(오)나라에서 대사마로 있었는데 오가 망하고 晉(진)나라로 돌아오게 되자 진무제는 그를 또 진 나라 대사마에 임명했다. 그러나 아버지를 죽인 원수의 아들이 부르는 자 리여서 제갈정은 나가지 않았다. 무제는 그와의 옛정을 잊지 못해 제갈정 의 누님이자 자신의 숙모인 琅邪王(낭야왕) 司馬伷(사마주)의 부인 諸葛 妃(제갈비)에게 부탁해서 그를 부르게 하고는 슬며시 그 자리에 나타나,

"卿(경)도 설마 竹馬(죽마)의 옛정을 잊은 것은 아니겠지."

그러자 제갈정은, "신은 숯을 머금고 몸에 옻을 칠할 수 없어, 오늘 다 시 폐하를 뵙게 되었습니다." 하고 눈물이 비 오듯 했다. 숯을 머금고 몸 에 옻칠을 한다는 것[漆身呑炭(칠신탄탄)]은, 전국시대 智伯(지백)의 신하 였던 豫讓(예양)이 옛 주인의 원수를 갚기 위해 했던 일을 가리켜 한 말 이다.

무제는 그를 이해하며, 또한 자신을 후회하며 방을 나갔다고 한다.

駿馬每馱痴漢走(준마매태치한주)

> • 준마 준, 말 마, 매양 매, 탈 태, 어리석을 치, 사나이 한, 달릴 주. 천 리를 달리는 좋은 말은 늘 바보 같은 녀석을 태우고 달린다.

明(명)나라 중엽의 풍류시인 唐寅(당인)이 세상만사가 모두 불공평하게 짜여 있는 것을 노래한 시의 한 구절이다.

> 駿馬(준마)는 매양 痴漢(치한)을 태우고 달리고
> 巧妻(교처)는 항상 拙夫(졸부)를 짝하고 잔다.
> 세간의 많고 적은 불공평한 일이
> 하늘이 지은 깃인 줄 알지 못하거든
> 하늘이 한 짓이라고 원망하지 말라.

당인은 스물아홉 살에 鄕試(향시)에 首席(수석)으로 합격을 했으나 다음 會試(회시) 때는, 같은 고향의 수험생이 뇌물을 준 사건에 휘말려 시험 볼 자격을 박탈당했다. 그 후 벼슬을 단념했다.

위 시는 戱弄詩(희롱시)라고 할 수도 있고 세상의 불공평에 대한 분노를 드러낸 시 같기도 하다. 이 구절을 약해서 '駿馬痴漢(준마치한)에 巧妻拙夫(교처졸부)'라는 문자를 쓰기도 한다.

樽俎折衝(준조절충)

• 술통 준, 도마 조, 꺾을 절, 찌를 충. 술그릇과 도마가 있는 연회 자리에서 외국 사신과 담소하면서 그의 요구를 물리쳐 자국의 주장을 관철시킴. 외국과의 교섭에서 국위를 떨침.

春秋時代(춘추시대), 齊(제)나라 莊公(장공)이 신하인 崔杼(최저)에게 시해되자 동생이 뒤를 잇고 景公(경공)이라 일컬었다. 경공은 최저를 左相(좌상)에 임명하고 그를 반대하는 자는 죽이기로 맹세까지 했다. 이어 모든 신하가 맹세했다.

그러나 단 한 사람, 안영(晏嬰)만은 맹세하지 않고 하늘을 우러러보며 歎息(탄식)했다고 한다.

"임금에게 충성하고 나라를 위하는 사람이라면 좋으련만."

이윽고 최저가 살해되자 경공은 안영을 相國(상국)에 임명했다. 안영은 溫厚博識(온후박식)한 인물로서 '한 벌의 호구(狐裘: 여우 겨드랑이의 흰 털가죽으로 만든 갖옷)를 30년이나 입었을[一狐裘三十年] 정도로 검소한 淸白吏(청백리)'이기도 했다. 한번은 경공이 큰 食邑(식읍)을 하사하려 하자 그는 이렇게 말하며 사양했다고 한다.

"욕심이 충족되면 망할 날이 가까워지나이다."

당시 중국에는 대국만 해도 12개국이나 있었고 소국까지 세면 100개국이 넘었다. 안영은 이들 나라를 상대로 빈틈없는 외교 수완을 발휘하여 제나라의 지위를 반석 위에 올려놓았다.

안영의 外交手腕(외교수완)에 대해 그의 언행을 수록한 『晏子春秋(안자춘추)』에는 이렇게 나와 있다.

"술통과 도마 사이[樽俎間: 술자리]를 나가지 아니하고 1,000里(리) 밖에서 절충한다 함은, 그것은 안자를 두고 하는 말이다."

衆寡不敵(중과부적)

• 무리 중. 적을 과. 아닐 부. 대적할 적. 적은 수효로는 많은 수효에 맞서지 못함.

『孟子(맹자)』 양혜왕장구에 나오는 이야기이다.

전국시대, 제국을 순방하며 王道論(왕도론)을 역설하던 맹자가 齊(제)나라 宣王(선왕)에게 말했다.

"전하 스스로는 放逸(방일)한 생활을 하시면서 나라를 강하게 만들고 천하의 霸權(패권)을 잡으려 드시는 것은 그야말로 '나무에 올라 물고기를 구하는 것[緣木求魚]'과 같사옵니다."

"아니, 과인의 행동이 그토록 나쁘단 말이오?"

"가령, 지금 소국인 鄒(추)나라와 대국인 楚(초)나라가 싸운다면 어느 쪽이 이기겠나이까?"

"그야, 물론 초나라가 이길 것이오."

"그렇다면 소국은 결코 대국을 이길 수 없고 소수는 다수를 대적하지 못하며[衆寡不敵], 약자는 강자에게 패하기 마련이옵니다. 지금 천하에는 1,000里(리) 四方(사방)의 나라가 아홉 개 있사온데 제나라도 그중 하나이옵니다. 한 나라가 여덟 나라를 굴복시키려 하는 것은 결국 소국인 추나라가 대국인 초나라를 이기려 하는 것과 같지 않사옵니까?"

이렇게 몰아세운 다음 맹자는 예의 왕도론을 說破(설파)했다.

"왕도로써 백성을 悅服(열복)시킨다면 그들은 모두 전하의 덕에 기꺼이 굴복할 것이오며 또한 천하는 전하의 뜻에 따라 움직이게 될 것이옵니다……."

衆口難防(중구난방)

> • 닭 계, 갈비뼈 륵. 닭의 갈비뼈. 버리기에는 아깝고 뜯어먹을 살은 없음. 큰 소용은
> 못 되나 버리기는 아까운 사물. 무리 중, 입 구, 어려울 난, 막을 방. 막기 어려울
> 정도로 여럿이 마구 지껄임.

『十八史略(십팔사략)』에 보면, 召公(소공)이 周厲王(주려왕)의 言論彈壓(언론탄압) 정책을 諫(간)하여 이렇게 말하고 있다.

"백성의 입을 막는 것은 내를 막는 것보다 더한 것이 있습니다. 내가 막혔다가 터지면 사람을 많이 상하게 됩니다. 백성들도 역시 마찬가지입니다. 그러므로 내를 다스리는 사람은 물이 흘러내리도록 하고, 백성을 다스리는 사람은 생각하는 대로 말을 하게 합니다."

그러나 여왕은 소공의 말을 듣지 않고 緘口令(함구령)을 계속 밀고 나갔다. 그로 인해 폭동을 만나 도망친 곳에서 평생을 갇혀 사는 결과를 가져왔고, 그가 갇혀 있는 동안 대신들의 합의에 의해 정치를 한다 해서 이것을 共和(공화)라 불렀다. 이것이 공화정치의 가장 오랜 역사라 볼 수 있다.

衆口鑠金(중구삭금)

> • 무리 중. 입 구. 녹일 삭. 쇠 금. 여러 사람의 말은 쇠도 녹인다.

楚(초)나라 屈原(굴원)의 [天問(천문)] 九章(구장) 惜誦(석송)에 나온 구절을 보면 衆口鑠金(중구삭금)은 '뭇 간신의 입이 쇠를 녹이나니'라고 표현되어 있으므로 본디 이 말은 간신들의 말에 임금이 속는 것을 뜻한다고 볼 수 있다. 지금은 이 말이 '뭇사람의 말은 쇠도 녹인다.'라고 해서 여론의 위력을 나타내는 속담이 되어 쓰이고 있다.

中石沒鏃(중석몰촉)

• 가운데 맞을 중, 돌 석, 잠길 몰, 화살 촉. 쏜 화살이 돌에 깊이 박혔다는 뜻으로, 정신을 집중해서 전력을 다하면 어떤 일에도 성공할 수 있음을 이르는 말.

前漢(전한)의 李廣(이광)은 영맹한 흉노족의 땅에 인접한 隴西[농서: 감숙성(甘肅省)] 지방의 武將大家(무장대가) 출신으로, 특히 弓術(궁술)과 기마술이 뛰어난 용장이었다. 文帝(문제) 14년(B.C. 166), 이광은 蕭關(숙관)을 침범한 흉노를 크게 무찌른 공으로 시종 무관이 되었다. 또 그는 황제를 호위하여 사냥을 나갔다가 혼자서 큰 호랑이를 때려잡아 천하에 勇名(용명)을 떨치기도 했다. 그 후 이광은 숙원이었던 수비대장으로 전임되자 변경의 城塞(성새)를 전전하면서 흉노를 토벌했는데 그때도 늘 이겨 常勝(상승) 장군으로 통했다. 그래서 흉노는 그를 '漢飛將軍(한비장군)'이라 부르며 감히 성새를 넘보지 못했다.

어느 날, 그는 황혼녘에 초원을 지나다가 어둠 속에 몸을 웅크리고 있는 호랑이를 발견하고 一發必殺(일발필살)의 신념으로 활을 당겼다. 화살은 명중했다. 그런데 호랑이는 꼼짝하지 않았다. 가까이 다가가 보니 그것은 화살이 깊이 박혀 있는 큰 돌이었다. 그는 제자리로 돌아와서 다시 쏘았으나 화살은 돌에 명중하는 순간 튀어 올랐다. 정신을 한데 모으지 않았기 때문이다.

『韓詩外傳(한시외전)』에도 楚(초)나라의 熊渠子(웅거자)란 사람이 역시 호랑이인 줄 알고 쏜 화살이 화살 깃까지 묻힐 정도로 돌에 깊이 박혔다[射石飲羽(사석음우)]는 이야기가 실려 있다.

ㅈ

衆惡必察衆好必察(중오필찰중호필찰)

- 무리 중. 미워할 오. 반드시 필. 살필 찰. 좋아할 호. 많은 사람이 다 미워한 다고 그 사람이 무조건 나쁜 줄로 알지 말고, 반드시 그 내용과 까닭을 살펴 야 한다. 많은 사람이 좋아하더라도 무조건 상대가 훌륭한 것으로만 생각지 말고 그 좋아하는 내용과 이유가 무엇인지를 반드시 살펴야 한다는 말.

위의 말은 『論語(논어)』 衛靈公篇(위령공편)에 있는 孔子(공자)의 말씀 이다.

『大學(대학)』 齊家章(제가장)에는,
"좋아하면서도 그 사람의 악한 것을 알고, 미워하면서도 그 사람의 아 름다운 것을 아는 사람은 천하에 드물다."라고 나와 있다.

여러 사람이 어떤 사람을 미워하거나 싫어하면 대개 미움을 받는 사람 이 나쁜 줄로 알기 쉽다. 그러나 그 반대의 경우도 있다. 군자가 뭇 소인 들의 미움을 받는 경우도 있고 부지런한 사람이 게으른 사람들에게 따돌 림을 당하는 경우도 있다. 이러한 상황을 잘 파악하고 올바르게 판단을 내려야 한다는 것이 '衆惡必察(중오필찰)'이다.

여러 사람이 어떤 사람을 좋아하면 무조건 따라 좋아하는 경우도 있다. 그 사람이 어떤 면을 가지고 있기에 여러 사람들이 좋아하는지, 그 사람 의 잘못된 점은 무엇인지 알고 난 후에 좋아하든지 싫어하든지 아니면 다 른 태도를 취하든지 결정할 일이다. 이 교훈이 '衆好必察(중호필찰)'이다.

ㅈ

中庸之道(중용지도)

> • 가운데 중. 고용할 용. 갈 지. 길 도. 마땅하고 떳떳한 중용의 도리. 極端(극
> 단)에 치우치지 않고 평범한 속에서의 진실한 도리.

『中庸(중용)』 첫머리에 朱子(주자)는 程子(정자)의 말을 인용하여 '중
용'을 이렇게 풀이하고 있다.

"편벽되지 않은 것을 中이라 말하고 바뀌지 않은 것을 庸이라 말한다.
'중'이란 것은 천하의 바른 길이요, '용'이란 것은 천하의 정해진 이치다."

中(중)은 치우치지 않은 것이고 庸(용)은 떳떳하다는 뜻이 된다.

『中庸(중용)』의 첫머리에 공자는 말하기를,

"군자의 중용이라는 것은 군자로서 때에 맞게 하는 것이다."라고 했다.
무슨 일이든 때에 맞추어 처리하는 성인의 지혜를 중용이라고 해석하는
것이다. 지조나 용기가 없이 그때그때 상황에 대처하는 요령과는 거리가
있는 말이다.

ㅈ

中原逐鹿(중원축록)

漢(한)나라 高祖(고조) 11년(B.C. 196), 趙(조)나라 재상이었던 陳豨(진희)가 대(代: 산서성) 땅에서 반란을 일으키자 고조는 군사를 이끌고 토벌에 나섰다. 그 틈에 진희와 내통하고 있던 淮陰侯(회음후) 韓信(한신)이 도읍 長安(장안)에서 군사를 일으키려 했으나 사전에 누설되어 呂后(여후: 고조의 황후)와 재상 蕭何(소하)에게 모살당하고 말았다. 이윽고 난을 평정하고 돌아온 고조는 여후에게 물었다.

"한신이 죽기 전에 무슨 말을 하지 않았소?"

"괴통의 말을 듣지 않은 것이 분하다고 하더이다."

蒯通(괴통)은 齊(제)나라의 언변가로서 고조 유방이 항우와 천하를 다투고 있을 때 齊王(제왕: 한신)에게 천하를 三分(삼분)하자고 권했던 사람이다. 그 후 고조 앞에 끌려 나온 괴통은 조금도 겁내는 기색 없이 당당히 말했다.

"그때 한신이 신의 말을 들었더라면 오늘날 폐하의 힘으로도 어쩌지 못했을 것이옵니다."

고조는 크게 노했다.

"저놈을 당장 삶아 죽여라!"

그러자 괴통은 이렇게 항변했다.

"폐하, 신은 전혀 삶겨 죽을 만한 죄를 진 적이 없나이다. 秦(진)나라의 기강이 무너지고 천하가 어지러워지자 각지의 英雄豪傑(영웅호걸)들이 일어났사옵고, 진나라가 사슴[鹿: 帝位]을 잃음으로 해서 천하는 모두 이것을 쫓았던[逐] 것이오며, 그중 키 크고 발 빠른 걸물(傑物: 고조 유방을 가리킴)이 이것을 잡았던 것이옵니다. 그 옛날 대악당인 '盜跖(도척)의 개가 堯(요)임금을 보고 짖었다[跖狗吠堯].'고 해서 요임금이 악인이라 짖은 것은 아니옵니다. 개란 원래 주인이 아니면 짖는 법이온데 당시 신은 오직 한신만 알고 폐하를 몰랐기 때문에 짖었던 것이옵니다. 그런데 천하가 평정된 지금 난세에 폐하와 마찬가지로 천하를 노렸다 해서 삶아 죽이려 하신다면 이는 도리에 어긋나는 일이옵니다. 통촉하시옵기를……"

知其一非知其二(지기일비지기이)

> • 알 지, 그 기, 한 일, 아닐 비, 두 이. 하나는 알고 둘은 모른다. 사리의 한 가닥은 알지만, 다른 더 깊은 뜻이 있음은 모른다는 말. 知其一不知其二(지기일부지기이).

이 말은 『詩經(시경)』 小雅(소아) 小旻篇(소민편)에서 볼 수 있다.

감히 범을 맨 손으로 잡지도 않고
감히 강을 맨 몸으로 건너지도 않으나
사람은 그 하나만 알고
그 밖의 것을 알지 못한다.

暴虐(포학)한 정치를 慨嘆(개탄)해서 부른 시이다. 비록 극단적인 짓은 하지 않더라도 눈앞에 벌어지는 일만 알고 장차 다가올 수많은 것은 알지 못하는 爲政者(위정자)들을 풍자했다.

『史記(사기)』 高祖本紀(고조본기)에 漢高祖(한고조: 유방)가 군신들을 보고 "내가 천하를 얻고, 項羽(항우)가 천하를 잃은 이유가 무엇인지 말해 보라."고 하자 신하들은 두 사람의 성격을 들어서 대답했다. 이때 고조는, "경들은 그 하나는 알고 그 둘을 모른다."라고 말했다. 그 둘이라는 말은 '꼭 두 가지, 둘째 것, 하나 외의 다른 것, 둘 이상의 많은 것' 등을 뜻하므로 단순한 '둘'이 아니다.

至樂無樂(지락무락)

> • 지극할 지, 즐거울 락, 없을 무. 지극한 즐거움에는 즐거움이 없음. 이 세상
> 에서 가장 즐거운 것은 그것이 즐거운 줄을 모르는 平溫無事(평온무사)한 것
> 이다.

이 말은 『莊子(장자)』 至樂篇(지락편)에 나온다.

장자가 이 말을 한 본래의 뜻은 진리를 깨달은 사람의 즐거움은 즐겁다
는 자각이 없는 언제나 그대로인 것임을 말하려 한 것이다. 그것은 생사
도 영광도 굴욕도 슬픔도 기쁨도 다 초월한, 자기만이 가지는 즐거움이라
는 말이다. 장자가 말하기를,
"비록 南面(남면)을 한 임금의 즐거움도 이에서 더 즐거울 수는 없다."

장자는 즐거움에 대한 예를 들고 있다.
"魯(노)나라 임금이 들 밖에 날아든 바닷새를 붙들어다가 좋은 음악을
들려주고 사람이 먹는 귀한 음식을 주었다. 그러나 새는 조금도 반가워하
는 일이 없이 사흘을 굶은 끝에 죽고 말았다."는 것이다.
이 비유에서 至樂無樂(지락무락)이 뜻하는 바의 一端(일단)을 얻을 수
있다. '남면'이란 '南面之任(남면지임)'이므로, 임금의 지위를 나타낸다.

指鹿爲馬(지록위마)

• 가리킬 지, 사슴 록, 할 위, 말 마. 사슴을 가리켜 말이라고 함. 즉 윗사람과
아랫사람들을 농락하여 권세를 휘두르는 것을 가리킴. 진나라 승상 조고의 말.

『史記(사기)』秦二世紀(진이세기)에 나오는 이야기이다.

秦始皇(진시황) 三七年(삼십칠년) 七月(칠월) 始皇帝(시황제)가 巡行(순
행) 도중 沙丘(사구)의 平臺(평대)에서 병으로 죽으면서 태자 扶蘇(부소)를
불러 장례식을 치르라고 조서를 남겼으나 환관 趙高(조고)는 李斯(이사)와
함께 진시황의 죽음을 숨기고 서울 咸陽(함양)으로 돌아와 後宮(후궁) 소
생 胡亥(호해)를 황제의 자리에 앉히고 부소에게는 죽음을 내린다. 조고는
이사를 제거하고 자신이 승상이 된 다음 호해를 마음대로 부린다.

자신이 황제가 되려고 반란을 꾀했으나 군신들이 자기를 따르게 될지가
염려되었다. 그래서 사람들을 떠보기 위해 사슴을 가져다가 二世皇帝(이
세황제) 호해에게 바치며,

"이것이 말이옵니다."라고 했다. 그러자 이세는 웃으며,

"승상이 실수를 하는구료, 사슴을 보고 말이라고 하니."

"아닙니다. 말이올시다."

이세는 좌우에 있는 사신들에게 물었다. 어떤 사람은 잠자코 있고, 어떤
사람은 조고의 편을 들어 말이라고 하고 혹은 정직하게 사슴이라고 대답
하기도 했다.

그러나 조고는 사슴이라고 말한 사람은 모조리 법률로 얽어 감옥에 넣
고 말았다. 그 뒤로 모든 신하들은 조고가 무서워 그가 하는 일에 다른
의견을 말하지 못했다는 것이다. 진시황 살아생전에 진은 오랑캐에 의해
망한다는 점괘 때문에 만리장성을 쌓았다는 이야기가 『史記(사기)』에 나
오는데, 오랑캐(胡)는 다름 아닌 호해였다.

知我者其天乎(지아자기천호)

> • 알 지, 나 아, 놈 자, 그 기, 하늘 천, 어조사 호. 세상 사람은 나를 몰라도 하늘은 나를 알아준다는 것.

이 말은 『論語(논어)』 憲問篇(헌문편)에 보면 孔子(공자)가 제자들이 있는 앞에서 혼자 이렇게 탄식을 했다.

"나를 알아 줄 사람이 없구나."

그러자 子貢(자공)이 물었다.

"어째서 선생님을 아는 사람이 없다고 하십니까?"

"하늘을 원망하지 않고 사람을 탓하지 않으며 아래로부터 배워 위로 통하니 나를 아는 사람은 다만 하늘뿐이다."

하늘을 원망하지 않고 사람을 탓하지 않는 경지는 곧 성인의 경지라고 할 수 있다.

周遊天下(주유천하)하며 공자는 자신의 뜻을 설파하였으나 자신을 잘 받아 주는 곳은 없었다. 어찌 보면 불우한 일생을 보냈다고 볼 수 있다. 이러하니 나를 알아줄 사람은 하늘밖에 없다는 탄식이 저절로 나왔을 것이다.

ㅈ

止於至善(지어지선)

> • 그칠 지. 어조사 어. 이를 지. 착할 선. 지극한 善(선)에 머물러 움직이지 않
> 는다. 인간은 최고의 선에 到達(도달)하여 그 상태를 유지하는 일을 理想(이
> 상)으로 할 것임을 가르친 말.

至善(지선)이라는 말은 『大學(대학)』 첫머리에 있는 말이다.

明德(명덕), 新民(신민), 至善(지선)을 가리켜 후세 사람들이 '三綱領(삼
강령)'이라고 이름을 붙이기도 했다. 대학 원문에는,
"대학의 길은 밝은 덕을 밝히는 데 있고, 백성을 새롭게 하는 데 있고,
지극히 착한 데 그치는 데 있다."고 나와 있다.
止於至善(지어지선)은 지극히 착한 곳에 머무른다는 뜻이다. '至於至善
(지어지선)'이라는 말이 더 많이 쓰인다.
朱子(주자)는 註釋(주석)에서 말하기를,
"하늘 이치는 극진함을 다하여 한 털끝만 한 사람의 욕심의 사사로움도
없는 것이다."라고 했다. 그러나 '至於至善(지어지선)'을 우리는 보통 '최
선을 다하다, 완전무결하다' 등의 의미로 사용하고 있다.

池魚之殃(지어지앙)

- 못 지, 물고기 어, 갈 지, 재앙 앙. 연못에 던진 보석을 찾기 위해 물을 전부 퍼내는 바람에 엉뚱한 물고기만 죽음을 당한 고사. 다른 데서 생긴 재앙으로 상관없는 데까지 억울하게 휩쓸려 화를 당하는 것.

『呂氏春秋(여씨춘추)』 孝行覽(효행람)에 나오는 이야기이다.

"宋(송)나라 桓司馬(환사마)가 귀한 구슬을 가지고 있었다. 그가 죄를 짓고 도망을 가자, 왕이 사람을 시켜 그가 가지고 있던 구슬을 어디에 두었는가를 물어보게 했다. 그는 못에 던져 버렸다고 대답했다. 왕은 구슬을 찾기 위해 못이 바닥이 나도록 물을 퍼냈다. 구슬은 찾지 못하고 엉뚱한 고기만 다 죽고 말았다."

또, 『淮南子(회남자)』 說山訓篇(설산훈편)에도,
"초나라 왕이 원숭이를 잃어버리자 숲의 나무가 그로 인해 절단 나고, 송나라 임금이 그 구슬을 잃어버리자 못 속의 고기가 그로 인해 다 죽었다."고 나와 있다.

또 『廣韻(광운)』에는 이 말의 유래를 달리 밝히고 있다.
"옛날 池仲魚(지중어)란 사람이 있었다. 성문에 불이 나는 바람에 불에 타 죽었다. 그래서 '성문에 불이 나자 화가 池魚(지어)에게 미쳤다.'라는 속담이 생기게 되었다."는 것이다.

禍(화)나 福(복)이 전혀 뜻하지 않은 곳에까지 미치게 된다는 말이다. 여기에서는 禍(화)를 말한다. '殃及池魚(앙급지어)'라고도 한다.

至愚責人明(지우책인명)

• 지극할 지, 어리석을 우, 꾸짖을 책, 사람 인, 밝을 명. 지극히 어리석은 사람
  도 남을 책망하는 데는 밝음.

『宋名臣言行錄(송명신언행록)』에 있는 范純仁(범순인)의 말이다.

그가 제자들에게 말했다.

"사람이 아무리 어리석어도 남을 꾸짖는 데는 밝고, 아무리 총명이 있
어도 자기를 용서할 때는 어둡다."

또 말하기를,

"내가 평생을 통해 배운 것은 忠(충)과 恕(서) 두 글자뿐이다. 이것은
평생을 두고 써도 부족함이 없다."고 했다.

'忠(충)'은 거짓 없는 마음을 말하고, '恕(서)'는 그 거짓 없는 마음을
그대로 행하는 것이다.

知音(지음)

• 알 지. 소리 음. 음악에 대한 감상능력이 있는 사람. 흔히 莫逆(막역)한 친구를 말함. 伯牙絶絃(백아절현).

이 이야기는 『列子(열자)』 湯問篇(탕문편)에 나온다.

伯牙(백아)는 거문고를 잘 타고, 종자기는 타는 소리의 뜻을 잘 알았다. 백아가 거문고를 들고 높은 산에 오르고 싶은 마음으로 타고 있으면, 鍾子期(종자기)는 옆에서 이렇게 말했다.

"기가 막히다. 하늘을 찌를 듯한 높은 산이 눈앞에 나타나 있구나."

또 백아가 흐르는 강물을 생각하며 거문고를 타면 종자기는,

"참으로 좋다. 도도히 흐르는 강물이 눈앞을 지나고 있는 것 같다." 하고 감탄했다.

거문고 타는 소리를 듣고 백아의 속마음을 알아주는 것이 항상 이런 정도였다.

또 『呂氏春秋(여씨춘추)』 본미편에도 같은 이야기가 실려 있는데 다음과 같은 이야기를 덧붙이고 있다.

"종자기가 죽자 백아는 거문고를 부수고 줄을 끊은 다음, 평생 거문고를 타지 않았다. 이 세상에 다시 자기 거문고 소리를 들려줄 만한 사람이 없었기 때문이다."

'知音(지음)'이란 소리를 안다는 말이고 자기를 알아주는 '知己之友(지기지우)'라는 말과 유사하다.

知子莫如父(지자막여부)

『韓非子(한비자)』 十過篇(십과편)은 임금의 열 가지 허물을 들어서 말한 것인데 그중 여덟 번째에 가서 忠臣(충신)의 말을 듣지 않은 예를 다음과 같이 들고 있다.

옛날 齊桓公(제환공)이 제후들을 糾合(규합)해서 春秋五覇(춘추오패)의 으뜸이 된 것은 전부 管仲(관중)의 공이었다. 관중이 늙은 뒤 집에 있을 때 환공이 찾아가 물었다.

"仲父(중보: 관중의 존호)가 집에서 병으로 누워 있으니 불행히 일어나지 못한다면 정치를 누구에게 맡겨야 하겠소."

"늙은 신에게 물을 것이 있겠습니까. 신이 듣건대 신하를 아는 것은 임금만 한 사람이 없고, 자식을 아는 것은 아비만 한 사람이 없다고 하였습니다. 임금께서 생각하여 결정하십시오."

그러자 환공은 鮑叔牙(포숙아)가 어떠냐고 물었다. 관중은 그가 覇者(패자)의 재상될 자격이 없다고 반대했다. '管鮑之交(관포지교)'라는 말이 지금도 膾炙(회자)될 정도로 친한 친구 관계이나 반대했던 것이다. 그러자 환공은 豎刁(수조)를 물었다. 관중은 그를 小人(소인)이라 하여 반대했다. 환공은 또 開方(개방)과 易牙(역아)가 어떠냐고 물었다. 관중은 그들이 다 위험한 인물이니 멀리하라고 간곡히 부탁했다.

관중이 죽자 환공은 관중이 천거한 濕朋(습붕)을 쓰지 않고 자신이 신임한 內侍(내시) 수조를 썼다. 그러나 수조는 개방과 역아 등과 공모하여 난을 일으키고 환공을 남문 寢殿(침전) 수위의 방에 가두어 굶어 죽게 했다. 환공의 여러 아들들이 환공의 뒤를 이으려고 서로 싸우는 바람에 환공의 시체는 석 달이나 放置(방치)되었고 시체에서 생긴 벌레가 문 밖에까지 기어 나왔다. 환공이 관중의 말을 듣지 않은 결과는 참담했다.

ㅈ

知者樂水(지자요수)

> • 알 지. 놈 자. 좋아할 요. 물 수. 지식이 많은 사람은 사리에 밝아서 마치 물
> 이 자유로이 흐르는 것과 비슷하므로 물과 같이 빙빙 돌면서 흘러 막힘이 없
> 기 때문에 물을 좋아함. 知者樂水仁者樂山(지자요수인자요산).

『論語(논어)』 雍也篇(옹야편)에 있는 孔子(공자)의 말이다.

"知者(지자)는 물을 좋아하고, 仁者(인자)는 산을 좋아한다. 지자는 움
직이고, 인자는 고요하다. 지자는 즐겁고, 인자는 壽(수)한다."

공자는 냇물에서 歎息(탄식)한 일이 있다.
"가는 것이 이 같구료. 낮과 밤은 쉬지 않는도다."
공자는 쉼 없는 냇물을 보고 우주의 끝없는 운행을 느끼며 感懷(감회)
에 젖었다.

只在此山中(지재차산중)

> • 다만 지, 있을 재, 이 차, 뫼 산, 가운데 중. 오직 이 산속에 있음. 곧 사물이
> 일정한 범위 밖에 나가지 않음.

『古文眞寶(고문진보)』前集(전집)에 있는 無本(무본)이라는 僧侶(승려)
가 지은 五言古風短篇(오언고풍단편)에 나오는 글귀이다.

　　　소나무 밑에서 아이에게 물었더니
　　　스승은 약을 캐러 갔다고 말한다.
　　　다만 이 산속에 있기는 한데
　　　구름이 짙어 있는 곳을 알지 못한다.

　　　松下問童子 송하문동자
　　　言師探藥去 언사탐약거
　　　只在此山中 지재차산중
　　　雲深不知處 운심부지처

　그가 산속에 있는 道士(도사)를 찾아갔다가 만나지 못하고 돌아오며 지
은 글이다. 이 글귀는 여운이 짙어 많은 사람들이 愛誦(애송)한다.

知之爲知之不知爲不知是知也

• 알 지, 갈 지, 할 위, 아닐 부, 이 시, 어조사 야. 아는 것을 안다고 하고, 알 지 못하는 것을 알지 못한다고 하는, 참으로 이것이 아는 것이다.

죽죽 읽으면 흡사 제비의 울음소리 같으므로 옛날부터 제비가 논어를 읽고 있다는 말이 전해 내려오고 있다. 古典小說(고전소설) [흥부전]에도 이 말이 戲語(희어)로 등장한다. 이 말은 『論語(논어)』 위정편에 있는 말로, 孔子(공자)가 子路(자로)에게 한 말이다. 용기가 지나친 제자 자로를 공자가 評(평)하기를,

"한마디로 裁判(재판)의 판결을 내릴 사람은 由(유)밖에 없다."고 했다. 그러한 자로에게,

"由(유)야, 네게 아는 것을 가르쳐 주마. 아는 것을 안다고 하고, 알지 못하는 것을 알지 못한다고 하는, 참으로 이것이 아는 것이다."

정조대왕과 다산 정약용의 [作詩問答(작시문답)]을 보면 한글과 한문의 의미와 음을 이용한 語戲(어희) 才談(재담)이 나온다.

> 정조: 보리 뿌리 맥근맥근
>   麥根麥根
> 다산: 오동 열매 동실동실
>   桐實桐實
> 정조: 아침 까치 조작조작
>   朝鵲朝鵲
> 다산: 낮 송아지 오독오독
>   午犢午犢

참고)
麥(맥) – 보리, 桐(동) – 오동나무, 鵲(작) – 까치, 犢(독) – 송아지

知之者不如好之者(지지자불여호지자)

> • 알 지, 갈 지, 놈 자, 아닐 불, 같을 여, 좋아할 호. 아는 사람이 좋아하는 사람만 못하다.

『論語(논어)』 雍也篇(옹야편)에 있는 孔子(공자)의 말이다.

"아는 사람이 좋아하는 사람만 못하다. 좋아하는 사람이 즐기는 사람만 못하다."

주석에는 이렇게 풀이하고 있다.

"안다는 것은 진리가 있다는 것을 아는 것이다. 좋아한다는 것은 좋아만 했지 완전히 얻지 못한 것이다. 즐긴다는 것은 완전히 얻어서 이를 즐기는 것이다."

知彼知己百戰不殆(지피지기백전불태)

> • 알 지, 저 피, 몸 기, 일백 백, 싸울 전, 아닐 불, 위태로울 태. 그를 알고 나를 알면 백 번 싸워도 위태롭지 않음.

春秋時代(춘추시대), 吳王(오왕) 闔閭(합려)의 霸業(패업)을 도운 孫武(손무)는 전국시대 楚(초)나라의 병법가로서 『吳子(오자)』를 쓴 吳起(오기)와 더불어 병법의 시조라 불리는데 그가 썼다는 설이 있는 『孫子(손자)』 謀攻篇(모공편)에는 다음과 같은 글이 실려 있다.

"적과 아군의 실정을 잘 비교 검토한 후 승산이 있을 때 싸운다면 백 번을 싸워도 결코 위태롭지 아니하다[知彼知己 百戰不殆]. 그리고 적의 실정은 모른 채 아군의 실정만 알고 싸운다면 승패의 확률은 반반이다[不知彼而知己 一勝一負]. 또 적의 실정은 물론 아군의 실정까지 모르고 싸운다면 싸울 때마다 반드시 패한다[不知彼不知己 每戰必敗]."

'知彼知己百戰百勝(지피지기백전백승)'이라는 말은 동양고전에 나오지 않는 말이다.

盡善盡美(진선진미)

• 다할 진. 착할 선. 아름다울 미. 착함과 아름다움을 다함. 完全無缺(완전무결)함.

이 말은 『論語(논어)』 八佾篇(팔일편)에 있는 孔子(공자)의 말 중에 나온다.

原文(원문)에는 眞美眞善(진미진선)이라고 나와 있다. 이 말은 공자가 舜(순)임금의 악곡인 韶(소)와 武王(무왕)의 악곡인 武(무)를 감상한 말로, 음악에 대해 極讚(극찬)을 한 경우이다. 공자께서 韶(소)를 일러 말씀하시기를,

"아름다움을 다하고 또 착함을 다했다." 하시고 武(무)를 일러 말씀하시기를, "아름다움을 다하고 착함을 다하지 못했다."고 하셨다.

순임금은 堯(요)임금에게 물려받아 다시 임금 자리를 禹(우)임금에게 물려주었다. 순임금의 그러한 일생을 음악에 실어 나타낸 것이 소라는 악곡이었다. 순임금이 이룬 공은 아름다웠고 그의 생애는 착한 것의 연속이었다. 그러므로 그 이상 아름다울 수도 착할 수도 없는 일이었다. 공자는 이 악곡을 들으며 석 달 동안 고기 맛을 몰랐다고 한다.

무왕은 殷(은)나라 紂(주)를 무찌르고 周(주)나라를 창건한 사람이다. 그가 세운 공은 찬란하지만 혁명이란 방법을 택하지 않으면 안 되었던 그 과정은 완전히 착한 일은 될 수 없었다. 그러므로 아름다워도 동기와 과정만은 완전히 착한 것이 될 수 없었다.

盡信書則不如無書(진신서즉불여무서)

> • 다할 진, 믿을 신, 책 서, 곧 즉, 아닐 불, 같을 여, 없을 무. 『書經(서경)』 중
>   에도 틀린 곳이 있으니, 다 믿어서는 안 됨. 지금은 '書(서)'를 書籍(서적)의
>   뜻으로 씀. 盡信書不如無書(진신서불여무서).

『孟子(맹자)』 盡心(진심) 下(하)에 보면 맹자는,

"글을 다 믿는다면 글이 없는 것만 같지 못하다. 나는 武成(무성: 서경
주서의 편)에서 두세 쪽만을 받아들일 뿐이다. 어진 사람은 천하에 대적하
는 사람이 없다. 지극히 어진 사람이 지극히 어질지 못한 사람을 치는데,
그 피가 절굿공이를 뜨게 하겠는가." 하고 역사 기록의 지나친 과장을 가
혹하게 評(평)하고 있다.

武王(무왕)이 紂(주)를 치는데 주의 앞에 있는 군대가 무왕의 편을 들어
뒤로 돌아 후방에 있는 군대와 충돌함으로써 피가 큰 내를 이루어 절굿공
이가 떠내려갔다는 기록을 두고 맹자는 이것을 과장으로 보고 전혀 믿지
않는다고 말하는 것이다.

맹자의 말을 믿어야 할지 기록을 믿어야 할지 고민되는 문제이다.

ㅈ

懲羹吹虀(징갱취제)

> • 혼날 징, 국 갱, 불 취, 나물 제. 뜨거운 국물에 입을 데어 놀란 나머지 찬 나물도 불면서 먹는다는 뜻으로, 한번 실패에 겁이 나서 지나치게 조심을 함.

戰國時代(전국시대) 말엽, 秦(진)나라에 대항할 수 있는 세력은 楚(초)·齊(제) 두 나라뿐이었다. 그래서 진나라 재상 張儀(장의)는 초·제 동맹의 强化論者(강화론자)인 초나라의 三閭大夫[삼려대부: 昭(소)·屈(굴)·景(경) 세 왕족의 族長(족장)] 屈原[굴원: 이름은 平(평), B.C. 343?~277?]을 제거하기로 작정하고 기회를 노렸다. 이윽고 초나라 懷王(회왕)의 寵姬(총희) 鄭袖(정수)와 佞臣(영신) 靳尙(근상) 등이 굴원을 증오하고 있다는 정보가 들어왔다. 장의는 곧 그들을 매수하여 굴원의 실각 공작을 폈다. 드디어 굴원이 조정으로부터 축출되자 장의는 회왕에게 제나라와 단교하면 진나라의 국토 600리를 할양하겠다고 제의했다. 그래서 회왕은 제나라와 단교했으나 장의는 약속을 이행하지 않았다. 속았다는 것을 안 회왕은 분을 참지 못해 진나라로 쳐들어갔다. 그러나 대패하고 도리어 접경지역의 국토까지 빼앗겼다. 회왕은 지난 일을 후회하고 굴원을 다시 등용했다.

그 후 10년이 지난(B.C. 299) 어느 날 진나라로부터 우호 증진이란 미명 아래 회왕을 초청하는 사신이 왔다. 굴원은 믿을 수 없는 진나라의 초청에 응해서는 안 된다며 극구 반대했다. 그러나 회왕은 왕자 子蘭(자란)의 强勸(강권)에 따라 진나라에 갔다가 포로가 되어 그 이듬해 客死(객사)하고 말았다.

초나라에서는 태자가 왕위에 오르고 동생인 자란이 재상이 되었다. 굴원은 회왕을 죽음에 이르게 한 자란에게 책임을 물었으나 이는 도리어 讒訴(참소)를 초래하는 결과가 되어 또다시 추방당하고 말았다. 이때 그의 나이는 46세였다.

그 후 10여 년간 오직 조국애에 불타는 굴원은 망명도 하지 않고 한결같이 洞庭湖(동정호) 주변을 방랑하다가 마침내 울분이 복받친 나머지 汨

ㅈ

羅(멱라: 동정호 남쪽을 흐르는 강)에 몸을 던져 水中孤魂(수중고혼)이 되었다. 이후 사람들은 굴원의 넋을 '멱라의 귀신[汨羅之鬼]'이라 일컫고 있다.

『楚辭(초사)』에 실려 있는 굴원의 작품 중 대부분은 이 방랑 시절에 쓴 것들이다. 그는 늘 위기에 처한 조국을 걱정하고 나라를 그르치는 간신을 미워하며 그의 고고한 심정을 정열적으로 노래했는데 '징갱취제'는 『楚辭(초사)』9장 중 [惜誦(석송)]이란 시의 한 구절이다.

> ……
> 뜨거운 국에 데이서 냉채까지 (후후) 부네
> 懲於羹者 而吹齏兮 (징어갱자 이취제혜)
> 어찌하여 그 뜻(나약함)을 바꾸지 못하는가
> 何不變此志之也 (하불변차지지야)
> ……

[惜誦(석송)]은 굴원이 자기 이상으로 주군을 생각하고 충성을 맹세하는 선비가 없음을 슬퍼하고, 그럼에도 불구하고 뭇사람들로부터 疏外(소외)된 것을 분노하며 더욱이 어쩔 수 없는 고독을 한탄하면서도 그 節操(절조)만은 변절하지 않겠다는 慷慨之心(강개지심)을 토로한 시이다.

滄浪之水淸兮可以濯吾纓

(창랑지수청혜가이탁오영)

> • 푸를 창, 물결 랑, 갈 지, 물 수, 맑을 청, 어조사 혜, 가할 가, 써 이, 씻을
> 탁, 나 오, 갓끈 영.

이 말은 『楚辭(초사)』 漁父辭(어부사)에 나온다.

초나라 忠臣(충신) 屈原(굴원)이 간신의 모함을 입고 벼슬에서 쫓겨 나와 강가를 거닐며 憔悴(초췌)한 모습으로 시를 읊고 있는데 고기잡이 영감이 배를 저어 지나다가 그가 굴원인 것을 알고, 어찌하여 이 꼴이 되었느냐면서 안타까워 까닭을 물었다. 굴원은 이렇게 대답했다.

"온 세상이 흐려 있는데 나만이 홀로 맑고 뭇사람이 다 취해 있는데 나만이 홀로 깨어 있다.

그래서 쫓겨난 것이다(擧世皆濁 我獨淸 衆人皆醉 我獨醒 거세개탁 아독청 중인개취 아독성)."

어부는 굴원의 처신에 대해 오히려 꾸중을 했다.

굴원은 또,

"새로 머리를 감은 사람은 반드시 갓을 털고 새로 몸을 씻은 사람은 반드시 옷을 턴다. 新沐者 必彈冠 新浴者 必振衣 (신목자 필탄관 신욕자 필진의)"면서 차라리 강에 빠져 물고기 배 속에 장사를 지내는 한이 있더라도 어떻게 깨끗한 몸으로 세상의 먼지를 쓸 수 있느냐고 했다.

어부가 노래를 불러 화답했다.

"창랑의 물이 맑거든 내 갓끈을 씻고 滄浪之水淸兮 可以濯吾纓(창랑지수청혜 가이탁오영)

창랑의 물이 흐리거든 내 발을 씻으리라 滄浪之水濁兮 可以濯吾足(창랑지수탁혜 가이탁오족)."

세상이 맑으면 맑게 맞춰 살고 세상이 흐리면 흐리게 살라는 말이었다. 淸濁自適(청탁자적)의 생활을 권한 것이다. '淸斯濯纓濁斯濯足(청사탁영탁사탁족)'이라고도 한다.

滄桑之變(창상지변)

• 푸를 창, 뽕나무 상, 갈 지, 변할 변. 푸른 바다가 변하여 뽕나무 밭이 된다. 세상의 변천이 심함의 비유.

푸른 바다가 뽕나무 밭으로 변했다가, 그 뽕나무 밭이 다시 푸른 바다로 변한다는 뜻이다. 덧없이 변해 가는 세상 모습을 가리켜 하는 말이다. 요즘에는 '桑田碧海(상전벽해)'라는 말을 더 많이 쓴다.

이 말은 唐(당)나라 詩人(시인) 劉廷之(유정지)의 [代悲白頭翁(대비백두옹)], 즉 백발을 슬퍼하는 노인을 대신해서 읊은 長詩(장시)에 나오는 말이다. 이 말이 나와 있는 부분을 소개하면 다음과 같다.

> 낙양성 동쪽의 복숭아, 오얏꽃은
> 날아오고 날아가며 뉘 집에 지는고.
> 낙양의 계집아이는 얼굴빛을 아끼며
> 가다가 떨어지는 꽃을 만나 길게 탄식한다.
> 금년에 꽃이 지자 얼굴빛이 바뀌었는데
> 명년에 꽃이 피면 다시 누가 있을까?
> 이미 소나무, 잣나무가 부러져 땔감이 되는 것을 보았는데
> 다시 뽕밭이 변해 바다가 되는 것을 듣는다.

滄桑之變(창상지변)과 桑田碧海(상전벽해)가 합쳐진 '桑田滄海(상전창해), 滄海桑田(창해상전), 桑海(상해)' 등이 비슷한 뜻으로 쓰이고 있다.

참고)
桑田碧海(상전벽해): 뽕나무 상, 밭 전, 푸를 벽, 바다 해. 뽕나무 밭이 변하여 푸른 바다가 됨. 세상의 갑작스런 변천. 세상이 많이 변했음. 세상일이 덧없이 바뀜을 이르는 말. 출전 神仙傳(신선전).

創業易守成難(창업이수성난)

> • 비롯할 창, 업 업, 쉬울 이, 지킬 수, 이룰 성, 어려울 난. 창업은 쉽고 수성
> 은 어렵다.

唐太宗(당태종)과 그의 신하들의 정치 문답을 모아 만든 『貞觀政要(정
관정요)』라는 책에 나오는 말이다.

태종이 신하들을 보고 물었다.

"제왕의 사업은 草創(초창)이 어려운가, 守成(수성)이 어려운가?"

尙書左僕射(상서좌복야: 부총리)인 房玄齡(방현령)이 대답했다.

"어지러운 세상에 많은 영웅들이 다투어 일어나, 이를 쳐서 깨뜨린 뒤
라야 항복을 받고, 싸워 이겨야만 승리를 얻게 되므로 초창이 어려운 줄
로 아옵니다."

그러자 魏徵(위징)이 말했다.

"제왕이 처음 일어날 때는 반드시 먼저 있던 조정이 부패해 있고 천하
가 혼란에 빠져 있기 때문에 백성들은 무도한 임금을 넘어뜨리고 새로운
천자를 기뻐 받들게 됩니다. 이것은 하늘이 주시고 백성들이 따르는 것이
므로 어려울 것이 없습니다. 그러나 이미 천하를 얻고 나면, 마음이 驕慢
(교만)해지고 편해져서 정사에 게으른 나머지 백성은 조용하기를 원하는데
負役(부역)이 쉴 사이 없고, 백성은 피폐할 대로 피폐되어 있는데 나라에
서는 奢侈(사치)를 위한 필요 없는 공사를 일으켜 세금을 거두고 부역을
시키고 합니다. 나라가 기울게 되는 것은 언제나 여기서부터 시작됩니다.
이로 미루어 볼 때 수성이 더 어려운 줄 압니다."

創業(창업)이란 나라를 처음 세우거나 사업을 처음 시작한다는 말이다.
수성은 이루어 놓은 것을 그대로 지켜 나간다는 말이다. 위징은 결국 창
업보다 수성이 더 어렵다고 말한 것이다. 요즘은 '守成(수성)'인지 '守城
(수성)'인지 구분하지 못하여 한때 시끌벅적한 일이 있었다. 守成(수성)이
맞는 말이다.

採菊東籬下悠然見南山

(채국동리하유연견남산)

- 딸 채, 국화 국, 동녘 동, 울타리 리, 아래 하, 멀 유, 그럴 연, 볼 견, 남녘 남, 뫼 산. 동쪽 울타리 밑에 있는 국화꽃을 따면서 유연히 남산을 본다.

五柳先生(오류선생) 陶淵明(도연명)의 [飮酒(음주)]라는 連作(연작) 二十首(이십수) 가운데 있는 한 수에 나온다.

> 집을 사람 사는 이웃에 지었는데
> 그래도 수레와 말의 시끄러움이 없나.
> 묻노니 그대는 어찌 능히 그러한가?
> 마음이 멀면 땅이 절로 구석지다.
> 동쪽 울타리 밑에서 국화를 따며
> 유연히 남산을 바라본다.
> 산 기운이 해저녁에 좋아
> 나는 새들이 서로 함께 돌아온다.
> 이 가운데 참뜻이 있어
> 말하고 싶으나 이미 말을 잊었노라.

結廬在人境 而無事馬喧	결려재인경 이무사마훤
問君何能爾 心遠地自偏	문군하능이 심원지자편
采菊東籬下 悠然見南山	채국동리하 유연견남산
山氣日夕佳 飛鳥相與還	산기일석가 비조상여환
此中有眞意 欲辯已志言	차중유진의 욕변이지언

이 말은 국화꽃을 안주로 하여 남산의 아름다운 자연을 즐기며 혼자 술잔을 기울이겠다는 뜻이다. 대개 일 없이 한가롭게 지내는 것이다.

采薇歌(채미가)

> • 캘 채, 고사리 미, 노래 가. 고사리를 캐며 부르는 노래.

『史記(사기)』 伯夷列傳(백이열전)에서 司馬遷(사마천)은 이렇게 적고 있다.

그들은 孤竹(고죽)임금의 두 아들이었다. 아버지는 叔齊(숙제)에게 나라를 물려주려 했다. 아버지가 죽자, 숙제는 형인 백이에게 뒤를 이으라고 했다. 백이는 아버지의 명령이라면서 피해 숨어 버렸다. 숙제도 임금 자리에 앉기가 달갑지 않아 피해 숨었다. 그래서 신하들은 가운데 아들로 임금을 세웠다.

그러자 백이와 숙제는 西伯(서백)이 늙은이 대우를 잘한다는 말을 듣고 周(주)나라로 갔다. 그런데 서백이 죽자, 그의 아들 武王(무왕)이 紂(주)를 쳤다. 두 형제는 무왕의 말고삐를 붙잡고 옳지 못하다는 것을 말했다. 좌우의 시신들이 그들을 죽이려 했으나 총대장인 太公望(태공망) 呂尙(여상: 강태공)이 '이들은 의로운 사람이다.' 하고 붙들어 돌려보냈다.

무왕이 紂(주)를 무찌르자 그들은 周(주)나라의 곡식을 먹을 수 없다 하고, 수양산에 숨어 고사리를 캐 먹었다. 그들이 굶주려 죽을 무렵 노래를 지었는데,

> 그가 저 서산에 올라 고사리를 캐도다.
> 모진 것으로 모진 것을 바꾸고도
> 그것이 잘못인 줄 모르도다.
> 神農(신농)의 소박함과 虞夏(우하)의 사람이
> 하루아침에 없어지고 말았으니
> 나는 어디로 돌아갈 거나.
> 아아 슬프다. 이젠 가리라
> 운명의 기박함이여.

登彼西山兮 采其薇矣　　　등피서산혜 채기미의
以暴易暴兮 不知其非矣　　이포역포혜 부지기비의
神農虞夏 忽焉沒兮　　　　신농우하 홀언몰혜
我安適歸矣 于嗟徂兮　　　아안적귀의 우차조혜
命之衰矣　　　　　　　　　명지쇠의

　그러나 淸代(청대)의 유명한 고증학자 顧炎武(고염무)의 考證(고증)에
의하면 무왕이 주를 치러 갔을 때는 백이와 숙제는 이미 죽고 세상에 없
었다고 한다.

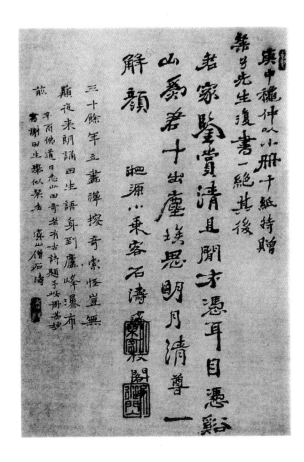

妻不下機嫂不爲炊(처불하기수불위취)

• 아내 처, 아닐 불, 아래 하, 틀 기, 형수 수, 할 위, 불 땔 취. '妻不下機(처불하기)'는 아내가 베틀에서 내려오지 않는다는 말이고, '嫂不爲炊(수불위취)'는 형수가 밥을 지어 주지 않는다는 말임.

이 말은 세 치 혀로 하루아침에 六國(육국)의 재상을 겸하고 육국연합체인 合從會議(합종회의)의 宗約長(종약장)이 된 蘇秦(소진)이 처음에 뜻을 이루지 못하고 거지꼴이 되어 돌아왔을 때, 그 아내와 형수에게 당한 설움의 한 장면을 나타낸 말이다.

소진은 공부를 마치고 고향 洛陽(낙양)에 돌아왔을 때 늙은 어머니와 아내, 과부 형수, 蘇代(소대)와 蘇厲(소려) 두 아우가 있었다. 소진이 집 재산을 팔아 각국을 돌며 遊說(유세)를 했지만 집 식구들이 모두 말리고 고향 주나라에서도 쓰임을 받지 못하여 다시 집으로 돌아가 온 재산을 다 팔아 좋은 옷과 수레와 말과 하인을 구해 각국을 돌며 왕들을 달래 보다 아무에게도 대접받지 못하고 몇 해를 허비한 채 집으로 돌아왔다.

어머니는 그의 행색을 보고 혀를 차며 돌아앉았고, 아내가 베틀에서 내려오지 않았으며, 형수가 밥을 지어 주지 않았다.

소진은 눈물을 흘리며 한숨을 짓고는 여기서 더욱 분발하여 鬼谷先生(귀곡선생)이 준 陰符經(음부경)을 다시 읽기 시작했다. 밤낮 없이 읽고 또 읽으며 졸음이 오면 송곳으로 다리를 찔렀다. 이렇게 일 년을 계속하자 하루아침에 세상 이치가 환히 밝아 오는 것 같았다고 한다.

참고)
刺股讀書(자고독서): 찌를 자, 넓적다리 고, 읽을 독, 글 서. 넓적다리를 송곳으로 찌르며 글을 읽다. 소진이 책을 읽을 때 졸리면 송곳으로 넓적다리를 찌르며 글을 읽어서 피가 발목까지 흘러내렸다는 고사. 刺股懸梁(자고현량). 출전 史記(사기).

天高馬肥(천고마비)

• 하늘 천, 높을 고, 말 마, 살찔 비. 가을은 높고 요새의 말도 살찐다. 가을의 특성을 형용하는 말. 하늘이 맑고 초목이 결실하는 가을의 좋은 계절. '秋高馬肥(추고마비)' 이던 것이 天高馬肥(천고마비)로 변했다.

　　唐(당)나라 시인 杜甫(두보)의 할아버지인 杜審言(두심언)이 參軍(참군)으로 북쪽 邊方(변방)에 가 있는 친구 蘇味道(소미도)에게 보낸 시에 나오는 글귀이다.

　　　　구름은 맑고 妖星(요성)도 사라져
　　　　가을은 높고 要塞(요새)의 말도 살찐다.
　　　　鞍裝(안장)에 기대면 영웅의 칼이 움직이고
　　　　붓을 휘두르면 깃 꽂은 글이 난다.

　　구름이 맑다는 것은 정세가 소용해졌다는 뜻이다. 요성은 전란이 있을 때면 나타난다는 혜성을 말한다. 그 별이 사라졌다는 것은 이제 변방이 조용해질 것이란 뜻이다. 깃을 꽂은 글, 즉 羽書(우서)는 전쟁의 승리를 알리거나 檄文(격문)을 보낼 때 빨리 날아가라는 뜻으로 닭의 깃을 꽂아 보내는 데서 생긴 말이다. 소미도가 어서 凱旋(개선)해 돌아오기를 염원하는 뜻을 담은 시다.
　　전혀 다른 해석도 있다. 가을이 오면 흉노족이 쳐들어와 노략질을 하는 때라서 수난의 계절이 시작된다는 의미로 썼다는 해석이다.

千金買笑(천금매소)

• 일천 천, 쇠 금, 살 매, 웃음 소. 천금을 주고 웃음을 사다. 廣王(여왕)이 褒姒(포사)를 웃게 하려고 천금을 들여 봉화를 헛되이 올리게 한 일.

천금을 주고 사랑하는 여자의 웃음을 산다는 말이다. 暴君(폭군)의 대명사가 桀紂幽廣(걸주유려)이다. 桀(걸)은 夏(하)나라를 망친 마지막 임금이고 紂(주)는 商(상)나라를 망친 마지막 임금이며 幽(유)는 西周(서주)의 마지막 임금 幽王(유왕)으로 오랑캐의 칼에 맞아 죽었고, 여는 유왕의 할아버지인 여왕으로 백성들에게 내쫓긴 임금이다.

유왕은 妖姬(요희)인 褒姒(포사)에게 빠져, 王后(왕후) 申氏(신씨)와 태자 宜臼(의구)를 폐한 다음, 포사를 왕후로 세우고, 그녀가 낳은 伯服(백복)을 태자로 세웠다.

그런데 돈에 팔려 남의 속죄 대가로 궁중에 들어온 포사는 일찍이 한 번도 웃는 일이 없었다. 유왕은 포사의 환심을 사려고 별짓을 다하다가 포사가 비단 찢는 소리를 좋아한다고 하자 힘센 여자를 시켜 비단을 찢게 했다. 그래도 즐기기만 할 뿐 웃지 않자 유왕은 즉시 영을 내려,

"궁 안과 궁 밖을 묻지 않고, 왕후로 하여금 한 번 웃게 하는 사람은 천금 상을 내리리라." 하고 선포했다. 그러자 虢石父(괵석보)가 제안을 했다. 烽火(봉화)를 올려 畿內(기내)에 있는 제후들로 하여금 군대를 동원해 밤을 새워 달려오게 한 다음, 적이 침입해 온 일이 없는 것을 알고, 어이없어 뿔뿔이 흩어져 돌아가는 것을 보면 웃지 않을 수 없을 것이라는 것이었다.

유왕이 驪山(여산) 별궁에서 놀며 저녁에 봉화를 올리자 제후들이 군대를 동원하여 달려왔다가 어이없어 하며 돌아갔다. 포사는 저도 모르게 깔깔대고 웃었다. 유왕은 괵석보에게 천금 상을 내렸다. 재미가 들린 유왕은 자주 그런 짓을 했고, 그 뒤 폐비 신씨의 친정아버지 申侯(신후)가 犬戎主(견융주: 오랑캐족 임금)를 끌어들여 유왕을 치는데, 아무리 봉화를 올려야 제후들은 아무도 오지 않아 결국 유왕은 개죽음을 당했다.

千金之子不死於市 (천금지자불사어시)

> • 일천 천, 쇠 금, 갈 지, 자식 자, 아닐 불, 죽을 사, 어조사 어, 시장 시. 부잣
> 집 아들은 돈이 많아서 저자 바닥에서 죽지 않음.

이 속담은 『史記(사기)』 越世家(월세가)의 范蠡(범려)에 대한 이야기에 나온다. 범려가 陶朱公(도주공)이라는 이름으로 巨富(거부)가 된 뒤의 이야기다.

범려는 陶(도)라는 곳으로 와서 늦게 작은 아들을 보았는데, 그 아들이 장성했을 때 범려의 둘째 아들이 사람을 죽이고 초나라에 갇혀 있었다. 범려는 소식을 듣고 "천금의 자식은 시장 바닥에서 죽지 않는다."고 하고 작은 아들을 시켜 가 보라고 했다. 범려가 순금 천 溢(일)을 수레에 실려 보내는데 큰 아들이 간다고 설쳤다. 하는 수 없이 큰 아들을 보내며 밀봉한 편지를 주며 초나라 莊先生(장 선생)을 찾아가라고 했다. 큰아들은 장 선생을 만나서 천금과 편지를 주었다.

장 선생은 초왕을 만나 特赦(특사)를 권유했는데 큰아들은 그동안 초나라 貴人(귀인)들과 교제하다 귀인이 곧 特別赦免(특별사면)이 있을 것이라고 귀띔했다. 그러자 큰아들은 천금을 아까워하며 장 선생의 집에 가서 돈을 도로 가져왔다. 장생이 괘씸해서 초왕을 다시 찾아가 激怒(격노)하게 만들어 결국 도주공의 아들을 처형한 다음 대사령을 내렸다.

범려는 큰아들이 아비가 돈을 벌기가 얼마나 힘든지 알기 때문에 천금을 아낄 것을 알고 아예 보내지 않으려 했던 것이다.

'千金之子不死於盜賊(천금지자불사어도적)'과 유사한 말이다. 천금의 돈을 가진 부잣집 자식은 부모가 자식의 목숨을 중시하여 도적과 같은 하찮은 인간에게 죽지 않는다는 말이다.

참고)

千金子坐不垂堂(천금자좌불수당): 일천 천, 쇠 금, 자식 자, 앉을 좌, 아닐 불, 드리울 수, 마루 당. 부잣집 자식은 마루에 앉아도 떨어지지 않는 곳에 앉는다. 몸을 대단히 소중히 하는 것.

天道是耶非耶(천도시야비야)

• 하늘 천, 도리 도, 옳을 시, 어조사 야, 아닐 비. 천도가 옳은 것인가 그른 것
  인가.

선을 행하면 복을 받고 악을 행하면 화를 받는 것을 天道(천도)라고 하는데, 세상의 실상은 반드시 그렇지도 않은 것 같다고 疑心(의심)하여 원망하는 말이다.

"역사상 인물의 생애를 보건대 반드시 천도에 부합된 것은 아니다."라고 그 모순을 한탄한 司馬遷(사마천)은 『史記(사기)』에서 하늘을 원망하며 이렇게 쓰고 있다.

"어진 이로 이름난 伯夷(백이), 叔齊(숙제)는 굶어 죽었고, 공자의 제자중 으뜸인 顔回(안회)는 극빈 속에서 젊은 나이에 영양실조로 죽었다. 그러나 대악당 盜跖(도척)은 매일 죄 없는 백성을 죽여 그 살로 膾(회)를 치고 脯(포)를 떴을 만큼 온갖 악행을 일삼았는데도 장수했다. 이처럼 세상에는 선을 행하여 화를 얻고 악을 행하여 복을 얻는 일이 있는데 그래도 '天道無親(천도무친)', '天道不諂(천도부도)'라는 말을 믿어야 하는가?"

千慮一失(천려일실)

• 일천 천, 염려할 려, 한 일, 잃을 실. 현인도 많은 생각 중에 한 가지쯤은 잘못된 것이 있음. 아무리 어리석은 사람이라도 많은 생각 속에는 간혹 쓸 만한 것이 있다는 말인 '千慮一得(천려일득)'에 반대되는 말.

천려일실은 천 번 생각에 한 번 실수라는 말로 賢人(현인)도 많은 생각 중에 한 가지쯤은 잘못된 것이 있으니 너무 안다고 자신하지 말라는 교훈도 되고 또 실수에 대한 변명이나 위로의 말로 쓰이기도 한다.

천려일득은 천려일실에 반대되는 말로 여러 번 생각을 하다 보면 한 번쯤 맞는 수도 있다는 말이다. 아무리 어리석은 사람이라도 많은 생각 속에는 간혹 쓸 만한 것이 있다는 말이 된다.

『史記(사기)』 淮陰侯列傳(회음후열전)에 나오는 말이다.

회음후 韓信(한신)이 趙(조)나라를 치면서 廣武君(광무군) 李左車(이좌거)를 얻게 된다. 이좌거는 꾀가 많아서 城安君(성안군)에게 삼만의 군대를 자기에게 주어 한신이 오게 될 좁은 길목을 끊게 해 달라고 요구했다. 그러나 성안군은 듣지 않고 한신의 군대가 다 지나가기만을 기다리다 패해 죽었다. 한신은 이좌거를 생포하여 달래고 앞으로의 계책에 대해 묻자 그는,

"나는 들으니 지혜로운 사람이 천 번 생각하면 반드시 한 번 잃는 일이 있고, 어리석은 사람이 천 번 생각하면 반드시 한 번 얻는 것이 있다[知者千慮必有一失지자천려필유일실]고 했습니다. 그러기에 말하기를, 미친 사람의 말도 성인이 택한다고 했습니다. 내 꾀가 반드시 쓸 수 있는 것이 못 되겠지만 다만 어리석은 충성을 다할 뿐입니다."라고 대답했다.

千里眼(천리안)

• 일천 천. 거리 리. 눈 안. 천 리를 내다볼 수 있는 눈. 세상사를 꿰뚫어 보거
나 먼 곳에서 일어난 일을 미리 예지하는 능력을 지니고 있음.

『魏書(위서)』楊逸傳(양일전)에 나오는 말이다.

南北朝(남북조)시대의 北魏(북위) 莊帝(장제) 때, 光州刺史(광주자사)로
부임해 온 楊逸(양일)은 당시 나이가 겨우 스물아홉이었고, 또 명문 출신
의 귀공자였지만 조금도 驕慢(교만)한 데가 없고 백성들을 위해 그야말로
寢食(침식)을 잊는 정도였다.

그가 있는 동안 흉년이 계속되어 굶어 죽는 사람이 많이 생기자 나라의
承諾(승낙) 없이는 열지 못하는 창고를 열어 백성에게 나눠 줄 생각을 했
다. 책임자가 죄를 겁내 이를 반대하자,

"나라의 근본은 사람이다. 사람은 먹지 않고는 살지 못한다. 백성들이
굶주리고 있는데 임금만이 배불리 먹을 수 있겠는가. 만일 이것이 잘못된
일이라면 내가 달게 죄를 받겠다." 하고 창고를 헐어 백성들에게 나누어
주었다.

또한 民弊(민폐)를 없애려고 감시원을 곳곳에 배치해 두는 한편, 군대
나 말단 공무원들이 지방으로 나갈 때는 반드시 食糧(식량)을 가지고 가
게 했다.

지방 사람들이 그들에게 식사를 제공하려 하면 그들은 누구나 할 것 없이,

"楊使君(양 사군)께서는 千里眼(천리안)을 가지고 계신데 어떻게 속일
수가 있습니까." 하고 이를 거절했다고 한다.

佛家(불가)에서 쓰는 '眼通(안통)'이라는 말도 천리안과 비슷한 뜻이다.

天網恢恢疎而不失(천망회회소이불실)

이 말은 『老子(노자)』 七十三章(칠십삼장)에 나온다.

"……하늘이 미워하는 바를 누가 그 까닭을 알리오. 이러므로 聖人(성
인)도 오히려 어려워한다. 하늘의 도는 다투지 않고도 잘 이기며, 말하지
않고도 잘 대답하며, 부르지 않고도 스스로 오게 하며, 느직하면서도 잘
꾀한다. 하늘의 그물은 크고 커서, 성긴 듯하지만 빠뜨리지 않는다."

老聃(노담: 노자)이 말하기를,
"그 정치가 察察(찰찰)하면 그 백성이 鈌鈌(결결)하다고 하고 또 말하기
를, 하늘 그물이 크고 커서 성기어도 새지 않는다."고 했다.
'찰찰'은 너무 세밀하게 살피는 것을 말하고 '결결'은 다칠까 봐 조마조
마해하는 것을 말한다.

天時地利人和(천시지리인화)

• 하늘 천, 때 시, 땅 지, 이로울 리, 사람 인, 화목할 화. 천시는 지리만 못하고 지리는 인화만 못하다. 하늘이 주는 운은 지리상의 이로움만 못하고, 지리상의 이로움도 사람들 사이의 一致團結(일치단결)만 못하다는 뜻.

『孟子(맹자)』 公孫丑(공손추) 下(하)에 보면 맨 첫머리에,

"천시는 지리만 못하고 지리는 인화만 못하다."고 전제한 다음, 그 까닭을 다음과 같이 말하고 있다.

"三(삼) 리 둘레의 城(성)과 七(칠) 리 둘레의 바깥 성을 포위하여 공격을 해도 잘 이기지 못한다. 포위하여 공격할 때에는 반드시 천시를 택해서 하게 된다. 그런데도 이기지 못하는 것은 천시가 지리만 못하다는 증거이다.

성이 높지 않은 것도 아니고, 못이 깊지 않은 것도 아니며, 군장비가 튼튼하지 않은 것도 아니고, 곡식이 많지 않은 것도 아닌데, 성을 버리고 도망치는 일이 있다. 이것은 지리가 인화만 못한 증거다."

天時(천시)는 자연조건을 말하는 것이다. 地利(지리)는 지리적 조건이 유리한 것을 말한다. 人和(인화)는 사람과 사람 사이의 정신적인 협력을 말한다.

하늘이 주는 운은 지리상의 이로움만 못하고, 지리상의 이로움도 사람들 사이의 一致團結(일치단결)만 못하다는 뜻이다. 인화를 이룩하는 근본조건은 위정자가 백성을 사랑할 줄 알고 도리에 벗어나지 않는 올바른 정치를 하는 것이라고 결론을 내리고 있다.

天與不取反受其咎(천여불취반수기구)

• 하늘 천, 줄 여, 아닐 불, 취할 취, 돌이킬 반, 받을 수, 그 기, 허물 구. 하늘
  이 주는 복을 받지 않으면, 도리어 禍(화)를 입게 된다는 말.

이 말은 『史記(사기)』 淮陰侯列傳(회음후열전)에 나오는 말이다.

削通(괴통)이 韓信(한신)을 달래기 위해 인용한 것이다.

한신이 趙(조)나라를 깨뜨린 다음 다시 동으로 향해 齊(제)나라 전체를
평정하고 제나라 왕이 되자 전세가 차츰 불리해진 것을 느낀 項羽(항우)
는 사람을 보내 한신에게 중립을 지키는 것이 유리하다는 점을 설득시키
려 했다.

그러나 한신은 劉邦(유방)을 배신할 생각이 없었다. 제나라 辯士(변사)
인 괴통이 한신을 찾아갔다. 천하대세가 한신의 손에 의해 좌우될 수 있
다는 것을 알았기 때문이다. 한신을 만나 천하를 三分(삼분)하여 유방, 항
우, 한신이 차지하면 천하의 기대와 여망이 다 제나라 왕인 한신에게 올
것이라 설득하며 말했다.

"대개 말하기를, 하늘이 주는 것을 갖지 않으면 도리어 그 꾸중을 받고,
때가 이르러도 행하지 않으면 도리어 그 화를 받는다고 합니다. 바라건대
깊이 생각하십시오."

기회를 포착하는 것이 성공의 핵심이라는 말이다. 한신은 끝까지 의리
를 생각해 이 제안을 받아들이지 않았다. 후에 그는 한왕 유방에 의해 제
거된다.

天衣無縫(천의무봉)

• 하늘 천, 옷 의, 없을 무, 꿰맬 봉. 선녀가 만든 옷은 꿰맨 자국이 없다. 하늘나라 사람의 옷은 솔기나 바느질한 흔적이 없다. 詩歌(시가)나 文章(문장) 등이 기교의 흔적이 없어 자연스럽게 잘 되어 있음을 이르는 말. 완전무결하여 흠이 없음을 이르는 말. 세상일에 물들지 않은 어린이의 순진성을 이르는 말.

이 말은 『太平廣記(태평광기)』에 있는 郭翰(곽한)의 이야기 가운데 나온다.

곽한이 어느 여름 밤 뜰에 누워 바람을 쏘이고 있는데, 갑자기 일찍이 볼 수 없었던 미인이 나타나 하룻밤을 즐기고 새벽 일찍 구름을 타고 하늘로 올라갔다. 그러더니 매일 밤 찾아왔다. 칠월칠석이 돌아오자 그날 밤부터 나타나지 않다가 다시 나타났다. 그녀의 옷을 살펴보니 바느질한 곳이 전연 없어 물었더니,

"하늘의 옷은 원래 바늘이나 실로 꿰매는 것이 아닙니다." 하고 대답했다.

일 년쯤 되던 어느 날 그녀는 상제가 허락한 기한이 오늘로 끝난다며 영영 이별을 고했다.

하늘에 있는 仙女(선녀)들이 입는 옷으로 바늘이나 실로 꿰매 만드는 것이 아니고 전체가 처음부터 생긴 그대로 만들어져 있다는 전설에서 나온 말이다. 자연 그대로의 극치를 이루었다는 뜻으로 인용되곤 하는데 때로는 타고난 재질이 극히 아름답다는 뜻으로 많이 쓴다. 또한 무엇인가 極讚(극찬)할 때 최고의 讚辭(찬사)로 쓰이는 말이 되었다.

千人之諾諾不如一士之諤諤

(천인지낙낙불여일사지악악)

> • 일천 천, 사람 인, 갈 지, 허락할 낙, 아닐 불, 같을 여, 한 일, 선비 사, 곧은 말할 악.

'千人之諾諾(천인지낙낙)'은 천이나 되는 많은 사람들이 무조건 '네, 네' 하고 대답하는 것을 말한다. '一士之諤諤(일사지악악)'은 뜻있는 사람이 나서서 반대의 의사를 말하는 것을 말한다. 둘을 합쳐 놓은 이 말은 천명의 阿附(아부)하는 소리가 한 명의 정직한 忠告(충고)만 못하다는 말이다.

이것은 『史記(사기)』 商君列傳(상군열전)에 나오는 趙良(조양)이 商鞅(상앙)에게 한 말 가운데 나온다.

상앙은 衛(위)나라 임금의 후궁 소생으로 公孫(공손)으로 행세했고, 조국을 떠난 뒤부터는 衛鞅(위앙)으로 행세를 했었다. 그 뒤 秦孝公(진효공)의 재상으로 크게 공을 세워 商君(상군)에 봉해짐으로써 상앙이라고 부르게 되었다.

상앙이 임금의 신임 아래 독재한 지 십 년 동안 공포정치 속에서 나라는 富强(부강)해지고 있었다. 하루는 옛날 친구의 소개로 알게 되었던 조양이란 사람이 찾아왔다. 상앙은 자기의 공로를 자랑하며 百里奚(백리해)와 비교해서 어느 쪽이 나으냐고 물었다. 조양이 먼저,

"천 마리 양의 가죽이 한 마리 여우의 겨드랑이만 못하고 천 사람의 '네! 네!' 하는 것이 한 선비의 '아니다.'라고 하는 것만 같지 못합니다."라고 前提(전제)하고, 곧 재앙이 닥칠 것이니 미연에 방지하라고 충고했다.

상앙은 조양의 충고를 무시했다가 효공이 죽자 곧 咸陽(함양) 市街(시가)에서 다섯 마리 소가 끄는 수레에 머리와 사지가 찢기어 죽는 참혹한 형을 받아 최후를 마치게 된다.

千丈之堤潰自蟻穴(천장지제궤자의혈)

• 일천 천, 길 장, 갈 지, 둑 제, 무너질 궤, 부터 자, 개미 의, 구멍 혈.

『韓非子(한비자)』의 喩老篇(유로편)에 있는 말이다. 유로라는 말은 老子(노자)를 비유로 들어 해석한다는 뜻이다.

다음은 『老子(노자)』 六十三章(육십삼장) 속에 있는 말을 비유로 풀이한 것이다.

"천하의 어려운 것을 쉬울 때 미리 대책을 세우고, 큰 것을 작을 때 처리를 해야 한다. 천 길 높은 둑도 땅강아지와 개미구멍에 의해 무너지고, 백 척이나 되는 높은 집도 굴뚝 사이로 나는 연기로 인해 타게 된다. 그러므로 治水(치수)에 공이 있었던 위나라 宰相(재상) 白圭(백규)는 둑을 돌아볼 때는 그 구멍을 미리 살펴서 막고, 노인들이 불을 조심할 때는 굴뚝 틈부터 바른다. 그러므로 백규에게는 물의 피해가 없었고, 노인이 있는 집에는 화재의 염려가 없다."

'千長堤以螻蟻之穴潰(천장제이루의지혈궤)'가 원말에 가깝다. 螻蟻(누의)는 땅강아지와 개미를 나타낸다. 우리나라 속담에 '호미로 막을 것을 가래로 막는다.'는 말이 있다.

千載一遇(천재일우)

이 말은 東晉(동진)이 袁宏(원굉)이 쓴 『三國名臣序撰(삼국명신서찬)』에 나오는 말이다.

원굉이 삼국시절의 건국공신 스무 명을 골라 그들 한 사람 한 사람의 행장을 칭찬하는 찬을 짓고, 거기에 서문을 붙인 것이 이 책이다. 그는 이 서문에서,

'伯樂(백락)을 만나지 못하면 천년을 가도 千里馬(천리마) 하나 생겨나지 않는다.'고 훌륭한 임금과 신하가 서로 만나기 어려운 것을 비유한 다음,

"대저 만 년에 한 번 기회가 온다는 것은 사람이 살고 있는 세상의 공통된 원칙이요 천 년에 한 번 용케 만나는 것이다. 이런 기회를 만나면 그 누가 기뻐하지 않으며, 이를 놓치면 그 누가 한탄하지 않겠는가."라고 했다.

天地不仁以萬物爲蒭狗

(천지불인이만물위추구)

> • 하늘 천, 땅 지, 아닐 불, 어질 인, 써 이, 일만 만, 만물 물, 할 위, 꼴 추,
> 개 구. 하늘과 땅이 어질지 못해 이 세상 모든 물건을 풀로 만든 개처럼 내
> 버린다. 사람의 짧은 안목으로 보는 것과는 정반대의 결과가 된다는 것을 나
> 타내는 말.

이것은 『老子(노자)』 三章(삼장)에 있는 말로, 無爲自然(무위자연)에 내
맡겨 두는 것이 얼른 보기에는 사랑도 관심도 없는 것 같지만 실상은 그
것이 사랑하는 이상의 좋은 결과를 나타내게 되는 것을 말한다.

蒭狗(추구)는 풀로 만든 개를 말하는데 옛날 제사를 지낼 때 이것을 제
단 위에 올려놓았다가 제사를 다 끝낸 다음에는 그대로 들판에 버렸다고
한다. 萬物(만물)로 추구를 삼는다는 말은 모든 것을 그대로 돌보지 않고
버려둔다는 뜻이다. 이 말 다음에 노자는,

"聖人(성인)이 어질지 못해 백성들로써 추구를 삼는다."고 말하고 있다.
이 말은 逆說(역설)이다. 聖人(성인)은 어질다고 하는 여러 일이 사실은
백성들에게 간섭이 되어 못살게 구는 일이 되므로 간섭을 백성들에게 베
풀지 않고 자연스럽게 알아서 살아가도록 둔다는 말이다. 어짊을 베풀다
가 백성들을 못살게 구는 일로 변질되는 일이 이 세상에 너무도 많기 때
문에 이러한 말이 나오는 것이다. 여기서 '聖人不仁 以萬物爲蒭狗(성인
불인이만물위추구)'라는 말이 생겨났다.

天下言哉(천하언재)

> • 하늘 천, 아래 하, 말씀 언, 어조사 재. 하늘이 말을 하다니! 하늘은 아무 말
>   도 하지 않지만 도는 행한다는 것.

이 말은 다양하게 해석이 된다.

'하늘이 무슨 말을 하겠느냐.'나 '하늘이 어떻게 말을 할 수 있겠느냐 귀로 들으려 하지 말고 마음으로 생각해서 알아라.'나 '하늘이 무슨 말을 하더냐. 그래도 다 할 일을 하고 있다.' 등으로 해석이 된다.

『論語(논어)』陽貨篇(양화편)에 보면 孔子(공자)가 하루는 제자인 子貢(자공)이 듣는 앞에서,

"나는 이제 말을 하지 말았으면 한다." 하고 혼잣말처럼 했다. 자공이 가만있을 리 萬無(만무)였다.

"선생님께서 말씀을 하지 않으시면 저희들이 무엇을 배울 수 있습니까?" 하고 묻자 공자는,

"하늘이 어디 말을 하더냐. 四時(사시)가 제대로 運行(운행)되고 온갖 물건들이 다 생겨나지만 하늘이 어디 말을 하더냐." 하고 대답했다.

위의 말은 공자는 자공이 이제 자신이 말을 하지 않더라고 스스로 진리를 깨달아야 하는 단계로 올라서야 하는데 그러지 못한 것을 깨달으라고 한 말일 수도 있고, 공자의 경지가 하늘과 비슷한 경지로 올라서 있음을 짐작할 수 있게 하는 말일 수도 있다.

ㅊ

鐵面皮(철면피)

• 쇠 철, 얼굴 면, 가죽 피. ① 얼굴에 철판을 깐 듯, 羞恥(수치)를 모르는 사람
을 가리킴. 厚顔(후안), 厚顔無恥(후안무치). ② 정정당당하고 강직함.

'鐵面(철면)'은 꼭 나쁜 뜻으로만 쓰인 것이 아니다. 宋代(송대)의 孫光
憲(손광헌)이 지은 『北夢瑣言(북몽쇄언)』이라는 책에 보면,

"진사 王光遠(왕광원)은 權門(권문) 豪族(호족)들에게 무엇을 얻어 가려
고 끊임없이 찾아다니곤 했는데, 혹 회초리로 내쫓기는 모욕을 당하면서
도 조금도 태도를 고치거나 후회하는 기색이 없었다. 그래서 당시 사람들
이 말하기를 '광원의 얼굴은 두껍기가 열 겹 鐵甲(철갑) 같다.'고 했다."는
이야기가 나온다.

이것은 鐵甲(철갑)이 부끄러운 줄 모르는 破廉恥(파렴치)의 뜻으로 쓰
인 예이다. 그러나 철갑이 아닌 鐵面(철면)의 경우에는, 정당하고 굳센 태
도를 칭찬하는 뜻으로 쓰인 예가 많은 것 같다.

宋(송)나라 趙善의(조선의)는 崇安縣(숭안현) 지사가 되어 현의 정치를
하는 데 법률을 하도 엄격하게 지켰기 때문에 사람들은 그를 趙鐵面(조철
면)이라고 불렀다고 한 이야기는 私情(사정)이 없었다는 뜻으로 쓰인 예다.

또 『宋史(송사)』趙抃傳(조변전)에 보면,

"조변이 展中侍御史(전중시어사)가 되자 권력자가 됐든, 천자가 좋아하
는 사람이 됐든 용서 없이 적발했기 때문에 서울에서는 그를 鐵面御史(철
면어사)라고 불렀다."고 했다. 이것은 剛直(강직)하다는 뜻으로 쓰인 예이다.

轍鮒之急(철부지급)

이 말은 『莊子(장자)』 外物篇(외물편)에 있는 이야기에 나온다.

莊周(장주)가 집이 가난해서 監河侯(감하후)에게 양식을 꾸러 갔다. 그러자 감하후는,

"좋아요. 내 고을에서 세금이 들어오는 대로 삼백 금을 빌려 드리겠소. 그만하면 되겠지요." 하는 것이었다.

장주는 화가 치밀어 正色(정색)을 하며 말했다.

"어제 이리로 오는데 도중에 누가 나를 부르더군요. 그래 돌아보았더니 수레바퀴 지나간 자리에 붕어가 있지 않겠소. 어찌된 일이냐고 물었더니, '나는 동해의 波臣(파신: 물고기)인데 어떻게 한두 바가지 물로 나를 살려 줄 수 없겠소.' 하는 것이었습니다. 그래 내가 '알았네. 내가 곧 오나라, 월나라 임금을 만나게 될 테니 그때 西江(서강)의 물을 끌어다가 그대를 맞이하겠네. 괜찮겠지.' 하고 대답했더니 붕어가 화를 내며, 이렇게 말합디다.

'나는 잠시도 없어서는 안 될 것을 잃고 당장 곤란에 빠져 있는 중이오. 한두 바가지 물만 있으면 나는 살 수 있소. 그런데 당신은 그런 태평스런 소리만 하고 있으니 차라리 일찌감치 건어물 가게로 가서 나를 찾으시오.' 라고 합디다."

우리 속담에 '저 돈 백 냥'이란 말이 있고, '너의 집 금송아지가 무슨 소용이 있느냐.'고 하는 말이 있다.

鐵中錚錚(철중쟁쟁)

• 쇠 철, 가운데 중, 징 쟁, 징 쟁. ① 보통 사람 중에서 조금 우수한 사람을 이르는 말. 錚錚은 조금 단단한 무쇠의 소리. ② 같은 쇠붙이 가운데서도 유난히 맑게 쟁그랑거리는 소리가 난다는 뜻으로, 같은 또래 중에서 가장 뛰어난 사람을 이르는 말.

『後漢書(후한서)』에 나오는 이야기이다.

後漢(후한) 光武帝(광무제)의 통일 천하에 있어 가장 강한 적은 赤眉(적미)였다. 前漢(전한)을 없애고 王莽(왕망)이 新(신)이라는 나라를 새로 세웠을 당시에 일어났던 대규모의 농민 반란군으로 처음은 樊崇(번숭)을 수령으로 琅邪(낭야)에서 일어나 뒤에 逢安(봉안), 徐宣(서선), 謝祿(사록) 등이 이끄는 군대까지 이에 합류되어, 산동성을 중심으로 劉盆子(유분자)를 왕으로 받들고, 그 위세가 자못 대단했었다. 그들은 한나라 왕실의 상징인 붉은 색으로 눈썹을 그려 표를 하고 다녔기 때문에 적미라고 불렸다.

적미가 장안으로 쳐들어와 광무제 劉秀(유수)와 대결해서 패하여 항복을 하자 번숭, 서선 등을 보고 광무제가 이렇게 말했다.

"그대들은 항복한 것을 후회하지 않는가? 원한다면 다시 한 번 실력으로 승부를 결정해도 좋다. 짐은 항복을 강요하고 싶지는 않다."

그러자 그들은 머리를 조아리며, 항복을 받아 주시니 그저 호랑이 입을 벗어나 사랑하는 어머니 품에 돌아온 것 같다면서 아무런 후회도 없다고 대답했다. 이 같은 대답에 광무제는 "경들이야말로 철중쟁쟁 용중교교란 것이요." 하고 칭찬을 했다. '傭中佼佼(용중교교)'는 똑같은 물건 가운데 뛰어난 것이라는 말이다.

淸談(청담)

> • 맑을 청. 이야기 담. 맑은 이야기. ① 名利(명리)・名聞(명문)을 떠난 淸雅
> (청아)한 이야기. 고상한 이야기. 虛心坦懷(허심탄회)하고 無慾無望(무욕무
> 망)한 이야기. ② 위진시대에 유행한 老莊(노장)을 祖述(조술)하고 속세를 떠
> 난 淸淨無爲(청정무위)의 空理空論(공리공론). 竹林七賢(죽림칠현)의 담화.

魏晉時代(위진시대: 3세기 후반)는 정치가 불안정하고 사회가 혼란해서
자칫하면 목숨을 잃는 난세였다. 게다가 정치적 권력자와 그에 추종하는
세속적인 관료의 횡포도 극심했다. 그래서 당시 士大夫(사대부) 간에는 汚
濁(오탁)한 속세를 등지고 산림에 隱居(은거)하여 老莊(노장)의 철학이라
든지 문예 등 고상한 이야기를 하는 것이 유행이었다.

그중에서도 竹林七賢(죽림칠현), 곧 山濤(산도)・阮籍(완적)・嵆康(혜
강)・阮咸(완함)・劉伶(유령)・向秀(상수)・王戎(왕융)은 도읍 洛陽(낙양)
근처의 대나무 숲에 은거하여 아침부터 밤까지 술에 취한 채 '청담', 곧
淸新奇警(청신기경: 산뜻하고 기발함)한 이야기인 세속의 名利(명리)・名
聞(명문)・喜悲(희비)를 초월한 고매한 정신의 자유세계를 주제로 한 老莊
(노장)의 철학을 논하며 名敎(명교: 儒敎) 도덕에 저항했다.

靑雲之志(청운지지)

• 푸를 청, 구름 운, 갈 지, 뜻 지. 푸른 구름과 같은 뜻, 즉 출세하고자 하는
야망. ① 덕을 닦아 聖賢(성현)의 자리에 이르려는 뜻. 立身出世(입신출세)하
려는 뜻. 功名(공명)을 세우고자 하는 마음. ② 고결하고 세상 밖에 초연한
志操(지조). 隱者(은자)가 되는 뜻. 靑雲(청운).

푸른 구름은 귀한 구름이다. 신선이 있는 곳이나 천자가 될 사람이 있
는 곳에는 푸른 구름과 오색구름이 떠 있다고 한다. 그래서 청운의 꿈을
꾼다는 말은 남보다 훌륭하게 출세할 뜻을 갖고 있다는 말이다.

張九齡(장구령)의 시에,

> 그 옛날 靑雲(청운)의 뜻이
> 이루지 못한 白髮(백발)의 나이에
> 뉘가 알리오 밝은 거울 속
> 얼굴과 그림자가 절로 서로 안타까워함을.

장구령은 唐(당)나라 玄宗(현종) 때 어진 재상으로 李林甫(이림보)의 謀
略(모략)에 밀려나 草野(초야)에서 餘生(여생)을 보낸 사람이다. 이 시는
재상의 자리를 물러났을 때의 感懷(감회)를 읊은 것이다.

『史記(사기)』 伯夷列傳(백이열전)에서 太史公(태사공: 사마천)은 孔子
(공자)를 靑雲之士(청운지사)로 평했고, 주석을 보면 이 말은 덕이 높은
사람, 지위가 높은 사람, 뜻이 높은 사람에게 두루 쓰인다.

青天白日 (청천백일)

• 푸를 청, 하늘 천, 흰 백, 날 일. 맑게 갠 대낮. 快晴(쾌청)한 하늘. 맑게 갠
대낮. 맑게 갠 하늘에서 밝게 비치는 해. 하는 일이 뒤가 깨끗하다든가, 억울
한 것이 판명되어 죄에서 풀려 누명을 벗게 된다든가 하는 따위. 青天白日下
(청천백일하).

韓愈(한유)는 그의 친우인 崔群(최군)에게 보낸 편지 가운데서,
"청천백일은 노예들도 또한 그것이 맑고 밝은 것을 안다."고 했다.
이것은 최군의 맑은 인품을 모르는 사람이 없다는 것을 비유해 쓴 말이
다. 누구나 다 알고 있다는 뜻으로 쓰인 말이다.

『朱子全書(주자전서)』에는 주자가 孟子(맹자)를 평하여 "청천백일과 같
이 씻어 낼 때도 없고, 찾아낼 흠도 없다."라고 했다. 이것은 순결무구의
뜻으로 쓰인 것이다.
우리나라에서는 보통 '青天白日下(청천백일하)에 드러났다.'라는 말을
쓰는데 여기에서 청천백일은 본래의 뜻 그대로 '훤히 밝다'는 말이다.

ㅊ

青天霹靂(청천벽력)

> • 푸를 청, 하늘 천, 벼락 벽, 벼락 력. 마른하늘에 날벼락. 예기치 못한 큰 사
> 고. 청천의 雷鳴(뇌명)이라는 뜻으로, 筆勢(필세)의 飛動(비동)함의 형용. 또
> 뜻밖에 생기는 일. 變(변).

南宋(남송)의 시인 陸遊(육유)는 자신의 뛰어난 筆致(필치)를 가리켜
"푸른 하늘에 霹靂(벽력)을 날리듯 한다고 했다."

육유의 시 중에서 유명한 [釵斗鳳(차두봉)]을 보자.

> 붉고 보드라운 손, 누런 황등주
> 성 가득히 만연한 봄날, 궁벽의 버드나무
> 짓궂은 동풍에 기쁜 마음은 어디론가 흩어져 사라지고
> 한번 수심에 젖은 후 어언 몇 해나 떨어져 있었던가?
> 아 잘못이어라 잘못이어라 잘못이어라
> 봄은 예나 같으나 사람만이 홀로 야위어
> 연지 바른 얼굴을 붉은 눈물로 적시네.
> 도화는 떨어지고 못가의 누각도 한가로운데
> 굳게 맹세한다 한들 비단에 쓴 글 전하기 어려우니
> 아, 끝이로구나 끝이로구나 끝이로구나.

초년 시절 헤어진 아내 唐宛(당완)과의 이별을 슬퍼하는 시이다. 과연
푸른 하늘에 벽력을 날리듯 한다. 우리나라에서는 '청천벽력도 유분수지'
라는 말이 있다.

靑出於藍(청출어람)

> • 푸를 청. 날 출. 어조사 어. 쪽풀 람. 푸른빛이 쪽풀에서 나왔는데 쪽빛보다
> 더 푸르다. 제자가 스승보다 나음. 出藍(출람). 出藍之譽(출람지예).

본말은 '靑出於藍而靑於藍(청출어람이청어람)'이다. 세자가 스승보다 낮다는 평을 듣는 것을 이른다. '藍'은 쪽풀이다. 쪽풀에서 쪽빛 물감을 얻어내는데 이 물감 색깔이 쪽풀보다 푸르다는 말이다.

『荀子(순자』勸學篇(권학편) 맨 첫머리에 이렇게 말한다.

"학문은 잠시도 쉬어서는 안 된다. 푸른 색깔은 쪽에서 나오지만 쪽보다 더 푸르고 얼음은 물이 만들지만 물보다 더 차다."

焦頭爛額爲上客(초두난액위상객)

• 그을릴 초, 머리 두, 익을 란, 이마 액, 될 위, 위 상, 손님 객. 火災(화재)의 豫防策
(예방책)을 講究(강구)한 사람은 賞(상)을 받지 못하고, 불난 뒤에 화재를 끈 사람은
상을 받는다는 뜻으로, 本末(본말)이 顚倒(전도)됨을 비유하는 말.

『十八史略(십팔사략)』이나 『統監(통감)』 등에 나오는 이야기이다.

西漢(서한) 宣帝(선제) 때 있은 조정의 처사에 대해 시정을 요구하는 상
소문 가운데 있는 말이다. 정부의 강력한 새 경제정책을 들고 나와 백성
을 괴롭혀 온 재상이 밀려나고 새로운 인물들이 등장했을 때의 일이다.
당초 그 정책을 반대하여 재상을 처벌하라고 주장해 온 사람이 있었으나
그는 잊힌 채 그대로 있었다. 이를 위해 올린 상소문 가운데에 이 말이
나온다.

이것과 대조적으로 나오는 말이 '曲突徙薪無恩澤(곡돌사신무은택)'이라
는 문자다. 어떤 사람이 방을 새로 뜯어 고치면서 굴뚝을 아궁이와 일직
선이 되게 만들고 또 굴뚝 옆에다가 땔감을 쌓아 두었다. 이것을 본 어떤
사람이 화재의 염려가 있으니 굴뚝을 꼬부려 옆으로 돌리고 땔감은 옮기
라고 충고했다. 그러나 주인은 무시했다.

어느 날 불이 나서 옮겨 붙었으나 곧 잡히고 큰 피해는 없었다. 주인은
불을 끄느라 애쓴 마을 사람들을 위해 술자리를 베풀었다. 머리가 불에
타고 이마가 덴 사람들을 윗자리로 모셨다. 이것이 '초두난액 위상객'이
다. 당연한 일이다. 그런데 화재가 날 것을 미리 걱정하며, 굴뚝을 꼬부리
고 땔감을 옮기라고 충고해 준 사람은 술 한잔도 대접하지 않았다. 이것
이 '곡돌사신무은택'이다.

참고)
曲突徙薪(곡돌사신): 굽을 곡, 굴뚝 돌, 옮길 사, 땔나무 신. 화재를 예방하기 위
하여 굴뚝을 꼬불꼬불하게 만들고 아궁이 근처의 나무를
딴 곳으로 옮긴다는 뜻으로, 화를 미연에 방지함.

ㅊ

焦眉之急(초미지급)

• 탈 초, 눈썹 미, 갈 지, 급할 급. 눈썹이 타들어 가는 듯이 危急(위급)한 상
황. 매우 위급함. 落眉之厄(낙미지액). 燒眉之急(소미지급). 燃眉之急(연미지
급). 焦眉之厄(초미지액).

金陵(금릉) 蔣山(장산)의 法泉佛慧禪寺(법천불혜선사)는 만년에 나라의
御命(어명)으로 大相國智海禪寺(대상국지해선사)의 住持(주지)로 임명되
었을 때, 중들을 보고 물었다.

"주지로 가는 것이 옳겠는가, 이곳 장산에 머물러 있는 것이 옳겠는가?"

아무도 대답을 하지 않았다. 그러자 선사는 붓을 들어 偈(게)를 쓰고 앉
은 채 그대로 세상을 떠났다고 한다.

이 禪師(선사)가 隨州(수주)에 있을 때 그곳 중들로부터 여러 가지 질문
을 받고 대답한 말 가운데 이런 것이 있다.

"어느 것이 가장 急迫(급박)한 글귀가 될 수 있습니까."

"불이 눈썹을 태우는 것이다."

이 이야기는 『五燈會元(오등회원)』에 나온다. 火燒眉毛(화소미모)라는
말에서 燒眉之急(소미지급)이 생겨나고 燒眉之急(소미지급)에서 焦眉之急
(초미지급)이 나온 듯하다.

焦脣乾舌 (초순건설)

- 그을릴 초. 입술 순. 마를 건. 혀 설. 입술이 타고 혀가 마를 정도로 빨리 말한다. 매우 잘 지껄임. 매우 초조함을 이름.

이 말은 『史記(사기)』 仲尼弟子列傳(중니제자열전)에 있다.

공자의 제자 子貢(자공)이 스승의 부탁을 받고 魯(노)나라를 침략해 오는 齊(제)나라 군사를 물리치기 위해서, 齊(제), 吳(오), 越(월), 晋(진) 등 각국을 돌아다니다 월나라로 갔을 때 월왕 句踐(구천)이 자공을 들 밖에까지 나와 맞으며 致賀(치하)하자, 자공은 월왕의 심중에 있는 말을 지적해 내며 그의 마음을 激動(격동)시켰다.

그러자 월왕 구천은 머리를 조아려 절을 하며,

"내 일찍이 힘을 헤아리지 못하고 오나라와 싸워 會稽(회계)에서 패하고 이로 인한 굴욕과 고통이 骨髓(골수)에까지 사무쳐, 낮이나 밤이나 입술을 타게 하고 혀를 마르게 하며, 그저 오왕과 함께 죽기가 소원입니다."

乾舌(건설)의 乾(건)은 마르다는 뜻이므로 '간'이라 읽어야 옳은 것이지만 '간조'가 乾燥(건조)가 되고 '간초'가 '乾草(건초)'로 되듯, 음이 변하고 말았다.

寸鐵殺人(촌철살인)

• 마디 촌, 쇠 철, 죽일 살, 사람 인. 촌철로 사람을 죽인다. 짤막한 경구로 사람의 마음을 크게 뒤흔듦.

南東(남동)이 羅大經(나대경)이 지은 『鶴林玉露(학림옥로)』에서 볼 수 있다.

이 책은 그가 찾아오는 손님들과 주고받은 재미있는 말들을 기록한 것으로 天(천), 地(지), 人(인) 셋으로 나누어져 있는 전체 十八권으로 된 책이다. 地部(지부)의 第七券(제칠권) '殺人手段(살인수단)'이라는 제목 아래 다음과 같이 씌어 있다.

"宗杲禪師(종고선사)가 禪(선)에 대해서 말했다.

'비유하면 사람이 수레에 무기를 싣고 와서, 이것도 꺼내 써 보고, 저것도 꺼내 써 보는 것은 올바른 살인수단이 되지 못한다. 나는 오직 촌철이 있을 뿐, 그것으로 사람을 당장 죽일 수 있다.'"

종고는 北宋(북송) 臨濟宗(임제종)의 禪僧(선승)으로 大慧禪師(대혜선사)라고 불렀다. 그가 여기서 말한 殺人(살인)은 사람의 마음속을 점령하고 있는 속된 생각을 완전히 쫓아 없애는 것이지 사람을 죽인다는 말이 아니다.

ㅊ

逐鹿者不顧兎(축록자불고토)

> • 쫓을 축, 사슴 록, 놈 자, 아닐 불, 돌아볼 고, 토끼 토. 사슴을 쫓는 자가 토끼를 돌아보지 않는다는 뜻으로, 큰 것을 구하는 사람은 작은 것을 돌보지 않음을 이름.

『淮南子(회남자)』 說林訓(설림훈)에 나오는 말이다.

"사슴을 쫓는 사람은 토끼를 돌아보지 않고, 천금의 물건을 흥정하는 사람은 몇 돈 몇 냥의 값을 놓고 다투지 않는다."라고 했는데, 결국 큰 것에 뜻이 있는 사람은 사소한 일에 구애되지 않는다는 말이다.

또 이와 반대로 說林訓(설림훈)에,
"짐승을 쫓는 사람은 눈이 태산을 보지 못한다. 왜냐하면 욕심이 밖에 있으면 밝은 것이 가려지기 때문이다."라고 했다.
『史記(사기)』 淮陰侯列傳(회음후열전)에 있는 蒯通(괴통)의 말에,
"진나라가 그 사슴을 잃은지라 천하가 함께 쫓았다."라는 말에서 사슴은 곧 황제의 자리를 나타냄을 알 수 있다.

위 말은 '逐鹿者不見山(축록자불견산)'이라는 말과 같다. 곧 사슴을 쫓는 자는 산악의 험악함도 眼中(안중)에 없다는 뜻이다. 利慾(이욕)에 눈이 어둡거나 한 일에 熱中(열중)하는 자는 다른 일을 돌보지 않음을 비유할 때 쓰는 말이다.

ㅊ

春來不似春(춘래불사춘)

> • 봄 춘, 올 래, 아닐 불, 비슷할 사. 봄은 왔지만 봄 같지가 않다. 전한시대 왕
>   소군과 관련된 시구.

　王昭君(왕소군)을 두고 지은 詩(시) 가운데 있는 글귀다. 왕소군은 前漢
(전한) 元帝(원제)의 宮女(궁녀)로 이름은 嬙(장)이었고, 소군은 그의 字
(자)였다. 그녀는 絶世(절세)의 美人(미인)이었으나 흉노와의 和親(화친)정
책에 의해 흉노왕에게 시집을 가게 된 不運(불운)한 여자였다. 그 여자를
두고 지은 李伯(이백)의 시에 이러한 구절이 나온다.

　　이 땅에 꽃과 풀이 없으니
　　봄이 와도 봄 같지 않다.

　　胡地無花草 호지무화초
　　春來不似春 춘래불사춘

　이 시구에서 '秋來不似秋(추래불사추)', '冬來不似冬(동래불사동)'라는
말이 나왔다.

春眠不覺曉(춘면불각효)

• 봄 춘, 잠잘 면, 아닐 불, 깨달을 각, 새벽 효. 봄잠으로 새벽을 깨닫지 못한다.

[春曉(춘효)]라는 孟浩然(맹호연)의 유명한 시의 첫 글귀에 이 말이 나온다.

한가한 봄날 새벽이 된 줄도 모르고 늦게까지 깊은 잠이 들어 있었다는 뜻이다. 오언절구로 된 이 시를 소개하면 다음과 같다.

> 봄잠이 새벽을 깨닫지 못하니
> 곳곳에 우는 새 소리를 듣는다.
> 밤에 온 비바람 소리에
> 꽃이 얼마나 떨어졌을까를 안다.
>
> 春眠不覺曉 춘면불각효
> 處處聞啼鳥 처처문제조
> 夜來風雨聲 야래풍우성
> 花落知多少 화락지다소

이 시는 봄의 한가함을 나타낸 시로 알려져 있지만, 실상 그 속에는 봄을 시샘하는 비바람과 덧없이 지고 만 꽃의 허무함을 무감각하게 현실로 바라보는 서글픔과 達觀(달관)이 함께 깃들어 있다.

春宵一刻值千金(춘소일각치천금)

- 봄 춘, 밤 소, 하나 일, 새길 각, 값 치, 일천 천, 쇠 금. 봄밤 한 시각의 경치는 천금과 비길 만한 가치가 있다는 말. 蘇軾(소식)의 [春夜詩(춘야시)] 한 句節(구절).

蘇東坡(소동파)가 지은 것으로 알려져 있는 '春夜(춘야)'라는 칠언절구에 나온다.

소동파는 선비이자 도교나 불교에도 造詣(조예)가 깊은 시인으로, 우리나라의 추사 김정희 선생이 가장 崇慕(숭모)하던 문인이기도 하다. 그의 시를 소개하면 다음과 같다.

> 봄밤의 한 시각은 값이 천금
> 꽃에는 맑은 향기가 있고 달에는 그늘이 있다.
> 노래와 피리의 누대는 소리가 가늘고 또 가늘어
> 그네 뛰던 안뜰에는 밤이 깊고 또 깊다.

이 말은 뜻이 확대되어, 마침 얻게 된 즐거운 시간을 아끼는 뜻으로도 쓰이고, 시간을 보람 있고 즐겁게 보내자는 말로도 쓰인다.

ㅊ

春在枝頭已十分(춘재지두이십분)

> • 봄 춘, 있을 재, 가지 지, 머리 두, 이미 이, 열 십, 나눌 분. 봄은 가지 머리
> 에 벌써 와 있은 지 오래였다.

戴益(대익)의 [探春詩(탐춘시)]에 있는 句節(구절)이다.

사람들이 알지 못하는 사이에 어느덧 봄은 벌써 나뭇가지 끝에 와 있었
다는 뜻이다. 사람이 찾는 것은 대개 멀리 있는 것이 아니고 바로 자기
周邊(주변)에 있다는 뜻으로 쓰이고 있다.

> 온종일 봄을 찾아 봄을 보지 못하고
> 아득한 좁은 길로 언덕 위 구름 있는 곳까지 두루 헤맨 끝에,
> 돌아와 마침 매화나무 밑을 지나노라니
> 봄은 가지 머리에 벌써 와 있은 지 오래였다.

이 말은 '진리는 가까운 데 있다.'는 뜻으로도 쓰인다.

出乎爾者反乎爾(출호이자반호이)

> • 날 출. 어조사 호. 너 이. 놈 자. 돌이킬 반. 너에게서 나간 것은 너에게로 돌아온다. 자기가 행한 일은 자기가 다 결과를 받는다는 말. 선악이나 화복은 다 자기가 自招(자초)하는 일. 出爾反爾(출이반이). 出乎爾反乎爾(출호이반호이).

『孟子(맹자)』 梁惠王下(양혜왕하)에 있는 맹자의 말 가운데 나오는 曾子(증자)의 말이다.

鄒穆公(추목공)이 맹자에게 물었다.

"우리나라가 魯(노)나라와의 충돌에 있어서, 지휘자들이 서른세 명이나 죽었는데 그 밑에 있는 백성들은 한 사람도 죽지 않았습니다. 상관이 죽는 것을 바라보고만 있는 그들을 모조리 처벌하려니 수가 너무 많아 손을 댈 수가 없고, 그냥 버려두면 앞으로도 윗사람이 죽는 것을 미운 놈 바라보듯 하고 있을 터이니 이를 어찌하면 좋겠습니까?"

맹자는,

"(중략) 曾子(증자)가 말하기를 '네게서 나온 것이 네게로 돌아간다.'고 하였습니다. 백성들은 그들이 받은 푸대접을 지금에 와서 돌려준 것뿐입니다. 임금께서 어진 정치를 하시면, 지금 그 백성들이 그들 상관의 고마움에 보답하기 위해 앞장서서 죽게 될 것입니다."라고 대답했다. 主從(주종)의 관계는 義(의)에 있다고 맹자가 지적한 것이다.

忠臣不事二君(충신불사이군)

- 충성 충, 신하 신, 아닐 불, 섬길 사, 두 이, 임금 군. 忠臣(충신)은 두 王朝
  (왕조)의 임금을 섬기지 않고 忠節(충절)을 지킨다는 말. '烈女不更二夫(열녀
  불경이부)'와 대를 이룸.

이 말은 戰國時代(전국시대) 齊(제)나라 忠臣(충신) 王燭(왕촉)이 옛날
부터 전해 내려온 말을 인용해서 자기의 뜻을 밝힌 것이다.

그런데 사람들은 이 말을 마치 孔子(공자)나 孟子(맹자)가 한 것으로 착
각하는 수가 많다. 유교적인 주장이라는 해석으로 말미암아 이렇게 잘못
판단하는 것 같다. 실상은 전혀 그렇지 않다. 공자나 맹자는 이러한 말과
는 반대되는 입장이라고 해도 과언이 아니다.

孔子(공자)는 反亂(반란)을 일으킨 사람과 손을 잡아 세상을 바로잡아
보려 한 일도 있었고, 孟子(맹자)는 齊宣王(제선왕)이 묻는 말에, 임금이
바른 말로 諫(간)해도 듣지 않으면, 버리고 갈 수 없는 사람의 경우라면
임금을 갈아 치울 수도 있다는 말을 해서 제선왕의 노여움을 산 내용도『孟
子(맹자)』에 나와 있다. 맹자에 의하면 易姓革命(역성혁명)도 정당하다는
말이다.

그러나 왕촉의 경우는 조금 달랐다. 제나라를 침략한 燕(연)나라 장군
樂毅(악의)가 그를 包攝(포섭)하여 정치적으로 이용하려 했기 때문에 그것
을 謀免(모면)하기 위해 이 말을 인용했고, 결국에 가서는 자살까지 하고
말았던 것이다.

참고)
烈女不更二夫(열녀불경이부): 세찰 열, 계집 녀, 아닐 불, 고칠 경, 두 이, 지아
비 부. 절개 곧은 여자는 두 번 남편을 갖지 않음.

吹毛覓疵(취모멱자)

- 불 취, 털 모, 찾을 멱, 허물 자. 털을 불면서 허물을 찾는다. 흉터를 찾으려고 털을 불어 헤친다. 억지로 남의 작은 허물을 들추어냄. 吹毛求疵(취모구자).

우리말에 '털어서 먼지 안 날 사람이 어디 있느냐.' 하는 말이 있다. 취모멱자는 없는 먼지까지 입으로 털을 불어 가며 들추어낸다는 말이다. 吹毛覓疵(취모멱자)는 상처를 찾으려고 털을 불어 헤친다는 말이다.

이 말은 『韓非子(한비자)』 大體篇(대체편)에 있다.

"털을 불어 작은 흉터를 찾는다."
찾는다는 말은 '求(구)'보다 '覓(멱)'이 더 강하다. 보이지 않는 것을 찾아내는 것이 멱이고, 없는 것이 있기를 바라는 것이 구다.
작은 허물을 나타내는 말은 '瑕疵(하자)'이다. 完全無缺(완전무결)하다는 것은 完璧(완벽)이다.

治水英雄(치수영웅)

> • 다스릴 치, 물 수, 꽃부리 영, 수컷 웅. 물을 다스린 영웅.

『중국신화의 이해』에 나오는 이야기이다.

아버지의 배 속에서 튀어나온 우는 아버지 곤의 뒤를 이어 치수작업을 담당하게 되었다. 그는 아버지 鯀(곤)이 물을 막는 방법을 사용하다가 실패한 것을 보고 물길을 트는 방법을 사용하기로 하였다. 물을 막아 흐르지 못하게 막는 것보다는 물길을 가로막고 있는 높은 산 등을 뚫어 물이 잘 흘러가도록 하는 것이 낫다고 생각했던 것이다. 우임금은 치수작업에 자신의 모든 것을 걸었다. 천제는 그를 돕기 위해 應龍(응룡)을 보내어 물길을 트게 하였고 치수작업을 하다가 황하에서 만나게 된 河伯(하백)은 황하의 물줄기가 그려진 그림, 즉 河圖(하도)를 건네주었다. 치수작업에 힘을 기울이느라 우는 나이 30세가 되도록 결혼을 하지 못하고 있었다고 한다. 그러다가 지금의 浙江省(절강성) 紹興縣(소흥현) 남쪽의 塗山(도산)에서 치수작업을 할 때 만난 塗山氏(도산씨) 여자와 드디어 결혼을 하였다. 그러나 결혼한 지 겨우 나흘째 되던 날, 그는 그녀를 남겨 둔 채 치수작업을 하러 떠났다. 치수작업을 하느라고 무려 13년을 밖에서 지내면서 집 앞을 몇 차례나 지나쳤지만 단 한 번도 집 안에 들어가지 않았다고 한다.

痴人說夢(치인설몽)

南宋(남송)의 중 慧洪(혜홍)이 지은 『冷齊夜話(냉제야화)』에 다음과 같은 이야기가 있다.

唐(당)나라 때 西域(서역)의 高僧(고승)이었던 僧伽(승가)가 지금의 安徽省(안휘성) 근처를 여행하고 있을 때다.

그가 하는 일이 남다른 것이 많았기 때문에 어떤 사람이,

"당신은 姓(성)이 무엇이오." 하고 묻자, "내 성은 무엇이오." 하고 대답했다. "어느 나라 사람이오." 하고 묻자, "어느 나라 사람이다."라고 대답했다.

뒷날 당나라의 文人(문인) 李邕(이옹)이 승가를 위해 碑文(비문)을 썼을 때, 그는 승가가 농담으로 받아 넘긴 대답인 줄을 모르고 비문에 쓰기를,

"大師(대사)의 성은 何(하)이고, 何國(하국) 사람이었다."고 했다는 것이다.

이상과 같은 이야기를 쓴 다음 혜홍은 이옹에 대해 이렇게 評(평)을 내리고 있다.

"이것이 바로 이른바 어리석은 사람을 대하고서는 꿈을 이야기한다는 것이다. 이옹은 마침내 꿈을 참인 줄로 생각하고 있었으니 참으로 그보다 더 바보일 수가 없다."

巵酒安足辭(치주안족사)

• 술잔 치, 술 주, 어찌 안, 족할 족, 사양할 사. 한잔 술쯤은 사양하고 말 것조
  차 없다.

이 말은 『十八史略(십팔사략)』 西漢(서한) 高祖(고조)에 나오는 말로
이른바 鴻門宴(홍문연) 잔치에서 樊噲(번쾌)가 項羽(항우)를 보고 한 말이다.

홍문연 잔치에서 張良(장량)에게 沛公(패공)의 신변이 위급하다는 말을
들은 번쾌는 들어가지 못하게 가로막는 수위 장교들을 한 팔로 밀어 버리
고 장막을 들치며 항우 앞에 썩 나타나자, 항우는 그를 壯士(장사)라고 칭
찬한 다음 큰 잔의 술과 돼지 한쪽 어깨를 주게 했다. 잔을 들어 쭈욱 들
이킨 번쾌는 칼을 쑥 뽑아 고기를 썰어 다 먹어 치운다. 항우가,
"더 마실 수 있겠는가." 하고 묻자, 번쾌는 "죽음도 사양하지 않을 터인
데 한잔 술쯤은 사양하고 말 것조차 없소." 하고, 항우가 패공을 죽이려고
하는 생각이 잘못된 것임을 위압적으로 지적하여 항우의 생각을 바꾸어
놓는다.

'巵酒(치주)'는 큰 잔에 찬 한잔 술이라는 뜻이다. 따라서 한잔 술쯤은
사양하고 말 것조차 없다는 말이다. 이 말은 술꾼들이 억지로 권하는 잔
을 받아 마실 때나 혹은 권할 때 쓰는 文字(문자)이다.

七去之惡(칠거지악)

• 일곱 칠, 쫓아낼 거, 갈 지, 나쁠 악. 아내를 내 쫓아야 하는 일곱가지 악행.

儒敎(유교)에서 아내를 내쫓아야 할 일곱 가지 조건이다. 不順(불순), 誣告(무고), 無子(무자), 淫行(음행), 嫉妬(질투), 惡疾(악질), 口舌(구설), 竊盜(절도) 등이다. 『大戴禮記(대대례기)』에 나오는 말이다.

> 不順(불순): 시부모에게 순종하지 않는다는 말.
> 誣告(무고): 거짓으로 일러바침.
> 無子(무자): 자식을 낳지 못함.
> 淫行(음행): 부정하고 음란한 행동.
> 嫉妬(질투): 시기심이 많고 강짜를 부리는 경우.
> 惡疾(악질): 전염병이나 불치병에 걸린 경우.
> 口舌(구설): 말이 많아서 구설수에 자주 오르는 경우.
> 竊盜(절도): 손이 거칠어 남의 물건에 손을 대는 경우.

그렇지만 여자를 내치지 못하는 경우도 있다. 이른바 '三不去(삼불거)'라는 것이다. 부모들이 그 며느리를 사랑하는 경우는 보내지 않는다. 처음 시집와서 몹시 가난하고 어렵게 살다가 뒤에 부자가 되고 지위가 높아졌을 경우에도 내치지 못한다. 돌아갈 곳이 없는 여자는 내보내서는 안 된다고 했다.

七步才(칠보재)

• 일곱 칠, 걸음 보, 재주 재. 일곱 걸음을 걷는 사이에 시 한 수를 짓는 재능. 걸작의 시문을 빨리 짓는 재주. 조식이 즉석에서 풍자시를 지은 고사.

『世說新語(세설신어)』文學篇(문학편)에 나오는 이야기이다.

　魏(위)나라 文帝(문제) 曹丕(조비)가 아우 曹植(조식)을 꺼렸다. 조비는 천자가 된 뒤에도 조식에 대한 시기가 많았다. 조식의 詩才(시재)를 시기했는데 아버지가 죽은 후 늘 감시를 하다가 후환을 없애고자 죽이려고 불렀던 것이다. 조비가 "일곱 걸음을 걷는 동안에 시 한 수를 지어라. 만일 못 지으면 처형하겠다."고 명하니 조식이 즉석에서 七步詩(칠보시: 일곱 걸음 동안 짓는 시)를 지었다. 조식이 지었다는 이른바 '칠보시'는 다음과 같다.

　　　콩을 볶으며 콩대를 땐다.
　　　콩은 솥 안에서 운다.
　　　본래 한 무리에서 난 것인데
　　　마주 볶는 것이 어찌 이다지 급하뇨.

　조식 자신을 콩에다 비유하고, 자신을 괴롭히는 형을 콩대에다 비유했다. 콩대와 콩은 본디 한 몸이었다. 형제지간에 아버지가 돌아가시자마자 형이 아우를 죽이려고 볶아 댄다는 것을 풍자하는 시이다. 이 시를 짓자 조비는 조식을 살려 두었다. 조식은 文才(문재)가 뛰어나 아버지 曹操(조조)의 사랑을 많이 받았다고 하며, 일설에는 자신의 형수를 사랑한 시동생으로도 알려져 있다.

ㅊ

七縱七擒(칠종칠금)

• 일곱 칠, 놓아줄 종, 잡을 금. 諸葛亮(제갈량)이 猛獲(맹획)을 일곱 번 놓아
주고 일곱 번 사로잡았다는 옛일.

『三國志(삼국지)』蜀志(촉지) 諸葛亮傳(제갈량전)에 나오는 이야기이다.
三國時代(삼국시대) 蜀(촉)나라의 劉備(유비)가 죽고 劉禪(유선)이 왕으
로 올랐을 때 제갈량이 남쪽 오랑캐를 토벌하러 나섰다. 오랑캐의 두목은
옹개였는데 제갈량은 오랑캐들이 내분을 일으키게 만들어 옹개를 죽게 했
고 곧 맹획이 오랑캐 장수가 되었다. 猛獲(맹획)은 아주 강직하고 용감한
남방의 새로운 領袖(영수)로, 제갈량에게 사로잡히자 비겁한 방식으로 사
로잡힌 바 되었다고 마음으로 승복하지 않았다. 제갈량은 맹획을 생포했
다가 살려 보내기를 일곱 차례나 했다. 결국 强暴(강포)한 맹획도 진심으
로 승복하면서 다시는 촉한에 대항하지 않겠다고 맹세하였다. 제갈량은
맹획에게 촉한의 관직을 주었는데, 나중에는 그의 벼슬이 御史中丞(어사
중승)에 이르렀다고 한다.
이 말은 마음대로 다룸, 쥐락펴락함 등을 나타내며, '七縱八擒(칠종팔
금)'이라고도 한다.

沈魚落雁(침어낙안)

> • 가라앉을 침. 물고기 어. 떨어질 낙. 기러기 안. 고기는 부끄러워서 물속으로 들어가고 기러기는 부끄러워서 땅에 떨어진다.

『莊子(장자)』 齊物論(제물론)에 齧缺(설결)과의 대화에서 王倪(왕예)가 말한 이야기로 다음과 같은 것이 있다.

"사람은 소와 돼지를 먹고, 사슴은 풀을 먹으며, 지네는 뱀을 맛있어 하고, 솔개와 까마귀는 쥐를 즐겨 먹는다. 이것은 타고난 천성으로 어느 쪽이 과연 올바른 맛을 알고 있는지는 모른다. 원숭이는 猵狙(편저)라는 보기 싫은 다른 종류의 원숭이를 암컷으로 삼고, 큰 사슴은 작은 사슴 종류와 交尾(교미)를 하며 미꾸라지는 다른 물고기와 함께 논다. 毛嬙(모장)과 麗姬(여희)는 사람들이 다 좋아하는 絶世美人(절세미인)이다. 그런데 물고기는 그녀들을 보면 물속으로 깊게 숨어 버리고, 새들은 높이 날아가 버리며 사슴들은 뛰어 달아난다. 이들 네 가지 중에 과연 어느 쪽이 천하의 올바른 美(미)를 알고 있다고 하겠는가. 내가 볼 때 仁義(인의)니 是非(시비)니 하는 것도 그 방법과 한계라는 것이 서로 뒤섞여 있어서 도저히 분별해 낼 수가 없다."

물고기가 물속으로 들어가고 새가 높이 나는 것은 그것이 사람이기 때문에 피해 달아나는 것이지, 미인이라서 그런 것도 아니고 미인이 아니라서 그런 것도 아니다. 그런데 미인이라서 그런 것으로 바꾸어 쓰게 되었고, 이 말의 對句(대구)로 '閉月羞花(폐월수화)'라는 말이 생겨났다. 달을 구름 속에 숨게 하고 꽃을 부끄럽게 만든다는 뜻이다. 둘 다 미인을 형용하는 말로 굳어졌다.

沈潤之譖(침윤지참)

> • 스며들 침, 젖을 윤, 갈 지, 참소할 참. 물이 스며 들 듯하는 참소. 浸潤之譖
> (침윤지참).

이 말은 『論語(논어)』 顔淵篇(안연편)에 있는 孔子(공자)의 말이다.

공자의 제자 子張(자장)이 공자에게 "어떤 것을 가리켜 밝다고 합니까."
하고 물었다. 그러자 공자는 "물이 스며들듯 하는 참소와 피부로 직접 느
끼는 호소가 행해지지 않으면 마음이 밝다고 말할 수 있고, 또 생각이 멀
다고 말할 수 있다."고 했다.

'浸潤之譖(침윤지참)'은 물이 차츰차츰 배어 들어가듯이 남을 여러 번
차츰차츰 헐뜯어서 곧이듣게 하는 讒訴(참소)이다. 물이 서서히 표가 나지
않게 스며들듯 어떤 상대를 중상하고 謀略(모략)하면 呪術(주술)과 비슷한
결과를 낳는다. '膚受之愬(부수지소)'는 듣는 사람의 피부를 송곳으로 찌
르듯 이성을 잃게 만드는 그런 충격적인 호소를 말한다. 윗사람에게 지극
히 총애를 받다 보면 그 주위에는 참소하는 사람이 나타난다. 윗사람은
태산같이 믿던 사람도 누군가 오랫동안 그 사람에 대해 좋지 못한 평을
하게 되면 결국 믿던 사람을 의심하고 버리게 된다.

他山之石 (타산지석)

> • 남 타, 뫼 산, 갈 지, 돌 석. 다른 산에서 난 나쁜 돌이라도 자신의 옥돌을 가는 데 소용이 됨. 하찮은 남의 언행, 결점도 자신의 수양에 도움이 됨.

옥돌을 곱게 갈려면 같은 옥돌로는 잘 갈아지지 않는다. 강도가 서로 다른 돌로 갈아야 한다.

『詩經(시경)』 小雅(소아) 鶴鳴(학명)이라는 詩(시)에, 草野(초야)에 있는 어진 사람들을 데려다가 임금의 덕을 더욱 아름답게 만드는 재료로 삼으라는 뜻을 전달하는 시로,

　　다른 산의 돌은,
　　그로써 옥을 갈 수 있다.

고 끝을 맺고 있다.

草野(초야)에 있는 어진 사람들이 옥을 가는데, 곧 나라의 기틀을 튼튼히 하는 데 유용하다고 말하는 시이다. 더 나아가 자기만 못한 다른 사람의 말이나 행동이 자신의 학문과 덕을 닦는 좋은 참고가 될 수 있다는 뜻으로 이 말을 쓰게 된다. 남의 결점이나 잘못이 나의 일에 교훈이 될 수 있다는 말이다.

涿鹿戰爭(탁록전쟁)

- 떨어질 탁, 사슴 록, 싸울 전, 다툴 쟁. 상고시대 제왕들의 탁록벌 싸움.

치우는 炎帝(염제)가 黃帝(황제)와 싸워 패한 후에 염제에게 싸우라고 했지만 염제는 듣지 않았다. 이에 치우는 자신이 형제들을 불러 모으고 병소에 황제에게 불만을 품고 있던 남방의 苗族(묘족)을 부추겨 같이 싸우자고 했다. 그리고 남방의 수풀과 물가에 사는 도깨비와 요괴인 이매, 망량 등도 함께 모여 황제에게 대항하기로 결정했다.

그들은 남방에서부터 진격을 시작하여 순식간에 북방 涿鹿(탁록)의 들판에 도착했다. 치우 군대의 기세가 등등하여 황제의 군사들은 패퇴를 거듭했다. 자욱한 안개를 피우고 풍백과 우사를 불러다가 비바람을 몰아치게 하는 치우 앞에서 황제의 군사들은 방향을 잃고 공격을 할 수가 없었다.

그러나 황제의 신하 風后(풍후)가 안개 속에서도 남쪽을 분별해 낼 수 있는 指南車(지남차)를 만들어 내어 안개를 헤쳐 나갈 수 있게 되었고, 몸 속에 거대한 불덩어리를 지닌 황제의 딸 魃(발)이 나타나 비바람을 물리치는 바람에 황제의 군사들은 승리를 거둘 수 있게 되었다. 그리고 황제는 다리가 한 개밖에 없는 夔(기)라는 동물을 잡아다가 그 껍질을 벗겨 북을 만들었고, 雷澤(뇌택)에서 살며 천둥소리를 내는 雷神(뇌신)을 잡아다가 그 몸속에서 가장 큰 뼈를 꺼내 북채를 만들었다. 북을 두드려 천지가 무너지는 북소리를 내니 치우의 병사들이 魂飛魄散(혼비백산)하여 흩어졌고 황제의 병사들은 확실한 승리를 거두게 되었다고 한다.

泰山北斗(태산북두)

• 클 태, 뫼 산, 북녘 북, 별이름 두. 태산과 북두칠성. 당나라 때 文人(문인) 한유를 일컬음. 세상 사람에게 존경받는 사람의 비유. 泰斗(태두).

'泰山(태산)'은 중국 문화 중심지인 黃河(황하) 유역에서 멀리 동쪽으로 어디서나 우러러보게 되는 높은 산이다. '北斗(북두)'는 北斗七星(북두칠성)이므로 북쪽 하늘에 위치하여 모든 사람들이 누구나 우러러보는 별이다. 그러므로 이 말은 태산처럼 북두칠성처럼 사람들이 우러러보는 그런 존재란 뜻이다. 어떤 계통의 權威者(권위자)를 가리켜 '태두'라는 말을 쓴다.

韓愈(한유)는 唐宋(당송) 八大文章家(팔대문장가) 가운데 첫손 꼽히는 사람이기도 하며 道敎(도교)와 佛敎(불교)를 排斥(배척)하고 儒敎(유교)를 높이 떠받든 것으로도 유명하다. 이 한유에 대해 『唐書(당서)』 韓愈傳(한유전)의 찬은, 그가 六經(육경)의 문장으로 모든 학자들의 스승이 되어, 老莊(노장)의 도와 불교를 배척하고 유교를 높이 昻揚(앙양)시킨 점을 말하고 나서,

"한유가 죽은 뒤로, 그의 학설이 크게 세상에 행해지고 있어, 학자들이 그를 우러러보기를 태산북두처럼 한다."고 했다.

推敲(퇴고)

• 밀 퇴, 두드릴 고. '밀다'의 한자를 쓸 것인가, '두드린다'의 한자를 쓸 것인가
고민하다. 詩文(시문)을 여러 번 생각하여 고침. 원고를 마지막으로 가다듬음.

문장을 다듬고 또 다듬어 비슷한 말이라도 어느 것이 더 적절한가를 살
피고 생각하는 것을 말한다.

『唐書(당서)』 가도전에 나오는 이야기이다.

唐(당)나라 때의 詩人(시인) 賈島(가도)가 나귀를 타고 가다 詩想(시상)
이 떠올랐다. 첫째 구절을 마치고 둘째 구절을 지었다.

새는 못가 나무에 자고
중은 달 아래 문을 두들긴다.

鳥宿池邊樹 조숙지변수
僧敲月下門 승고월하문

그런데 중이 달 아래 문을 두들긴다는 말보다는 민다고 하는 것이 어떨
까 고민하고 생각에 잠겼다.
나귀를 탄 채 두 글자를 놓고 '밀었다 두들겼다' 하며 가다가 貴人(귀
인)의 행차에 걸리고 말았다. 행차는 공교롭게도 京兆尹(경조윤) 韓愈(한
유)의 행차였다.
행차 길을 침범한 혐의로 한유 앞으로 끌려 나간 그는 사실대로 이야기
를 했다. 그러자 한유는 노여워하는 대신 한참 생각하고 있더니,
"역시 민다는 推(퇴)보다는 두들긴다는 敲(고)가 좋겠군." 하며 가도와
나란히 행차를 계속했다. 그 뒤로 두 사람은 문학을 나누는 친구가 되었
다고 한다.
'推(추)'는 가린다고 할 때는 '추'라고 읽고 민다고 할 때는 '퇴'라고 읽는다.

ㅌ

破鏡(파경)

• 깰 파, 거울 경. 거울이 깨지다.

『太平廣記(태평광기)』百六十六(백육십육)권 義氣(의기)라는 항목에 나오는 말이다.

南北朝(남북조)시대 남조의 마지막 왕조인 陳(진)이 망하게 되었을 때 太子舍人(태자사인)이었던 徐德言(서덕언)은 隋(수)나라 대군이 양자강 북쪽 기슭에 도착하자 만일의 경우를 생각해서 아내를 불러 사태가 예측하기 힘들어 이별하게 될 것이라고 말했다. 앞으로 당신은 얼굴과 재주가 뛰어나므로 적의 수중으로 넘어가 귀한 집에서 살게 될 것이므로 다시 만날 수 없겠지만 혹시 다시 만나게 된다면 거울로 증표를 삼자고 하며, 거울을 둘로 잘라 한쪽을 아내에게 주었다.

수나라 대군이 강을 건너자 진나라는 곧 망하고 서덕언의 아내는 적에게 붙잡혀 가서 樂昌公主(낙창공주)에 봉해졌다. 그녀는 隋文帝(수문제) 楊堅(양견)의 오른팔로, 건국 제일공신인 越國公(월국공) 楊素(양소)의 집으로 들어가게 되었다.

서덕언은 겨우 살아나 일 년 후 長安(장안)으로 가서 약속한 정월 보름날 시장으로 가자 깨진 거울을 파는 사나이를 만나 거울을 맞추어 합치고 그 뒤에 시를 적어 사나이에게 보냈다.

> 거울은 사람과 함께 가더니
> 거울만 돌아오고 사람은 돌아오지 않누나.
> 다시 姮娥(항아)의 그림자는 없이
> 헛되이 밝은 달빛만 멈추노나.

서덕언의 아내는 그 거울을 본 후 먹지도 않고 울기만 하자 양소는 사연을 캐물어 사연을 다 듣자 여인을 돌아가게 해 주었다.

이 이야기에서 생이별한 부부가 다시 만나게 되는 것을 '破鏡重圓(파경중원)'이라고 부르게 되었다. 깨진 거울이 거듭 둥글게 되었다는 말이다.

破瓜之年(파과지년)

> • 깨뜨릴 파, 참외 과, 갈 지, 해 년. 팔 더하기 팔은 16. 16세. 옛날 결혼 적령기.
> '瓜(과)'를 破字(파자)하면 16이 됨. 팔 곱하기 팔로 해석하여 남자의 나이 64세를
> 나타내기도 함.

참외를 깨는 나이란 뜻이다. 이 말은 여자의 열여섯 살을 가리키기도
하고, 첫 經度(경도)가 있게 되는 나이란 뜻도 된다.

瓜(과)란 글자를 破字(파자)를 하면 팔(八)이 둘로 된다. 여덟이 둘이면
열여섯이 된다. 그래서 여자를 참외에다 비유하고, 또 그것을 깨면 열여섯
이 되기 때문에 여자의 열여섯 나이를 가리키게 된 것이라고 본다.

여자의 자궁을 참외와 같이 생긴 것으로 보고 경도가 처음 있어 피가
나오게 되는 것을 파과라고도 하고, 또 여자가 육체적으로 처녀를 잃게
되는 것을 破瓜(파과)라고 한다.

이 말은 晉(진)나라 孫綽(손탁)의 [情人碧玉歌(정인벽옥가)]라는 시에
보인다.

> 푸른 구슬 참외를 깰 때에
> 임은 사랑을 못 견디어 넘어져 궁글었네.
> 임에게 감격하여 부끄러워 붉히지도 않고
> 몸을 돌려 임의 품에 안겼네.

破竹之勢(파죽지세)

> • 깰 파. 대나무 죽. 갈 지. 기세 세. 대나무를 쪼개는 듯한 왕성한 기운. 걷잡
> 을 수 없이 나아가는 猛烈(맹렬)한 氣勢(기세).

『晉書(진서)』杜預傳(두예전)에 나오는 이야기이다.

　三國時代(삼국시대)는 司馬炎(사마염)의 晉(진)나라 건국으로 막이 내린
셈이지만, 삼국 중의 하나인 吳(오)나라는 십오 년 동안이나 그 명맥을 유
지하고 있었다. 그 오나라를 치기 위해 내려온 鎭南大將軍(진남대장군)
杜預(두예)가 이십만 대군으로 荊州(형주)를 완전 점령하고 마지막 총공격
을 위한 작전회의를 하게 되었을 때이다.

　한 사람이 의견을 개진했다.

　"지금 당장 완전승리를 거두기는 어렵습니다. 더구나 봄철이라 비가 잦
고 전염병까지 발생하기 쉬우니, 일단 작전을 중지하고 다음 겨울이 올
때까지 기다리는 것이 어떻겠습니까?"

　그러자 두예는,

　"……지금 군사의 威嚴(위엄)은 이미 떨쳐져 있다. 그것은 마치 대나무
를 쪼개는 것과 같다. 몇 마디 뒤까지가 칼날을 맞이하여 벌어지므로 다
시 손댈 곳이 없다."라고 했다.

　두예는 곧장 吳(오)나라 首都(수도)를 향해 進軍(진군)할 것을 명령했다.
오나라 군대는 抵抗(저항)을 抛棄(포기)하고 모두 降伏(항복)했다.

敗軍將不可以言勇(패군장불가이언용)

> • 패할 패, 군사 군, 장수 장, 아닐 불, 가할 가, 써 이, 말씀 언, 날랠 용. 싸움에 패한 장수는 용맹을 말할 수 없다. 敗軍之將不可以言勇(패군지장불가이언용).

이 말은 『史記(사기)』 淮陰侯列傳(회음후열전)에 있는 廣武君(광무군) 李左車(이좌거)가 인용한 말이다.

韓信(한신)이 趙(조)나라를 쳐서 이긴 뒤 조나라의 뛰어난 謀士(모사)였던 이좌거를 스승으로 모시고 그에게 앞으로 취해야 할 방법을 가르쳐 달라고 청하자 이좌거는 이를 辭讓(사양)하며 이렇게 말했다.

"나는 싸움에 패한 장수는 용맹을 말해서는 아니 되며, 나라를 망친 대신은 나라를 보존하는 일을 꾀해서는 안 된다고 들었습니다. 지금 나는 싸움에 패하고 나라를 망하게 한 포로가 아닙니까? 어떻게 나 같은 사람이 큰일을 꾀할 수 있겠습니까."

이 말은 옛날부터 흔히 쓰이던 말인데 이좌거가 인용을 한 것이다. 이좌거는 후에 한신을 도와 좋은 꾀를 일러 주게 된다.

遍身綺羅者不是養蠶人

(편신기라자불시양잠인)

> • 두루 편, 몸 신, 비단 기, 새 그물 라, 놈 자, 아닐 불, 이 시, 기를 양, 누에 잠, 사람 인. 온몸에 비단옷을 감고 다니는 사람은, 실상 비단옷을 만들기 위해 누에를 기르고 베를 짜고 한 사람이 아니다.

『古文眞寶(고문진보)』 前集(전집)에 無名氏(무명씨)의 작품으로 되어 있는 [蠶婦(잠부)]에 나온다.

어제 성 밖에 갔다가
돌아와 눈물이 수건을 적시었다.
온몸에 비단을 두른 사람은
곧 누에를 기른 사람이 아니었다.

여기에 나오는 서정적 자아는 늘 누에만 기르고 비단옷은 입어 보지 못한 사람이라고 여기면 이 시에 어울릴 것 같다. 우리 속담에 '대장장이 부엌에 식칼이 없고, 짚신장수 마누라 맨발로 다닌다.'라는 말이 있다.

平地風波(평지풍파)

> • 평평할 평. 땅 지. 바람 풍. 물결 파. 평지에 파란을 일으킨다. 평온한 자리에서 뜻밖에 일어나는 다툼질. 平地起波瀾(평지기파란).

그대로 두면 아무렇지도 않을 것을 일부러 일을 꾸미며 더욱 소란을 피운다는 의미이다.

唐(당)나라 詩人(시인) 劉禹錫(유우석: 772~843)의 [竹枝詞(죽지사)]를 보면,

> 瞿塘(구당)의 시끄러운 열두 여울
> 사람들은 말한다. 길이 예부터 어렵다고.
> 못내 안타까워하노라, 인심이 물만도 못하여
> 함부로 평지에 풍파를 일으키는 것을.

죽지사는 당시의 民謠(민요)를 바탕으로 지은 것인데 作者(작자)가 夔州刺史(기주자사)로 赴任(부임)해 갔을 때 그곳 민요를 듣고 그 곡에 맞추어 지은 것이라고 한다. 그리고 瞿塘(구당)은 산이 험하기로 유명한 三峽(삼협)의 하나로 배가 다니기 아주 힘든 곳이다.

蒲柳之質 (포류지질)

> • 부들 포, 버들 류, 갈 지, 바탕 질. 시냇가 같은 곳에 나는 땅버들. 부들이나
> 버들처럼 가늘고 섬약한 체질. 蒲柳(포류). 蒲柳質(포류질). 蒲柳之姿(포류지자).

『世說新語(세설신어)』 言語篇(언어편)에 나오는 이야기이다.

顧悅之(고열지)는 簡文帝(간문제)와 同甲(동갑)이었는데도 일찍 머리가
하얗게 세어 있었다. 그래서 간문제가,
"경은 어째서 나보다 먼저 머리털이 세고 말았는가." 하고 물었다.
그러자 그는,
"땅버들의 형상은 가을이 오기 전에 먼저 잎이 떨어지고, 소나무, 잣나
무의 바탕은 서리를 지나 더욱 무성하옵니다." 하고 대답했다. 자신을 蒲
柳(포류)에 比(비)하고 간문제를 松柏(송백)에 譬喩(비유)한 것이다.
여기에 나오는 '蒲柳之姿(포류지자)'가 다음에 있는 '松柏之質(송백지
질)'의 '質(질)'을 따서 '蒲柳之質(포류지질)'로 바뀐 것인데, 고열지의 대
답은 참으로 재치 있고 멋진 표현으로 定評(정평)이 나 있다. 고열지는 머
리가 일찍부터 세었지만 마음은 松柏(송백)과 같아서 權勢(권세)에 아부하
지 않았다. 그의 벼슬은 尙書右丞(상서우승)에 그쳤다. 文人畵(문인화)의
始祖(시조)로 알려진 그 유명한 顧愷之(고개지)는 바로 고열지의 아들이
다. 고개지는 '漸入佳境(점입가경)'이라는 말로도 유명하다.

抱璧有罪(포벽유죄)

• 안을 포. 둥근 옥 벽. 있을 유. 허물 죄. 값진 보물을 안고 있으면 죄가 없어
도 抑鬱(억울)하게 재앙을 당하게 된다는 말.

이 말은 『春秋左氏傳(춘추좌씨전)』 桓公(환공) 10년 대목에 나온다.

虞(우)나라 임금의 아우인 虞叔(우숙)이 玉(옥)을 가지고 있었다. 그 옥
이 탐이 나서 형인 虞公(우공)이 달라고 하자 우숙은 이를 거절했다. 그러
나 곧 후회하여 말하기를,

"周(주)나라 속담에 이르기를, 匹夫(필부)는 비록 죄가 없어도 구슬을
가지고 있으면 그것이 곧 죄가 된다고 했다. 내가 공연히 이런 걸 가지고
있다가 화를 부를 필요는 없다." 하고 자진해서 그 구슬을 바쳤다. 그러자
얼마 후에 또 그가 가지고 있는 寶劍(보검)을 달라고 요구했다. 이때 우숙은,

"형은 만족이라는 것을 모른다. 만족을 모르면 머지않아 내 목숨까지
달라고 할 것이다." 하고 반란을 일으켜 우공을 쳤다. 그로 인해 우공은
洪池(홍지)로 도망을 치게 되었다.

본디 '懷璧其罪(회벽기죄)'로 되어 있는데 '包璧有罪(포벽유죄)'로 바뀌
어서 같은 말로 쓰이고 있다.

飽食終日無所用心難矣哉
(포식종일무소용심난의재)

> • 배부를 포, 먹을 식, 마칠 종, 날 일, 없을 무, 바 소, 쓸 용, 마음 심, 어려울 난, 어조사 의, 어조사 재. 온종일 배불리 먹고 마음을 쓰는 바가 없으면 곤란한 일이다.

이 말은 『論語(논어)』 陽貨篇(양화편)에 나오는 孔子(공자)의 말씀이다.

"온종일 배불리 먹고 마음을 쓰는 바가 없으면 곤란한 일이다. 장기를 두고 바둑을 두는 사람이 있지 아니하냐. 그런 것이라도 하고 있는 것이 오히려 노는 것보다는 낫다."

'飽食終日(포식종일)'은 온종일 배불리 먹는다는 뜻이고, '無所用心(무소용심)'은 마음을 일정한 곳에 쏟지 못하고 그저 빈둥빈둥 시간을 보내는 것을 말한다. '難矣哉(난의재)'는 참으로 딱하다는 탄식의 말이다.

요즘 사람들은 은연중에 이 공자의 말을 갖다 쓰며 바둑이나 장기나 雜技(잡기)에 몰두하는 자신이나 남을 합리화하는 데 쓴다. 그러나 공자는 생활의 무의미한 것을 강조한 것일 뿐, 결코 장기, 바둑을 옹호하는 말은 아니다.

暴虎馮河(포호빙하)

• 해칠 포, 범 호, 넘볼 빙, 강 하. 맨손으로 범을 잡고, 헤엄쳐 황하를 건너다. 暴虎馮河(폭호빙하).

『詩經(시경)』 小雅(소아) 小旻篇(소민편)에 나오는 말이다.

　　감히 포호는 하지 않고
　　감히 빙하는 하지 않지만
　　사람은 그 하나만을 알고
　　그 밖의 것은 알지 못한다.

위 시는 惡政(악정)을 개탄해서 지은 시이다. 爲政者(위정자)가 엄청나게 무모한 짓은 하지 않지만, 눈앞의 이해에만 정신이 팔려 앞으로 어떤 결과가 온다는 것을 생각하지 못하고 있다는 말이다.

이 말은 『論語(논어)』 述而篇(술이편)에도 나오는데 공자가 용기만 믿는 子路(자로)의 태도를 꾸짖으며,

"맨손으로 범을 잡고, 헤엄쳐 황하를 건너 죽어도 후회가 없는 사람을 나는 함께하지 않는다. 반드시 일을 하는 데 있어서 두려운 생각을 갖고 꾀를 쓰기를 좋아하여 일을 성공시키는 사람과 함께할 것이다."라고 했다. 여기에는 '好謀而成(호모이성)'이라는 말도 나온다. 이 말은 꾀를 쓰기를 좋아하여 일을 성공시킨다는 말이다.

豹變(표변)

• 표범 표, 변할 변. 표범의 무늬가 변한다.

태도나 행동이 突變(돌변)하는 것을 가리켜 豹變(표변)이라고 한다. 信義(신의)와 約束(약속)을 전연 무시하는, 좋지 못한 태도를 지칭하는 말이다. 그러나 본래의 뜻은 긍정적 의미를 지니고 있었다. 표범의 무늬가 가을이 되면 아름다워지듯, 지난날의 잘못을 벗고 새로 훌륭한 사람이 되는 것을 가리켜 말한다.

이 말은 『易經(역경)』 六十四(육십사) 卦(괘) 중의 하나인 革(혁)이라는 괘에 나온다. 혁은 變革(변혁), 革命(혁명), 革新(혁신) 등으로, 달라지는 것을 말한다.

革卦(혁괘)의 다섯 번째 爻(효)와 맨 위에 있는 여섯 번째 효의 爻辭(효사)는 다음과 같다.

"다섯 번째 陽爻(양효)는 큰 사람이 호랑이처럼 변하는 것이니, 점을 하지 않아도 믿음이 있다. 맨 위의 陰爻(음효)는, 君子(군자)는 표범처럼 변하고, 小人(소인)은 얼굴을 바꾼다. 계속 밀고 나가면 나쁘고, 가만히 있으면 바르고 좋다."

여기에는 '君子豹變(군자표변)'이라는 말로 나온다. 군자표변을 따를 것인지 아니면 소인처럼 얼굴만 바꿀 것인지 한번 생각해 볼 일이다. 표변은 '虎變(호변)'으로도 쓰인다. 이 표변이라는 말은 아주 좋은 뜻이 아주 나쁜 뜻으로 변해서 쓰이는 말 중에 하나이다.

豹死留皮人死留名(표사유피인사유명)

> • 표범 표, 죽을 사, 남길 유, 가죽 피, 사람 인, 있을 유, 이름 명. 범은 죽어서 가죽을 남기고 사람은 죽어서 이름을 남긴다는 말. 虎死留皮人死留名(호사 유피인사유명).

歐陽修(구양수)가 쓴 『新五代史(신오대사)』 列傳(열전) 死節傳(사절전) 에서 세 사람의 忠節(충절)을 기록하고 있는데, 이 중에서 특히 王彦章(왕 언장)을 높이 평가하고 있다.

왕언장은 한갓 병졸에 불과한 몸으로부터 출발하여 後梁(후량) 太祖(태 조) 朱全忠(주전충)의 장군이 되었던 사람이다. 그는 용맹스럽고 힘이 장 사로 쇠창을 옆에 끼고 적을 무찔러서 군사들은 그를 王鐵槍(왕철창)이라 고 불렀다.

후량이 망했을 때 그는 포로가 되었다. 後唐(후당)의 莊宗(장종) 李存勗 (이존욱)은 그의 武勇(무용)을 嘉尙(가상)히 여겨 그를 자기 부하에 두려 했다. 그러나 그는,

"(중략) 신은 양나라의 은혜를 입은 몸으로 죽음이 아니면 무엇으로 그 은혜를 갚겠습니까. 또 아침에 양나라를 섬기던 몸이 저녁에 진나라를 섬 길 수 있겠습니까. 이제 살아서 무슨 면목으로 세상 사람들을 대하겠습니 까." 하고 죽음을 택했다. 이러한 그가 입버릇처럼 잘 쓰는 말은,

'표범이 죽으면 가죽을 남기고 사람이 죽으면 이름을 남긴다. 豹死留皮 人死留名(표사유피인사유명)'는 속담이었다. '豹死留皮(표사유피)'는 전제 일 뿐이다. 중요한 말은 人死留名(인사유명)이다. 표사유피는 '虎死留皮 (호사유피)'라고도 한다.

風馬牛不相及(풍마우불상급)

• 바람 풍, 말 마, 소 우, 아닐 불, 서로 상, 미칠 급. 암내가 난 말이나 소가 서로 오고 갈 수 없다. 放逸(방일)한 소나 말의 암컷과 수컷이 서로 찾아도 이를 수 없다는 뜻으로, 서로 멀리 떨어져 있음을 이름.

'風馬牛(풍마우)'는 바람난 말이나 소란 뜻이다. 發情期(발정기)의 짐승은 몇십 리 밖에까지 서로 찾아다니게 된다. 암내 난 말이나 소가 서로 오고 갈 수 없는 것이 이 말의 뜻이다. 사람은 물론이고 암내 난 마소까지도 서로 오고 가는 일이 없다는 뜻이다. 그러므로 '떨어져 있다', '전연 상관이 없다'는 뜻으로 쓰인다.

春秋時代(춘추시대) 五覇(오패)의 한 사람인 齊桓公(제환공)이 여러 나라 군대들을 거느리고 楚(초)나라로 향하자 이에 놀란 楚成王(초성왕)은 사신을 연합군 진영으로 보내 제환공에게 이유를 묻게 했다.

"임금은 북쪽 바다에 있고 과인은 남쪽 바다에 살고 있어서, 바람난 말과 소도 서로 미치지 못하는데, 뜻밖에 임금께서 우리 땅에 오시게 된 것은 무슨 까닭이오."

그러자 管仲(관중)이 환공을 대신해서, 天子(천자)에게 朝貢(조공)을 바치지 않는 까닭을 묻기 위해 왔다고 대답했다.

이리하여 초성왕은 屈完(굴완)을 특사로 보내 화평조약을 맺게 함으로써 충돌을 피했고, 환공은 名實相符(명실상부)한 覇者(패자)가 된다.

風聲鶴唳(풍성학려)

• 바람 풍. 소리 성. 학 학. 울 려. 겁을 먹은 사람이 하찮은 일에도 놀람.

『晉書(진서)』 謝玄傳(사현전)에 나오는 말이다.

東晉(동진) 孝武帝(효무제) 太元(태원) 팔년 십일월 북쪽의 秦王(진왕) 符堅(부견)이 직접 이끌고 내려온 백만에 가까운 군사를 맞아 겨우 십분의 일밖에 안 되는 적은 군사로써, 동진의 名將(명장) 謝玄(사현)은 이를 淮河(회하) 상류인 淝水(비수)에서 거의 전멸시키다시피 한 大勝(대승)을 거두었다.

전투에 임할 때 사현은 적의 총지휘관인 符融(부융)에게 使者(사자)를 보내 이렇게 청했다.

"귀하의 군대를 조금만 뒤로 후퇴시켜 주시오. 그러면 우리가 물을 건너가 한번 싸움으로 승부를 하겠습니다."

상대를 무시하고 있던 부견과 부융은 적이 물을 반쯤 건너왔을 때 기습작전으로 간단히 해치울 생각으로 이 청을 들어주었다.

북군이 후퇴를 개시하고 남군이 강을 건너기 시작했을 때 혼란이 일어나 뒤에 있는 군사들이 싸움에 패해 물러나는 것으로 誤認(오인)하고 다투어 달아나다가 진이 무너지며 自滅(자멸)하기에 이르렀다. 남은 병사들은 밤을 새워 달아나다 바람소리와 학의 울음소리만 들어도 晉(진)나라 군사가 쫓아온 것으로 알고 도망치다 거의 팔 할이나 죽었다는 것이다.

이 말은 '草木皆兵(초목개병)'이라는 말로도 쓰인다. 우리나라 속담에 '자라 보고 놀란 가슴 솥뚜껑 보고 놀란다.'는 말이 있다.

참고)
草木皆兵(초목개병): 풀 초, 나무 목, 다 개, 군사 병. 적이 優勢(우세)한 데 겁을 먹어 초목이 모두 군사로 보임을 이름.

彼一時此一時(피일시차일시)

> • 저 피, 한 일, 때 시, 이 차. 그때 그렇게 한 것도 하나의 경우였고, 이때 이렇게 한 것도 또한 하나의 경우여서 그때그때의 경우에 적응해서 한 것이므로 결코 모순되지 않음. 그때와 지금은 사정이 다르다는 뜻으로 쓰임.

이 말은 『孟子(맹자)』 公孫丑下(공손추하)에 나오는 맹자의 말이다.

맹자가 齊(제)나라를 떠나게 되었을 때이다.

充虞(충우)라는 제자가 맹자를 모시고 함께 오다가 路上(노상)에서 물었다.

"선생님께서 매우 언짢으신 기색이십니다. 전에 선생님께서 말씀하시기를, 군자는 하늘도 원망하지 않고 사람도 허물하지 않는다고 하시지 않았습니까?"

그러자 맹자는,

"그것도 한때요, 이것도 한때라." 라고 한 다음,

"오백 년마다 統一天下(통일천하)하는 王者(왕자)가 일어난 것이 지금까지의 역사였다. 그 왕자가 일어나면 반드시 세상에 이름을 남기는 사람이 있기 마련이다. 周(주)나라가 일어난 지 지금 칠백 년이 지났다. 오백이란 수도 훨씬 지났지만 세상 형편으로 보아서는, 지금이 그 시기다. 하늘이 천하를 바로잡으려 하지 않고 있다. 만일 바로잡기로 말하면 지금 세상에 나를 버리고 또 누가 있겠는가. 내가 어떻게 마음이 좋을 수 있겠느냐?"

맹자도 어지러운 세상을 버려두는 하늘을 원망하고 있다. 이 말은 自家撞着(자가당착)에 빠져서 一貫性(일관성) 없는 처사에 대한 자기변명으로 흔히 쓰이는 말이다. 물론 답변에 궁한 상대방을 변호하거나 위로하기 위한 말로 쓰일 수도 있다.

匹夫不可奪志(필부불가탈지)

> • 짝 필, 지아비 부, 아닐 불, 가할 가, 빼앗을 탈, 뜻 지. 지체 낮은 사나이일
> 지라도, 그 뜻이 굳으면 이를 빼앗을 수 없다는 말. '필부'란 보잘것없는 못난
> 사람이라는 말.

『論語(논어)』 子罕篇(자한편)에 있는 孔子(공자)의 말 중에,

"三軍(삼군)의 장수는 빼앗을 수 있지만 한 지아비의 뜻은 빼앗을 수가
없다."라는 말이 있다.

삼군은 제후들이 가질 수 있는 가장 많은 군대이다. 일군이 일만 이천
오백 명이었으니 삼군이라면 삼만 칠천오백 명이다. 이 군대의 총대장도
이를 앗아올 수 있다. 그러나 보잘것없는 못난 사람도 그의 마음속에 품
고 있는 뜻을 내 마음대로 바꿀 수는 없다. 사람의 마음이란 폭력이나 위
력으로 좌우될 수 없기 때문이다.

공자의 이 말씀은 인간의 존엄성을 가리킨 것이다. 필부라도 침범할 수
없는 마음이 있으므로 남의 인격을 존중하라는 말이다. 우리 속담에도 마
음과 관련된 말이 많이 있는데 그중에서 '자식을 낳으면 겉을 낳지, 속까
지 낳을 수 있느냐.'는 말이 있다. 아무리 부모라도 자식의 마음만은 어찌
할 수가 없다는 말이다.

ㅍ

必先苦其心志(필선고기심지)

• 반드시 필, 앞 선, 쓸 고, 그 기, 마음 심, 뜻 지. 반드시 먼저 그의 마음과 생각을 고달프게 한다는 말.

앞으로 큰일을 할 사람은, 그 큰일을 감당해 나갈 만한 굳은 의지를 갖기 위해 먼저 心身鍛鍊(심신단련)에 필요한 고생을 하게 된다는 뜻이다.

『孟子(맹자)』 告子下(고자하)에서 孟子(맹자)는,

"舜(순)임금 같은 聖君(성군)도 밭농사에서부터 출발했고 傳說(부열) 같은 殷(은)나라의 명재상도 성벽을 쌓는 인부에서 등용되었으며, 膠鬲(교격) 같은 어진 신하도 생선장수의 몸으로 文王(문왕)에게 拔擢(발탁)되었고, 齊桓公(제환공)을 도와 패천하를 한 管仲(관중)도 옥중에 갇혀 있던 몸으로 등용되었으며 楚莊王(초장왕)을 도와 覇天下(패천하)를 한 孫叔敖(손숙오)도 바닷가에 숨어 사는 가난한 선비로 천거를 받았고, 秦穆公(진목공)을 도와 패천하를 한 百里奚(백리해)는 팔려 다니던 몸이었다.

그러므로 하늘이 장차 큰 소임을 사람에게 내리려 하면 반드시 먼저 그 마음과 뜻을 괴롭게 하고 그 힘줄과 뼈를 고달프게 하며, 그 몸과 살을 주리게 하며, 그 몸을 비고 모자라게 하며, 행하는 데 있어 그의 하는 일을 거스르고 어지럽게 한다. 그의 마음을 흔들어 놓고 성품을 참게 만들어, 그가 능히 하지 못하는 일을 잘할 수 있게 하기 위해서이다."

맹자는 다시 끝에 가서,

"이로 미루어 보아 사람은 우환에 살고 안락에서 죽는다는 것을 알 수 있다."고 했다.

何必曰利(하필왈리)

• 어찌 하. 반드시 필. 아뢸 왈. 이로울 리. 하필이면 왜 이익이 되는 것만을 말하느냐. 하필이란 어찌 반드시라는 말이다.

위의 말은 『孟子(맹자)』 맨 첫 장에 나온다.

孟子(맹자)가 梁惠王(양혜왕)의 초청을 받아 처음 혜왕을 만났을 때다. 혜왕은 인사말 겸,

"천 리를 멀다 하지 않고 와 주셨으니 장차 우리나라를 이롭게 해주시겠습니까?" 하고 물었다. 그러자 맹자는,

"왕께서는 하필 利(이)를 말씀하십니까? 다만 仁義(인의)가 있을 뿐입니다." 하고 전제한 다음,

"萬乘(만승)의 나라에서 그 임금을 죽이는 사람은 언제나 千乘(천승)의 祿(녹)을 받는 대신 집이요, 천승의 나라에서 그 임금을 죽이는 사람은 언제나 百乘(백승)의 녹을 받는 대신 집입니다. 만에서 천을 받고, 천에서 백을 받는 것이 많지 않은 것이 아니지만 참으로 義(의)를 뒤로 하고 利(이)를 먼저 하면 빼앗지 않고서는 만족하지 못하는 법입니다." 하고 다시 끝에 가서,

"왕께서는 역시 인의를 말씀하셔야 할 터인데 하필 이를 말씀하십니까." 하고 거듭 강조했다.

지금은 이 말이 '더 좋은 말이 있을 텐데 왜 하필 그런 말을 하느냐.' 하는 뜻으로 쓰인다.

下學而上達(하학이상달)

> • 아래 하, 배울 학, 말 이을 이, 위 상, 미칠 달. 아래를 배워 위에 달한다. 밑
> 에서부터 차츰 배워 올라가서 위에까지 도달한다. 낮고 쉬운 것을 배워 깊고
> 어려운 것을 깨달음.

이 말은 일상생활을 올바로 함으로써 자연 오묘한 우주의 진리까지 깨
치게 된다는 뜻으로 풀이할 수 있다.

'學(학)'은 여기에서 지식을 배우는 글공부 같은 것을 말하는 것이 아니
다. 자기가 옳다고 생각하는 것을 실천하는 공부를 말한다.

『論語(논어)』 學而篇(학이편)에서 孔子(공자)가 말하기를,

"먹는 데 배부른 것을 찾지 않고, 거처하는 데 편한 것을 찾지 않으며
일에 민첩하고 말에 조심하여 道(도) 있는 사람에게 나아가 옳고 그른 것
을 바로잡으면 배움을 좋아한다고 말할 수 있다."고 했다.

이 말은 實踐(실천)을 통한 修養(수양)이 참다운 배움이라는 말이다. 그
러나 儒敎(유교)는 행동을 위주로 하는 관계로 현실주의로 해석되고, 그
방향으로 나아가는 경향을 띠고 있다. 즉 下學(하학)이 주가 되고 上達(상
달)이 무시되고 있는 것이다. 그래서 공자는 자신을 가리켜,

"하늘을 원망하지 않고 사람을 허물하지 않으며, 밑으로 배워 위로 통
달하니 나를 아는 사람은 하늘뿐이다."라고 했다.

學不厭而教不倦(학불염이교불권)

• 배울 학, 아닐 불, 싫을 염, 말 이을 이, 가르칠 교, 게으를 권. 배우기를 싫어하지 아니하며, 남을 가르치기를 게을리 하지 않는다.

『孟子(맹자)』公孫丑 上(공손추 상)에 있는 孟子(맹자)의 말 가운데 나오는 孔子(공자)에 대한 이야기이다.

공손추가 이야기 끝에 맹자에게,

"그러시면 선생님은 벌써 聖人(성인)이십니다." 하고 말하자, 맹자는 이를 사양하여,

"옛날에 자공이 공자에게 '선생님은 성인이십니다.' 하고 말하자, 공자께서 말씀하시기를 성인은 내가 되지 못하지만, 나는 배우기를 싫어하지 않고 가르치기를 게을리 하지 않는다고 하셨다…… 성인은 공자 같은 성인도 자처하신 일이 없는데, 그게 무슨 소리냐……." 하고 否認(부인)도 是認(시인)도 아닌 말을 했다.

이 이야기 속의 공자의 말은 『論語(논어)』述而篇(술이편)에 나온다.

공자가 자신을 가리켜,

"말이 없이 마음속으로 깨닫고, 배우기를 싫어하지 아니하며, 남을 가르치기를 게을리 하지 않으니, 무엇이 내게 있으리오." 하고 말했다.

이 말은 공자가 謙辭(겸사)의 뜻으로 쓴 것 같기도 하고 그것은 내게 있어서 별로 문제될 것이 없다고 自負(자부)하는 말로도 풀이할 수 있겠다.

學而時習 (학이시습)

> • 배울 학, 말 이을 이, 때 시, 익힐 습. 배우고 때때로 익힘. 선배에게 길을 배
> 우고 그리하여 언제나 반복 연습함.

이 말은 『論語(논어)』맨 첫머리에 나온다.

맨 첫머리에 이 말이 쓰인 것은 특별한 의미가 있다. 듣고 보고 알고 깨닫고 느끼고 한 것을 기회 있을 때마다 실지로 그것을 행해 보고 실험해 본다는 뜻이다. 그렇게 해서 배우고 듣고 느끼고 한 것이 올바른 내 지식이 될 수 있으며 자기 수양이 될 수 있고, 나아가 인격을 이루게 된다는 말이기 때문에 이 말이 논어의 맨 앞에 나온 것이다.

이 말의 원말은 "學而時習之不亦說乎(학이시습지불역열호: 배우고 때로 익히면 또한 기쁘지 아니하냐)"이다.

이 말 다음에는

"有朋自遠方來不亦樂乎(유붕자원방래불역낙호: 벗이 있어 먼 곳으로부터 오면 또한 즐겁지 아니하냐)"가 나온다.

이 말 다음에는

"人不知而不慍不亦君子乎(인부지이불온불역군자호: 사람이 몰라도 노여워하지 않으면 또한 군자가 아니겠느냐)"라는 말이 나온다.

涸轍鮒魚(학철부어)

• 마를 학. 바퀴자국 철. 붕어 부. 물고기 어. 수레바퀴가 지나간 자국에 괸 물에 있는 붕어. 매우 곤궁한 처지에 다다른 사람.

戰國時代(전국시대) 無爲自然(무위자연)을 숭상했던 莊子(장자)의 이야기로 『莊子(장자)』에 나오는 말이다.

그는 王侯(왕후)에게 무릎을 굽혀 안정된 생활을 하기보다는 어느 누구에게도 구속받지 않는 자유로운 생활을 즐겼다. 그러다 보니 가난한 그는 끼니조차 잇기가 어려웠다. 어느 날 장자는 굶다 못해 監河侯(감하후)를 찾아가 약간의 식대를 꾸어 달라고 했다. 그러자 김하후는 친구의 부탁을 딱 잘라 거절할 수가 없어 이렇게 핑계를 댔다.

"빌려 주지. 2, 3일만 있으면 食邑(식읍)에서 세금이 올라오는데 그때 三百金(삼백 금)쯤 융통해 줄 테니 기다리게."

"당장 배가 고파 죽을 지경인데 2, 3일 뒤에 巨金(거금) 삼백 금이 무슨 소용이 있단 말인가."

체면 불고하고 찾아온 자기 자신에게 화가 난 장자는 내뱉듯이 말했다.

"고맙군, 하지만 그땐 아무 소용없네."

그리고 이어 장자 특유의 비아냥조(調)로 이렇게 敷衍(부연)했다.

"내가 여기 오느라고 걷고 있는데 누가 나를 부르지 않겠나. 그래서 주위를 둘러보니 수레바퀴 자국에 괸 물에 붕어가 한 마리 있더군[涸轍鮒魚]. '왜 불렀느냐'고 묻자 붕어는 '당장 말라 죽을 지경이니 물 몇 잔만 떠다가 살려 달라.'는 거야. 그래서 나는 귀찮은 나머지 이렇게 말해 주었지. '그래. 나는 2, 3일 안으로 남쪽 吳(오)나라와 越(월)나라로 유세를 떠나는데 가는 길에 西江(서강)의 맑은 물을 잔뜩 길러다 줄 테니 그때까지 기다리라.'고. 그랬더니 붕어는 화가 잔뜩 나서 '나는 지금 물 몇 잔만 있으면 살 수 있는데 당신이 기다리라고 하니 이젠 틀렸소. 나중에 乾魚物廛(건어물전)으로 내 시체나 찾으러 와 달라.'고 하더니 그만 눈을 감고 말더군. 자, 그럼 실례했네."

邯鄲之夢(한단지몽)

• 조나라 서울 한, 조나라 서울 단, 갈 지, 꿈 몽. 한단에서 꾼 꿈. 盧生(노생)이 邯鄲(한단)에서 道士(도사) 呂翁(여옹)의 베개를 빌려 잠깐 눈을 붙인 사이에 富貴榮華(부귀영화)의 꿈을 꾼 고사. 轉(전)하여 부귀공명의 덧없음.

이 말은 唐(당)나라 沈旣濟(심기제)가 쓴 『枕中記(침중기)』라는 傳奇小說(전기소설) 가운데 나오는 이야기에서 온 말이다.

당 玄宗(현종) 開元(개원) 연간에 있었던 일이다. 道士(도사) 呂翁(여옹)이 한단의 주막에서 쉴 때 盧生(노생)이 같이 쉬게 되었다. 노생은 자신의 생이 고단하다고 하며 부귀영화를 원한다고 대화를 나누다 졸음이 왔다. 그때 주막 주인은 메조를 씻어 솥에 넣고 밥을 지으려 했다. 도사가 靑瓷(청자)로 된 베개를 주니 여옹의 베개를 빌려 잠을 자며 꿈속에서 최 부잣집 딸과 결혼하고 과거에 급제하여 원이 되고 수도 장관으로 승진하여 상안으로 부임했고, 다시 절도사가 되어 큰 공을 세우고 재상까지 되었는데 그때 간신의 모함을 받아 잡혀 갈 처지에 놓였다. 자살을 하려다 아내가 말려 못 했다. 다행히 사형을 면하고 무죄임이 밝혀져 다시 재상이 되고 다섯 아들에 손자가 열 명이었고 이렇게 50여 년 부귀를 다 누리고 세상을 떴다. 노생은 기지개를 켜며 깨어났는데 여관 주인이 아직도 식사를 준비하는 사이였다.

이 이야기에서 덧없는 일생을 비유하여 한단지몽이라 하게 되었고, '邯鄲夢(한단몽), 黃粱之夢(황량지몽), 黃粱夢(황량몽), 呂翁枕(여옹침), 盧生之夢(노생지몽), 黃粱一炊之夢(황량일취지몽), 一炊之夢(일취지몽)'이니 하는 말도 쓴다. '황량'은 메조(거친 기장)이다. '일취'는 밥 한 번 하는 시간이다.

邯鄲學步(한단학보)

- 조나라 서울 한, 조나라 서울 단, 배울 학, 걸음 보. 한단에서 걸음걸이를 배우다.

『莊子(장자)』 秋水篇(추수편)에 나오는 이야기에서 생겨난 말이다.

莊子(장자)의 선배인 魏牟(위모)와 名家(명가)인 公孫龍(공손룡)과의 문답 형식으로 된 이야기 가운데, 위모가 공손룡을 보고 이렇게 말했다.

"당신은 水陵(수릉)의 젊은 사람이 趙(조)나라 서울 한단으로 걸음걸이를 배우러 갔던 이야기를 알고 계시겠지. 그 젊은 사람은 아직 조나라 걸음걸이를 다 배우기도 전에 원래 걷고 있던 걸음걸이마저 잊고 설설 기며 겨우 고향으로 돌아갔다지 않는가?"

燕(연)나라의 한 소년이 조나라의 서울 한단에 가서 우아한 걸음걸이를 보고 배웠으나 완전하게 배우지 못하고 돌아와 자기 고향의 걸음걸이도 잊고 제대로 걸을 수 없었다는 말이다. 조나라는 큰 나라, 연나라는 작은 나라다. 한단은 대도시이고, 수릉은 연나라의 수도이며 자그마한 도시라고 할 수 있다.

자기의 근본도 잊고 남의 흉내를 내는 어리석음을 경계하는 말이다. '邯鄲之步(한단지보)'라고도 한다.

ㅎ

汗牛充棟(한우충동)

> • 땀 한, 소 우, 채울 충, 마룻대 동. 수레에 실어 끌리면 마소가 땀을 흘리고
> 쌓아 올리면 들보에 닿을 만하다. 藏書(장서)가 매우 많음. 책이 매우 많음을
> 비유.

唐(당)나라 양대 문장가의 하나인 柳宗元(유종원)이 [陸文通先生墓表
(육문통선생묘표)]라는 글 가운데 다음과 같이 쓰고 있다.

"孔子(공자)가 春秋(춘추)를 지은 지 천오백 년이 된다. 춘추 전을 지은
사람이 다섯 사람이었는데, 지금 그 셋이 통용되고 있다. ……온갖 註釋
(주석)을 하는 학자들이 백 명, 천 명에 달한다. ……그들이 지은 책이 집
에 두면 대들보까지 꽉 차고, 밖으로 내보내면 소와 말이 땀을 낸다……."

육문통 선생은 보통학자가 아니고 공자가 지은 본래의 뜻을 알고 있는
훌륭한 학자라는 것을 강조하기 위해, 그 밖의 많은 학자들이 春秋(춘추)
에 관한 著書(저서)를 너무 많이 써내서 오히려 무익하다는 것을 과장해
서 표현했다. 본디 '充棟宇(충동우), 汗牛馬(한우마)'라고 쓴 것이 '한우충
동'이 되었다.

지금은 이 말이 좋은 뜻으로 쓰이고 있는데, 원래 이 말을 썼을 때는
無益(무익)한 책이 너무 많다는 것을 지적한 말이었다.

割鷄焉用牛刀 (할계언용우도)

• 벨 할, 닭 계, 어찌 언, 쓸 용, 소 우, 칼 도. 닭을 잡는 데 어찌 소 잡는 칼을 쓰랴. 작은 일을 처리하는 데 큰 인물이 필요치 않다는 말.

『論語(논어)』陽貨篇(양화편)에 있는 孔子(공자)와 공자의 제자 子遊(자유)와의 사이에 오고 간 말 가운데 나오는 말이다.

자유가 武城(무성) 지방의 원으로 있을 때 공자가 제자들과 찾아갔는데 여기저기서 음악 소리가 들려왔고 공자는 마음이 매우 흡족해진 모양이었다.
자유는 음악으로 사람의 마음을 순화시켜 자발적으로 착한 일을 힘쓰게 만드는 그런 정책을 쓰고 있었던 것 같다.
공자는 그 음악 소리에 만족스런 미소를 띠우며,
"닭을 베는 데 어찌 소 잡는 칼을 쓰리오." 하고 제자들을 돌아보았다.
이 말은, 조그만 고을 하나를 다스리는 데 나라와 천하를 다스리기에도 충분한 禮樂(예악)을 쓸 것까지야 없지 않느냐 하는 뜻으로 한 말이다. 자유의 재주를 아까워하는 말이자 그를 못내 자랑스럽게 생각한 데서 나온 말이었다. 그러자 자유가,
"선생님께서 일찍이 말씀하시기를, 군자는 도를 배우면 사람을 사랑하게 되고, 소인은 도를 배우면 부리기가 쉽다고 하셨습니다."
군자나 소인에게 다 도가 필요하듯 다스리는 곳이 크거나 작거나 간에 다 禮樂(예악)이 필요하지 않겠느냐고 말한 것이다.
공자가 제자들을 돌아보며,
"애들아, 자유의 말이 옳다. 아까 한 말은 농담이었느니라." 하고 밝혔다.

陷之死地然後生(함지사지연후생)

• 빠질 함, 갈 지, 죽을 사, 땅 지, 그러할 연, 뒤 후, 살 생. 병졸을 위험에 내
  보내 각자가 분발하여 살아나게 함. 陷之亡地然後存(함지망지연후존).

『史記(사기)』 淮陰侯列傳(회음후열전)에 나오는 韓信(한신)이 인용한
兵法(병법)에 있는 말이다.

'背水陣(배수진)'이라는 계책으로 유명한 한신은 얼마 안 되는 군사로
趙(조)나라의 이십만 대군을 맞아 싸울 때 배수진을 이용하여 대승을 거
두었다.

이때 부하 장수들이 한신에게 물었다.

"병법에 말하기를, 산과 언덕을 뒤로 하고 물과 들을 앞으로 하라고 했
는데, 지금 장군께선 배수진으로 조나라 군사를 깨뜨렸으니 이것은 도대
체 무슨 戰法(전법)입니까?" 그러자 한신은,

"이것도 역시 병법에 있는 거야. 그것을 제군들이 미처 깨닫지 못했을
뿐이지. 왜 이런 말이 있지 않은가. '죽을 땅에 빠뜨린 뒤에 살고 망할 땅
에 놓은 뒤에 다시 일어난다.'고 말이다. 더구나 이 한신은 아직 간부들과
한마음 한뜻이 되지 않은, 이른바 시장바닥 사람들을 몰고 와서 싸우는
터이므로 자연 그들을 死地(사지)에 몰아넣고 죽을 땅에 두어 각자가 자
진해서 싸우게 만들지 않으면 안 되었던 거야. 만일 살 땅을 주게 되면
전부가 다 달아나 버릴 것이니 어떻게 그들을 데리고 싸울 수 있겠는가?"

合從連衡(합종연횡)

> • 합할 합, 좇을 종, 이을 연, 가로 횡. 서로 상반된 외교술. 중국 전국시대 합
>   종가와 연횡가들에 의해 주장된 외교술로 주로 소진과 장의가 유명함. 이익
>   과 노선에 따라 離合集散(이합집산)함.

『史記(사기)』 蘇秦張儀列傳(소진장의열전)에 나오는 말이다.

合從(합종)과 連衡(연횡) 두 외교정책을 합한 말로, 국제무대에서의 외
교적 角逐戰(각축전)을 가리켜 쓰는 말이다.

합종의 '종'은 縱(종)의 뜻으로 南北(남북)을 뜻하고, 연횡의 '횡'은 橫
(횡)의 뜻으로 東西(동서)를 말한다. 이 말을 처음으로 들고 나온 것은 전
국시대 蘇秦(소진)과 張儀(장의)였다.

소진과 장의는 같은 鬼谷子(귀곡자)의 제자였다. 소진이 먼저 남북으로
합작해서 방위동맹을 맺어 秦(진)나라에 대항하는 것이 공존공영의 길이
라는 '합종책'을 들고 나와 六國(육국)의 군사동맹을 성공시킨 다음, 그
공로로 六國(육국)의 재상직을 한 몸에 겸하고, 자신은 從約長(종약장)이
되어 육국의 왕들이 모인 자리에서 의장 노릇을 하게 되었다.

소진의 이 정책을 깨뜨리기 위해 각국을 개별적으로 찾아다니며 진나라
와의 연합책만이 안전한 길이란 것을 설득시켜 소진의 합종책이 사실상
그 효력을 발휘할 수 없게 만든 것이 장의였다.

두 사람으로 인하여 '蘇秦張儀(소진장의)'라는 말도 생겨났다. 외교무대
에서 활약하는 사람을 從橫家(종횡가)라고 부르게 되었다. 우리나라에서는
선거철만 되면 국회의원들이 이익과 노선에 따라 離合集散(이합집산)하는
데 이것을 합종연횡이라고 표현한다.

ㅎ

亢龍有悔(항룡유회)

> • 오를 항, 용 룡, 있을 유, 후회할 회. 하늘 끝까지 올라가 내려올 줄 모르는 용은 후회할 때가 있다. 극히 존귀한 지위에 올라간 자가 겸손히 은퇴할 줄 모르면 반드시 敗家亡身(패가망신)하게 됨.

　적당한 곳에서 만족할 줄 모르고 무작정 밀고 나가다가 도리어 실패를 가져오게 되는 것을 비유해서 하는 말이다. '亢龍(항룡)'은 하늘 끝까지 올라간 용이란 뜻이다. 너무 자꾸만 올라가다가 하늘 끝에 가 닿아서 후회를 하게 된다는 말이다.

　『周易(주역)』乾卦(건괘) 맨 위에 있는 六爻(육효)의 爻辭(효사)에 있는 말이다.

　맨 아래에 있는 爻(효)는 지위가 가장 낮다든가 일을 처음 시작한다든가 하는 뜻이고, 맨 위에 있는 효는 극도에까지 미친 것을 말한다. 그러므로 건괘 첫 효에는 효사가 '潛龍勿用(잠룡물용)'이라고 나와 있다. 땅속 깊이 있는 용이니 꼼짝 말고 가만히 있으라는 뜻이다.
　'亢龍有悔(항룡유회)'는 더 이상 진전하지 말고 謙遜自重(겸손자중)하라는 뜻이다. 오를 대로 올라갔으니 만족할 줄 알아야 하며 그렇지 않으면 후회할 일이 생긴다는 말이다.
　이 말도 우리나라의 경우 선거철만 되면 유력한 인물에 대해 평을 하면서 으레 나오는 말이다.

偕老同穴(해로동혈)

> • 함께할 해, 늙을 로, 같을 동, 구멍 혈. 夫婦(부부)가 한평생 같이 지내며 같이 늙고 죽어서는 무덤을 같이한다. 부부가 평생을 같이하려는 사랑의 맹세.

이 말의 출처는 『詩經(시경)』인데, '偕老(해로)'란 말은 邶風(패풍)의 [擊鼓(격고)]와 鄘風(용풍)의 [君子偕老(군자해로)]와 衛風(위풍)의 [氓(맹)]에서 볼 수 있고, 同穴(동혈)이란 말은 王風(왕풍)의 [大車(대거)]에 나온다.

衛風(위풍)의 [氓(맹)]에 있는 해로를 소개하면 다음과 같다. 맹이라는 시는 行商(행상) 온 남자를 따라가 그의 아내가 되었으나 고생살이 끝에 결국은 버림을 받는 여자의 한탄으로 된 시다. 마지막 장만 보면,

> 그대와 함께 늙자 했더니
> 늙어서는 나를 원망하게 만드누나.
> 강에도 언덕이 있고
> 못에도 둔덕이 있는데.
> 총각 시절의 즐거움은
> 말과 웃음이 평화로웠네.
> 마음 놓고 믿고 맹세하여
> 이렇게 뒤집힐 줄은 생각지 못했네.
> 뒤집히리라 생각지 않았으면
> 역시 하는 수 없네.

王風(왕풍)의 [大車(대거)]라는 시는 사랑을 맹세하는 노래이다. 삼 장으로 된 마지막 장에 同穴(동혈)이라는 말이 나온다.

> 살아서는 방을 달리해도
> 죽으면 무덤을 같이하리라.
> 나를 참되지 않다지만

저 해를 두고 맹세하리.

'有如皦日(유여교일: 저 해를 두고 맹세하리)'은 자기 마음이 맑은 해처럼 분명하다고 해석되기도 한다. 해를 두고 맹세할 때도 흔히 쓰는 말로, 만일 거짓이 있으면 저 해처럼 없어지고 만다는 뜻으로 풀이되기도 한다.

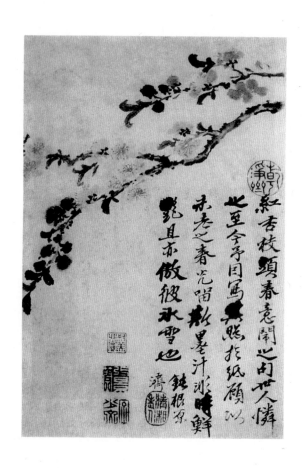

行百里者半於九十(행백리자반어구십)

• 갈 행, 일백 백, 거리 리, 놈 자, 반 반, 아홉 구, 열 십. 길을 감에는 처음 90리와 나머지 10리가 맞먹는다. 무슨 일이나 처음은 쉽고 끝맺기가 어려움. 行百里者半九十里(행백리자반구십리).

이 말은 『戰國策(전국책)』 秦策(진책)에 있는 말이다.

秦武王(진무왕)에게 어떤 사람이 말했다.

"신은 마음속으로 임금께서 제나라를 가볍게 알고 초나라를 업신여기며, 한나라를 속국 취급하는 것을 염려하고 있습니다. 신이 듣건대, '王者(왕자)의 군사는 싸워 이겨도 교만하지 않고, 霸者(패자)는 궁지에 빠져 있어도 노여워하지 않는다.'고 합니다. ……임금께서 만일 여기서 좋은 결과를 맺게 되면 고금을 통해 가장 위대한 임금이 되실 수 있지만, 만일 그렇지 못하면 제후들과 齊(제)나라, 宋(송)나라 인재들이 임금님을 궁지로 몰아넣지 않을까 걱정되옵니다."

그는 다시 계속해서,

"<詩(시)>에 말하기를 '백 리를 가는 사람은 구십을 반으로 한다.' 했습니다. 이것은 마지막 길이 어렵다는 것을 말한 것입니다." 하고 충고했다.

行不由徑(행불유경)

> • 다닐 행, 아닐 불, 말미암을 유, 지름길 경. 다니는 데 샛길로 아니 감. 行爲
> (행위)가 方正(방정)함의 비유.

이 말은 『論語(논어)』雍也篇(옹야편)에 있는 子遊(자유)의 말이다.

자유가 武城(무성) 고을 원이 되었을 때 공자는 무성으로 가서 자유를
보고,
"네가 훌륭한 일꾼을 얻었느냐." 하고 물었다. 그러자 자유는,
"澹臺滅明(담대멸명)이라는 사람이 있는데, 다닐 때 지름길로 가지 않
고 公事(공사)가 아니면 일찍이 제 방에 들어온 일이 없습니다." 하고 대
답했다.
지름길로 가지 않는다는 말은 그가 공적인 사무가 아니면 하지 않고,
자기 맡은 일에 충실했다는 점을 말해 주고 있는 것이다. 사사로운 청을
하거나 남이 알지 못하는 비밀을 속삭일 필요가 없는 그였기 때문이다.

ㅎ

絜矩之道(혈구지도)

• 잴 혈, 곱자 구, 갈 지, 길 도. 사람을 推度(추탁)하여 方正(방정)하게 만드는 도. 儒家(유가)에서 사람이 자기의 행동을 調節(조절)하기 위하여 스스로를 尺度(척도)로 삼는다는 원리.

『大學(대학)』 마지막 장에 나오는 말이다.

'絜(혈)'은 잰다는 뜻이고 '矩(구)'는 곡척을 말한다. 자는 물건을 재듯이 내 마음을 '자'로 삼아 남의 마음을 재고, 내 처지를 생각해서 남의 처지를 헤아리는 것이 '혈구지도', 즉 '자를 재는 방법'이다.

『大學(대학)』에는 '혈구지도'를 이렇게 설명하고 있다.

"윗사람이 내게 해서 싫은 것을 아랫사람에게 하지 말고, 아랫사람이 내게 해서 싫은 것을 윗사람에게 하지 말며, 앞사람이 내게 해서 싫은 것을 뒷사람에게 하지 말고, 뒷사람이 내게 해서 싫은 것을 앞사람에게 하지 말며, 오른쪽에 있는 사람이 내게 해서 싫은 것을 왼쪽 사람에게 하지 말고, 왼쪽 사람이 내게 해서 싫은 것을 오른쪽 사람에게 하지 않는 것이 바로 혈구지도라고 하는 것이다."

孔子(공자)는 『論語(논어)』에서, "내가 원하지 않는 것을 남에게 베풀지 않으면 그것이 어진 일을 하는 방법이라고 말할 수 있다."고 했고, 子貢(자공)은, "남이 내게 하지 말았으면 하는 것을 나도 남에게 하지 않겠습니다."라고 말했을 때, 공자는 "네가 할 수 없는 일이다."라고 했다.

ㅎ

螢雪之功(형설지공)

• 반딧불 형, 눈 설, 갈 지, 공 공. 반딧불과 눈빛으로 글을 읽어 이룬 공. 가난
 으로 고생을 하면서 공부하여 얻은 보람.

後晋(후진)의 李瀚(이한)이 지은 『蒙求(몽구)』라는 책에 나오는 이야기다.

"孫康(손강)은 집이 가난해서 기름 살 돈이 없었다. 그는 항상 눈빛으로
글을 읽었다. 그는 젊었을 때부터 清廉潔白(청렴결백)해서 친구를 사귀어
도 함부로 사귀는 일이 없었다. 뒤에 御史大夫(어사대부: 감찰원장)에까지
벼슬이 올랐다."

"진나라 車胤(차윤)은…… 집이 가난해서 기름을 구할 수 없었다. 여름
이면 비단 주머니에 수십 마리의 반딧불을 담아 글을 비추어 밤을 새우며
공부를 계속했다. ……그는 마침내 吏部尙書(이부상서: 내무장관)에까지
벼슬이 올랐다."

이 이야기에서 苦學(고학)하는 것을 가리켜 '螢雪(형설)'이니 형설지공
이니 말하고 공부하는 書齋(서재)를 가리켜 '螢窓雪案(형창설안)'이라고
한다. '반딧불 창에 눈 책상'이라는 말이다.

참고)
車胤盛螢(차윤성형): 수레 차, 맡 윤, 담을 성, 개똥벌레 형. 東晉(동진)의 車胤
　　　　(차윤)이 집이 가난하여 기름이 없으므로 주머니 속에 개똥
　　　　벌레를 많이 잡아넣어 그 반딧불로 勉學(면학)한 고사. 겨
　　　　울 밤 눈을 모아 글을 읽은 孫康(손강)과 함께 螢雪(형설)
　　　　의 고사로 유명함. 출전 晉書(진서).

惠而不知爲政(혜이부지위정)

> • 은혜 혜, 말 이을 이, 아닐 부, 알 지, 할 위, 정사 정. 은혜롭기는 하지만 정치는 할 줄 모른다는 말.

孟子(맹자)가 鄭(정)나라 宰相(새상) 子産(자산)을 평해서 한 말이다. 백성들에게 은혜롭기만 했지 정치할 줄을 몰랐다는 말이다.

『孟子(맹자)』 離婁 下(이루 하)에 있는 말을 보면 다음과 같다.

자산이 정나라 재상으로 있을 때 수레를 타고 지나다가 발을 벗고 물을 건너가는 사람을 보고 수레에 태워 건네준 일이 있었다.

맹자는 이 기록을 보고 이렇게 評(평)했다.

"자산은 인정은 많았지만 정치는 할 줄 몰랐다. 늦가을인 십일월에는 사람이 건너다닐 수 있는 다리를 놓고, 첫겨울인 십이월에는 수레가 지나다닐 수 있는 다리를 놓는다. 그러면 백성들은 물을 건너는 데 고통을 느끼지 않는다. 군자가 정치를 바르게 하면, 밖에 나갈 때 사람을 피하게 하는 것도 당연한 일이다. 그런데 어떻게 모든 사람을 일일이 건네줄 수 있겠는가. 그렇기 때문에 정치하는 사람이 사람마다 기쁘게 해 주려면 날이 또한 부족한 법이다."

자산은 명재상이다. 정나라에서 그가 죽었을 때는 임금과 온 백성이 다 슬퍼했다 한다. 그러나 맹자만큼은 평가가 다르다. 이 부분에 대한 평가에 한정할 일이다.

ㅎ

狐假虎威(호가호위)

> • 여우 호, 빌릴 가, 호랑이 호, 위세 위. 남의 權勢(권세)를 빌려 威勢(위세)를 부림. 여우가 호랑이의 위세를 빌려 행세하다.

『戰國策(전국책)』 楚策(초책)에 나오는 이야기다.

魏(위)나라 출신인 江乙(강을)이라는 辯士(변사)가 楚宣王(초선왕) 밑에서 벼슬을 할 때이다. 초나라에서는 三閭(삼려)로 불리는 세 세도 집안이 실권을 쥐고 있었고 그중에서 昭奚恤(소해휼)이 정권과 군권을 장악하고 있었다.

하루는 초선왕이 여러 신하들이 있는 데서 이렇게 물었다.

"초나라 북쪽에 있는 모든 나라들이 소해휼을 퍽 두려워하고 있다는데 그 말이 사실인가?"

소해휼이 두려워 아무도 대답하지 않았다. 그러자 강을이 일어나 대답했다.

"호랑이는 모든 짐승을 찾아 잡아먹습니다. 한번은 여우를 잡았는데 여우가 호랑이를 보고 이렇게 말했습니다.

'그대는 감히 나를 잡아먹지 못하리라. 옥황상제께서는 나를 백수의 어른으로 만들었다. 만일 그대가 나를 잡아먹으면 이것은 하늘을 거역하는 것이 된다. 만일 내 말이 믿어지지 않거든, 내가 그대를 위해 앞장서서 갈 터이니, 그대는 내 뒤를 따라오며 보라. 모든 짐승들이 나를 보고 감히 달아나지 않는 놈이 있는가를.' (중략)

지금 대왕께서는 오천 리나 되는 땅과 완전무장을 한 백만 명의 군대를 소해휼 한 사람에게 완전히 맡겨 두고 계십니다. 그러므로 모든 나라들이 소해휼을 두려워하는 것은, 사실은 임금님의 무장한 군대를 무서워하고 있는 것입니다. 마치 모든 짐승들이 호랑이를 무서워하듯 말입니다."

虎溪三笑(호계삼소)

> • 범 호, 시내 계, 석 삼, 웃을 소. 虎溪(호계)라는 시냇가에서 세 사람이 웃는
> 다는 뜻이다.

이것은 儒佛道(유불도)의 진리가 그 근본에 있어 하나라는 것을 상징한
이야기였는데, 虎溪三笑(호계삼소)를 그린 그림을 '虎溪三笑圖(호계삼소
도)'라고 하여 많은 화가들에 의해 그려지곤 했다.

이 이야기는 宋(송)나라 陳聖兪(진성유)가 지은 [廬山記(여산기)]에 있
는 이야기다.

東晋(동진)의 高僧(고승) 慧遠(혜원)은 중국 淨土敎(정토교)의 開祖(개
조)로 알려져 있는데 보통 여산의 혜원이라고 부른다.

그는 처음에는 儒學(유학)을 배웠고, 이어 道敎(도교)에 심취했었는데,
스무 살이 지난 뒤에 중이 되어 여산에 東林精舍(동림정사)를 지어 불경
번역에 종사하는 한편 元興(원흥) 원년에는 이 정사에 동지들을 모아 白
蓮寺(백련사)를 차렸다.

혜원이 있던 이 동림정사 밑에는 호계라 불리는 시내가 흐르고 있었다.
혜원은 찾아온 손님을 보낼 때는 이 호계까지 와서 작별하도록 정해져 있
어 절대로 내를 건너가는 일이 없었다.

그런데 어느 때인가 유학자요 시인인 陶淵明(도연명)과 道士(도사)인
陸修靜(육수정)을 보내며 서로 이야기를 나누는 가운데 무심코 이 호계를
지나고 말았다. 문득 생각이 나 이 사실을 안 세 사람은 마주 보며 껄껄
웃음을 터뜨렸다.

好名之人能讓千乘之國
(호명지인능양천승지국)

> • 좋아할 호, 이름 명, 갈 지, 사람 인, 능할 능, 사양할 양, 일천 천, 탈 승, 나라 국. 名譽(명예)를 좋아하는 사람은 천승의 나라도 양보할 수 있다.

"부귀 이상으로 좋은 이름을 원하는 사람이 있다. 그런 사람을 가리켜 好名之人(호명지인)이라고 한다. 그 호명지인은 능히 천승의 나라도 사양할 수 있다."

이 말은 『孟子(맹자)』 盡心下(진심하)에 있는 맹자의 말이다.

"이름을 좋아하는 사람은 능히 천승 나라도 사양할 수 있다. 그러나 진실로 그럴 사람이 아니면 한 그릇 밥과 한 대접 국에 본색이 드러나고 만다."
伯夷(백이), 叔齊(숙제)와 같은 사람이 이름을 얻고 싶어 하고 俗人(속인)의 마음을 버리지 못한 사람이 道人(도인)의 이름을 얻고 싶어 한다. 그들은 세상이 다 알아줄 수 있는 일이라면 모처럼 얻을 수 있는 부귀도 헌신짝 버리듯 버릴 수 있는 것이다.
그러나 사람들은 세상 사람들이 모르는 일에서는 사소한 이해관계로 얼굴을 붉히며 다툰다. 공공연한 자리에서는 점잖은 척해도 사석이나 은밀한 자리에서는 남에게 손가락질당할 만한 일을 서슴지 않고 하는 것이 인간인 것이다.
맹자는 인간 내면에 자리 잡고 있는 위선과 욕망을 꼬집는다. 지금 세상이 떠들썩하게 이름난 사람들을 살펴보면 이 사람들이 반드시 훌륭한 사람은 아니다. 그중에는 僞善者(위선자)가 많다. 그 사람의 참다운 인격을 알고 싶다면 맹자의 주장대로 그가 무심코 하는 하찮은 일을 살펴볼 필요가 있다.

虎視耽耽(호시탐탐)

> • 범 호, 볼 시, 노려볼 탐. 범이 눈을 부릅뜨고 먹이를 노려보고 있음. 공격이나 침략의 기회를 노리고 있는 모양. 야망을 이룰 기회를 노리고 가만히 정세를 관망함.

耽耽(탐탐)이라는 말은 노려본다는 말이다. 사람이 욕망을 채우기 위해 기회를 노리며 정세를 관망하고 있는 것을 비유해서 쓰는 말이다.

이 말은 『周易(주역)』頤卦(이괘) 四爻(사효)의 爻辭(효사)에 나오는 말이다.

'頤(이)'는 아래턱이라는 말인데 기른다는 뜻도 된다. 이 괘는 위가 艮(간)이고 아래는 震(진)이다. 간은 산이라는 말이고 진은 우뢰를 말한다. 괘의 전체 모양은 위아래는 막혀 있고 복판이 열려 있어 사람의 입속을 상징하고 있다. 산은 움직이지 않고 우뢰는 움직이는 성질을 가지고 있다. 위는 가만히 있고 아래만 움직이는 것이 사람이 음식을 먹을 때 입의 모양이다. 그러므로 頤卦(이괘)는 음식을 먹고 생명을 보존하는 뜻이 된다.

그러나 음식을 먹고 몸을 기르는 데도 여러 가지 방법이 있고 처지가 다르다. 그래서 각 효마다 뜻이 다른 말로써 이를 나타내고 있는 것이다. 四爻(사효)에는,

"거꾸로 길러져도 좋다. 범처럼 노려보고 그 욕심이 한이 없더라도 상관없다."고 했다.

부모는 자식이 다 크면 범의 위엄을 갖추고 자식들의 봉양을 계속 받아도 좋은 것이다. 나라가 태평하면 임금이 나라의 권위를 유지하여 사치를 하는 것도 나쁠 것이 없다는 뜻이다.

浩然之氣(호연지기)

> • 클 호, 그럴 연, 갈 지, 기운 기. ① 온 세상에 가득 찬 넓고 큰 元氣(원기).
> ② 사람의 마음에 가득 차 있는 너르고 크고 올바른 기운. 浩然(호연)은 물이
> 세차게 흐르는 모양.

『孟子(맹자)』 公孫丑 上(공손추 상)에 보면 맹자의 제자 공손추가 不動
心(부동심)에 대한 긴 이야기 끝에,

"선생님은 어떤 점에 특히 뛰어나십니까." 하고 묻자 맹자는,

"나는 나의 호연지기를 잘 기르고 있다."고 대답했다. 그러자 공손추는
다시, "감히 무엇을 가리켜 호연지기라고 하는지 듣고 싶습니다." 하고 물
었다. 맹자는 말로 표현하기 어렵다고 전제하고 다음과 같이 설명하고 있다.

"그 기운 됨이 지극히 크고 지극히 강해서 그것을 올바로 길러 상하게
하는 일이 없으면 하늘과 땅 사이에 꽉 차게 된다.

그 기운 됨이 의와 도를 함께 짝하게 되어 있다. 의와 도가 없으면 그
기운은 그대로 시들어 없어지게 된다.

이것은 의를 쌓고 쌓아 생겨나는 것으로 하루아침에 의를 한다고 해서
얻어지는 것이 아니다. 일생생활에 조금이라도 양심에 개운치 못한 것이
있으면 그 기운은 곧 시들고 만다."

중국 哲學者(철학자) 馮友蘭(풍우란)이 호연지기를 해석한 바는 至大
(지대) 至剛(지강)한 氣(기)이고, 일석 이희승 씨는 도의에 뿌리를 박고, 공
명정대하여 조금도 부끄러울 바가 없는 도덕적 용기, 하늘과 땅 사이에
넘치게 가득 찬 넓고도 큰 원기, 사물에서 해방되어 자유스럽고 유쾌한
마음 등으로 해석했다.

好而知其惡(호이지기악)

• 좋아할 호, 말 이을 이, 알 지, 그 기, 악할 악. 좋아하면서도 그 사람의 옳지
  못한 점을 안다는 말.

『大學(대학)』 八章(팔장) 修身齊家(수신제가)에 대한 설명 속에 나오는
말이다.

그 全文(전문)을 소개하면 다음과 같다.

"이른바 그 집을 가지런히 하는 것이 그 몸을 닦는 데 있다는 것은, 그
천하고 사랑하는 바에 치우치게 되고, 그 업신여기고 미워하는 바에 치우
치게 되고, 그 두려워하고 공경하는 바에 치우치게 되고 그 슬퍼하고 불
쌍히 여기는 바에 치우치게 되고 그 거만하고 게으른 바에 치우치게 된다.
그러므로 좋아하면서도 그 나쁜 것을 알고, 미워하면서도 그 아름다운 것
을 아는 사람이 천하에 적다.

그러므로 俗談(속담)에 말하기를 '사람은 자기 자식의 나쁜 것을 알지
못하고, 자기 곡식이 큰 것을 알지 못한다.'고 했다. 이것이 이른바 몸이
닦이지 못하면 그 집을 가지런히 하지 못한다는 것이다."

가정에서의 감정에 의한 불공평한 일이 모두 자기 자신의 수양 부족에
서 비롯되고 그것은 곧 가정 不和(불화)를 불러일으키고 자식들에게 惡影
響(악영향)을 미치게 되는 것을 말한다.

ㅎ

胡蝶夢(호접몽)

• 나비 호, 나비 접, 꿈 몽. 중국의 장자가 꿈에 나비가 되어 즐겁게 놀았다는 고사. 나와 사물은 결국 하나라는 뜻. 胡蝶春夢(호접춘몽).

『莊子(장자)』 齊物論(제물론)에서 장자는 말하고 있다.

"언젠가 내가 꿈에 나비가 되었다. 훨훨 나는 나비였다. 내 스스로 아주 기분이 좋아 내가 사람이었다는 것을 모르고 있었다. 이윽고 잠을 깨니 틀림없는 인간 나였다. 도대체 인간인 내가 꿈에 나비가 된 것일까, 아니면 나비가 꿈에 이 인간인 나로 변해 있는 것일까. 인간 莊周(장주)와 나비와는 분명코 구별이 있다. 이것이 이른바 만물의 변화인 物化(물화)라는 것이다." 장자는 또,

"하늘과 땅은 나와 같이 생기고, 만물은 나와 함께 하나가 되어 있다." 고 말했다. 그러한 만물이 하나로 된 絶對(절대)의 경지에 서 있게 되면, 인간인 장주가 곧 나비일 수 있고 나비가 곧 장주일 수도 있다. 꿈도 현실도 죽음도 삶도 구별이 없다. 우리가 눈으로 보고 생각으로 느끼고 하는 것은 한낱 만물의 變化(변화)에 불과한 것이다. '胡蝶春夢(호접춘몽), 莊周之夢(장주지몽)'이라고도 한다.

好行小慧(호행소혜)

- 좋아할 호. 행할 행. 작을 소. 지혜 혜. 얄팍하고 옳지 못한 꾀를 쓰기를 좋아한다.

『論語(논어)』 衛靈公篇(위령공편)에 있는 孔子(공자)의 말씀 가운데 나오는 말이다.

"뭇사람이 함께 어울려 있으면서, 하루 종일 옳은 일에 대해서는 한마디 언급도 없이 사리사욕을 위한 얄팍한 꾀를 쓰기만을 좋아한다면, 이보다 더 위험한 일이 없다."

混沌(혼돈)

> • 섞을 혼. 어두울 돈. 뒤섞이고 어두운 상태.

『莊子(장자)』 응제왕편에 나온 이야기이다.

남해의 왕은 儵(숙)이라 하고 북해의 왕은 忽(홀)이라 하며 중앙의 왕은 혼돈이라 한다. 숙과 홀이 때때로 혼돈의 땅에서 서로 만났는데, 혼돈이 그들을 아주 잘 대접하였다. 숙과 홀은 혼돈의 은혜에 보답하고자 말하길, "사람은 누구나 일곱 구멍이 있어 보고 듣고 먹고 숨을 쉬는데, 오직 혼돈에게만 없으니 우리가 시험삼아 그에게 구멍을 뚫어 주자"고 하였다. 매일 한 구멍씩 뚫었는데 7일이 지나자 혼돈은 죽고 말았다.

이처럼 혼돈은 구멍도 얼굴도 없는 마치 주머니와 같은 모습으로 묘사되고 있다.

『山海經(산해경)』 서차삼경에 혼돈에 관한 기록이 또 나온다.

어떤 신이 있었는데, 그 형상이 누런 자루 같은데 붉기가 빨간 불꽃 같고 여섯 개의 다리와 네 개의 날개를 갖고 있으며 얼굴이 전혀 없다. 가무를 이해할 줄 아는 이 신이 바로 帝江(제강)이다.

눈, 코, 귀가 없는 얼굴에 두루뭉수리한 자루의 모습을 하고 있는 신 제강은 바로 홍몽한 원기인 혼돈의 모습을 이미지화한 것으로 볼 수 있다.

『楚辭(초사)』 천문은 다음과 같은 물음으로 시작된다.

태고의 처음 일을 누가 전해 주었을까? 천지가 이루어지기 전에 어디에서 천지가 나왔을까? 천지와 일월의 이치는 어두워서 모르는데 누가 그 이치를 따져 알 수 있었을까? 천지가 형성되지 않았을 때를 상상할 뿐인데 어떻게 알게 되었을까? 음양의 명암, 이것이 어떻게 만들어졌을까?

아마도 천지 창조 이전에는 음양이 갈리지 않고 어둠의 혼돈만이 있었을 것임을 의미하고 있다.

혼돈신화는 중국 소수민족의 구전고사에도 많이 남아있으니 고대 중국에 널리 퍼져 있음을 확인할 수 있다. 渾天(혼천)이란 달걀껍질이 노른자를 둘러싸듯, 하늘은 그 모습이 둥글고 끝없이 日周運動(일주운동)을 한다는 말이고 여기에서 혼천의라는 말이 생겼다. 혼돈은 카오스라고 한다.

弘益人間(홍익인간)

> • 넓을 홍, 더할 익, 사람 인, 사이 간. 널리 인간 세상을 이롭게 한다. 國祖(국
> 조) 檀君(단군)의 개국 이념.

이 말은 『三國遺事(삼국유사)』 紀異第一(기이제일) 古朝鮮(고조선) 建
國神話(건국신화)에 나오는 말이다.

"魏書(위서)에 말하기를, '지금으로부터 이천 년 전에 단군 王儉(왕검)
이란 사람이 있어서 도읍을 阿斯達(아사달)에 세우고, 나라를 처음 만들어
이름을 朝鮮(조선)이라 불렀다.'고 했다."

"古記(고기)에는 말하기를, 옛날 桓因(환인)의 서자 桓雄(환웅)이 자주
천하에 뜻을 두고 인간 세상을 탐내어 찾았다. 아버지가 아들의 뜻을 알
고, 아래로 三危太伯(삼위태백)을 굽어보니 인간을 널리 유익하게 할 수
있었다. 그래서 天符印(천부인) 세 개를 주어 그곳으로 보내 가서 다스리
게 했다. 환웅은 부하 삼천 명을 거느리고 태백산 꼭대기의 신단나무 아
래로 내려와 이름하여 神市(신시)라 했다. 이를 일러 桓雄天王(환웅천왕)
이라 한다. 그는 風伯(풍백)·雨師(우사)·雲師(운사)를 거느리고 곡식·
수명·질병·형벌·선악 등을 주관하고, 인간의 360여 가지 일을 주관하
여 인간세계를 다스려 교화시켰다.

그때 곰 한 마리와 호랑이 한 마리가 같은 굴속에 살고 있었는데, 항상
神雄(신웅)에게 빌어 사람이 되기를 원했다. 그때 神[신: 桓雄(환웅)]이 신
령스런 쑥 심지 1개와 마늘 20개를 주면서 '너희들은 이것을 먹고 1백일
동안 햇빛을 보지 않으면 곧 변하여 사람이 될 것이다.'라고 하였다. 곰과
호랑이는 이것을 받아먹었는데, 금기한 지 三七日(삼칠일: 21일) 만에 곰은
여자의 몸이 되었으나, 호랑이는 그 금기를 참을 수 없어 사람이 되지 못하
였다. 곰녀는 더불어 혼인할 사람이 없으므로 매일 단수 밑에서 아기 배기
를 축원하였다. 이에 雄[웅: 桓雄(환웅)]이 잠깐 변하여 혼인하니, 잉태하여
아들을 낳았다. 이름을 壇君王儉(단군왕검)이라 하였다. (이하 생략)"고 했다.

홍익인간이라는 말은 國祖(국조) 檀君(단군)의 개국 이념이자 고조선의
개국 이래 우리나라 정치 교육의 기본정신이 되어 왔다. 인간세계를 이롭
게 하려는 나라가 우리나라이다.

紅一點(홍일점)

> • 붉을 홍, 한 일, 점 점. 하나의 붉은 점. 많은 남자들 틈에 낀 여자 한 사람을 가리키기도 하고, 여럿 가운데서 뛰어난 하나를 가리킴.

　많은 남자들 속에 여자 하나가 끼어 있는 것을 가리켜 흔히 홍일점이라고 말한다. 불타는 것은 꽃을 뜻하기 때문에 그것은 곧 아름다운 여인을 말하게 되는 것이다. 이 홍일점이란 말은 원래 '萬綠叢中紅一點(만록총중 홍일점)'이란 말의 끝 부분만을 따서 된 말이다. 온통 새파란 덤불 속에 빨간 꽃이 한 송이 피어 있다는 뜻이다. 이것은 왕안석의 [석류시]에 나오는, "만록총중의 붉은 한 점은 사람을 움직이는 봄빛이 많음을 필요치 않게 한다."는 시 구절에서 따온 것이다. 이 말에 대하여 '靑一點(청일점)'이라는 말도 생겨났다. 많은 여자 중에 끼어 있는 한 남자를 나타낼 때 쓴다.

和光同塵(화광동진)

> • 화합할 화, 빛 광, 같을 동, 먼지 진. 빛을 감추고 俗塵(속진)에 섞임. 곧 자기의 뛰어난 才德(재덕)을 나타내지 않고 世俗(세속)을 따른다는 뜻.

‘和光(화광)’은 빛을 부드럽게 한다는 뜻이고 ‘同塵(동진)’은 세상 사람들과 함께하는 것을 말한다. 지혜 같은 것을 자랑하는 일이 없이 오히려 그것을 흐리고 보이지 않게 하여 俗世(속세) 사람들 속에 묻혀 버리는 것이다.

『老子(노자)』第五十六章(제오십륙장)의 것을 보면 다음과 같다.

“아는 사람은 말하지 않고, 말하는 사람은 알지 못한다. 그 열린 것(귀, 눈, 코, 입)을 막고, 그 문을 닫고, 그 날카로움을 무디게 하고, 그 얽힌 것을 풀고, 그 빛을 흐리게 하고, 그 티끌을 같이 한다. 이것을 玄同(현동)이라 한다.”

‘玄同(현동)’은 玄妙(현묘)하게 같은 것이라는 뜻이다. 불교에서 부처가 衆生(중생)을 濟度(제도)하기 위해 부처의 本色(본색)을 감추고 속세에 나타나는 것을 和光同塵(화광동진)이라고도 하는데 그것은 불교가 중국에 전해진 뒤부터 이 老子(노자)의 말을 받아들여 썼다고 보아야 한다.

畵龍點睛(화룡점정)

> • 그릴 화. 용 룡. 점 점. 눈동자 정. 용을 그리고 마지막으로 눈동자를 그린다. 용을 그리고 마지막으로 눈에 점을 찍는다. 사물의 眼目(안목)이 되는 곳 또는 약간의 語句(어구)나 事物(사물)을 첨가하여 전체가 활기를 띠는 일 또는 일을 완전히 성취함을 이름.

南北朝(남북조)시대의 梁(양)나라 張僧繇(장승유)는 右軍將軍(우군장군)과 吳興太守(오흥태수) 등을 歷任(역임)한 사람이었지만, 일반적으로는 畵家(화가)로 알려져 있을 정도로 그림에 대한 逸話(일화)들이 많다.

그가 언젠가 시울인 金陵[금릉: 南京(남경)]에 있는 安樂寺(안락사) 벽에다가 네 마리의 용을 그렸는데 눈동자를 그리지 않았다. 그래서 사람들이 그 까닭을 묻자,

"눈동자를 그리면 날아가 버리기 때문이야." 하고 대답했다.

그러나 사람들은 그의 말을 믿지 않았다. 그래서 그는 용 한 마리에 눈동자를 그려 넣었다. 그러자 갑자기 천둥이 울리고 번개가 치더니 그 용이 벽을 차고 뛰어나가 하늘로 올라가 버리고 말았다. 나중에 보니 눈동자를 그리지 않은 용은 그대로 남아 있었다는 것이다.

위 이야기는 『水衡記(수형기)』라는 책에 실려 있다. 『歷代名畵記(역대명화기)』라는 책에도 실려 있다.

ㅎ

華胥之夢(화서지몽)

> • 꽃 화, 서로 서, 갈 지, 꿈 몽. 黃帝(황제)가 낮잠을 자다가 꿈에 화서의 나라
> 에 가서 그 나라가 이상적으로 잘 다스려진 狀況(상황)을 보았다는 故事(고
> 사)에서 나온 말.

華胥(화서)는 나라이름이다. 黃帝(황제: 헌원씨)가 꿈에 華胥氏(화서씨)
의 나라로 가서 진리를 깨닫게 되었다는 고사에서 좋은 꿈을 가리켜 화서
지몽이라고도 하고, 낮잠을 자다가 이 꿈을 꾸었다 해서 낮잠을 자는 것
을 가리켜 화서의 꿈을 꾼다고 한다.

『列子(열자)』黃帝篇(황제편) 첫머리에 나오는 이야기다.
"황제는 一五(십오)년 동안 천하가 자기를 떠받드는 것을 기뻐하며 이
제 좀 몸을 편안히 하려고 오관의 즐거움을 좇아 생활했다. 그러나 몸은
점점 여위어 가고 정신은 자꾸만 흐려져 갔다.
그래서 황제는 생각을 달리하여 정치에서 완전히 손을 떼고 대궐에서
물러나와, 음식도 검소하게 하며, 태고시절의 無爲(무위)의 帝王(제왕)인
大庭氏(대정씨)가 있던 집에 들어앉아 마음을 깨끗이 하고 몸을 가다듬어
석 달 동안 가만히 있었다.
그때 황제는 낮잠을 자는 동안 태고 시절 무위의 제왕인 화서씨의 나라
로 가서 놀게 되었다. 이 나라는 지배자가 없이 자연 그대로였다. 사람들
은 욕심도 없고 자기를 위하는 일도, 남을 멀리하는 일도 없기 때문에 사
랑이니 미움이니 하는 것이 없었다.
황제는 꿈에서 깨어나자 맑은 정신으로 진리를 훤히 깨달을 수 있었다."
이 화서의 나라는 道家(도가)의 이상사회를 그린 것으로 無心無爲(무심
무위)가 도의 極致(극치)라는 것을 주장하고 있는 것이다.

和氏之璧(화씨지벽)

• 화할 화, 성씨 씨, 갈 지, 둥근 옥 벽. 화씨가 발견한 구슬. 卞和(변화)가 楚 (초)나라의 厲王(여왕)에게 바친 玉(옥). 和氏璧(화씨벽).

　　화씨가 발견한 구슬이라고 해서 화씨벽이다. 춘추전국시대를 통해서 가장 비싼 보물로 膾炙(회자)되어 왔고, 藺相如(인상여)가 벼락출세를 하며 '完璧(완벽)'이라는 말이 생겨났고, 張儀(장의)는 죽도록 맞아서 '吾舌尙在 (오설상재)'라는 말도 생겨났다.

　　그러나 이 화씨벽이 세상에 나오기까지 기막힌 사연이 얽혀 있었다.

　　楚(초)나라 화씨가 옥돌 原石(원석)을 厲王(여왕)에게 바쳤다. 여왕은 玉工(옥공)에게 감정을 하게 했고 돌로 판정이 되어, 임금을 속인 죄로 화씨의 왼쪽 다리를 자르게 했다. 여왕이 죽고 武王(무왕)이 즉위하자 화씨는 다시 원석을 바쳤다. 다시 돌로 판정이 내려져 이번에는 그의 오른발을 자르게 했다.

　　무왕이 죽고 문왕이 즉위했다. 그러자 화씨는 그 원석을 품에 안고 밤낮 사흘을 소리 내어 울었다. 눈물이 마르자 피가 잇달아 흘렀다. 문왕은 이 소문을 듣고 사람을 시켜 그 까닭을 묻게 했다.

　　"세상에 발을 잘린 죄인이 많은데 그대만 유독 슬프게 우는 까닭은 무엇인가?" 그러자 화씨는 "다리가 잘린 것이 슬퍼 우는 것이 아닙니다. 보배구슬이 돌로 불리고 곧은 선비가 속이는 사람이 된 것이 슬퍼 우는 것입니다." 하고 대답했다.

　　이리하여 문왕은 옥공에게 원석을 다듬고 갈게 하여, 천하에 둘도 없는 보물을 얻게 된다.

火牛之計(화우지계)

> • 불 화, 소 우, 갈 지, 셈할 계. 소에게 불을 붙여 날뛰게 하는 전략. 火牛計(화우계).

戰國時代(전국시대) 말기 齊(제)나라 田單(전단)이 쓴 戰法(전법)의 하나이다.

쇠꼬리에 불을 붙여 어두운 밤중에 잠들어 있는 적의 진지를 습격해 들어가 적을 혼란에 빠뜨림으로써 멸망 직전에 있던 제나라를 구한, 前無後無(전무후무)한 전법이었다.

燕昭王(연소왕)은 樂毅(악의)를 총대장으로 이웃나라의 도움을 빌려 제나라 칠십여 성을 다 함락시키고 망명 간 齊湣王(제민왕)을 죽게 만든 다음 오직 卽墨(즉묵)과 莒(거) 두 성을 남겨 둔 채 항복하기만을 기다리고 있었다.

그러자 소왕이 죽고, 즉묵에서는 민중들의 추대에 의해 전단이 등장하게 된다. 전단은 먼저 간첩을 보내 새로 즉위한 燕惠王(연혜왕)으로 하여금 악의를 해임시키고 騎劫(기겁)이라는 장수를 총대장으로 임명하게 한다. 은밀히 反間計(반간계)를 쓴 것이다. 전단은 다시 간첩 공작을 써서 제나라 민중들을 激憤(격분)하게 만드는, 무모한 짓을 하게 만들고 곧 항복한다는 헛소문을 퍼뜨리며 기겁의 군대를 放心(방심)하게 만들었다. 전단은 성 밑을 파서 지하도를 만든 후에 천여 마리의 소를 붉은 비단으로 옷을 만들어 입히고, 거기에 五色(오색)으로 용의 그림을 그린 다음, 양쪽 뿔에 칼을 붙들어 매고 꼬리에는 기름이 묻은 갈대를 매달았다. 적을 다 취하게 만든 후에 神將(신장)처럼 꾸민 장사 오천 명이 칼을 들고 뒤따르며 쇠꼬리에 불을 붙여 소가 날뛰도록 하여 연나라는 대패하고 기겁은 죽었으며 전단은 칠십여 성을 모두 회복하게 되었다.

畵虎不成反類狗(화호불성반류구)

- 그림 화, 범 호, 아닐 불, 이룰 성, 도리어 반, 무리 류, 개 구. 범을 그리다가
  이루지 못하면 도리어 개처럼 되고 만다.

『後漢書(후한서)』馬援傳(마원전)에 나오는 말이다.

후한 光武帝(광무제) 때 용맹을 날렸던 伏波將軍(복파장군) 馬援(마원)
이, 그가 싸우고 있던 交阯(교지)에서 그의 조카 馬嚴(마엄)과 馬敦(마돈)
에게 편지로써 타이른 말 가운데 나오는 문자다. 두 조카는 남을 비평하
기를 좋아하고 협객으로 자처하며 철이 없었다. 그래서 馬援(마원)이 형의
아들을 訓戒(훈계)하려고 편지를 썼다.

"나는 너희들이 남의 잘못을 들었을 때는 부모의 이름을 들었을 때처럼
귀로 들을지라도 입으로 말하지 않기를 바란다. 남의 장단점을 즐겨 비평
하거나 나라의 정사를 함부로 비판하는 것은 내가 가장 싫어하는 바다.
……龍伯高(용백고)는 착실하고 신중하여 필요 없는 말을 입 밖에 내지
않으며 겸손하고 청렴 공정하여 위엄이 있는 사람이다. ……너희들이 이
사람을 본받기를 나는 바란다. 杜季良(두계량)은 호협하여 남의 걱정을 내
걱정으로 하고 남의 즐거움을 내 즐거움으로 하고 있어…… 그의 부친
초상에는 몇 고을 사람들이 다 모였다. 나는 이 사람을 사랑하고 존경한
다. 그러나 너희들이 이 사람을 배우는 것을 원치 않는다.

龍伯高(용백고)를 배우면 비록 그와 같이 되지 못하더라도 근실하고 정
직한 사람이 될 수 있다. 이른바 기러기를 새기다가 제대로 못 되면 그대
로 집오리처럼 된다는 것이다. 그러나 만일 杜季良(두계량)을 배우다가
그처럼 되지 못하면 천하의 각박한 인간이 되고 만다. 이른바 범을 그리
다가 이루지 못하면 도리어 개처럼 되고 만다."

이 말은 너무 큰 것을 욕심내다가 실패하면 망신만 당하고 만다는 말이
다. 豪傑(호걸)을 본받다가 도리어 輕薄(경박)에 떨어짐을 비유하는 말이
다. '畵虎類狗(화호유구)'라고 쓰기도 한다. 위 이야기에는 '刻鵠不成尙類
鶩(각곡불성상류목)'이라는 말도 나온다. 고니를 새기다가 이루지 못해도
오히려 집오리는 닮게 된다는 말이다. 몸가짐을 삼가는 선비를 본받으면
그와 같이는 못 될지라도 착한 사람이 될 수 있다는 비유로 쓰인다.

ㅎ

換骨奪胎(환골탈태)

• 바꿀 환, 뼈 골, 빼앗을 탈, 아이 밸 태. 뼈를 바꿔 넣고 탈을 달리 쓴다. ①
古人(고인)의 시문을 형식을 약간 바꾸어 意趣(의취)를 새롭게 하는 일. ②
容貌(용모)가 환하게 트이고 아름다워져 전혀 딴사람처럼 되는 것.

원래는 이 말이 仙家(선가)에서 나온 말로, 鍊丹法(연단법)에 의해 새로
운 사람이 되는 것을 말하는 것이었다.

黃庭堅(황정견: 호는 山谷산곡)은 蘇軾(소식: 호는 東坡동파)과 함께 北
宋(북송)을 대표하는 시인이었다. 황정견은 博識(박식)으로 알려져 있지만,
박식을 자랑하여 함부로 引用(인용)하는 일이 없고, 그것을 완전히 소화시
켜 낸 것처럼 자유롭게 씀으로써 독자적인 세계를 이루었던 것이다. 그가
그 같은 수법을 도가의 용어를 빌려 표현한 것이 '환골탈태'이다.

南宋(남송)의 승려 惠洪(혜홍)이 쓴 『冷齊夜話(냉제야화)』에 있는 이야
기다.

"황산곡이 말했다. '시의 뜻은 무궁한데 사람의 재주는 한이 있다. 한이
있는 재주로 무궁한 뜻을 좇는다는 것은 陶淵明(도연명)과 杜子美(두자미)
라 할지라도 잘 될 수 없다. 그러나 그 뜻을 바꾸지 않고 그 말을 한다는
것을 일러 換骨法(환골법)이라 하고, 그 뜻을 본받아 형용하는 것을 일러
奪胎法(탈태법)이라고 한다.'"

환골탈태의 文章法(문장법)은 남이 애써 지은 글을 剽竊(표절)하는 것
과는 다르다. 그것을 이용하여 보다 뜻이 살고 보다 절실한 표현을 얻게
되는 것을 말한다.

黃絹幼婦外孫虀臼(황견유부외손제구)

• 누를 황, 명주 견, 어릴 유, 며느리 부, 밖 외, 손자 손, 버무릴 제, 절구 구. '絶妙(절묘)'라는 뜻의 隱語(은어). 黃絹(황견)은 색실로 짠 것이므로 곧 絶(절) 자, 幼婦(유부)는 연소한 여자 곧 妙(묘) 자.

　삼국시대 魏(위)나라 曹操(조조)가 젊었을 때 친구인 楊修(양수)와 함께 강남을 여행하다가 孝婦(효부) 曹娥(조아)의 비석을 보니 뒷면에 黃絹幼婦外孫虀臼(황견유부외손제구)의 여덟 자가 새겨져 있었다. 조조가 그 뜻을 몰라 양수에게 "아느냐?"고 묻자 "안다."고 대답했다. 잠시 설명을 보류시킨 조조는 삼십 리나 걸어간 후에야 "이제 알았다."며 그 뜻을 양수에게 설명하자 두 사람의 해석이 일치했다는 옛일에서 온 말이다.

　이 여덟 자는 後漢(후한) 蔡邕(채옹)이, 邯鄲淳(한단순)이 지은 조아의 碑文(비문)을 칭송한 수수께끼 같은 隱語(은어)인데 조조는 '黃絹(누른 비단)'은 '色絲(색사: 색실)'를 뜻하므로 두 자를 조합하면 '絶(절)', '幼婦(유부: 나이 어린 지어미)'는 소녀를 뜻하므로 妙(묘), 外孫(외손)은 女(녀)의 子(자: 자식)를 뜻하므로 好(호), 虀臼(제구)는 辛(신: 매운 것)을, 臼(구: 절구)로 찧는다, 즉 辛(신)을 受(수: 받는다)한다는 뜻이므로 辭(사)가 된다. 따라서 이 여덟 자는 絶妙好辭(절묘호사: 절묘하게 좋은 말)라 해석했다고 한다. 그 이후 황견유부는 절묘를 나타내는 은어가 되었고 영웅들의 말놀이가 흥미 있게 펼쳐진 고사이다. 양수는 나중에 조조의 參謀(참모)로 활약하게 되나 잘난 체하다가 조조에게 猜忌心(시기심)을 사서 곧 제거된다.

嚆矢(효시)

> • 울릴 효, 화살 시. 옛날에 전쟁을 시작할 때 소리가 나는 화살을 쏘아 올려 신호 삼아 전투를 開始(개시)함. 사물의 맨 처음. 비슷한 말로 濫觴(남상), 鼻祖(비조) 등이 있음.

嚆矢(효시)는 소리 나는 화살을 말한다. '響箭(향전)'이라고도 한다.

옛날 중국에서는 이 우는 화살을 적진에 쏘아 보냄으로써 개전 신호를 삼았다 한다. 그래서 모든 것의 始初(시초)나 先例(선례)를 가리키게 되었다.

이 말은 『莊子(장자)』 在宥篇(재유편)에 나온다.

"……나는 聖人(성인)의 智慧(지혜)가 罪人(죄인)의 목에 거는 큰 칼과 발에 거는 차꼬가 되지 않고, 또 이른바 仁(인)이니 義(의)니 하는 것이 차꼬와 수갑의 빗장이 되지 않은 예를 알지 못한다. 孝道(효도)로 유명한 曾參(증삼)과 剛直(강직)하기로 유명한 史鰌(사유)가 暴君(폭군)인 桀(걸)과 가장 큰 도둑인 跖(척)의 嚆矢(효시)가 아니란 것을 어떻게 알 수 있겠는가. 그러므로 聖(성)을 끊고 知(지)를 버려야 천하가 크게 다스려진다고 말하는 것이다."

ㅎ

犧牲(희생)

> • 희생 희. 희생 생. 천지나 종묘에 제사를 지낼 때 제물로 쓰는 살아 있는 소. 남을 위해 자신의 목숨이나 재물 또는 권리를 포기하는 일. 색이 순수한 것을 희, 길함을 얻지 못해 죽이는 것을 생.

본디 天地(천지)나 宗廟(종묘)에 제사를 지낼 때 제물로 쓰는 살아 있는 소를 일컫는 말이었다. 색이 순수한 것을 犧(희)라고 하며, 길함을 얻지 못해 죽이는 것을 牲(생)이라고 하였다. 『周禮(주례)』 地官牧人(지관목인)에 "무릇 제사를 지낼 때는 그 희생을 함께 하는데 충인에게 주어서 이를 묶게 한다. 凡祭祀共其犧牲 以授充人繫之(범제사공기희생 이수충인계지)."라는 말이 보이며, 또 『左傳(좌전)』에서는 "생은 다섯이고 희는 셋이다. 五牲三犧(오생삼희)"라고 하였다.

『尉繚子(울료자)』에는 "야생 짐승은 희생으로 쓰지 않는다. 野物不爲犧牲(야물불위희생)"는 말이 있고, 『呂覽(여람)』에 보면 다음과 같은 기록이 있다.

"은나라 湯王(탕왕)이 하나라를 물리치고 천하에서 왕 노릇을 하였다. 그런데 5년이 지나도록 비가 내리지 않자 탕왕은 몸소 상림에 나가 기도하였다. 머리카락을 덮고 손톱을 잘라서 스스로 희생물이 되고자 하며 하느님에게 복을 기구하였다. 그러자 큰 비가 하늘에서 내리기 시작하였다."

흔히 '희생양'이라는 말을 많이 쓴다. 서양 문화에서 온 말로, 희생의 제물로 바쳐진 양을 뜻하는 말이다. 그러나 희생의 제물로 서양에서 바친 것은 양이 아니고 염소였다. 염소는 눈의 생김새 때문에 惡(악)을 상징하게 되었다. 희생양은 사실 '희생염소'인 것이다. 우리나라에서는 염소를 한자어로 바꾸면 山羊(산양)이 된다. 어쩌면 희생양이라는 말이 확실히 틀렸다고 말하기도 힘들다.

ㅎ

출전

鶡冠子(갈관자)
開元天寶遺事(개원천보유사)
芥子園畵譜序(개자원화보서)
古今詩話(고금시화)
古今注(고금주)
高士傳(고사전)
古樂府(고악부)
公孫龍子(공손룡자) 跡府(적부)
孔子家語(공자가어)
孔叢子(공총자)
關尹子(관윤자)
管子(관자)
舊唐書(구당서)
國語(국어)
鬼谷子(귀곡자)
近思錄(근사록)
今文尙書(금문상서)
金史(금사)
南柯記(남가기)
南史(남사)
南齊書(남제서)
老子(노자)
論語(논어)
論衡(논형)
唐書(당서)
棠陰秘事(당음비사)
大唐新語(대당신어)
大戴禮記(대대례기)
大寶積經(대보적경)

大學(대학)
東言解(동언해)
東醫寶鑑(동의보감)
東坡集(동파집)
鄧析子(등석자)
孟子(맹자)
名臣傳(명신전)
名臣言行錄(명신언행록)
明心寶鑑(명심보감)
毛傳(모전)
夢溪筆談(몽계필담)
蒙求(몽구)
墨子(묵자)
文選(문선)
文心雕龍(문심조룡)
文子(문자)
文中子(문중자)
法言(법언)
北夢瑣言(북몽쇄언)
北史(북사)
北齊書(북제서)
琵琶記(비파기)
賓退錄(빈퇴록)
史記(사기)
事林廣記(사림광기)
事文類聚(사문유취)
事物紀原(사물기원)
山堂肆考(산당사고)
山海經(산해경)

三國史記(삼국사기)
三國遺事(삼국유사)
三國志(삼국지)
三國志演義(삼국지연의)
三國志(삼국지)
湘山野錄(상산야록)
商子(상자)
書經(서경)
西京雜記(서경잡기)
書言故事(서언고사)
說苑(설원)
世說新語(세설신어)
小學(소학)
續孟子(속맹자)
續資治通鑑(속자치통감)
孫子(손자)
宋名臣言行錄(송명신언행록)
宋史(송사)
水經注(수경주)
隋書(수서)
搜神記(수신기)
殊異傳(수이전)
水滸傳(수호전)
旬五志(순오지)
荀子(순자)
述異記(술이기)
拾遺記(습유기)
詩經(시경)
詩品(시품)
詩話總龜(시화총귀)
新唐書(신당서)
新論(신론)
新書(신서)
神仙傳(신선전)
愼子(신자)

十八史略(십팔사략)
顔氏家訓(안씨가훈)
晏子(안자)
晏子春秋(안자춘추)
梁書(양서)
揚子(양자)
呂覽(여람)
呂氏春秋(여씨춘추)
易經(역경)
易林(역림)
烈女傳(열녀전)
涅槃經(열반경)
列仙傳(열선전)
列子(열자)
鹽鐵論(염철론)
禮記(예기)
五代史(오대사)
五燈會元(오등회원)
吳越春秋(오월춘추)
五雜俎(오잡저)
容齋隨筆(용재수필)
元史(원사)
越絕書(월절서)
蔚遼子(울료자)
魏略(위략)
魏書(위서)
幽冥錄(유명록)
六韜(육도)
六韜三略(육도삼략)
逸周書(일주서)
慈恩傳(자은전)
資治通鑑(자치통감)
潛夫論(잠부론)
莊子(장자)
戰國策(전국책)

傳燈錄(전등록)
典論(전론)
傳習錄(전습록)
貞觀政要(정관정요)
齊書(제서)
曹植(조식)의 글
從政遺規(종정유규)
左傳(좌전)
周禮(주례)
周書(주서)
朱子語錄(주자어록)
朱子語類(주자어류)
朱子全書(주자전서)
中論(중론)
中庸(중용)
證道歌(증도가)
芝峯類說(지봉유설)
陳書(진서)
晉書(진서)
滄浪詩話(창랑시화)
菜根談(채근담)
天寶遺事(천보유사)
千字文(천자문)
輟耕錄(철경록)
青莊館全書(청장관전서)
楚辭(초사)
初學記(초학기)

春香傳(춘향전)
春秋穀梁傳(춘추곡량전)
春秋公羊傳(춘추공양전)
春秋繁露(춘추번로)
春秋左氏傳(춘추좌씨전)
沈中記(침중기)
太極圖說(태극도설)
太平御覽(태평어람)
太平廣記(태평광기)
通鑑周紀(통감주기)
通俗編(통속편)
通典(통전)
抱朴子(포박자)
風俗通(풍속통)
鶴林玉露(학림옥로)
韓非子(한비자)
漢書(한서)
韓詩外傳(한시외전)
荊州記(형주기)
荊楚歲時記(형초세시기)
紅樓夢(홍루몽)
黃帝內經(황제내경)
孝經(효경)
孝子傳(효자전)
後漢書(후한서)
淮南子(회남자)

찾아보기

이상억 ─────────────────────────────────

▌약 력

　서강대학교 국어국문학과 졸업
　파주 예술마을 헤이리 운경재 대표

조기형 ─────────────────────────────────

▌약 력

　서강대학교 국어국문학과 졸업
　한문교사

▌주요 저서

　새천년형 천자문

고
사
·
명
언
화
전

600

초판인쇄 | 2010년 3월 31일
초판발행 | 2010년 3월 31일

엮 은 이 | 이상억 · 조기형
펴 낸 이 | 채종준
펴 낸 곳 | 한국학술정보㈜
주 소 | 경기도 파주시 교하읍 문발리 파주출판문화정보산업단지 513-5
전 화 | 031) 908-3181(대표)
팩 스 | 031) 908-3189
홈페이지 | http://www.kstudy.com
E-mail | 출판사업부 publish@kstudy.com
등 록 | 제일산-115호(2000. 6. 19)

ISBN 978-89-268-0936-5 03150 (Paper Book)
978-89-268-0937-2 08150 (e-Book)